narr studienbücher

Kathrin Pöge-Alder

Märchenforschung

Theorien, Methoden, Interpretationen

gnV Gunter Narr Verlag Tübingen

Kathrin Pöge-Alder ist wissenschaftliche Mitarbeiterin am Bereich Volkskunde/Kulturgeschichte der Friedrich-Schiller-Universität Jena. Sie leitet Jugendwettbewerbe am Schulmuseum – Werkstatt für Schulgeschichte in Leipzig und hält Vorträge und Seminare für die Europäische und die Schweizer Märchengesellschaft.

Bibliografische Information der Deutschen Bibliothek

Die Deutsche Bibliothek verzeichnet diese Publikation in der Deutschen Nationalbibliografie; detaillierte bibliografische Daten sind im Internet über <http://dnb.d-nb.de> abrufbar.

Dischingerweg 5 · D-72070 Tübingen

Gedruckt auf chlorfrei gebleichtem und säurefreiem Werkdruckpapier.

Internet: http://www.narr-studienbuecher.de
E-Mail: info@narr.de

Druck: Gulde, Tübingen
Bindung: Nädele, Nehren
Printed in Germany

ISSN 0941-8105
ISBN 978-3-8233-6252-4

Inhaltsverzeichnis

Vorwort

Dieses Studienbuch wurde mit der Intention geschrieben, die Auseinandersetzung mit der Märchenforschung seit den Brüdern Grimm zu erleichtern. Ein historischer und ein synchroner Blick auf den Gegenstand schien mir daher angeraten. Nicht alle Theorien, die in der Forschung ausgedient haben, sind in der Märchenpflege vergessen. Wissenschaftsgeschichtlich relevante Urteile und Diskurse sind nur auszugsweise enthalten, insoweit als sie für die heutige Arbeit mit/zum Märchen sinnvoll erschienen.

Im Zentrum steht die Auseinandersetzung mit dem traditionellen Märchen vor allem aus Mitteleuropa, das eine künstlerische intentionale Gestaltung darstellt und sich mit überlieferten Stoffen und Motiven beschäftigt. Auf Fragen des sog. Kunstmärchens wird hier nur am Rande eingegangen. Märchenforschung begreift sich dabei stets international und interdisziplinär.

Der sog. rote Faden der Darstellung zieht sich durch die Grundfragen der Märchenforschung und behandelt überwiegend Beispiele zum Thema des Verjüngungsmotivs, des Wassers als Motiv und des Erzähltyps vom „Wasser des Lebens" (ATU 551). Empfohlen wird, die Fassung „Das Wasser des Lebens" (KHM 97) aus den „Kinder- und Hausmärchen" der Brüder Grimm und möglichst einige andere Versionen zu lesen. Sie sind über Indices (unter AaTh oder ATU 551) der Märchensammlungen und auch auf CD-ROM, herausgegeben von Hans-Jörg Uther, zu finden.

Das Studienbuch enthält keine Geschichte der Märchenmotive oder Märchen.[1] Die mündlich tradierte Literatur ist aus frühen Zeiten des Mittelalters kaum zu belegen. Daher sei darauf verwiesen, dass bekannte Märchen und Märchenmotive in einigen Textsammlungen ediert und kommentiert sind.[2] Die Motive finden sich auch in benachbarten Gattungen. Die Kapitelabfolge ist nicht chronologisch, da die Brüder Grimm mit ihren ersten Erörterungen am Anfang der Märchenforschung standen. Die Frage nach dem Ursprung der Märchen ist jedoch grundsätzlich und rückt durch das dargestellte Gefüge der beteiligten Wissenschaftsdisziplinen den Stellenwert der Grimms in sein entscheidendes Licht.

---

1 Überblick: Karlinger: Geschichte des Märchens ²1988. Neuhaus: Märchen 2005.

2 Röhrich: Erzählungen des späten Mittelalters 1962, 1967. Wand-Wittkowski: Die Zauberin Feimurgan 1997, S. 1-13. Wesselski: Märchen des Mittelalters 1925. Clausen-Stolzenburg: Märchen und mittelalterliche Literaturtradition 1995. Hellinghaus: Legenden, Märchen, Geschichten, Parabeln und Fabeln des Mittelalters 1921.

Auch dieses Lehrwerk kann nicht umfassend sein. Es soll zur Thematik hinführen und ihr Verständnis anregen. Vollständigkeit ist nicht angestrebt, stattdessen soll pragmatisches Arbeitsmaterial bereitgestellt werden. Zwar konnte aus Raumgründen auf das Werk von Rudolf Schenda nicht explizit eingegangen werden, doch sein Wirken für eine sozialgeschichtliche Untersuchung des Erzählens, seine kommunikations- und sozialhistorischen Studien stehen im Hintergrund des Buches und sind an verschiedenen Stellen zitiert. Ähnlich steht es mit den Arbeiten von Hermann Bausinger, Helge Gerndt, Albrecht Lehmann, Dietz-Rüdiger Moser, Leander Petzoldt, Lutz Röhrich, Heinz Rölleke, Hans-Jörg Uther. Spezifische Fragen wie die genetische Abhängigkeit zahlreicher Märchen von christlichen Moral- und Glaubenslehren sowie der Einfluss sozialgeschichtlicher und mentalitätshistorischer Verfahrensweisen auf den Umgang mit dem ‚Märchen' als Phänomen stehen hier nicht im Zentrum, fließen aber in die Überlegungen ein.

Im Literaturverzeichnis sind die ausführlichen bibliographischen Angaben der zitierten Literatur zu finden. Angaben des Abkürzungsverzeichnisses werden im Literaturverzeichnis nicht wiederholt. Märchensammlungen sind nur für benutzte Beispiele und Referenzsammlungen angeführt. Literatur, die nur für besondere Stellen wichtig ist, und Artikel der „Enzyklopädie des Märchens" (EM) erscheinen im Literaturverzeichnis nicht nochmals, um das Verzeichnis nicht zu stark aufzublähen. Für die Typenangaben habe ich den Stichworttitel der EM oder die Angabe aus Uthers Überarbeitung des Märchentypenindex (ATU) verwendet. Das Register soll helfen, Verbindungen zu Stichwörtern an verschiedenen Stellen des Textes unabhängig vom Inhaltsverzeichnis herzustellen.

An dieser Stelle möchte ich vielen Menschen danken, zuerst meiner Familie, groß und klein, die dieses Projekt von Anfang an in verschiedenster Weise mit getragen hat. Aber auch zahlreichen Kolleginnen und Kollegen danke ich: insbesondere Christel Köhle-Hezinger, Ruth B. Bottigheimer und Siegfried Neumann.

Dank gilt auch dem Gunter Narr Verlag und seinen Lektoren und Mitarbeitern, die das Buch in ihr Verlagsprogramm aufnahmen und sachkundig begleiteten.

Kathrin Pöge-Alder
Mai 2006

1 ‚Märchen' als Gegenstand der Erzählforschung

Innerhalb der Erzählforschung bilden ‚Märchen' sowohl den größten als auch den populärsten Arbeitsteil. Diese Disziplin beschäftigt sich mit Erzählern, dem Erzählen und den Erzählungen sowohl in der Gegenwart als auch in der Vergangenheit. Die diachrone und die synchrone Perspektive bilden hier zwei Seiten einer Medaille. Die Beteiligten innerhalb einer Kommunikationssituation und die dabei wirkenden Prozesse gehören dazu. Ihre Produkte sind sowohl sprachlicher als auch gegenständlich-bildnerischer Art. Die Kommunikationsteilnehmer bedienen sich zum Austausch mündlicher, schriftlicher, gedruckter und elektronischer Mittel. Das Verständnis dieser Prozesse soll im weiteren Zusammenhang Erkenntnisse über das Spezifikum ‚Mensch' in seiner Lebenssituation bringen. Das Märchen bildet als Produkt und Objekt der Kommunikationsprozesse einen Spezialfall der Erkenntnisgewinnung über den homo narrans als produktives und rezeptives literarisches Wesen.[1]

Die Erforschung der ‚Märchen' erfreut sich in der allgemeinen Öffentlichkeit einer regen Anteilnahme. Märcheninterpretationen unterschiedlicher Ausrichtung nehmen signifikant zu. Das öffentliche Erzählen zieht immer mehr Interessenten an, wie an den Anmeldezahlen zur Erzählförderung der Europäischen Märchengesellschaft e.V. und an den Eintragungen im Erzählerlexikon zu erkennen ist[2]. Die fächerübergreifende Arbeit sowie der Deutschunterricht greifen auf Märchen zurück. Auch in der Erwachsenenbildung behaupten Märchen ihren Platz. Dieses Interesse sucht aufgearbeitete Forschungsgrundlagen, die das breite Spektrum der Märchenforschung handhabbar darlegen und Wünsche wie Spekulation ausräumen, um einer Tatsachendarstellung Platz zu schaffen.

1.1 Zum Begriff ‚Märchenforschung'

Die Märchenforschung beschäftigt sich insbesondere mit sog. traditionellen Märchen, deren Herkunft, Gemeinsamkeiten, Gattungsproblemen, schriftlichen und besonders mündlichen Überlieferungswegen und der Rezeption durch Erzähler, Hörer und Sammler sowie Leser. Die Tradierung der seit den romantischen Bewegungen häufig als ‚Volksmärchen' bezeichneten Erzäh-

---

1 Vgl. Fischer: Erzählen – Schreiben – Deuten 2001, S. 9. Pöge-Alder: Erzählen 2002, S. 1-2.
2 Pöge-Alder: Erzählerlexikon 2000.

lungen in primärer und sekundärer Stufe stehen im Blickfeld. Der Kommunikationsprozess sowie seine Träger sind darin enthalten, Schlagworte dazu sind Performanz- und Kontextstudien. Weiterhin werden formale und inhaltliche Fragen an das Märchen gestellt. Aspekte der Konstanz und Variabilität werden mit historischem Blick gesucht. Neben historischen Forschungen zu Quellen des Erzählguts stehen Untersuchungen zu Erzähltypen und -motiven sowie die „Biologie der Volkserzählungen" (vgl. 5.3 Erzählen im Kontext des Lebens). Diese Thematik führten Friedrich Ranke (1882–1950) und Carl Wilhelm von Sydow (1878–1952) im Zusammenhang mit Diskussionen um die Finnische Schule ein (vgl. 3.2 Die geographisch-historische Methode): Die Autoren hielten die Frage nach dem Sitz der Erzählungen im Leben einer Gemeinschaft für ein zentrales Anliegen des wissenschaftlichen Diskurses.[3] Nicht die Rekonstruktion der ‚Urform' eines Märchentyps, ohne Einbeziehung der Textüberlieferung und deren soziokultureller Bedingungen sollten im Zentrum der Forschung stehen, sondern die Erzähler/innen, deren Repertoire und Bildung, ihre soziale Herkunft und ihr Milieu, ihr künstlerisches Potenzial und ihre eigene Bewertung.

Die Märchenforschung nimmt innerhalb der Erzählforschung den größten Teil der Forschungskapazität für sich ein. Die volkskundliche Erzählforschung hat die von André Jolles als „Einfache Formen" (1930) bezeichneten Gattungen zum Gegenstand[4], zu denen als wichtigste Märchen, Sagen, Legenden, Schwänke, Witze, Sprichwörter und Rätsel gehören. Neuere Gegenstände der Erzählforschung sind etwa Alltagserzählungen, biographisches Erzählen, Handygespräche, Internetkommunikation und alle mit *oral history* verbundenen mündlichen Äußerungen. Neu entstehende Kommunikationsformen und Produkte gehören daher ebenfalls in den Aufgabenbereich der Disziplin.

Demgegenüber erweitert die literaturwissenschaftliche Erzählforschung diesen Gegenstandsbereich etwa durch ‚Kunstmärchen' und literarische Märchen der Gegenwart. Die ‚Einfachen Formen' gelten in diesem Zusammenhang „als historisch entwickelte und veränderbare literarisch-soziale Institutionen". Strukturalistische Ergebnisse in der Nachfolge Vladimir Propps und ästhetische Fragen nach Max Lüthi wirkten modellbildend.[5]

---

3 Ranke, F.: Grundsätzliches zur Wiedergabe deutscher Volkssagen. In: Niederdeutsche Zeitschrift für Volkskunde 4 (1926), S. 44-47, hier S. 45. Sydow: Selected Papers 1948, S. 11. Wehse, R.: Volkskundliche Erzählerforschung. In: Märchenerzähler – Erzählgemeinschaft. Hg. v. R. Wehse. Kassel 1983, S. 7-20. Vgl. Kap. 5 Erzählen – Erzählgemeinschaft.

4 Vgl. Bausinger, H.: Jolles, André. In: EM 7, 1993, Sp. 623-625.

5 Bausinger: Erzählforschung. In: EM 4, 1984, Sp. 342-348 zum Stand Mitte der 80er Jahre und dem Einfluss der Erzählforschung auf Nachbardisziplinen, Zitat Sp. 343. Märchen und Märchenforschung in Europa 1993.

Große Bedeutung haben Interpretationsfragen insbesondere psychoanalytischer Natur in der Sekundärliteratur gefunden, die von breiten Leserschichten rezipiert werden. Die Rolle der populären Literatur bzw. Trivialliteratur spielt unter sozialhistorischen Aspekten auch für Märchen eine besondere Rolle.

Die Märchenforschung arbeitet vor allem mit der geographisch-historischen Methode, die durch die sog. Finnische Schule wichtige Grundlagen erhielt. Ist auch die Suche nach der ‚Urform' als einem hypothetischen Text aufgegeben worden, so blieb doch der Umgang mit Varianten und Versionen eines Erzähltyps und dessen geographischer Verbreitung und historischer Belege wesentlicher Bestandteil der Märchenforschung.

In der Terminologie hat sich folgende Konvention durchgesetzt: Der Begriff **‚Version'** betont, dass Märchen sich ständig anpassen bzw. bearbeitet werden, adaptiert, nicht mechanisch geerbt werden. **‚Variante'** dagegen ist mit philologischen Methoden verbunden und verweist auf das Ziel, das verlorene Original auf der Basis späterer Kopien zu rekonstruieren.[6]

1.2 Zur Interdisziplinarität der Märchenforschung

Die Erzählforschung als ursprünglich integraler Bestandteil der Germanistik (germanistischen Altertumskunde) entwickelte sich nach deren Aufspaltung sowohl in der Philologie als auch in der Volkskunde weiter. Das Nebeneinander einer literaturwissenschaftlichen und einer volkskundlichen Erzählforschung, wobei jede dieser Disziplinen andere Aspekte fokussiert, läuft auf eine besondere Interdisziplinarität hinaus. Die Literaturwissenschaft hebt vor allem die jeweilige Gattungsform und das Märchen als Produkt eines Autors hervor. Wichtige Ergebnisse lieferten dazu die Beiträge zur Grimm-Philologie und zu Ludwig Bechstein[7]. Vor allem für das Phänomen der Buchmärchen und der zwischen Volks- und Kunstmärchen stehenden Texte sind philologische Methoden ergiebig.

Beide Richtungen beschäftigen sich mit den Gattungen Märchen, Mythos, Sage, Legende, Schwank und Witz, Sprichwort und Rätsel. Die Arbeiten von André Jolles „Einfache Formen", die durch ihre jeweilige Geistesbeschäftigung definiert werden sollen, und Axel Olriks „Epische Gesetze", die den prinzipiellen Aufbau von Volkserzählungen bestimmen sollen, sowie die

---

6 Holbek: Interpretation of Fairy Tales 1987, S. 160.

7 Z.B. Bottigheimer, R.B.: Ludwig Bechstein's Fairy Tales. Nineteenth Century Bestsellers and Bürgerlichkeit. In: IASL 15, 2 (1990), S. 55-88.

literaturwissenschaftliche Stilanalyse durch Max Lüthi liegen auf der Schnittfläche der beiden Disziplinen.[8]

Die historische Dokumentation von Erzählstoffen aus mittelalterlichen Quellen erfolgte durch Albert Wesselski und Lutz Röhrich (1962, 1967). Elfriede Moser-Rath (1964) hat die Grundlagen für die Barockliteratur gelegt. Wolfgang Brückner (1974) beschäftigte sich mit den Erzählquellen des Reformationszeitalters und Josef Dünninger (1963) mit historischem Sagengut.[9]

Die volkskundliche Erzählforschung bezieht in ihren Blick die Performanz, Rezeption und das aktuelle Erzählen ein. Hier bilden auch Anekdoten, urban legends, Witze, Alltagserzählungen bis hin zu Lebenserinnerungen als Material empirischer Feldforschungsarbeiten einen wichtigen Gegenstand, zu dessen Erörterung Hermann Bausinger mit seinen Überlegungen zum „Alltäglichen Erzählen"[10] beitrug.

Gegenstand der Forschung war seit den Arbeiten der Finnischen Schule die Analyse der Erzähltypen und Motive. Demgegenüber weitete er sich deutlich aus, so dass man von der Erforschung des homo narrans sprechen kann.[11] Innerhalb der Erzählforschung bildet die Biologie oder Soziologie des Erzählguts eine eigene Forschungsrichtung, die im Unterschied zu stoffhistorischen Fragestellungen derzeit wesentlich im Zentrum der Disziplin steht.[12]

Auch die Märchenforschung bildet einen historisch und gegenwärtig wesentlichen Teil, so dass man von einer eigenen Forschungsrichtung sprechen kann. Hier ist das Allgemeininteresse in breiten Schichten der Bevölkerung anzutreffen. Bedingt ist diese starke Aufmerksamkeit durch die Konfrontation der Kinder mit Märchen in einem frühen Alter, so dass sich die Motive als „Bilder" verstanden für die Rezeption auf zahlreichen Ebenen, z.B. auch in der Werbung[13] gebrauchen lassen und die Folie für auch nonverbale Verständigungen bilden. So ist auch dem Einfluss von Märchen auf die Entwicklung der Kinder nachgegangen worden.[14] Daher haben Pädagogik und Didaktik ebenfalls ein großes Interesse an Fragen der Märchenforschung.

Weitere **Disziplinen** trugen zur Erforschung der Märchen bei, wie etwa die historische Rechtswissenschaft, die Theologie, die Psychologie in ihren

---

8 Jolles: Einfache Formen ^{6}1982. Olrik: Epische Gesetze der Volksdichtung 1909, S. 1-12. Lüthi: Das europäische Volksmärchen ^{11}2005.

9 Wesselski: Märchen des Mittelalters 1925. Röhrich: Erzählungen des späten Mittelalters 1962, 1967. Moser-Rath: Predigtmärlein der Barockzeit 1964. Brückner: Volkserzählung und Reformation 1974. Dünninger (Hg.): Fränkische Sagen 1963.

10 Bausinger, H.: Strukturen des alltäglichen Erzählens. In: Fabula 1 (1958), S. 239-254.

11 Homo narrans. Festschrift für Siegfried Neumann 1999.

12 Röhrich: Erzählforschung 2001, S. 515-516.

13 Fischer: Erzählen - Schreiben - Deuten 2001. Ders.: Märchen von der Theke. In: MSP 12 (2001) H. 3, S. 152-155.

14 Zitzlsperger: Kinder spielen Märchen 1993. Dies.: Märchen neu denken 2000, S. 55–58.

verschiedenen, vor allem psychoanalytischen Richtungen sowie die Anthropologie und die Ethnologie.

Die **historische Rechtswissenschaft** steuerte zur Märchenforschung die Beziehungen zwischen den „Kinder- und Hausmärchen" und mittelalterlichen Rechtspraktiken bei.[15] **Theologische** Untersuchungen fragten nach Parallelen zwischen Bibel und Märchen bzw. Mythen bezüglich der Form und der Motivik.[16] „Das Christentum ist eine Erzählgemeinschaft."[17] Mit dieser Aussage eröffnen sich in der narrativen Theologie Perspektiven auf die Funktion und den Kontext biblischer Überlieferungen innerhalb ihrer Tradierung. Der Geschichte des Lebens Jesu gilt das Primat gegenüber narrativen Kategorien und gegenüber Kontextualisierungen. Betont wird die Prozesshaftigkeit des Erzählens.[18]

Für **Anthropologie und Ethnologie** besteht in den aufgezeichneten Überlieferungen schriftloser Völker eine Möglichkeit, etwas über deren Kultur zu erfahren. Da Parallelen zu den europäischen Märchen bei den Völkern aller Kontinente gefunden werden konnten, entstand die Frage nach der Ursache der motivischen Gemeinsamkeiten und nach dem ‚Sitz' der Volksmärchen im Leben dieser Völker. In der Vergangenheit glaubte man, hier die europäische Entwicklung in einem früheren Stadium nachempfinden und verfolgen zu können. Die gesammelten Märchen sollten generelle Rückschlüsse auf die Herkunft der Gattung insgesamt ermöglichen. Die zunehmende Differenzierung der Methoden führte sowohl zu einer stärkeren Spezialisierung, als auch zu wirkungsvolleren Ergebnissen.[19]

Aus der motivischen Gemeinsamkeit zwischen Traum und Märchen entstanden die ersten Überlegungen von **psychologischen** Forschern zum Märchen, am prominentesten in Sigmund Freuds „Traumdeutung" (1900). Dabei ist bis zu heutigen Arbeiten das Übertragen der eigenen Theorie auf die Gattung Märchen zu beobachten.[20]

---

15 Jessen: Das Recht in den KHM 1979. Laeverenz: Märchen und Recht 2001.

16 Gott im Märchen 1982. Murphy/Ronald: The Owl, the Raven and the Dove 2000. Betz, O.: Erzählen heißt Antwort geben. Über die religiöse Dimension der Volksmärchen. Vortragskopie Cloppenburg 2003. Ders.: Der verborgene Gott. Über die religiöse Dimension der Volksmärchen. In: MSP 8 (1997) H. 3, S. 65-70.

17 Weinrich, H.: Narrative Theologie. In: Concilium. Internationale Zeitschrift für Theologie 9 (1973), S. 329-334, hier S. 330. Betz, O.: Vom Geheimnis des Märchenerzählens. In: MSP 1 (1990) H. 2, S. 19-20.

18 Wenzel, K.: Zur Narrativität des Theologischen: Prolegomena zu einer narrativen Texttheorie in soteriologischer Hinsicht. Frankfurt a.M. 1997, S. 139-141.

19 Vgl. Pöge-Alder: ‚Märchen' 1994, S. 119-123.

20 Bausinger: Formen der ‚Volkspoesie' ^{2}1980, S. 37. Poser: Das Volksmärchen 1980, S. 59-60.

Die Märchenforschung versteht sich im Folgenden als eine **historisch-vergleichend arbeitende Disziplin**. Die Herkunft des Materials sowie die Umstände seiner Erhebung, des Aufzeichners oder der Aufzeichnerin sowie der oder des Erzählenden und die Druckgeschichte sind wichtige Koordinaten zur Einordnung des Materials. Literaturwissenschaftliche und volkskundliche Fragestellungen werden hier gemeinsam zur Anwendung gebracht.

1.3 Über die institutionelle Situation

Die Einbindung der Märchenforschung an den Universitäten ist je nach dem Interesse der Lehrstühle unterschiedlich zu finden. Generell kann sie an den volkskundlichen Instituten als Teil der volkskundlichen Erzählforschung sowie den germanistischen Instituten, aber auch in den philologischen und didaktischen Fächern enthalten sein. Schwerpunkte der Erzählforschung finden sich an der Universität Göttingen und der Akademie der Wissenschaften zu Göttingen, wo die Arbeitsstelle der „Enzyklopädie des Märchens" ihren Sitz hat, an der Universität Rostock mit dem Wossidlo-Archiv und in Marburg mit dem Archiv der deutschen Volkserzählung. Weitere Zentren waren bisher die Universitäten Zürich, Innsbruck, Hamburg und Freiburg, die sich allerdings durch eine Umorientierung der Lehrstuhlinhaber teilweise nicht mehr mit Erzähl- oder Märchenforschung beschäftigen. In Lehre und Forschung vertreten ist die Märchenforschung an der Universität Jena, der einzigen Neugründung eines volkskundlichen Lehrstuhls in den neuen Bundesländern nach 1989. Zur Grimm-Forschung wurden an der Universität Wuppertal zahlreiche Ergebnisse erarbeitet. Archive zur Erzählforschung befinden sich an den Universitäten Marburg/Lahn, Göttingen, Freiburg und Rostock. Ringvorlesungen der Märchen-Stiftung Walter Kahn zum Thema Märchen organisierten bereits verschiedene Universitäten, so u.a. Regensburg 2002, Augsburg und die Hochschule der Künste in Berlin 2003.

Die Problemstellung und Arbeitsweise der Finnischen Schule bedingte eine umfangreiche Sammelarbeit aller Varianten der Märchen eines Typs. Zur Unterstützung schlossen sich die Erzählforscher bereits 1907 bis 1911 in dem Bund Folklore Fellows zusammen. In der Arbeit der International Society for Folk Narrative Research (ISFNR) fand diese Kooperation eine Fortsetzung. Regelmäßig finden internationale Kongresse statt. Wissenschaftliche Publikationen finden sich in der Schriftenreihe Folklore Fellows Communications (FFC), gegründet 1907, angeregt von Kaarle Krohn und Axel Olrik während der sog. Finnischen Schule, und in der Zeitschrift „Fabula", gegründet von Kurt Ranke 1957.

Innerhalb der Deutschen Gesellschaft für Volkskunde e.V. (DGV) beschäftigt sich besonders die Kommission für Erzählforschung mit dem Thema Märchen. Dazu finden regelmäßig Tagungen im Wechsel mit den Kongressen der Gesellschaft statt. Die Zusammenarbeit ist die Aufgabe der Societé Internationale d'Ethnologie et de Folklore, die 1964 gegründet wurde. Auch hier stehen die großen Kongresse im Zentrum der Arbeit, bei denen sich ebenfalls Themen der Märchenforschung wiederfinden.

International sind u.a. folgende Zeitschriften zu konsultieren, die zumindest teilweise über das Internet erschließbar sind[21]:

- AFS-News. Newsletter of the American Folklore Society,
- Anthropolitan. Mitteilungsblatt der Frankfurter Gesellschaft zur Förderung der Kulturanthropologie,
- Bayerisches Jahrbuch für Volkskunde,
- Culture & Tradition: The Canadian Graduate Student Journal of Folklore & Ethnology,
- De Proverbio,
- Fabula. Internationale Zeitschrift für Erzählforschung. Göttingen,
- Folklore (London),
- Folklore Fellows Communications, herausgegeben von der Finish Academy of Science and Letters, Journal of American Folklore,
- Folklore, herausgegeben vom Institute of Estonian Language,
- kea. Zeitschrift für Kulturwissenschaften Bremen,
- Märchenspiegel. Zeitschrift für internationale Märchenforschung und Märchenpflege, herausgegeben von der Märchen-Stiftung Walter Kahn seit 1990 (MSP; regionale Bedeutung insbesondere hinsichtlich der gegenwärtigen Märchenrezeption in Deutschland),
- Marvels & Tales. Journal of Fairy-Tale Studies, herausgegeben von der Wayne State University, Detroit, New Directions in Folklore, Postmodern Culture,
- Southern Folklore Quarterly,
- The Journal of American Folklore,
- Zeitschrift für Volkskunde, herausgegeben von der Deutschen Gesellschaft für Volkskunde.

Gegenüber den universitären und akademischen Institutionen ist der außeruniversitäre Bereich der Märchenforschung relativ stark entwickelt. Er stützt sich auf ein Publikum mit breiten Interessen, das sich bei Seminaren und Kongressen zusammenfindet. Dabei befindet sich die Märchenpflege auf ei-

21 Stickfort: Internet-Ressourcen für Volkskunde/Europäische Ethnologie 2000, S. 141-142.

ner stetigen Gratwanderung im Spannungsfeld von Folklorismus, Authentizität und sog. bricolage.[22]

Als zweitgrößte literarische Vereinigung Deutschlands zählt die Europäische Märchengesellschaft e.V. (EMG), Rheine, über 2600 Märchenfreunde und Erzählende zu ihren Mitgliedern und hält regelmäßig Kongresse und Tagungen ab, deren Tagungsbände veröffentlicht werden.

Die Märchen-Stiftung Walter Kahn, München, fühlt sich dem europäischen Märchengut verpflichtet. Gegründet in Braunschweig 1985, stiftet sie in jedem Jahr mit dem Lutz-Röhrich-Preis einen Preis für Nachwuchsforscher und den Märchenpreis für ein Lebenswerk zum Märchen. Die Stiftung gibt die Zeitschrift „Märchenspiegel" heraus (MSP).

In diesen Institutionen schlägt sich ein bereits zu Beginn des 20. Jahrhunderts zu verzeichnender Prozess „sekundärer Existenz" (Klímová) der Märchen wie der Folklore insgesamt nieder.[23] Märchen bilden einen Schwerpunkt der ,Märchenpflege', die zuerst Albert Wesselski in seiner „Theorie des Märchens" so benannte und darunter das Bewahren der Märchen verstand. Zahlreiche Institutionen, wie Märchenparks (seit 1897)[24], Märchenmuseen, touristisch inszenierte Märchenstraßen, Stadtführungen, populäre Editionen in ,alten' und neuen Medien[25], Ausstellungen, Theaterstücke und Verfilmungen[26], dienen der Revitalisierung populärer Erzählstoffe und widmen sich insbesondere den Märchen und Sagen.

Aufgaben

1. Informieren Sie sich in den genannten Zeitschriften über den Anteil, den die Märchenforschung darin einnimmt.
2. Bestimmen Sie die Perspektiven der unterschiedlichen Wissenschaftsrichtungen auf das Märchen.

---

22 Vgl. Lévi-Strauss: Das wilde Denken 1973, S. 29. Pöge-Alder: Afrikanisches Erzählen 2004.

23 Klímová: Versuch einer Klassifikation des lebendigen Sagenerzählens 1967, S. 244-253. Vgl. Wienker-Piepho, S.: Märchenpflege. In: EM 9, 1999, Sp. 287-291, bes. Sp. 287.

24 Stein, H.: Märchenpark. In: EM 9, 1999, Sp. 284-286.

25 Verweyen, A.: Märchenbücher. In: EM 9, 1999, Sp. 278-284, bes. Sp. 282.

26 Schmitt, Ch.: Märchenspiel. In: EM 9, 1999, Sp. 291-302. Ders.: Adaptionen klassischer Märchen im Kinder- und Familienfernsehen 1993.

2 Im Kontext der Gattungen

Eine Befragung von Seminarteilnehmer/innen im Sommersemester 2002 an der Universität Jena im Fach Volkskunde erbrachte, dass die meisten von ihnen Märchen kennenlernten, indem sie diese in ihrer Kindheit vorgelesen bekamen, selbst lasen oder Filme im Kino oder Fernsehen sahen. Kinderbuch und Film waren die mehrheitlich genannten Medien, die zur Märchenkenntnis führten. Die sofort erinnerten Märchenstoffe waren zuerst Schneewittchen und danach Rotkäppchen und Aschenputtel. Genannt wurden auch Märchen von Wilhelm Hauff und Hans Christian Andersen sowie „Ronja Räubertochter“ von Astrid Lindgren. Einige Teilnehmer/innen nannten aber auch Küblers „Mondsteinmärchen“, „Krabat“, „Der Herr der Ringe“, Erich Kästners „Kleiner Mann was nun“ u.a.m.

Im Wintersemester 2005 änderten sich die Angaben insofern, als aktuelle Erscheinungen wie die Küblerschen Märchen genannt wurden. An erster Stelle stand ebenso Schneewittchen, allerdings gefolgt von Dornröschen und auf Platz drei „Hänsel und Gretel“ und „Rotkäppchen“. Mit Märchen assoziiert wurden Väterchen Frost, Peter Pan, die kleine See- oder Meerjungfrau und Rübezahl.

Die ersten Favoriten stimmen mit den bei einer Allensbach-Umfrage im Jahr 2000 am besten erinnerten Märchen überein.[1] Die übrigen Titel zeigen eine inflationäre Ausweitung des Begriffs ‚Märchen‘ im täglichen Sprachgebrauch hin zum Zauberhaften und Phantastischen, zum nicht an die Wirklichkeit gebundenen Erzählinhalt. Die Popularität von Joanne K. Rowlings „Harry Potter“-Romanfortsetzung wirft neue Fragen zu grenzüberschreitenden Genres, wie der Fantasy-Literatur, auf.

Die hier angebotenen Merkmale der Gattung ‚Märchen‘ gehen von Kunstwerken aus, deren Ausgestaltung sich weitestgehend bis zum 19. Jahrhundert abspielte. Diese typische Eigengesetzlichkeit wird stets eingedenk der Tatsache beschrieben, dass es sich um gewordene Merkmale handelt, die einer bestimmten Funktionalität und Rezeption unterliegen.

Der Begriff ‚Märchen‘ wurde im wissenschaftlichen und allgemeinen Verständnis im Anschluss an die Edition der 238 „Kinder- und Hausmärchen“ von Jacob und Wilhelm Grimm spätestens seit dem Beginn des 20. Jahrhun-

---

1 Allensbacher Jahrbuch für Demoskopie 1998-2002. Bd. 11, hg. v. E. Noelle-Neumann und Renate Köcher. München 2002, S. 326. Älter: Wienker-Piepho, S.: Kinder brauchen auch heute noch Märchen: die Allensbach-Umfrage von 1996. In: MSP 7 (1996) H. 4, S. 90-92.

derts von Inhalt und Form dieser Märchen geprägt, so dass sich Termini wie ‚Gattung Grimm', Buchmärchen und Individualmärchen eingebürgert haben. Der starke Einfluss dieser Sammlung zeigt sich auch im Sammelverhalten. Beispielsweise zeichnete Lehrer Schröder in Ganzlin die Däumlinggeschichte nicht auf, „weil er sie für ‚wohl bekannt' hielt (Brief vom 2.12.1895)."[2] Aus dieser Quelle im Wossidlo-Archiv Rostock wie aus anderen geht hervor, dass Sammler die erzählten Märchen, deren Stoff in den „Kinder- und Hausmärchen" der Brüder Grimm enthalten war, nicht aufzeichneten.

Häufig haben mundartliche Erzähler nicht nur im deutschsprachigen Raum und in der Umgangssprache keine besondere Bezeichnung für ‚Märchen' benutzt. Johannes Bolte veröffentlichte gemeinsam mit Georg Polívka auf 41 Seiten Beispiele zu Namen und Merkmalen der Märchen.[3] Es spiegelt sich darin ein ähnlich weiter Begriff von ‚Märchen' wider, der eher ‚Geschichten' als Löögschen (norddeutsch), Verzälche (mitteldeutsch) und Gschichte oder Rätsle (lothringisch) benennt[4]. Auch in ihren „Kinder- und Hausmärchen" verfolgten die Brüder Grimm einen umfassenden Gattungsbegriff ‚Märchen'. Er findet sich auch in heute vorliegenden Sammlungen, so in den zwei Bänden „Deutsche Märchen", herausgegeben von Hans-Jörg Uther im Eugen Diederichs Verlag (München 1997).

Am Anfang des 19. Jahrhunderts zeigte sich noch keine strenge Trennung zwischen Märchen und Sage, wie sie heute mit kanonischen Märchentiteln vollzogen wird. In den Grimmschen Märchen stehen daher Tiermärchen, Fabeln, Legenden, Novellenstoffe, Schwänke und Schwankmärchen, Lügenerzählungen und Parabeln, Rätsel und Rätselmärchen, ätiologische Sagen u.a.m. nebeneinander.[5]

In der internationalen Forschungsliteratur weichen die Termini von der deutschen Bedeutung ab. Häufig haben sie einen umfangreicheren Begriffsinhalt oder bezeichnen nur einen Teil der Märchenüberlieferung. Im Englischen nutzt man im Allgemeinen den adäquaten Begriff ‚fairy tale' oder ‚household tale', im Französischen ‚conte populaire'.[6]

---

2 Neumann: Mecklenburgische Volksmärchen 1971 und 1973, S. 14.

3 BP Bd. 4, Leipzig 1930.

4 Vgl. Lüthi: Märchen 2004, S. 2.

5 Vgl. Uther (Hg.): KHM 1996, hier Bd. 3, S. 232-233.

6 Lüthi: Märchen 2004, S. 1-2. Thompson: The Folktale 1977, S. 7-8. Jung: Der aktuelle Stand der französischen Märchenforschung 1999, zu erhalten über die Märchen-Stiftung Walter Kahn, Reihe Umgang mit Märchen Heft 9.

2.1 Wort- und Begriffsgeschichte ‚Märchen'

Im heutigen Sprachgebrauch des Wortes ‚Märchen' ist das Spannungsverhältnis zwischen Tatsächlichem und Phantastischem erhalten geblieben, das sich bis zu seinen sprachlichen Wurzeln zurückverfolgen lässt. Zwei Bedeutungsträger, die sich vor allem in ihrem grammatischen Geschlecht voneinander unterscheiden, führten zur Multivalenz in der Bedeutung des Begriffs ‚Märchen'. Die Grundlage bilden die ahd. Substantive

- *māri* **n.** ‚Nachricht, Kunde, Erzählung' aus dem 9. Jh., im Mittelhochdeutschen als *mære* n. in der Bedeutung ‚Kunde, Nachricht, Bericht, dichterische Erzählung, Gerücht', sowie ahd.
- *mārī* **f.** ‚Ruhm, Berühmtheit, Gerücht', um 1000 belegt, mit der mittelhochdeutschen Form *mære* f. ‚Berühmtheit, Rede, Kunde, Erzählung' mit den neuhochdeutschen Formen *Mär*, auch *Märe* f. ‚Kunde, Erzählung', die bis ins 19. Jahrhundert gebräuchlich waren.[7]

Der Begriff ‚maere' (mhd.) gilt im Mittelalter als Erzählinhalt mit Bedeutungen wie Kunde, Bericht, Erzählung und literarische Vorlage.[8] Das Frühneuhochdeutsche zwischen 1350 und 1600 verzeichnet das Wort ‚Mär' vor allem in der Bedeutung einer spannenden Prosadarstellung mit Abenteuern und Neuigkeiten.[9]

māri n.	ahd.	mārī f.
mære n.	mhd.	mære f.
	nhd.	
	Märe, Mär	
	Diminutiv: Märchen, veraltet: Märlein	

Bereits im 8. Jahrhundert belegte Ableitungen vom Verb *māren* umfassen Inhalte wie ‚verkünden', ‚loben', ‚preisen', ‚bekannt- und berühmt machen' und, mit negativer Konnotation, ‚berüchtigt sein'. Weitere sprachhistorische

---

7 Etym. Wb Bd. 2, S. 837.

8 Clausen-Stolzenburg: Märchen und mittelalterliche Literaturtradition 1995.

9 Baufeld, Chr.: Kleines frühneuhochdeutsches Wörterbuch. Lexik aus Dichtung und Fachliteratur des Frühneuhochdeutschen. Tübingen 1996, S. 166: Quellen u.a.: Turnierbuch des Ludwig von Eyb, Fastnachtspiele des 15., 16. Jh., Thüring von Ringoltingen Melusine, Jakob Unrest Österreichische Chronik.

Wurzeln sind im Altiranischen ‚groß', im Griechischen ‚mit dem Speer kämpfend' und ‚glänzen' sowie ‚bloß, rein' im Lateinischen ‚merus' mit der ursprünglichen Bedeutung von ‚klar, hell'.[10]

Die ahd. Bildung *māri-sagāri* m. in der Bedeutung ‚Verbreiter von Gerüchten'[11] hebt die Unsicherheit und Fiktionalität des Stoffes zusätzlich heraus. Die spätere Erweiterung in der Bedeutungsvalenz zeigt an, dass zum Begriff ‚Märchen' das Kriterium der Fiktionalität hinzutrat, das zu den Merkmalen dieser literarischen Gattung gehört. Ebenso zeigt sich in den sprachhistorischen Wurzeln, dass es sich um mündlich tradierte Stoffe handelt.

Die Form ‚Mär' f. nahm im Neutrum, insbesondere der Pluralform, die Bedeutungen von ‚Ruf' und ‚Gerücht' als auch einer bestimmten ‚Kunde', ‚Erzählung' und ‚mündlichem Bericht' auf. So formulierte Luther[12], populär bis heute:

> von himel hoch da kom ich her,
> ich bring euch gute newe mehr,
> der guten mehr bring ich so viel,
> davon ich singn und sagen will.

Bei Murner fand sich ein ähnlicher Beleg „die selbig lieblich frölich mer, / von got gesant von himel her". Weckherlin sprach von „falscher zungen mähr". Gotthart formulierte 1598 „ein andre zeit bringt andre mehr."[13]

Die Bewertung des Erzählten als etwas Unwahrem hob man in der Zeit von 15. bis zum 17. Jahrhundert distinguiert hervor. Danach kam das Wort ‚Mär' bis Ende des 18. Jahrhunderts in der schriftsprachlichen Form außer Gebrauch und wurde erst durch die Hainbunddichter wie Klopstock, Heinrich Christian Boie, Johann Heinrich Voß, die Brüder Stolberg, Johann Martin Miller und Ludwig Christoph Heinrich Hölty neu belebt.[14]

Als Diminutiv von ‚Mär' gehört ‚Märchen' zur schriftsprachlich älteren Form ‚märlein', das aber von jenem seit dem 18. Jahrhundert fast völlig verdrängt wurde[15]. Die Diminuierungssuffixe unterstützen die angegebene Wortbildungsbedeutung: Es handelt sich um eine kürzere Erzählform mit

---

10 Etym. Wb Bd. 2, S. 837.

11 Splett, J.: Althochdeutsches Wörterbuch. Bd. I, 2. Berlin/New York 1993. Vgl. ‚Märleinträger' insbesondere bei Hans Sachs. In: Grimm DWb Bd. 12, Sp. 1616. Auch ebd. Stichwort „erzählen" Bd. 3, Sp. 1076–1078.

12 Luthers Werke. Kritische Gesamtausgabe 8, 358a. Vgl. Grimm DWb 12, Sp. 1616.

13 Murner: Luth. Narr. 2406. Weckherlin, G.R.: Geistliche und weltliche Gedichte. Amsterdam 1648. Gotthart, G.: Zerstörung Trojas. Solothurn 1598 2. Tag, 7. act. Zitate Grimm DWb 12, Sp. 1616.

14 Vgl. Grimm DWb Bd. 12, Sp. 1617. Vgl. Grubmüller, K.: Märe. In: EM 9, 1999, Sp. 302-312, bes. Sp. 304.

15 Grimm DWb Bd. 12, Sp. 1658.

emotionaler Nähe, der aber auch das Element ,emotional geringschätzig' nachkommen kann.[16]

Die literarischen Belege des 18. und 19. Jahrhunderts zeigen die Bedeutung als Nachricht, die ein Produkt der Phantasie ist und der Historiographie vorangeht. So ließ Christoph Martin Wieland (1733-1813) in seinem Epos „Oberon" (1780) den Vertrauten Scherasmin ein Märchen zur Ablenkung von unklugen Taten erzählen:[17]

> Ihm fällt bald dies bald jenes ein,
> Sie zu beschäftigen, zu stören, zu zerstreun;
> Zuletzt schlägt er, da alle Mittel fehlen,
> Zur Abendkürzung vor, ein Märchen zu erzählen.
>
> Ein Märchen nennt' er es, wiewohl es freilich mehr
> Als Märchen war. Ihm hatt' es ein Kalender
> Zu Basra einst erzählt, als er die Morgenländer
> Nach seines Herren Tod durchirrte, lang vorher,
> Eh in die Kluft des Libans aus den Wogen
> Der stürmevollen Welt er sich zurückgezogen:
> Und da es itzt in ihm gar lebhaft sich erneut
> Glaubt er, es sei vielleicht ein Wort zu rechter Zeit.
>
> Und so beginnt er denn: „Vor etwa hundert Jahren
> Lebt' an den Ufern des Tessin
> Ein Edelmann, an Weisheit ziemlich grün,
> Wiewohl sehr grau an Bart und Haaren; ..."

Scherasmin verdankte seine lehrreiche Erzählung einer schriftlichen Quelle, einem Kalender, zu Rate gezogen, als er selbst eines innerlichen Rückzugs bedurfte. So begegnete ihm das erzählte Märchen in einer lehrhaften Unterhaltung. Es ist dies ein Beleg für die Bedeutungswandlung im letzten Drittel des 18. Jahrhunderts hin zu der uns vertrauten.[18] Im Begriff ,Märchen' verschmolz das Erdachte und Unwahre zu einer Gattung. Die Etymologie des Begriffs ,Mär' begründete das Oszillieren der Geschichten vom Pol des Realen im Sinne von Bericht hin zum Irrealen im Sinne von Gerücht und Fiktion.

---

16 Andere Beispiele: Bürschchen, Witzchen. Vgl. Kleine Enzyklopädie Deutsche Sprache. Leipzig 1983, S. 258.

17 Wieland, Ch.M.: Werke. Hg. v. F. Martini und H.W. Seiffert. München 1968, S. 255: 6. Gesang, 34-36.

18 Bausinger, H.: Märchen. In: EM 9, 1999, Sp. 250-274, hier Sp. 251.

2.2 Merkmale von ‚Märchen'

Bereits Zedlers Universallexikon von 1739 stellt Authentizität und Fiktionalität mit der Absicht zu unterhalten wertungsfrei nebeneinander:

> Maehre, ist eine Erzehlung beydes einer wahrhafften als erdichteten Geschichte. Anders: eine wahre oder falsche neue Zeitung, Post, oder Botschafft. Dahero kommt Maehrlein, sonst eine Fabel...
>
> Maehrlein, sind Gedichte oder Fabeln so man erzehlet, wenn man andern eine Lust machen oder die Zeit vertreiben will.[19]

Die heutige Vorstellung vom ‚Märchen' als einem künstlerischen Produkt schließt hier an und beschreibt diese Texte durch weitere Eigenschaften, die eher in einem Merkmalkatalog als in einer Definition festgehalten werden können. Mit der Vielfältigkeit der Sammlungen, die im Anschluss an die Grimmschen Märchen erschienen, und der Wissenschaftsdisziplinen, die zur Märchenforschung beitrugen, nahmen auch die Definitionsversuche des Begriffs ‚Märchen' zu.

1. Der **Gattungskomplex** ‚Märchen' oder ‚Volks'-Märchen gliedert sich in die Bereiche der Tier-, Novellen-, Schwank-, Legenden-, Rätsel-, Warn-, Zaubermärchen u.a.m. In seinem Zentrum stehen die Eigentlichen Märchen, nach dem Verzeichnis von Aarne/Thompson/Uther (ATU) Nr. 300 bis 745A „Tales of magic". Novellenmärchen (ATU 850 bis 992A) sind dem Roman oder der Novelle ähnlich, besitzen aber Märchentypisches in Handlung, Personal (z.B. Könige) und Darstellungsart (Stilisierung).
2. Im Allgemeinen sind vor allem Zaubermärchen durch die Eigenschaft bestimmt, von Wunderbarem oder Numinosem als etwas **Selbstverständlichem** zu berichten.[20] Der Held oder die Heldin eines Märchens wundert sich nicht über das nach den Gesetzen der Natur Unmögliche. Übernatürlichen Helfern am Wegesrand begegnet der Märchenheld aufgeschlossen und ohne Scheu. Ohne nach Ursachen zu fragen, wird das Unerklärliche angenommen. Zaubergaben werden dankbar empfangen, ohne an ihrer Funktionstüchtigkeit auf dem Weg zum Ziel oder zur Bewältigung der Aufgabe zu zweifeln. Von

---

19 Zedler, J.H.: Grosses vollständiges Universal-Lexikon Aller Wissenschaften und Kuenste, Welches bishero durch menschlichen Verstand und Witz erfunden worden. Bd. 19, 2. Nachdruck, Graz 1995, Sp. 163, 167 (Stichworte ‚Maehre' und ‚Maehrlein'; zuerst 1739).

20 Solms/Oberfeld (Hg.): Das selbstverständliche Wunder 1986.

den ‚Zaubermärchen', sind ‚Feenmärchen' hinsichtlich ihrer Eigenschaften und Geschichte zu unterscheiden.[21]

3. Ein solches ‚zauberhaftes' Geschehen kann im Gegensatz zum Erfahrungs- und Alltagswissen stehen. **Real sind dabei soziale und interpersonale Verhältnisse in Familien- und Gesellschaftskonstellationen[22] geschildert**: der zurückgesetzte jüngste Bruder, meist in einer Konstellation von drei Geschwistern (z.B. ATU 551), das verstoßene Stiefkind (z.B. ATU 510 A, ATU 511), die habgierige und machtbewusste sozial übergeordnete Person, meist ein Herrscher (z.B. ATU 465).
4. Von Seiten des Erzählenden ist aufgrund der Einleitungs- und Schlussformeln[23] eine **gewollte Fiktionalität des Märchengeschehens** aufgebaut. Unterstützt wird diese durch fehlende Orts- und Zeitangaben. Insgesamt zeichnet sich die Darstellung durch formelhafte Wendungen und Einschübe aus[24], ein Stilmittel, das Wilhelm Grimm während seiner Überarbeitungen der Märchentexte auszunutzen wusste.[25]
5. Die **Überlagerung verschiedener historischer Schichten** in den tradierten Märchen übt heute eine eigene Faszination aus. Einmal handelt es sich um sog. Survivals: erstarrte Glaubens- und Brauchformen, ihres ursprünglichen Sinnes entleert.[26] Dabei muss zwischen dem erzähltechnisch erforderlichen Stilmittel und möglichen Residuen früherer Epochen der Kulturgeschichte abgewogen werden. Die schwere Aufgabe, das Wasser des Lebens zu bringen oder den blinden König zu heilen, ist die erzähltechnische Voraussetzung zum Auszug der Königssöhne und dem abenteuerlichen Märchengeschehen im Märchentyp ATU 551. Ihre Grundlage hat dieses Erzählen aber in den „Glaubensrealitäten in der magischen Denkwelt", die an der zauberischen Heilswirkung von Tau, Blut oder Wasser festhält.[27]

---

21 Vgl. Bottigheimer: Nary a Nursemaid. In: Marvels and Tales 21 (Druck 2007).

22 Vgl. Wollenweber: Thesen zum Märchen. In: Märchenanalysen 1977, S. 63.

23 Olrik: Epische Gesetze der Volksdichtung 1909, S. 1-12.

24 Pop: Der formelhafte Charakter 1968. Akidil: Formelhafte Wendungen 1968.

25 Bluhm/Rölleke: „Redensarten des Volks" 1997.

26 Vgl. Röhrich: Märchen und Wirklichkeit 2001, S. 63. Schenda: Von Mund zu Ohr 1993, S. 252. Survivals bezeichnen meist unverstandene Reste früherer Glaubensformen, auch der Begriff Residuen, innerhalb von Schichten unterschiedlichen Alters, entwickelt von E.B. Tylor; z.B. angewendet durch Funke: Enthalten die deutschen Märchen Reste 1932. Pöge-Alder: ‚Märchen' 1994, S. 84.

27 Röhrich: Märchen und Wirklichkeit 2001, z.B. S. 79-81.

Der Glaube an die Heilkraft verschiedener Gewässer erfreut sich einer langen Tradition.[28]

6. Figuren, Dinge, Gaben und weitere Elemente des Märchens wie etwa Alltagsgegenstände treten als Requisiten auch in anderen Formzusammenhängen auf, etwa in der Sage. Sie können im Kontext der anderen Erzählgattung z.T. eine vom Märchen abweichende Funktion ausüben, so etwa die Nixe als eine Figur der Wasserbelebung und Naturbeseelung im Märchen und in der Sage. Gegenstände werden an eine andere Erzählumgebung und die veränderte Zeit angepasst, wenn ein Schwert zur Flinte wird und der König als Präsident auftaucht. Es handelt sich hier um **Requisitverschiebung** und ihren Widerpart, die **Requisiterstarrung**.[29]
7. Wo „eine **tatsachengerechte Aussage** erwartet"[30] wird, rückt der Märcheninhalt der **negativen Konnotation** einer Lüge nahe, bleibt jedoch nicht per se negativ, sondern verweist auf den Anteil von sog. Wahrheit. Diese erschließt sich heute mit **historischem** Verständnis oder durch eine Interpretation des Geschehens in **symbolischer** Hinsicht. Dazu ist nicht das Verständnis einer vergessenen Sprache nötig, wie es Erich Fromm postulierte.[31] Praktiziert wird häufig die Übertragung einer psychoanalytischen Theorie auf das Märchengeschehen oder einzelne Motive. Das Märchen selbst fungiert dann als ein Medium sowohl für die psychoanalytische Praxis als auch für mediale Transformationen.[32]
8. In Europa, insbesondere bei den „Kinder- und Hausmärchen" der Brüder Grimm, und den durch diese Tradition beeinflussten Aufzeichnungen anderer Kontinente setzte sich eine **typische Märchenästhetik** durch, deren Beschreibung auf Max Lüthi zurückgeht. In den „welthaltigen" Geschichten stehen im Sinne von ‚Eindimensionalität' und ‚Flächenhaftigkeit' die Figuren, Märchenrequisiten, Tiere, Helfer und sowie Jenseits- und Diesseitswelt klar voneinander geschieden. (Ausführlich zu Lüthi in Kapitel 6.4)
9. Die **Entindividualisierung der Darstellung** bildet einen wichtigen Unterschied zur Sage, in der die Schilderung eines scheinbar indivi-

---

28 Vgl. Boette, W.: Lebenswasser. In: HDA 5, 1933, Sp. 972-976, hier Sp. 972, 975. Hünnerkopf, R.: Wasser. In: HDA 9, 1941, Sp. 107-122, hier Sp. 113-119 zur heilenden, zauberischen und schädlichen Wirkung des Wassers.

29 Bausinger: ‚Historisierende' Tendenzen 1960, S. 279-286.

30 Vgl. Bausinger, H.: Märchen. In: EM 9, 1999, Sp. 250-274, hier Sp. 251.

31 Fromm: Märchen, Mythen, Träume 1957.

32 Bsp.: Franz: Das Weibliche im Märchen [10]1991. Jacoby/Kast/Riedel: Das Böse im Märchen 1994. Laiblin (Hg.): Märchenforschung und Tiefenpsychologie 1972.

duellen Erlebnisses vor dem Hintergrund kollektiver Erfahrung gedeutet werden muss.

10. „Klarer Bau"[33] und Struktur unterscheiden das ‚Volksmärchen' vom **‚Kunstmärchen'**, wo der Autor (im Sinne des Urhebers) in künstlerischer Freiheit offensichtlich z.B. eigene Reflexionen, Rückblenden, Beschreibungen und Kommentare einfügen kann.[34] Allerdings sind auch in sog. Volksmärchen derartige Eingriffe durch die Erzähler, Aufzeichner und Herausgeber ersichtlich.
11. Das traditionelle Märchen zeichnet sich durch eine **klare Strukturierung** aus, die Vladimir Propp besonders für ‚Zaubermärchen' aufzeigte (vgl. Kapitel 6.2). Die Handlung nimmt ihren Ausgang in einer Mangelsituation, worauf der Held/die Heldin ausziehen und Abenteuer bzw. schier unlösbare Aufgaben bewältigen müssen. Hier finden sich Wirklichkeitselemente der Erzählgemeinschaft besonders wieder. Diese strukturelle Bindung der Gattung bedingt die Entstehung von Märchentypen (z.B. ATU).
12. Die Hörererwartung entspricht einem Happy End als typischem Märchenschluss insbesondere für ‚eigentliche Märchen' bzw. ‚Zaubermärchen' und ‚novellenartige Märchen'.[35] **Das glückliche Ende als Ziel des Geschehens** für den Glücklichen und Begnadeten wird durch die vorher bewältigten Konfliktsituationen deutlich akzentuiert.[36] Für den Weg von Held/Heldin zu Glück und Wohlstand kamen Bezeichnungen wie ‚rise tale' und ‚restoration tale' auf.[37] Glück ist aber nicht der Gegenstand der Darstellung, wird es doch meist nur im abschließenden Satz genannt und durch eine Schlussformel der Erzählsituation nahegebracht. Liegt ein Märchen mit schlechtem Ausgang vor, so scheint eine ‚zersagte' Fassung oder „verstümmelte Trümmerform" vorzuliegen, die die Redaktion der Grimms zu vervollkommnen suchte. Daneben stehen **‚Antimärchen'**. Hier kommt es zu einem falschen Happy End, etwa bei „Von dem Fischer un syner

33 Lüthi: Märchen 2004, S. 3.

34 Mayer/Tismar: Kunstmärchen 1997. Tully: Creating a national identity 1997. Wührl: Das deutsche Kunstmärchen 1984.

35 Nach Aarnes Typenverzeichnis sind in der Regel alle Nummern zwischen ATU 300 und ATU 749 Zaubermärchen, zwischen ATU 850 und ATU 999 Novellenmärchen. Vgl. Interpretation des Glücks: Boothe (Hg.): Wie kommt man ans Ziel seiner Wünsche? 2002.

36 Röhrich: Märchen und Wirklichkeit 2001, S. 46, 233. Neumann: Mecklenburgische Volksmärchen 1971, S. 19.

37 Aufsteiger- und Wiederherstellungsgeschichte. ‚Rise fairy tale' beinhaltet den Weg Armut-Zauberisches-Heirat-Wohlstand. ‚Restoration fairy tales' sind kürzer und älter. Bottigheimer: Fairy Godfather 2002, S. 11, 14. Dies.: Fairy-Tale Origins, Fairy-Tale Dissemination, and Folk Narrative Theory. In: Fabula 47 (2006) H. 3/4, S. 211-221.

Frau" (KHM 19), „Die drei Schlangenblätter" (KHM 16) und „Der Gevatter Tod" (KHM 44). Weiter fehlt das glückliche Ende bei einer Nähe der Erzählung zum archaischen Volksglauben, moralisch belehrenden Intentionen, wie sie bei traditionellen Sagen erscheinen, sowie bei Warn-, Schreck-, sog. Kettenmärchen, die Handlungsfolgen als Episoden aneinanderfügen, ätiologischen Märchen, die ein Ereignis als Ursache für den gegenwärtigen Zustand berichten, mit dem der naturgegebene, ideal-paradiesische Ausgangszustand endete, und Märchen sog. schriftloser Kulturen.[38]

13. **Jede mündliche oder schriftliche Realisierung eines Märchentextes bildet ein eigenes Kunstwerk**, das vom individuellen Erzähltalent und der eigenen Intention, dem stilistischen Anspruch und dem Adressaten abhängt. Die Gestaltung zeigt meist ein Oszillieren um einen festen Kern von Episoden, Figurenkonstellationen und Motiven. Variabel erscheinen je nach Kontext und Erzähler/Erzählerin Prozesse des Zurechterzählens und Zerzählens, Kontamination, Transformation, Vereinfachung, Vergessen, Entlehnung, Requisitverschiebung, Modernisierung u.a.m. Dieses Charakteristikum des traditionellen, häufig als ‚Volks'-märchen bezeichneten Stückes zeichnet den Erzähler als Gestalter und Vermittler innerhalb einer Überlieferungskette aus. Jede Performanz eines Märchens hat das Potenzial, ein Kunstwerk zu bilden, das Teil der Tradierung werden kann. Erst ein Vergleich der Versionen eines Märchentyps zeigt Veränderungen auf und weist den Anteil der erzählenden Gestaltung und damit der Mündlichkeit auf. Kollektive und individuelle Anteile im Märchen vermischen sich daher je nach dem Grad, in dem sich ein Erzähler als Neu-Schöpfer für sein Publikum betätigt und nach dem Kontext seiner Darbietungen. Der Hörende ist aufgrund dieser Performanz in das Erzählen selbst in Form eines „Miterlebensvorgangs" einbezogen. Die Funktionalität besteht demnach im unbewussten Durchleben der Individuation, der Ablösungen und der Partnerschaftskonflikte während des Märchenerzählens.
14. Ihre entscheidende Rolle in der Kinder- und Jugendliteratur nahmen die Märchen während der **Konstitution der bürgerlichen Familie** und dieser Literaturgattung insgesamt ein; in Deutschland seit dem Ende des 18. Jahrhunderts. Sie werden Bestandteil des **Lesekanons** im Vorschul- und Schulbereich und gehören damit zur rezipierten Kinder- und Jugendlektüre.[39] Natürlich haben Kinder an der Rezep-

---

38 Ausführlich: Röhrich: Märchen und Wirklichkeit 2001, S. 46-55.

39 Pöge-Alder: Lehren fürs Leben 2003.

tion von Märchen, Predigtmärlein, Volksbüchern, Schwänken und populären Lesestoffen allgemein teilgenommen, bevor diese ausdrücklich für sie bestimmt waren. Die intentionale Bestimmung von Märchen für Kinder bringt jedoch eine deutliche Bearbeitung der Texte mit sich hin zu kindgerechter, entsexualisierter Erzählart und Figurendarstellung. Märchen werden ein Medium, anhand dessen Elternhaus und Schule moralische und erzieherische Werte vermitteln. Hier begann die mediale Transformation ihrer Motivationen, so für Bilder- und Lesebücher und sog. Weihnachtsmärchen bis hin zu Filmen und Spielen auf DVD. Die Vermarktung dieses Kulturgutes ‚Märchen' reicht bis zu Produktbezeichnungen und Werbung.[40] Daher müssen bei der Untersuchung von Märchen in der Kinder- und Jugendliteratur auch die medialen Bedingungen der Produktion, Distribution und Rezeption einbezogen werden.[41]

15. Im Kontext einer Erzählsituation oder einer Anthologie kommt ‚Märchen' auch in historisch und regional definierter Abhängigkeit eine bestimmte **Funktionalität** zu. Häufig werden sie auf eine Unterhaltungsfunktion festgelegt: Das ist im Vergleich zur Sage sicher zu bestätigen, muss aber mehrdimensional erweitert werden hinsichtlich der Vermittlung von Wissen, der psychodramatischen Konfliktbewältigung, der Bebilderung von Hoffnung[42] und dem Gemeinschaftserlebnis, das einer Erzählrunde eigen ist.

Geschichten, die in volksläufiger Tradition wurzeln, sind Märchen, spezifiziert als ‚Volks'-märchen – nur um diese Geschichten handelt es sich hier. Sie sind während der mündlichen Überlieferung in gewissem Grad variabel und erreichen eine feste Form in ihrem Zustand als Buchmärchen, der sich auch bei den erzählten Märchen widerspiegelt. So werden etwa die „Kinder- und Hausmärchen" der Brüder Grimm als Buchmärchen von heutigen Erzählern und Erzählerinnen häufig in wörtlicher Form vorgetragen.

---

40 Bottigheimer: Grimms' Bad Girls and Bold Boys 1987. Fischer, H.: Märchen von der Theke. In: MSP 12 (2001) H. 3, S. 152-155. Schmitt: Werbung und Märchen 1999, S. 103-106. Horn: Selbsterfahrung mit Märchen 1996, S. 230-240. Dies.: Über das Weiterleben der Märchen 1993, S. 25–71.

41 Tomkowiak, I.: Kinder- und Jugendliteratur. In: EM 7, 1993, Sp. 1297-1329, hier Sp. 1301.

42 Bloch, Ernst: Das Prinzip Hoffnung. Werkausgabe Bd. 5. Frankfurt a.M. 1993.

Merkmale von ‚Märchen'

1. Das Konstrukt ‚Märchen' beinhaltet künstlerische Texte verschiedener Art
2. Wunderbares (Numinoses) als etwas Selbstverständliches
3. Reales: soziale Verhältnisse und interpersonale Konstellationen der Familie
4. gewollte Fiktionalität:

   Einleitungs- und Schlussformeln
   fehlende Orts- und Zeitangaben
   formelhafte Wendungen
5. Überlagerung verschiedener historischer Schichten
6. Requisitverschiebung
7. „tatsachengerechte Aussage" – Lüge;
   symbolische Interpretation in historischer Dimension
8. typische Märchenästhetik: Max Lüthi
9. Entindividualisierung
10. Unterschiede zum ‚Kunstmärchen'
11. klare Struktur
12. Happy End und ‚Antimärchen'
13. mündliche und schriftliche Realisierung eines Märchentextes als Kunstwerk
14. Konstitution der bürgerlichen Familie (Lesekanon, Vermarktung)
15. Funktionen: Unterhaltung, Wissen, psychodramatische Konfliktbewältigung, Einbettung in eine Erzählgemeinschaft

2.3 Grenzen zu den Gattungen der populären Literatur

Die Gesamtheit der erzählenden traditionellen Literatur, der sog. Volksliteratur, wird in unterschiedlicher Intensität durch eine orale Tradition gespeist. Fixiert wird ein ‚Erzähltext'. Damit sind diese Gattungen sowohl literarischer als auch oraler Sprachqualität. Der ‚Autor' ist nicht automatisch der ‚Erzähler', sondern Zwischeninstanzen haben sich eingefügt bis eine Form realisiert wird und als ‚Version' in die Traditionskette eines Erzähltyps tritt. Auch Herausgeber namhafter Erzählsammlungen, wie insbesondere die Brüder Grimm, haben eine Version geschaffen, deren idealtypische Gestaltung einen Erzähltyp so stark beeinflusste, dass sie zur Prägung eigener Typen beitrugen.[43]

Die erzählenden Gattungen, mitunter auch als außerliterarische Formen bezeichnet, sind an sich eine Erfindung der Literaturwissenschaft und Volkskunde und ihrer Suche nach Gliederungsmöglichkeiten.[44] Tatsächlich kann im Erzählvorgang ein Gemisch von Gattungen vorkommen. Auch eine Sammlung von nur Märchen oder Sagen ist ein „Kunstprodukt, das von jeglicher realer Erzählperformanz vergangener Jahrhunderte abstrahiert."[45] Das häufigste Erzählen handelt „vom zwar ganz gewöhnlichen, uns aber doch immer wieder überrumpelnden, pumpelnden und polternden Alltag", genauer „vom Hereinbrechen des Ungewöhnlichen in das Gewöhnliche".[46]

Für den gesammelten Schatz an Erzählungen sind Kategorien entwickelt worden, die z.T. selbst in den alltäglichen Umgang eingegangen sind, wie Sage, Memorat, Chronicat[47], Fabulat, Legende und Exempel sowie Schwank und Witz. Ihnen gemeinsam innerhalb der sog. Volksliteratur ist der Bezug auf ihre Eigenschaft, mündliche Erzählung zu sein, deren Erzähltext fixiert ist, meist schriftlich, später auch als audio-visuelle Aufzeichnung. Dass der Beginn mündlicher Tradierung auch bei einem schriftlich fixierten Text liegen kann, zeigen Einzeluntersuchungen.[48] Der Erzählstoff und die Erzählmotive können in den „klassischen" Gattungen übereinstimmen. Doch verfügt jede über typische Requisiten, Figuren, Situationen, Handlungszusammenhänge und Erzählweisen, die eine Differenzierung erlauben.

---

43 Bsp. Herranen: The maiden without hands (AT 706) 1990, S. 106.

44 Vgl. Honko: Methods in Folk Narrative Research 1989.

45 Schenda: Von Mund zu Ohr 1993, S. 266.

46 Ebd. S. 268.

47 Ein Chronicat ist ein Bericht über ein historisches Ereignis, das der Erzähler und andere Personen kennen. Mit Bezug auf Matti Kuusi vgl. Kaivola-Bregenhøj: Narrative and Narrating 1996, S. 69.

48 Bsp. Röhrich: „Die Sage von Schlangenbann" (Thompson Q 597) 1968, S. 325-344.

Insbesondere das Verhältnis der Erzählenden zum Stoff und die Darstellung des Numinosen wirkt unterscheidend. Die erzählerische Darstellung der Wirklichkeit ist in den Erzählungen dabei Veränderungen unterworfen gewesen. In den Gattungsbeschreibungen wird immer wieder deutlich, welche sozialpsychische Funktion den unterschiedlichen Gattungen in Vergangenheit und Gegenwart innewohnt.

Im Folgenden wird aus der Perspektive des traditionellen Märchens nach Kriterien zur Abgrenzung von verwandten Gattungen gesucht, mit denen es häufig Themen, Stoffe und Motive teilt. Einige allgemeine Charakteristika können zur ersten Abgrenzung dienen, die mit Beispielen untermauert werden.

Für Detailbeschreibungen dienen:

- Übersichtsartikel in der „Enzyklopädie des Märchens" (Gattungsprobleme)
- Einzeldarstellungen der Sammlung Metzler: Märchen (Lüthi, zuerst 1979), Sage (Röhrich 1971), Schwank (Strassner 1978), Legende (Rosenfeld 1972), Anekdote (Grothe 1971), Fabel (Leibfried 1973)
- Bausinger: Formen der „Volkspoesie" (^{2}1980)
- Pauckstadt: Paradigmen der Erzähltheorie (1980)
- Zipes (Hg.): The Oxford Companion to Fairy Tales (2000)

Sagen

> Das Märchen ist poetischer, die Sage historischer; jenes stehet beinahe nur in sich selber fest, in seiner angeborenen Blüte und Vollendung; die Sage, von einer geringern Mannigfaltigkeit der Farbe, hat noch das Besondere, daß sie an etwas Bekanntem und Bewußtem hafte, an einem Ort oder einem durch die Geschichte gesicherten Namen. Aus dieser ihrer Gebundenheit folgt, daß sie nicht, gleich dem Märchen, überall zu Hause sein könne, sondern irgendeine Bedingung voraussetze, ohne welche sie bald gar nicht da, bald nur unvollkommener vorhanden sein würde.[49]

Auch für diese erzählende Kleinform der oralen Literatur formte die erste Ausgabe der Brüder Grimm „Deutsche Sagen" von 1816/18 den Blick, dem die Forscher, Sammler und Editoren des 19. Jahrhunderts folgten. Davon unterscheiden sich die Erkenntnisse der Erzählforschung, die aber hervorhebt, dass es sich hierbei um ein besonderes Lebenswerk handelt, in dem Beiträge aus Reisebeschreibungen, Chroniken, Predigtexempelsammlungen, Kuriositätenliteratur, Schriften zum Aberglauben, antiken und zeitgenössischen Arbeiten, Geschichtswerken, juristischen Abhandlungen, Anekdoten und Kalender sowie topografisch-statistischen Veröffentlichungen ausgewertet wurden. Für

---

49 Brüder Grimm: Deutsche Sagen. Hg. v. H.-J. Uther. Bd. 1. München 1993, S. 15.

eine Gattungsbestimmung hat die Sammlung daher eher historische Bedeutung.[50]

Sagen (historische, ätiologische und dämonologische Sagen) schildern ein außerordentliches historisches oder numinoses Ereignis, das als tatsächlich Geschehenes erzählt wird. Verankert wird dieser Eindruck durch die erzählerische Integration von Angaben zu Gewährspersonen, Ort und Zeit des Geschehens. Als solche bezeichnete Monika Schrader ‚Sagen' als mimetische Form[51]. Beim Erzählen herrscht das subjektiv bestimmte Gefühl vor, dass der Wahrheitsgehalt des Erlebten und des Erzählten hervorgehoben werden muss. Darin liegt ein wesentlicher Unterschied zum Märchen, der aber in der Etymologie des Wortes ‚Sage' (ahd. 9. Jh. *saga*) zuerst noch nicht ausgeprägt ist: mhd. *sage* umfasst ‚das Sprechen, Rede, Aussage, Erzählung, Gerücht, Bericht' und wandelt sich erst im 14. Jahrhundert zu „‚Kunde von Ereignissen der Vergangenheit' (ohne historische Beglaubigung)".[52] Zwar erlangt diese Bedeutung im 18. Jahrhundert allgemeine Gültigkeit, die spezifische Gattungsbedeutung bildet sich vor allem im 19. Jahrhundert aus.

Die Numinosität des Geschehens nimmt der Erzähler als tatsächlich gegeben. Das Phantastische ist in die Realität eingebunden. Daher zeichnet die Sage eine besondere „wahrnehmungspsychologische Authentizität"[53] aus. Wie die Gesamtheit des Erzählschatzes, so ist die scheinbar einmalige, individuelle Begegnung vor dem Hintergrund kollektiver Glaubensvorstellungen und Erfahrungen zu interpretieren[54] – Sagen gelten dann als Teil der gemeinschaftlichen Erfahrung und konstituieren diese. In diesem Zusammenhang wies der Soziologe Stehr darauf hin, dass im Alltag die Moral über Geschichten, vor allem moderne Sagen, bis hin zu Klatsch und Gerücht, transportiert wird, „die als Versatzstücke in Gesprächen dienen und im sozialen Raum zirkulieren."[55]

Häufig geht dem Kontakt des Handlungsträgers mit dem übernatürlichen Geschehen eine Normverletzung voraus, deren Bestrafung zum Geschehen

---

50 Petzoldt: Einführung in die Sagenforschung 1999, S. 39.

51 Schrader: Epische Kurzformen 1980, S. 37.

52 Etym. Wb Bd. 2, S. 1156.

53 Pentikäinen: Grenzprobleme zwischen Memorat und Sage 1970, S. 89-118. Vgl. Petzoldt: Einführung in die Sagenforschung 1999, S. 58.

54 Vgl. Tillhagen, C.-H.: Was ist eine Sage? Eine Definition und ein Vorschlag für ein europäisches Sagensystem. In: Petzoldt, L. (Hg.): Vergleichende Sagenforschung. Darmstadt 1969, S. 307-325. Er favorisiert Termini, die zuvor von Sydow (1948) initiiert hatte. Danach soll eine Gliederung in Fabulat als „Schilderungen des Einzelnen über den Volksglauben" und Memorat als „Dichtungen des Volkes über seinen Glauben" gelten. Mythen und christliche Legenden würden dann ebenso Fabulat sein. Dies setzte sich in der Forschungspraxis bisher nicht durch.

55 Stehr: Sagenhafter Alltag 1998, S. 12-13.

gehört. Vom Märchen unterscheidet die Sage insbesondere, dass das Numinose schreckhaft und kontrastiv in das Leben des Handlungsträgers einbricht. Die erzählte Sage wirkt daher eher düster. Im Märchen kreiert der Erzähler dagegen „dichterische Wahrheit" ohne räumliche und zeitliche Fixierung und Tiefenwirkung, während der Inhalt der Sage dem Menschlichen und seinen Denkkategorien verhaftet ist: „sie entspricht der Realität, weil sie sie sein will auch dort, wo sie auf das Irreal-Dämonische um und in uns zielt."[56]

Zu den traditionellen Überlieferungen gehört ein großer Teil der Wandersagen und -motive. Solche Erzählstoffe scheinen auf den ersten Blick regionalspezifisch, sind bei genauerer Betrachtung jüngeren Überlieferungsschichten zuzuordnen und haben zeitlich keine längere Belegdichte für das geschilderte Ereignis bzw. den damit verbundenen Ort. Stellt man diese Motive in den Zusammenhang mit anderen Regionen, dann kann mitunter eine Tradition bis ins Mittelalter oder noch darüber hinaus nachgewiesen werden.[57]

Die Nähe zwischen Märchen und Sage ist im Numinosen, z.B. der Verwandlung von Wasser zu Gold zu sehen – aber die Verwunderung darüber ist im Unterschied zum ‚selbstverständlichen Wunder' typisch für die Sage. Dass es sich um ein phantastisches Geschehen handelt, verbindet die Gattungen, die beide historische Schichten enthalten. Die Betonung ist in der Sage auf die Gegenwärtigkeit und das Erlebnis gelegt. In beiden Erzählformen wird ‚gutes' und ‚böses' Verhalten gewertet. So belehren und unterhalten beide Erzählungen ihre Zuhörenden.

Der Text der Sage besitzt im Unterschied zum Märchen einen individuellen Erlebniswert und schildert Geschehen mit individuellem Wahrheitswert. Die Sage bedarf daher einer Beglaubigung durch den Erzähler mit der Angabe dessen, von dem er sie hörte. Die ‚Sagenästhetik' zeigt Kürze und Einepisodigkeit; ein Happy End fehlt, der Fluchende wird bestraft. Die Beziehung des Menschen zur Natur, deren Teil er ist, steht hier im Zentrum. Dahinein wird der Einfall des wunderbar Übernatürlichen als etwas Schreckhaftes erlebt.

Im gegenwärtigen Erzählen tritt das sagenhafte Erzählen in Form von ‚urban legends' auf. Diese kurzen Schilderungen beglaubigter Erlebnisse stützen die Kommunikation und Interpretation des Alltags. Ihre Vermittlung erfolgt auch durch Printmedien und im Internet, unterstützt durch den Film. Die Geschichte vom „Crocodile in the sewer system" ist beispielsweise im eng-

---

56 Ranke: Betrachtungen zum Wesen und zur Funktion der Märchens ²1985, S. 343. Vgl. Petzoldt: Einführung in die Sagenforschung 1999, S. 58-60.

57 Beispiel Harzregion in Uther: Einführung: Zur Entstehung der Sagen, S. 22. In: Uther: Deutsche Märchen und Sagen. Digitale Bibliothek 2003, Band 80, S. 62.

lischsprachigen Bereich für urbane Ballungräume belegbar.[58] Außer Frage steht dabei in der Erzählforschung der Konsens, dass auch bei diesen modernen Sagen die Struktur einer Geschichte oder ihr narratives Schema mit kulturspezifischen und gesellschaftlich vorgegebenen Mustern korrespondiert.[59]

Mythen

Ausgehend von Jacob Grimms Überlegungen zum Ursprung der Märchen nahmen seit Anbeginn der Erzählforschung in der Romantik Mythen eine entscheidende Rolle ein. Die Bewertung der Mythen für die Entwicklung der Märchen bestimmte die jeweilige Forschungsrichtung. In der Märchenforschung prägte sich die Mythologische Schule als Interpretationsrichtung der Märchen seit Jacob Grimm aus (vgl. Abschnitt 3.1).

Die Verbindung einiger Märchen beispielsweise mit dem Ostmittelmeerraum, eine starke Beeinflussung der europäischen Märchentradition aus dieser Region und damit der Bezug zwischen bekannten Märchen und der griechischen Mythologie ist heute unumstritten. Als sprachhistorischer Beleg dafür kann das griechische Wort *paramýthi* gelten, dessen Vorsilbe „neben", „vor", „gegen" bedeutet, womit das Wort eine Erzählung aus der Umgebung des Mythos bezeichnet.[60]

Gemeinsames Merkmal der Mythen ist, dass sie Berichte aus einer Vorzeit sind. Diese liegen nur in Form von Nacherzählungen vor. Als umfassende Ätiologie wird die Entstehung und Schöpfung des Universums in Form von Urstandsmythen - zum Ursprung des Todes, des Sexuallebens, der Sintflut, der Neuschöpfung der Welt - anschaulich geschildert. Sie liefern eine allgemein gültige Welterklärung, die ihre Relevanz auch im 21. Jahrhundert nicht eingebüßt hat.[61] In den griechischen Mythen spielt vor allem der Panthenon der griechischen Götterwelt eine handlungstragende Rolle, in anderen Regionen nehmen diese Rolle Tiere und erste Menschen ein. Die griechischen Mythen sind häufig Göttergeschichten, die die Leidenschaften und Schicksale der Götter, dazu insbesondere von ihrem Einfluss auf die menschliche Welt erzählen.

In der Gegenwartssprache kommt dem ‚Mythos', so Röhrich, häufig eine ambivalente Bedeutung zu, die irrationale, falsche und fiktive Elemente umfasst. Diese ist vor allem aus der zweiten Begriffsbedeutung von ‚Mythos'

---

[58] Vgl. Pöge-Alder, K.: Krokodil. In: EM 8, 1996, Sp. 486-491. Brednich: Der Goldfisch beim Tierarzt 1994. Brunvand: Encyclopedia of urban legends 2001.

[59] Vgl. Stehr: Sagenhafter Alltag 1998, S. 40.

[60] Röhrich: Märchen - Mythos - Sage 1984, S. 11-35, hier S. 11.

[61] Z.B. Wardetzky, K.: Das Ehegemach in Mythen und Märchen. Vortrag Kongress der Europäischen Märchengesellschaft 2003 Potsdam.

abzuleiten, die im Sinne „fortschrittlichen Denkens" in diesen Vorstellungen historisch Vergangenes, Irreales, nicht relevantes und unglaubwürdiges Gedankengut sieht. Dogmatische Fixierung der Religionen, Metaphysik und Philosophie sowie rationalistische Wissenschaft begrenzten den Mythos und lehrten, ihn als heidnische Glaubensüberlieferung und damit als abergläubische Volkserzählung zu deuten.[62]

Legenden

Die Gattungsbezeichnung ‚Legende' (lat. *legenda*) wurde sehr früh zur Bezeichnung (laut) vorzulesender Texte für die liturgische Lesung und ab dem 7. Jahrhundert auch für Heiligenleben benutzt. Zum Jahrestag eines Heiligen wurde aus seiner Biografie u.a. während klösterlicher Mahlzeiten oder des Gottesdienstes vorgelesen. Seit dem 9. Jahrhundert dient der Begriff zur Gattungsbezeichnung für Erzählungen über einzelne Heilige. Später gehören Legenden zu meist kalendarisch geordneten Sammlungen ohne spezifische Ausrichtung auf Bekenner oder Märtyrer und werden auch passionale sanctorum genannt.

Das deutsche Lehnwort ‚Legende' ist seit der zweiten Hälfte des 13. Jahrhunderts bezeugt. Insgesamt bezieht es sich auf religiöses Wundergeschehen. Im 15. Jahrhundert erweiterte sich die Wortbedeutung hin zu der eines freien Berichts und einer Erzählung. Im Reformationszeitalter bezeichnete es einen unbeglaubigten Bericht mit einer sagenhaften Bedeutung.[63] Die Historizität ihrer Inhalte zeigt sich in der Annahme ihrer inneren und äußeren Wirklichkeit.[64] Prägnanz und Exemplarik bestimmen die Geschichte, nicht historische Detailtreue. Vielmehr tritt die historische Wahrheit im modern-westlichen Sinn hinter sinnfällige, fiktiv-wunderbare Geschehnismomente zurück.[65] Die Inhalte der Legenden folgen weder profaner Alltagslogik noch wissenschaftlicher Rationalität, sondern orientieren sich an der Ausnahmegesetzlichkeit eines dogmatischen Bezugssystems beispielsweise in den Lehren einer Offenbarungsreligion. Verblasst das Bezugssystem, weil neue Dogmen festgeschrieben werden, etwa in der Ablösung heidnisch-germanischer durch christliche Dogmen, oder indem katholische durch protestantische Vorstellungen verdrängt werden, oder wird die Beziehung über ein bestimmtes Maß gelockert, dann verschiebt sich auch der Charakter der Texte: aus einer Le-

---

62 Vgl. Röhrich: Märchen – Mythos – Sage 1984, S. 12 mit Beispielen und Literatur.

63 Daneben auch zur Bezeichnung der Deutung von Inschriften oder Symbolen. Karlinger: Legendenforschung 1986. Rosenfeld: Legende [3]1972, hier S. 1.

64 Karlinger: Legendenforschung 1986, S. 5.

65 Ecker: Legenden 1999, S. 508.

gende wird eine Sage, legendenartige Erzählung, ein Roman oder Drama.[66] Die Weltsicht der Legende ruht nach Ecker auf der Trennung zwischen zwei gegensätzlichen Seinsbezirken:

> Während sich traditionelle Kulturen die je seitige und die innerweltliche Ordnung noch ähnlich organisiert dachten, Götter und Menschen in gleiche Handlungsmuster verstrickt sahen, erarbeiteten sich Achsengesellschaften die Idee einer transzendenten Gottheit sowie die Vorstellung einer von der diesseitigen Ordnung ganz und gar verschiedenen autonomen Moral. Das Konzept einer qualitativ höherwertigen transzendenten Ordnung jenseits der Alltagswirklichkeit zieht aber sofort die Frage nach sich, wie die gewaltige Kluft zwischen den Bereichen überbrückt werden kann; d.h. das Problem der Erlösung, das dem Bewußtsein des Todes und der Hinfälligkeit menschlicher Einrichtungen entspringt, stellt sich auf eine neue Weise.[67]

In der Spannung zwischen irdischer und jenseitiger Sphäre in den transzendenten Ordnungen übernahmen neue politische Eliten wie Priester, Propheten, Philosophen usw., institutionalisiert in der Kirche die Fürsprache und die Vermittlung zwischen sündigem Menschen und allmächtiger Gottheit. Legenden gehören in diesem Sinne zum Repertoire von Symbolen, die die Legitimität des Vertretungsanspruchs von Kirche und weltlicher Macht begründen sollte.[68]

Die Legende führt wie die Sage die Kategorien Raum und Zeit, weil, wie Ranke formulierte, „sie das Eintauchen der göttlichen Transzendenz in unsere aspektgebundene Welt offenbaren will." Daher führe die Legende das Metaphysische in die irdische Welt und ihre Normen ein.[69] Gegenwärtig dominiert eine Ambivalenz in der Wortbedeutung, die Zweifel, Staunen und Bewunderung[70] sowie Überraschendes einschließt.

Viele Legenden der schriftlichen Literatur des Mittelalters gingen in die mündliche Überlieferung ein. Während der Überlieferung nahmen sie Formen anderer Gattungen an, insbesondere der Sage. So verbreiteten sie sich weit auch in Gegenden mit Analphabetismus. Das laute Vorlesen legte den Grund für das Weitererzählen, von dort wurden Legenden wieder aufgeschrieben und nach der neu verschriftlichten Grundlage wieder erzählt. Unterstützt wurde der Vorgang, wenn Inhalte in Bildform und sogar in Ein-Bild-

---

66 Ebd. S. 508.

67 Ecker: Legenden 1999, S. 509; S. 508: Der Begriff ‚Achsenzeit' nach Karl Jaspers bezeichnet das Neue des Zeitalters: Der Mensch werde sich seines Seins im Ganzen, seiner selbst und seiner Grenzen bewusst.

68 Ecker: Legenden 1999, S. 510.

69 Ranke: Betrachtungen zum Wesen und zur Funktion der Märchens ²1985, S. 343.

70 Ecker: Legenden 1999, S. 513.

Sequenzen Gestaltung fanden.[71] Legenden gehören damit in die mediale Umbruchphase der Mündlichkeit zur Schriftlichkeit.

Wie in der Sage, so wird auch in der Legende eine Weltdeutung angeboten. So berichtet eine Legende der Maori in Neuseeland, der Mond gehe, wenn er stirbt, zum Lebenswasser des Kane, einer der polynesischen Hauptgottheiten, die das Lebenswasser bewachen. Sein Wasser könne alles beleben, auch den Mond, der seine Bahn wieder aufnehmen kann.[72]

Sage wie Legende berichten von übernatürlichem Geschehen, doch die Legende gibt Antworten, allerdings in dogmatischer Art, ausgehend von einem festen religiösen System; das Heilige gilt als von Gott bezeugt und bewirkt.[73] Wichtig sind in der Legende die Figuren - in der Sage aber das Geschehen.[74]

Die Legende geht in Gestaltung und Deutung des Numinosen vom jeweils umgebenden, festen religiösen System aus. Die enge Verbindung mit dem religiösen System bedingt auch ihre Tradierung:

> Die Legende ist die gemeinmenschliche religiöse Erzählung und hätte als Volkstheologie neben dem Christentum nur literar-historische Bedeutung, wenn nicht der Antagonismus der Übergangszeit sie zu einem Stück Wesen der alten Religion gestempelt hätte; von da drängte sie sich als erzieherischer Faktor auch in das Christentum ein und blieb in ihrer Rolle, solange und wo das mittelalterliche Christentum in Geltung blieb. Nach ihrem Sturz durch die Reformation ist sie erst durch die Philologie des 19. Jahrhunderts wieder wissenschaftlich diskutabel geworden.[75]

Das Wunder der Legende ist im Unterschied zur Sage bewältigtes Numinoses, „von Gott bewirkt und ihn bezeugend", in dem alles einen Sinn erhält. Folglich besteht ihr erzählerischer Zweck in der pädagogischen Anregung von Nachahmungshandlungen einer vorbildlichen Lebensführung bis zur Besserung, Erleuchtung und Erlösung.[76] Eine „Lehre" möchten auch Märchen oder Fabeln vermitteln.[77] In Legendenmärchen verschmilzt die Struktur eines Märchentyps mit den Inhalten einer Legende.[78]

Legenden folgen einem Erbauungsanspruch: von der Verdeutlichung göttlichen Heils bis zur Trostspendung, der moralischen Stärkung, dem Erweis

---

71 Karlinger: Legendenforschung 1986, S. 4.

72 Hambruch: Märchen der Südsee 1979, S. 336. Ein anderes Beispiel zum Thema „Lebenswasser" ist die Legende „Die Geburt des Gottkönigs". Vgl. Ecker: Legenden 1999, S. 22, 438.

73 Vgl. Lüthi: Märchen 2004, S. 10. Karlinger: Legendenforschung 1986, S. 4.

74 Rosenfeld: Legende ^{3}1972, S. 16, nach Karlinger: Legendenforschung 1986, S. 100.

75 Günter: Die christliche Legende des Abendlandes. Heidelberg 1910, H. 1 zit. n. Karlinger: Legendenforschung 1986, S. 4.

76 Lüthi: Märchen 2004, S. 10. Karlinger: Legendenforschung 1986, S. 3.

77 Vgl. Röhrich: Grundriß der Volkskunde 2001, S. 532.

78 Bsp.: Karlinger: Geschichten vom Nikolaus 1995, S. 22-26, 146.

und der Erinnerung an die Kultwürdigkeit und Hilfsbereitschaft eines Heiligen.

Schwank, Witz und Rätsel

Die drei Kurzformen der erzählenden Literatur verfügen jeweils über einen langen, im Einzelfall zu bestimmenden Tradierungsweg, in dem literarische und mündliche Quellen und Impulse jeweils zusammenspielen und im Einzelfall geprüft werden. Ihnen ist gemeinsam, dass sie sich durch Formelhaftigkeit und Kürze leicht einprägen. Dabei ist der Schwank der umfangreichste von ihnen.

Schwänke rekurrieren auf die Komik von Handlungszusammenhängen und die anschaulich szenisch-epische Darstellung, häufig mit einer satirischen Absicht. Das mhd. Wort *swanc* beinhaltet ‚schwingende Bewegung', ‚Schwung', ‚(Schicksals)Schlag', ‚Wurf', ‚(Fechter)Streich'. Die Herkunft des Wortes (auch aus der Terminologie des Fechtens) verleiht ihm eher aggressive Züge. Im 15. Jahrhundert entwickelt sich der listige zu einem lustigen, spaßhaften Streich und der Erzählung oder szenischen Darstellung eines solchen. Die Schwankliteratur macht mit Wickram und Hans Sachs im 15./16. Jahrhundert ‚Schwank' zu einem literaturwissenschaftlichen Begriff und einer Gattungsbezeichnung.[79] Seine literarischen Belege gehören zur französischen Gattung der „fabliaux", einhundert Jahre später gibt es im ausgehenden Mittelalter zahlreiche Belege.[80] Eine auf eine Hauptperson bezogene Erzählfolge lustiger Streiche begegnet im „Pfaffen Âmîs" des Stricker (1220-1250).[81] Der Prosaschwank des 16. Jahrhunderts ist eng mit der Entwicklung des Buchdrucks und den neuen Kommunikationsmedien verbunden und avanciert zur literarischen Mode (Hans Sachs, Sammlungen der Unterhaltungsliteratur wie „Wegkürzer", „Gartengesellschaft", „Schimpf und Ernst", „Nachtbüchlein", „Rollwagenbüchlein" u.a.).[82] Der älteste Schwank auf deutschem Boden ist neben dem Schwank vom „Meisterlügner" aus dem „Modus florum" der in lateinischen Versen im „Modus Liebinc" überlieferte Schwabenstreich vom „Schneekind", der von Sextus Amarcius als eines von vier Liedern erwähnt wird, das ein Mime zur Laute vorträgt. Was etwa im russischen Märchen als Form der übernatürlichen Empfängnis und Begründung des außergewöhnlich Schutzbedürftigen erzählt wird, ist hier schwankhaft dargestellt: der

---

79 Etym. Wb Bd. 2, S. 1255. Straßner: Schwank 1978, S. 1.

80 Röhrich: Erzählungen des späten Mittelalters 1962 und 1967. Straßner: Schwank 1978, S. 35.

81 Fischer: Der Stricker. Verserzählungen 2000.

82 Vgl. Röhrich: Erzählforschung 2001, S. 535.

Mann verkauft das angeblich durch Schnee empfangene Kind auf seiner Reise und gibt es als geschmolzen aus.[83]

Mit dem literaturwissenschaftlichen Begriff ‚Schwank' verbinden sich seit dem Ende des 19. Jahrhunderts Texte sehr unterschiedlicher Art, so dass eher von schwankhaften Erzählstoffen gesprochen werden kann.[84] Die Vielfalt der Formen des Komischen verbindet die Erzählungen untereinander und auch mit anderen Gattungen.[85] In einen Wettkampf treten Akteure, zwischen denen sozial, intellektuell und/oder sexuell deutliches Ungleichgewicht herrscht. Eine Seite gewinnt die Auseinandersetzung meist mit List (besonders im operativen Sinne als Listhandeln), Gewalt oder durch eigenes Verschulden. Die Überlistung des scheinbar, häufig im sozialen Status, Überlegenen durch einen Streich gestaltet oft die besondere Handlungskomik. Als Gestaltung der Wirklichkeit reflektieren Märchen und Schwank menschliches Sehnen einerseits, das Komische und das Unverhältnis der Dinge andererseits.[86]

Der Austausch von Spott- und Witzgeschichten, die aus Dummheit, Standesdünkel und menschlichen Untugenden genährt werden, gehört zu den elementaren menschlichen Bedürfnissen. Das Erzählen von Schwänken zielt also wirkungsästhetisch immer auf das Lachen des Publikums ab. Die häufige Derbheit resultiert aus dem Bruch von Tabus und sozialen Normen vorzugsweise im sexuellen, obszönen oder skatologischen Bereich. Auf die Ventilfunktion der Schwänke wie auch der Witze ist im Zusammenhang mit der Diskussion ihrer utilitas und der soziopsychologischen Wirkung hingewiesen worden.[87] Für den mecklenburgischen Volksschwank stellte Siegfried Neumann ihre häufige soziale Grundlage heraus, die ihren Rückhalt in der verschärften sozialen Problemsituation des agrarisch geprägten Mecklenburger Bereichs findet.[88]

Obwohl landschaftliche Merkmale auszumachen sind, so erscheinen die überregionalen Besonderheiten in gravierender Vielfalt. Im Erzählprozess gehören Schwänke zu den sog. Einfachen Formen. Ihre Motive und die

---

[83] Petzoldt: Deutsche Schwänke 2002, S. 38-43. Vgl. Peuckert: Deutsches Volkstum 1938, S. 158; Bausinger: Formen der ‚Volkspoesie' ^{2}1980, S. 152. Straßner: Schwank 1968, S. 25.

[84] Dazu Theiß: Schwank ^{4}1991, S. 23.

[85] Vgl. die folgenden Merkmale bei Gutwald: Schwank und Artushof 2000, S. 92-96.

[86] Vgl. Straßner: Schwank 1978, S. 13. Zu Handlungsstrukturen des Schwanks Bausinger, H.: Bemerkungen zum Schwank und seinen Formtypen. In: Fabula 9 (1967), S. 118-136.

[87] Vgl. Gutwald: Schwank und Artushof 2000, S. 94. Schröter, M.: „Wo zwei zusammenkommen in rechter Ehe ..." Sozio- und psychogenetische Studien über Eheschließungsvorgänge vom 12. bis 15. Jahrhundert. Frankfurt a.M. 1985, S. 140.

[88] Neumann: Der mecklenburgische Volksschwank 1964, S. 16 nennt 19 Themen.

schwankhaften Formen sind global verbreitet und finden sich in ägyptischen, semitischen, indischen und griechischen Quellen.[89]

Im Unterschied zum Märchen bezeichnet die Form ‚Schwank' eher kurze, auf eine Pointe hin erzählte Geschichten, deren Struktur weniger festgelegt ist. Daher betont Thomas Gutwald, dass es sich nicht eigentlich um eine Gattung handelt, sondern um eine narrative Gestaltungsform, die sich des Musters verschiedener Gattungen bedienen kann: dem Fabliau, der Märe, dem Fastnachtspiel und der Anekdotenprosa.[90] Daher wird in diesem Zusammenhang von ‚schwankhaften' Motiven gesprochen. Man bezeichnet mit ‚Schwank' Erzählformen mit Stoffen aus dem komischen Bereich, die das Unverhältnis der Dinge spiegeln und formal durch Bausingers Kriterien bezeichnet werden.[91]

Die Gemeinsamkeit zwischen Schwank und Witz ist das Aufeinandertreffen von verschiedenen Normativen, etwa im Gegensatz zwischen kirchlicher und außerkirchlicher Welt, dargestellt z.B. durch den Küster als beliebte Schwankfigur. Ebenso rekrutieren sich zahlreiche Schwänke aus sozialen Konflikten und aus dem Überschreiten von engen Vorschriften und Sitten vom Erotischen bis hin zum Skatologischen.[92]

Der **Witz**, mit der ahd. Wurzel *wizzi* (n.), im 9. Jahrhundert in der Bedeutung ‚Wissen', ‚Vernunft', ‚Verstand', ‚Einsicht', ‚Weisheit', Bewußtsein'[93], bezog sich in seinem begrifflichen Umfeld bis ins 19. Jahrhundert auf Verstand, Klugheit, Weisheit. Er repräsentiert die „Gegenwartsform des Komischen"[94], da sich immer neue Witzmoden und Tendenzen abzeichnen. Witze beziehen sich auch auf andere Gattungen wie Märchen; am häufigsten verweisen politische Witze aber auf sich selbst. In den Märchen dienen andere Erzählgattungen wie Redensarten und Sprichwörter als charakteristisches Stilmittel, im Witz aber zur Pointenbildung. Auch hier spielt die Frage, wie sich die Gattung zur Wirklichkeit verhält, eine besondere Rolle, die nur für den Einzelfall beantwortet werden darf. Die Selbstdefinitionen im Witz benennen die gesamte Spannbreite: zwischen Wahrheit und unrealistischer Situation, über die noch ein Witz erfunden werden muss.[95]

---

89 Nachweise Straßner: Schwank 1978, S. 18.

90 Gutwald: Schwank und Artushof 2000, S. 94. Straßner: Schwank 1978, S. 9.

91 Ebd. S. 9. Ehebruchschwank und Lied: Lebenswasser als „water of Absalon" in einer Schwankballade „Little Dicky Milburn" AaTh 1360 C „Der alte Hildebrand" siehe Roth, K.: Ehebruchschwänke in Liedform. München 1977, S. 101-102.

92 Bausinger: Formen der ‚Volkspoesie' [2]1980, S. 158-161. Neumann: Der mecklenburgische Volksschwank 1964.

93 Etym. Wb Bd. 2, S. 1576.

94 Röhrich: Erzählforschung 2001, S. 533. Röhrich: Der Witz 1977.

95 Vgl. Köhler-Zülch: Der politische Witz 1995, S. 74, 83.

Rätsel fügen sich meist in einen erzählenden Kontext ein und werden in formelhaft-stehender Formulierung sowohl schriftlich als auch mündlich überliefert. Inwiefern es sich um Volksrätsel oder ‚gesunkenes Kulturgut' handelte, ist in der Forschung diskutiert worden.[96] Letzteres würde vorliegen, wenn der Ursprung eines Rätsels in der künstlerischen Literatur nachgewiesen werden kann, es dann aber im ‚Volksmund' tradiert wurde.[97] Der Assoziationsmechanismus, das Medium Mitteilung und die überraschende Perspektive erklären einige Arten der Rätsel, wie etwa Worträtsel, Sachrätsel, Sprachspiele, Rechen- und Zahlenrätsel, Denksportaufgaben, scherzhaft karikierende Geschichten, Bilderrätsel, Schreibrätsel bis hin zum modischen Quiz.[98] Scherzrätsel beispielsweise gehörten zur Abendunterhaltung etwa im norditalienischen Premana: die Frauen arbeiteten und die Männer unterhielten sich über Alltägliches und Aberglaubensinhalte.[99]

In der Wortbedeutung prägte das Verb *raten* mit seiner ursprünglichen Bedeutung von ‚überlegen', ‚aussinnen', ‚Vorsorge treffen' und ‚vorschlagen, empfehlen, deuten' die Gattung.[100] Die kosmische Orientierung einiger Rätsel hat Anlass zu Spekulationen über deren Herkunft und Alter gegeben.[101]

Sprichwort und sprichwörtliche Redensarten

Meist in gebundener Form vermitteln Sprichwörter in kurzen, Akzent setzenden und schlagkräftigen Aussprüchen Erfahrungen und Wertungen, die für bestimmte Situationen zutreffen. Sie gehören zum geistigen, mündlich-schriftlichen Gemeinschaftseigentum und werden in diesem Sinne zitiert als Kommentar zu mitunter gegensätzlichen Situationen. Ihre allgemeine Akzeptanz und Verbindlichkeit rührt von ihrem vermuteten Alter her.[102] Die historischen Schichten des Sprichworts stellen die Forschung vor vielerlei Fragen. Die beiden Bereiche reicher Herkunft unseres Kulturraumes sind einmal die Bibel als ein Sammelbereich jüdischen, altorientalischen und ägyptischen Spruchgutes, zum anderen gelangten Sprichwörter aus der Antike, der griechisch-römischen Rhetorik, über mittelalterliche Klosterschulen und humanistische Sammlungen in die Volkspoesie. So kommt Hermann Bausinger zu

---

96 Bausinger: Formen der ‚Volkspoesie' ²1980, S. 126-128.

97 Zum Begriff: Bausinger, H.: Gesunkenes Kulturgut. In: EM 5, 1987, Sp. 1214-1217.

98 Bausinger: Formen der ‚Volkspoesie' ²1980, S. 129-133.

99 Schenda: Von Mund zu Ohr 1993, S. 120.

100 Vgl. auch aengl. ‚rǣdan' für ‚raten, lesen', eigentlich ‚Runen lesen'. Etym. Wb Bd. 2, S. 1087.

101 Vgl. Jolles: Einfache Formen ⁶1982, S. 129, der Rätsel zu den Mythen stellt.

102 Hose: Sorbisches Sprichwörterlexikon 1996, S. 6.

dem Fazit, dass es sich beim Sprichwort weitgehend um gesunkenes Kulturgut handeln müsse.[103]

Gegen die Altväterlichkeit der Sprichwörter meldet sich gern Widerspruch, etwa in Form der Parodierung, die von Distanz und Sprachspiel zeugt und in neue Formelhaftigkeit[104] mündet, etwa „Ein Mann ein Wort, eine Frau ein Wörterbuch", „Geteiltes Leid ist doppelte Freude" oder „Steter Tropfen füllt die Blase". Als eine besondere Form bildete sich hier das „Sagte-Sprichwort", bei dem an ein Sprichwort oder eine Redensart ein Mittelteil mit Sprecherbenennung und ein Schluss mit Bezeichnung der Situationsangabe angehängt werden, der in Korrespondenz mit dem Anfang steht.[105] Mit Bausinger kann man zusammenfassen, dass Sprichwörter eine „partiell gültige Lebensregel analogischer Struktur" formulieren, in der sich „Sein und Sollen" treffen und als ein Kommentar ausgesprochen werden. Sie ist der Hinweis auf eine Gesetzlichkeit, die man im Allgemeinen einhalten sollte, die zu akzeptieren ist.[106]

Sprichwörter und auch sprichwörtliche Redensarten würzen gleichermaßen Alltagsunterhaltung, die allgemeine Rede und die Werbeindustrie. Sie lassen in der Literatur die Texte als allgemeinverbindlich erscheinen. Sprachliche Mittel wie Bildhaftigkeit, Formelhaftigkeit, Intonation und Metrik befördern die Einprägsamkeit und werden gern in Medien unterschiedlicher Provenienz ausgenutzt.

Diese beiden Formen anonymer, sprachlicher Klischees unterscheiden sich vor allem in ihrer Abgeschlossenheit: Sprichwörter bilden in sich eine abgeschlossene Einheit, sprichwörtliche Redensarten müssen in einen Satz eingebaut und damit konkretisiert werden, innerhalb dessen sie im Zusammenhang der Aussage erst sinnbildend wirken.[107]

In den Sprichwörtersammlungen begegnet man unter dem Stichwort „Wasser" u.a. häufig folgenden Konnotationen:[108]

a) Wasser als Element der Reinheit:
Ich wasche meine Hände in Unschuld.
Quelle: Psalm 26, 6; Hose: Sorbisches Sprichwörterlexikon 1996, Nr. 2699: Kein Wasser dieser Welt, das Pilatus gewaschen hätte. Übersetzung von Wjela 1891 (100), ebenso bei: Fischer: Schwäbisches

103 Bausinger: Formen der ‚Volkspoesie' ²1980, S. 104, 105-110. Dort zu Sonderformen wie Rechtssprichwort, Bauernregel, Wellerismus.

104 Bausinger: Formen der ‚Volkspoesie' ²1980, S. 96.

105 Neumann: Sprichwörtliches aus Mecklenburg 1996.

106 Bausinger: Formen der ‚Volkspoesie' ²1980, S. 103.

107 Hose: Sorbisches Sprichwörterlexikon 1996, S. 8.

108 DSL Bd. 4, Sp. 1799-1834.

Wörterbuch Artikel „Hand“: Weinen, dass man die Hände unter einem waschen kann

Wasser hat keinen Geschmack.

Quelle: Hose: Sorbisches Sprichwörterlexikon 1996, Nr. 2158 und 2694

Vom Wasser allein gehen Krebse ein.

Quelle: Hose: Sorbisches Sprichwörterlexikon 1996, Nr. 2124 und 2696

Kein Wasser trüben können...

Quelle: Bluhm/Rölleke: Redensarten des Volks 1997 Index KHM 35

b) Wasser im Vergleich zum Reichtum des Geldes

Große Flüsse haben selten klares Wasser, großer Reichtum selten ein gutes Gewissen.

Quelle: DSL Bd. 1, 1084; Hose: Sorbisches Sprichwörterlexikon 1996, Nr. 2698.

Wenn das Mündchen Wässerchen trinken würde, hätte das Beutelchen Pfennige.

Quelle: Buk 1862 (209), Hose: Sorbisches Sprichwörterlexikon 1996, Nr. 2687 und 643.

Die hohe Wertschätzung des Wassers drückt „Das Wasser ist das Beste“ aus.[109] Ebenso heißt es „Wasser ist die beste Arznei“, was das mäßige Wassertrinken als ein gesundheitsförderndes Mittel kommentiert. Daneben beziehen sich die meisten Sprichwörter auf allgemeine Lebensweisheiten wie „Stille Wasser gründen tief“ oder „Wie die Quelle, so der Fluss“ und „Zufriedenheit verwandelt Wasser zu Wein“.[110]

Die Eintragungen durch Lutz Röhrich im „Lexikon der sprichwörtlichen Redensarten“ zeigen in 11 Spalten die Vielfalt der mit dem Sprachbild ‚Wasser‘ ausgedrückten Erfahrungen: Hier sind schon 1507 bei Heinrich Bebel Wasserströme mit Zeitläufen ins Bild gesetzt, das Wasser ins Meer schöpfen als Metapher der Vergeblichkeit schon bei Ovid belegt, oder aber im Zusammenhang mit der griechischen Sage der Töchter des Königs Danaos, die ihre Männer ermordet hatten und zur Strafe Wasser in ein durchlöchertes Fass schöpfen mussten. Dem Sprachgebrauch näher ist der Schwank ATU 1180 „Catching Water in a Sieve“. Hier ist das Schöpfen von Wasser mit einem Sieb die probate Aufgabe, um sich den Teufel vom Leibe zu halten.[111] Er ist als Nr.

---

109 DSL Bd. 3, Sp. 1801 Nr. 58.

110 Vgl. Hose: Sorbisches Sprichwörterlexikon 1996, Nr. 521 und 2690, dazu Röhrich: Lexikon der sprichwörtlichen Redensarten 3, [6]2003, S. 1698. Hose: Sorbisches Sprichwörterlexikon 1996, Nr. 2688 und Nr. 2691.

111 Röhrich: Lexikon der sprichwörtlichen Redensarten 3, [6]2003, S. 1698.

125 „Der Teufel und seine Großmutter" (ATU 812 „Rätsel des Teufels") in die „Kinder- und Hausmärchen" der Brüder Grimm eingegangen.[112]

Während hier ein Beispiel dafür vorliegt, wie ein Erzähltyp eine sprichwörtliche Redensart ‚bebildern' kann, so praktizierte Wilhelm Grimm dieses Verfahren umgekehrt: Mit den sprichwörtlichen Redensarten fügte er griffige Wendungen, Formeln und damit die Verbrämung allgemeiner Weisheiten in die Märchensammlung ein.[113] Hier findet sich auch „ihm geht das Wasser bis an den Kopf" (heute: „ihm steht das Wasser bis zum Hals") in KHM 195 „Der Grabhügel" zuerst in der 6. Auflage 1850[114], in der Basile-Übersetzung „Freude zu Wasser werden", „Wasserpatscher" KHM 1 und 7, dort wohl zuerst.[115] Erzählende und Editoren, wie etwa die Norweger Asbjørnsen und Moe Mitte des 19. Jahrhunderts[116], fügen Redensarten in Märchentexte ein, die in diesem Zusammenhang ihre Funktionen voll erfüllen können[117]: Als Karikatur können sie einen Sachverhalt durch Übertreibung verdeutlichen; durch Pointierung fassen sie Vorgänge signifikant zusammen; eine Redensart kann gleichermaßen entlarven oder euphemisierend verhüllen.

2.4 Grenzüberschreitungen und Schnittmengen

Der Begriff ‚Märchen' dient häufig als Oberbegriff für Erzählungen, die meist durch das Element des ‚Wunderbaren' miteinander verbunden sind und einen Anteil an geglaubter Unglaubwürdigkeit haben. Wie einander überlappende Ringe, so vermischten sich Elemente der angrenzenden Hauptgattungen Schwank, Legende, Sage u.a. mit dem Märchen und seinen Gliederungen. Daraus entstehen Mischungen wie Zaubermärchen, Schwankmärchen, Legendenmärchen, Rätselmärchen, Tiermärchen. Gemeinsam sind ihnen Märchenmotive; unterschieden werden sie durch deren Kombination mit anderen Motiven und ihre Darstellungsart.

Die Existenz der verschiedenen Formen erzählender Prosa in vielen Literaturen führte zu dem Versuch, ihre Gemeinsamkeiten strukturell zu fassen und ahistorisch zu erklären. Auf anhaltende Resonanz stieß dabei André Jol-

---

112 BP Bd. 3, S. 16 Anm. 1. KHM Uther Bd. 3, S. 238. Ranke: Schleswig-Holsteinische Volkserzählungen Bd. 3, 1962, S. 136-145.

113 Bluhm/Rölleke: „Redensarten des Volks" 1997. Mieder: „Findet, so werdet ihr suchen" 1986.

114 Dazu DSL Bd. 4, Sp. 1825. Röhrich: Lexikon der sprichwörtlichen Redensarten 3, [6]2003, S. 1701. Grimm DWb Bd. 27, Sp. 2303 und 2331.

115 Bluhm: „Redensarten des Volks" 1997, S. 192 (Index).

116 Vgl. Kvideland/Eiríksson: Norwegische und Isländische Volksmärchen 1988, S. 280.

117 Vgl. Bausinger: Formen der ‚Volkspoesie' [2]1980, S. 98-99.

les' Konzept der ‚Einfachen Formen',[118] das den romantischen Ansatz des Gegensatzes von Naturpoesie (durch ein Sichvonselbermachen) und Kunstpoesie (als „Zubereitung") aufgreift. Sie werden durch jeweils bestimmte ‚Geistesbeschäftigungen' bestimmt, die sich durch grundsätzliche Bedürfnisse und Ausdrucksmöglichkeiten des menschlichen Geistes konstituieren. Auch Kurt Ranke (Abschnitt 6.1) und Hermann Bausinger rezipierten das Konzept.

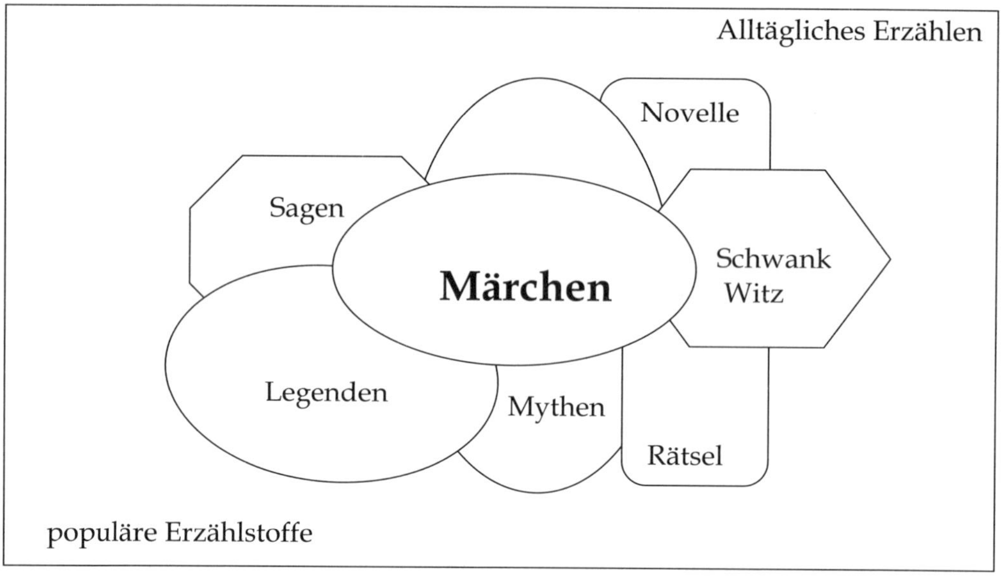

Der Blick in große Märchensammlungen zeigt, dass darin häufig verschiedene Gattungen gemeinsam stehen. Bereits die Brüder Grimm integrierten unterschiedliche Gattungen in die „Kinder- und Hausmärchen". Sie bieten eine Zusammenstellung von verschiedenen Gattungen, zu denen auch ‚Kunstmärchen' gehören. So änderte aber beispielsweise Wilhelm Grimm den Text „Der Jude im Dorn" zu einem Schwankmärchen im Sinne der frühneuzeitlichen Schwankliteratur, in deren Kontext dieser Text steht.[119]

Häufig ergeben sich bei der Untersuchung unterschiedliche Schnittflächen und bei unterschiedlicher Bewertung kommt es zu einer abweichenden Gattungszuordnung. Daneben rechnet Bausinger mit Phasenverschiebungen, da sich Einstellungen zu den Erzählungen ändern können, insbesondere zu geglaubten übernatürlichen Inhalten oder zu mit ironischer Skepsis erzählten

118 Jolles: Einfache Formen ^{6}1982. Vgl. Fabula Band 9 (1967).
119 Bluhm/Rölleke: „Redensarten des Volks" 1997, S. 22.

Dingen.[120] Auch die Funktionalität kann sich ändern, so die Erklärung, das Gruseln oder Warnen. Für Bausinger ist fraglich, ob sich die tradierten Geistesbeschäftigungen noch immer verwirklichen oder aufgrund einer veränderten Geisteshaltung eine andere Form annehmen und sich etwa in einem „realistischen Kostüm" verbergen. Beispielhaft für Märchen seien Glücks-Berichte von Lottogewinnen, die zuvor benachteiligte Menschen treffen: Ein Arbeitsloser erhielt den Lottogewinn und er kann nun die teure Operation seines Sohnes bezahlen. Die Berichte würden hier selektiv stilisiert, dem Märchen-Schema folgend. [121]

Folgende Übersicht nennt Gattungen und Mischformen, die Uther in seiner Ausgabe der „Kinder- und Hausmärchen" aufführt.[122] Hier werden dazu exemplarische und in ihrer Mischung typische Beispiele aufgeführt.

„Kinder- und Hausmärchen" der Brüder Grimm, Ausgabe 1857

Gattung	Beispiele: KHM Nr.	
Ätiologie	171	Der Zaunkönig (Tiermärchen)
	172	Die Scholle (Warnsage)
	173	Rohrdrommel und Wiedehopf (Warnsage)
	175	Der Mond (schwankhaft und grotesk)
	Kl 10	Die Haselrute
Exempel	109	Das Totenhemdchen
	115	Die klare Sonne bringt´s an den Tag
	145	Der undankbare Sohn
	157	Der Sperling und seine vier Kinder
	177	Die Boten des Todes (Kampf zwischen Riese und Tod schwankhaft)
	194	Die Kornähre (ätiologische Sage)
	185	Der arme Junge im Grab
	184	Der Nagel
Fabel	157	Der Sperling und seine Kinder
Horrorgeschichte	4	Von einem der auszog, das Fürchten zu lernen (Schwankmärchen)
	28	Der singende Knochen (Zaubermärchen)
	40	Der Räuberbräutigam

120 Bausinger: Formen der ,Volkspoesie' ^{2}1980, S. 229. Kurt Wagner entwickelte eine Skala mit verschiedenen Graden des Für-wahr-haltens zur Unterscheidung von Schwankgeschichte und Schwankmärchen.

121 Bausinger: Formen der ,Volkspoesie' ^{2}1980, S. 230-231.

122 Zur Gattungsgliederung KHM Ausgabe Uther 1996, Bd. 3, S. 230-233 und die Anmerkungen zu jeder Märchennummer im Band 4.

	42	Der Herr Gevatter
	43	Frau Trude
	47	Von dem Mahandelboom
	150	Die alte Bettelfrau
Kettenmärchen	30	Läuschen und Flöhchen
	80	Vom Tode des Hühnchens
	131	Die schöne Katrinelje und Pif Paf Poltrie
	140	Das Hausgesinde
	143	Up Reisen gohn
Legende	KL 9	Die himmlische Hochzeit
	KL 7	Muttergottesgläschen
	KL 10	Die Haselrute
	KL 6	Die drei grünen Zweige
	KL 5	Gottes Speise
	KL 3	Die Rose
	KL 2	Die zwölf Apostel
Legendenmärchen	87	Der Arme und der Reiche
	153	Die Sterntaler
	176	Die Lebenszeit (gleichnishaft)
	180	Die ungleichen Kinder Evas (schwankartig und Ätiologie)
	KL 1	Der heilige Joseph im Walde
	KL 4	Armut und Demut führen zum Himmel
Legendenschwank	167	Das Bürle im Himmel (Petrus)
Lügengeschichte	159	Das dithmarsische Lügenmärchen
	71	Sechse kommen durch die ganze Welt (Schwank)
	112	Der Dreschflegel vom Himmel (Schwank)
	134	Die sechs Diener (Schwank)
	138	Knoist un sine der Sühne
Zaubermärchen	1	Der Froschkönig oder der eiserne Heinrich
	3	Marienkind (legendenhaft)
	21	Aschenputtel
	97	Das Wasser des Lebens
	179	Die Gänsehirtin am Brunnen
	181	Die Nixe im Teich
	186	Die wahre Braut
	188	Spindel, Weberschiffchen, Nadel
	193	Der Trommler
	196	Oll Rinkrank
	197	Die Kristallkugel

Neckerzählung	86	Der Fuchs und die Gänse
	200	Der goldene Schlüssel
Novellenmärchen	198	Jungfer Maleen
Parabel	78	Der alte Großvater und sein Enkel
Rätsel	160	Rätselmärchen
Rätselmärchen	121	Der Königssohn, der sich vor nichts fürchtet
	191	Das Meerhäschen
Rätselschwank	22	Das Rätsel
	94	Die kluge Bauerntochter
	114	Vom klugen Schneiderlein
	152	Das Hirtenbüblein
Sage	KL 8	Das alte Mütterchen
	KL 10	Die Haselrute
	39	Die Wichtelmänner
	105	Märchen von der Unke
	117	Das eigensinnige Kind (Warnsage)
	149	Der Hahnenbalken
	154	Der gestohlene Heller
	172	Die Scholle
	173	Rohrdrommel und Wiedehopf
Märchen mit Sagenelementen	182	Die Geschenke des kleinen Volkes
Schwank	61	Das Bürle
	83	Hans im Glück
	84	Hans heiratet
	95	Der alte Hildebrand
	98	Doktor Allwissend
	119	Die sieben Schwaben
	128	Die faule Spinnerin
	174	Die Eule
	189	Der Bauer und der Teufel
	183	Der Riese und der Schneider
	195	Der Grabhügel
Schwankmärchen	20	Das tapfere Schneiderlein
	178	Meister Pfriem
	192	Der Meisterdieb
	199	Der Stiefel von Büffelleder
Tiermärchen	2	Katze und Maus in Gesellschaft
	5	Der Wolf und die sieben jungen Geißlein
	48	Der alte Sultan

	58	Der Hund und der Sperling
	72	Der Wolf und der Mensch
	171	Der Zaunkönig
	190	Die Brosamen auf dem Tisch
Tierschwank	10	Das Lumpengesindel
	18	Strohhalm, Kohle, Bohne
	23	Von dem Mäuschen, Vögelchen und der Bratwurst
	27	Die Bremer Stadtmusikanten
	38	Die Hochzeit der Frau Füchsin
	41	Herr Korbes
	73	Der Wolf und der Fuchs
	74	Der Fuchs und die Frau Gevatterin
	75	Der Fuchs und die Katze
	86	Der Fuchs und die Gänse
	102	Der Zaunkönig und der Bär
	187	Hase und Igel (Tierschwank, hochdeutsch nach Ludwig Bechstein)

Auch Kunstmärchen gehören zu den „Kinder- und Hausmärchen" der Brüder Grimm, etwa KHM 69 „Jorinde und Joringel", KHM 83 „Hans im Glück" und KHM 161 „Schneeweißchen und Rosenrot". Sie unterscheiden sich von ‚Volksmärchen' nicht nur in der konkret benennbaren Autorenschaft, sondern auch in der abweichenden Gestaltung: Figuren erhalten ein Innenleben, sie empfinden ihre Umwelt.

Betrachtet man Märchen als gemischte und angrenzende Gattungen in synchroner Weise, so erscheinen sie als Kompositionen verschiedener Motive in gattungstypischer Art. Auf diachroner Ebene hat es in der Geschichte der Märchenforschung verschiedene Ansätze gegeben, eine zeitliche Abfolge der Komposition zu rekonstruieren. Anhand der handschriftlichen Eintragungen der Brüder Grimm und ihrer Abschriften für Clemens Brentano kann man im Vergleich zu den sieben Auflagen der KHM Kontaminationen und Bearbeitungsstufen rekonstruieren (vgl. Kapitel 4). Bei Aufzeichnungen, zu denen schriftliche Belege fehlen, also klassische Beispiele volkskundlicher und ethnologischer Feldforschung, ergeben sich neue Fragestellungen. Hier versuchten vor allem Anthropologen Antworten zu finden, indem sie Aufzeichnungen schriftloser Kulturen einbezogen.

Ein Beispiel dazu findet sich in einer Überlieferung aus Hawaii, Nr. 57 aus Hambruchs Sammlung. Sie kann als Märchenmythos gelten: In Struktur und Motivbestand ähnelt sie dem Zaubermärchen KHM 97, erinnert aber inhaltlich an einen Mythos. Drei Brüder ziehen in das Reich der polynesischen

Gottheit Kane, die das Lebenswasser behütet und in diesem Text als Zauberer-König dargestellt wird. Die beiden älteren Brüder bestehen die Probe des Wächters der Anderwelt nicht, der wie bei Grimm ein Zwerg ist. Ihm gegenüber müssen sie sich als höflich, zuvorkommend und auskunftsfreudig bewähren. Sie fallen durch diese Prüfung, werden in Farnkräutern gefangen und kämpfen „einen verzweifelten Kampf mit den [sie] fest umschließenden Lianen des Feen- und Zwergenlandes."[123] Nur der jüngste Sohn erreicht das Schloss des Zauberer-Königs und trifft dort auf das „wunderschöne Mädchen". Als Kulturheros bringt er das Lebenswasser zu den Menschen. Die Identitätsprobe des zukünftigen Gatten der Prinzessin folgt am Ende: Derjenige, der „geradewegs entlang einer Linie, die ihre Zauberer durch die Luft gezogen hatten, auf sie zugehen würde, ohne nach links oder rechts zu blicken, der solle ihr Gemahl sein. Es wurde ein besonderer Tag dafür festgesetzt." Prinz und Prinzessin werden auch hier König und Königin, und formelhaft heißt der Schluss: „Sie lebten glücklich und zufrieden und regierten das Königreich zum Wohl ihrer Untertanen."[124]

2.5 Märchen und Märchenmotive

Die Unterscheidung zwischen Märchen (als Gesamttext), Märchenmotiv, einem Zug und einer Sequenz ist ein methodologisches Prinzip, auf dessen Grundlage sich der märchenvergleichende Zugang vollzieht. In der Wissenschaftsgeschichte sind durch unterschiedliche Bewertungen dieser Gliederungen interessante Diskussionen entstanden.[125] Reimund Kvideland schreibt bezüglich der norwegischen Märchen, dass nur anhand von Zeugnissen auf die Existenz von bestimmten Märchen geschlossen werden kann, darunter sind einige Märchenmotive aus der älteren Literatur.[126]

Motive sind allgemein aufgreifbare kleine Einheiten, die in unterschiedlicher Weise - auch innerhalb der Märchen und ihrer verwandten Genres - auftreten können, auf denen die erzählte Handlung basiert und die als Handlungskeim verschiedene Entfaltungsräume bieten und als solche fester Teil der Tradierung sind. Sie gliedern sich in Motiveme oder mehrere Züge. Motive sind durch eine doppelte Charakteristik gekennzeichnet: paradigmatische Rekurrenz und syntagmatische Integration.[127] Dieser Doppelcharakter beruht

---

[123] Westervelt, W.D.: Legends of Old Honolulu. Collected and translated from Hawaiian. London 1915, S. 38. Zitiert nach Hambruch (Hg.): Märchen aus der Südsee 1979, Nr. 57, S. 244-249, hier S. 245. Vgl. Begriff ‚Mythenmärchen' bei Wilhelm Wundt Kapitel 3.3.

[124] Ebd. S. 248, 249.

[125] Vgl. Wesselski (vgl. Abschnitt Kritische Auseinandersetzungen in 3.2).

[126] Kvideland/Eiríksson: Norwegische und Isländische Volksmärchen 1988, S. 279.

[127] Würzbach, N.: Motiv. In: EM 9, 1999, Sp. 947-954, hier Sp. 948.

auf ihrem „potentiellen Bedeutungsgehalt" und „der konkreten Realisation im Einzeltext".[128] Hier knüpfen motivgeschichtliche Untersuchungen an.[129]

Die volkskundliche Forschung verlangt nach „möglichst ausdifferenzierten Kombinationen einzelner sinngebender und handlungsbeeinflussender Komponenten".[130] Max Lüthi wies auf die „Kraft" des Motivs hin, „sich in der Überlieferung zu erhalten."[131] Inhaltlich fand Natalia Würzbach in den volkskundlichen Motivdefinitionen folgende Merkmale übereinstimmend:[132]

- Konstanz
- Besonderheit durch historisch und kulturell definierte Abweichung vom Alltäglichen
- Bedeutsamkeit durch allgemeingültige und traditionelle Lebenserfahrung

Das literaturwissenschaftliche Verständnis definierte Wolfgang Kayser demgegenüber stärker von der Gesamtkomposition des Kunstwerkes ‚Märchen' her. Er verstand Motive als Einheiten, „die in den verschiedenartigsten Zusammenhängen" der Literatur auftauchen. In diesem Sinne sind Märchen eine „kaleidoskopartige Zusammensetzung solcher selbständigen und verschieden einkleidbaren Einheiten."[133] Ein Motiv ist nicht festgelegt und ausgefüllt. Es verweist im Zusammenhang aber auf ein Vorher und Nachher: „Die Situation ist entstanden, und ihre Spannung verlangt nach einer Lösung."[134] Zu diesem über sich selbst hinausweisenden Charakter des Motivs tritt sein besonderer Gehalt, der die Verwendung eines Motivs in bestimmten Gattungen begünstigen kann[135]: So sind etwa die Schuhprobe, das Reiten über eine goldene Brücke zur Freierbestimmung oder das Lösen unlösbarer Aufgaben typische Märchenmotive. Dagegen gehört z.B. das Motiv des Teufelspaktes nicht nur dem Märchen, sondern auch Sage und Schwank an.[136]

Elisabeth Frenzel wies im Unterschied zu atomisierender Betrachtung auf die Notwendigkeit hin, Motive innerhalb ihres verzweigten Bezugsystems zu beschreiben. Anders als der Stoff, der an feststehende Namen und Ereignisse gebunden im Ablauf des Plots wenig offen lässt, verzeichnet das Motiv mit

---

128 Würzbach, N.: Motiv. In: EM 9, 1999, Sp. 947-954, hier Sp. 949.

129 Z.B. von Theodor Benfey, Reinhold Köhler, Johannes Bolte oder Emmanuel Cosquin.

130 Greverus, E.M.: Thema, Typus und Motiv. Zur Determination in der Erzählforschung. In: Laographia 22 (1965), S. 130-139. Zit. n. Würzbach, N.: Motiv. In: EM 9, 1999, Sp. 947-954, hier Sp. 950.

131 Lüthi, M.: Motiv, Zug, Thema. In: Elemente der Literatur. Festschrift E. Frenzel. Stuttgart 1980, Bd. 2, S. 11-24. Zit. n. Frenzel: Motive ⁴1992, S. VI.

132 Würzbach, N.: Motiv. In: EM 9, 1999, Sp. 947-954, hier 950.

133 Kayser: Das sprachliche Kunstwerk ²⁰1992, S. 59.

134 Ebd. S. 60.

135 Ebd. S. 61-62.

136 Ausführlicher dazu Röhrich: Sage und Märchen 1976, S. 261.

anonymisierten Personen und Gegebenheiten nur „einen Handlungsansatz", „der ganz verschiedene Entfaltungsmöglichkeiten in sich birgt." Dagegen ist es von der „formalen und geistigen" Seite festgelegt, hat aber einen situationsmäßigen, bildhaften Charakter, zu dem eine „seelisch-geistige Spannung" tritt, die den movierenden, handlungsauslösenden Impuls ausübt. Diese innere Spannkraft unterscheidet das Motiv vom sog. Zug als kleinem Partikel, der nicht konsitutiv für diese Spannung ist, sondern additiv, charakterisierend, schmückend und Stimmung erzeugend. Daher finden sich in Frenzels Stichwörtern komplexe Strukturen und damit künstlerische Gebilde. Im Unterschied zum Thema trägt das Motiv einen einschränkenden, das Stichwort näher erläuternden Zusatz. [137]

Bei der Erstellung von Typenindices praktiziert man überwiegend eine inhaltsorientierte, auf semantisch-logischen Kriterien begründete Klassifizierung, wie etwa bei Thompson, der Motive kurz als „the smallest element in a tale having a power to persist in tradition" definierte und in Handlungsträger (actors), Requisiten (objects), selbständige und unselbständige Episoden (incidents) und Handlungskonstellationen, Charaktereigenschaften, dekorative Züge u.a.m. gliederte.[138]

Die exakte Gliederung und Zuordnung eines Textes wurde im Zusammenhang mit der Entwicklung von Typenindices entscheidend. Die ersten Arbeiten hin zu diesen wichtigen Arbeitsmitteln führten im Verlaufe der Übertragung dieses Prinzips auf das Konzept der Volksliteratur in der romantischen Bewegung zwar bereits die Brüder Grimm z.B. in ihren Anmerkungen zu den KHM durch, entscheidend wurde aber die Finnische Schule (vgl. 3.2 „Die geographisch-historische Methode"). In ihrem Ergebnis überarbeitete der amerikanische Folklorist Stith Thompson den Typenkatalog Antti Aarnes von 1910, zuerst erschienen 1928, in der zweiten Revision 1961 (^{2}1964). Dieser Index mit den Abkürzungen AaTh, selten AT, hat sich allgemein durchgesetzt und ermöglicht das weltweite Auffinden von übereinstimmenden Erzähltypen. Allerdings fand er immer wieder zahlreiche Kritiker wie Hans-Jörg Uther, der eine neue Fassung erarbeitete, die nun den Standard darstellen dürfte (Abkürzung ATU). Auch Diether Röth stellte ein „Kleines Typenverzeichnis der europäischen Zauber- und Novellenmärchen" 1998 vor. Die Kritikpunkte sind ähnlich und spiegeln den geänderten Forschungsstand in Bezug zur Finnischen Schule:

a) die Typologie entspricht nicht der Quellenlage in mündlicher und schriftlicher Tradition und ist stark an europäischen Verhältnissen orientiert;

---

137 Frenzel: Motive der Weltliteratur ^{4}1992, S. VI.

138 Würzbach, N.: Motiv. In: EM 9, 1999, Sp. 947-954, hier Sp. 948. Thompson: The Folktale 1977 (zuerst 1946), S. 415. Uther: Introduction. In: ATU, S. 10. Vgl. Motif-Index, Abkürzung Mot.

b) Genredefinitionen und Klassifikationen stimmen nach Thema und Struktur nicht mit der Typologisierung überein, etwa bei Novellenmärchen;
c) wegen äußerer Merkmale wurden für denselben Erzähltypus Nummern an weit auseinander liegenden Stellen mehrfach vergeben (315 und 590 verräterische Schwester);
d) die Vergabe von Typennummern an bloße Motive oder Episoden (Motiv: 1180 Wasser im Sieb tragen, 315 Magische Flucht; Episode: 518 Erbenstreit um Zauberdinge; Bsp. ATU 1240 „Ast absägen"[139]);
e) die Aufnahme sagenartiger Stoffe (365 Leonore, 470A „The Offended Skull", Don Juan) als Zaubermärchen;
f) die Typbeschreibungen nach den KHM, obwohl die volkläufigen Fassungen erheblich davon abweichen (310 Rapunzel KHM 12, 707 Die drei goldenen Söhne nach „De drei Vügelkens" KHM 96);
g) ungenaue Beschreibungen, besonders der sog. irregulären Typen;
h) starke Orientierung auf männliche Heldenrollen.[140]

Aufgrund dieser Kritik entwickelten Röth, Uther wie auch andere Forscher für regionale Typenkataloge eigene Verlaufsskizzen der Handlung für die Erzähltypen und z.T. eigene Titel der Typen. Dahinter verbirgt sich eine Abstraktion, die wesentlich auf einer Gliederung in Motiv und Episode, Sequenz und vollständiger Erzählung beruht.

Pyramidenartig bauen diese Elemente aufeinander auf:
Zug oder **Motivem** bezeichnet kleinste Bausteine eines Motivs. Dazu gehören Requisiten und Details von Märchenorten und Zaubergegenstände. Es sind die Konkretisierungen oder einzelnen „Ausfüllungen" in einem Motiv, die es in einer literarischen Gestaltung unverwechselbar machen, die aber wiederum für bestimmte Motive typisch sind.[141] So gehört etwa zum Wiedererkennen des wahren Freiers der Königstochter im Märchen vom „Wasser des Lebens", dass zuvor die älteren Brüder sich vergeblich erproben mussten.

Als sog. Allomotiv können sie nach Alan Dundes eine motivemische Füllstelle schließen.[142] Vladimir Propp entwickelte in seiner „Morphologie des Märchens" ein Modell von 31 Funktionen der handelnden sieben Personen, das auf die strukturalistische Märchenforschung weitreichenden Einfluss hat

---

[139] Lixfeld, H.: Ast absägen. In: EM 1, 1977, Sp. 912-916, hier Sp. 913-914.

[140] Röth: Kleines Typenverzeichnis 1998, S. 6-7. Uther: Introduction. In: ATU, S. 7-8.

[141] Kayser: Das sprachliche Kunstwerk [20]1992, S. 60.

[142] Dundes, A.: The Symbolic Equivalence of Allomotifs: Towards a Method of Analyzing Folktales. In: Le Conte: pourquoi? Comment? Hg. v. Geneviée Calame-Griaule and Veronika Görög-Karady. Paris 1984, S. 187-199.

(vgl. 6.2). Nach dem Strukturmodell von Propp werden diese Motiveme nicht nur als strukturell, sondern auch als symbolisch äquivalent angesehen.[143]

Motive sind sich wiederholende, typische Bauelemente, die - ebenso wie Motiveme - in verschiedenen Erzähltypen und Gattungen auftreten und denen eine sinntragende Bedeutung zukommt. Die Gliederung der Erzähltypen in Motive im Sinne der geographisch-historischen Methode führt zur Einordnung in typologische Systeme und die Aufstellung von Erzähltypen und Katalogen dazu. Die Diskussion um diese Kataloge stellte die ungleichmäßige Aufnahme von Sammelbeständen, von Gattungen wie Sage, Legende und Novellenmärchen und das Fehlen von Motiven, Themen und Zügen ins Zentrum. Sie führte zu neuen Entwürfen und Überarbeitungen[144] und zur Erarbeitung eines Motivkataloges durch Stith Thompson. In seiner revidierten Fassung von 1955 bis 1958 sind die rund 40 000 Einträge mit Text- und Literaturhinweisen geordnet nach Handlungsträgern, Gegenständen, Vorstellungen und Ereignissen innerhalt eines Buchstaben- und Nummernsystems (Abkürzung Mot. + Buchstabe und Nummer).[145]

Motive können einerseits in bestimmte Situationen fest eingebunden sein, andererseits ist eine Permutation in der Erzählung möglich. Die Kombinationsfähigkeit von Motiven ermöglicht die Verbindung und Verschmelzung verschiedener Erzähltypen (Kontamination). In KHM 42 „Der Herr Gevatter" vereinen sich Motive unterschiedlicher Provinienz. Zum Schwankhaften treten Elemente der Horrormärchen und des Dämonischen:

> Der Vater zahlreicher Kinder sucht für sein weiteres Neugeborenes einen Gevatter, träumt, er fände ihn vor dem Tor, was auch wirklich geschieht, und erhält von ihm ein kleines Glas Wasser, mit dem er Kranke gesund machen kann, wenn der Tod am Kopfende des Krankenbettes steht.

Formal sind hier ATU 332 Gevatter Tod (vergleiche KHM 44) und ATU 334 Haushalt der Hexe (vergleiche KHM 43) kombiniert worden. Der Gevatter gibt das Lebenswasser dem Sohn, der damit ein berühmter Arzt wird. Als er das Haus seines Wohltäters betritt, lernt er das Fürchten und flieht.[146] Das Motiv vom „Lebenswasser" bietet dabei Anklänge an Legendenstoffe.

Das Motiv des Wasserschöpfens mit einem Sieb (Danaiden, vgl. Matthäus 7,1ff.) begegnet uns nicht nur im Erzähltyp ATU 1180, sondern auch in KHM 178 „Meister Pfriem" (ATU 801, 1248). Der Schuster träumt, er sei im Himmel und sieht dort, wie zwei Engel Wasser aus einem Brunnen[147] in ein Fass

---

[143] Conrad, J.: Motivem. In: EM 9, 1999, Sp. 954-957.

[144] Aarne/Thompson: The Types of the Folktale ^{4}1987.

[145] Uther, H.-J.: Motivkataloge. In: EM 9, 1999, Sp. 957-968, hier Sp. 958.

[146] Uther: KHM IV, S. 86.

[147] Siehe auch Heindrichs, U.: Der Brunnen. In: Die Welt im Märchen. Kassel 1984, S. 74-84.

schöpften, das voller Löcher ist. Das Wasser läuft daher von allen Seiten heraus. Meister Pfriem regt sich sehr über diesen Unsinn auf und hält alles für bloßen Zeitvertreib, ohne zu bemerken, dass die Engel auf diese Weise die Erde mit Regen tränken.[148] Hier geht es nicht mehr um Fehlurteile durch das falsche Richten mit einem legendenhaften und exemplarischen Charakter, sondern diese Motive dienen wesentlich einer schwankhaften Tendenz.[149] Dietz-Rüdiger Moser bezeichnete dieses Märchen als Bibelparaphrase auf das Gleichnis Jesu vom Verkehrten Richter (Mt 7,1-5; Lk 6, 42), das aber deutlich dem Charakter des „Ostermärleins" folgt, wo es darum ging, „mit dem gewollt erzielten Lachen der Osterfreude (über die Auferstehung des Heilandes) sichtbaren und erlebbaren Ausdruck zu geben."[150]

Das Motiv „Lieb wie das Salz" (Mot H 592.1; M 21) ist ein Beispiel für die Polyvalenz eines Motivs innerhalb der tradierten Stoffe und des Erzählgutes. Häufig fragt ein König seine Töchter, wie lieb sie ihn hätten. Die ältesten geben einen mehr oder weniger kostbaren Gegenstand an, die jüngste aber antwortet: „Wie das Salz!" Nach dieser Antwort wird sie verstoßen. Bei der Hochzeit mit einem König des Nachbarreiches lädt man auch den Vater, serviert ihm aber alle Speisen ohne Salz, so dass er die Richtigkeit der Antwort anerkennen muss. Es gehört sowohl als handlungsauslösendes Element zu einem größeren Märchentypus wie etwa zu ATU 510 „Cinderella" (Aschenputtel, Allerleirauh) und existiert als selbständige Novelle unter ATU 923. Als solche ist sie aus Shakespeares „King Lear" bekannt, in dem Cordelia diese Antwort gibt.[151] Kurt Ranke hält dieses Motiv für alt, weit verbreitet und bis in die jüngere Überlieferung aktiv. Belege dafür sind auch die ordinären Varianten etwa 1557 im „Wegkürzer" von Martin Montanus oder im „Wendunmuth" (1563) von Hans Wilhelm Kirchhof.[152]

Episoden sind nicht typgebundene Handlungsteile, die austauschbar sind. Beispielsweise kann die Episode ATU 518 „Streit um Zaubergegenstände" als Handlungsauslöser das wunderbare Geschehen innerhalb von unterschiedlichen Typen beschleunigen bzw. zum Erfolg der Suchwanderung des Helden führen.[153]

---

148 Uther: KHM III, S. 92.

149 Vgl. Uther: KHM IV, S. 329.

150 Moser: Märchen als Paraphrasen 2003, S. 2. KHM 180 „Die ungleichen Kinder Evas" sei eine Paraphrase zu Paulus' Ausführungen zur Einheit der Glieder des Leibes Christi, 1. Kor. 12,4. (S. 5). Ebenso sei KHM 147 „Das junggeglühte Männlein" (AaTh 753 Christus und der Schmied) verbunden mit der biblischen Warnung vor den falschen Propheten (Mt 24,11), und schlage eine Brücke zur Lehre vom Antichristen (1. Joh. 2, 18) (S. 9).

151 Köhler: Aufsätze über Märchen und Volkslieder 1894, S. 15.

152 Ranke: Schwank und Witz als Schwundstufe 1955, S. 50.

153 Vgl. Röth: Kleines Typenverzeichnis 1998, S. 8 als Episode und S. 108 als Motiv bezeichnet.

Sequenzen gliedern die Abläufe von Erzähltypen in Abschnitte, die Erzählende in sich geschlossen in andere Typen übernehmen können.

Varianten sind die Veränderungen eines aus dem vorliegenden Material erarbeiteten Normalverlaufs, der als Grundmuster (Erzähltyp) festgelegt werden kann.[154] Alle Varianten eines Erzähltyps müssen Übereinstimmungen mit diesem Normalverlauf aufweisen, obwohl es selten eine Deckungsgleichheit gibt.

In der historischen, regionalen und erzählerischen Abwandlung ergeben sich **Versionen**, die einem Erzähltyp zugewiesen werden können. Sie entstehen, da in der lebendigen Erzählsituation Erzählende ihre Erfahrungen, ihr Anliegen und ihren Gestaltungswillen in die Erzählung einbringen und so die Grundform verändern.

Erzähltypen sind die Abstraktion der normalen Verlaufsform aus möglichst vielen Varianten, die einem gemeinsamen Handlungsschema entsprechen (plot outline). Sie bilden damit jeweils ein Grundmuster, auf das gefundene Varianten und Versionen zurückgeführt werden sollen bzw. anhand dessen Abweichungen festgestellt werden können.

Die Beschreibung des Erzähltyps AaTh 551 Wasser des Lebens[155] bzw. ATU 551 „Water of Life (previously The Sons on a Quest for a Wonderful Remedy for their Father)" ist ein Beispiel für Möglichkeiten und Grenzen dieser Verzeichnisse:[156]

I. Einem kranken (blinden) König kann nur ein wunderbares Heilmittel helfen (Lebenswasser, verjüngende Äpfel, Phönixvogel u.a.). Wer es bringt, erbt Thron und Königreich.

Die hier entwickelte Motivation zum Auszug der Söhne, das Thronerbe, fehlt beispielsweise in der Grimmschen Fassung (KHM 97). Hier ist nur von der Sohnesliebe die Rede. Dagegen finden sich zahlreiche Fassungen im slavischen Bereich,[157] wo dies die ausdrückliche Motivation ist und damit gleichzeitig auch die Bosheit der älteren Brüder begründet: Der Jüngste würde ihnen das ihnen selbst zustehende Erbe entziehen.

---

154 Vgl. dazu Röth: Kleines Typenverzeichnis 1998, S. 7-8.

155 Röth: Kleines Typenverzeichnis 1998, S. 118.

156 Uther: The Types of International Folktale 2004: ATU 551 Bd. I, S. 320-321. Angaben nach Röth und Uther. In Letzterem sind die jeweiligen Motivnummern eingefügt. Sonstige Unterschiede sind minimal.

157 Pomeranzewa: Russische Volksmärchen [13]1977, Nr. 31.

II. *Seine drei Söhne gehen auf die Suche. Die beiden hochmütigen Älteren werden durch Lustbarkeiten abgelenkt oder gelangen in eine ausweglose Situation. Der Jüngste bleibt aber unbeirrt und ist freundlich zu wegweisenden Alten (einem Zwerg, einem Adler). Er erhält Rat und Hilfe. So gelangt er ins magische, nur eine Stunde geöffnete Schloss.*

Aufgaben und Proben führen zur Auswahl des Helden. Hier fragt der Zwerg einfach nach dem Woher und Wohin, erhält von den Älteren aber keine Antwort. In anderen Versionen wird der Jüngste angewiesen, nicht in das Wirtshaus mit Musik und Lärm zu gehen und auf dem Rückweg kein Galgenfleisch zu kaufen.

III. *Die Wächtertiere (Drachen u.a.) beschwichtigt er, findet dort aber alles schlafend. Er findet den Lebensquell (Goldapfelbaum), nimmt das wunderbare Heilmittel und liegt einer schönen Frau (Prinzessin) bei. Er hinterlässt seinen Namen (ein Erkennungszeichen) und entkommt gerade noch, ehe das Schloss sich schließt (versinkt). Auf dem Rückweg verjüngt (erlöst) er die helfenden Alten und erhält magische Gegenstände.*

Häufig fügt sich hier eine Episode ein, wonach der Jüngste die Älteren befreit, indem er sie z.B. vom Galgen loskauft. Mit seiner Hilfe erhalten sie ihre Freiheit und gelangen nach Hause zurück.

IV. *Die erfolglosen älteren Brüder tauschen unbemerkt gewöhnliche (giftige) Mittel gegen sein heilendes aus. Der König gesundet. Die Brüder verleumden den Jüngsten. Der König will ihn daher töten (einmauern) lassen, doch entgeht er der Bestrafung (erhält sich im Turm mit den zum Dank erhaltenen magischen Gegenständen).*

Häufig ist der Zug, dass ein Jäger mit der Tötung des Helden beauftragt wird, bekannt auch aus „Sneewittchen" KHM 53, aus Treue aber den Befehl missachtet und den König wissentlich betrügt, indem er ein Tier schlachtet und diesem die geforderten Erkennungszeichen wie Zunge und Leber entnimmt.

V. *Inzwischen hat die Schöne im Wunderschloss einen Knaben geboren und den Namen des Eindringlings entdeckt. Sie erscheint mit einem Heer und fordert den Vater ihres Sohnes. Die anmaßenden älteren Brüder geben sich dafür aus; sie reiten neben dem von ihr ausgebreiteten goldenen Tuch (Weg), vom Schlosse wissen sie nichts. Da erscheint der wunderbar gerettete Jüngste (zerlumpt) und reitet unbekümmert über das Tuch (wird an Merkmalen erkannt). Für ihn öffnet sich das Tor. Er erhält die Braut und wird Herrscher des Königreichs. Der alte König erfährt, was sich zugetragen hatte. (Gemeinsame Rückkehr in das Reich der Braut)*

Die guten Taten des Helden, die er auf seinem eigentlichen Rückweg vollbringt, werden zur Vorbedingung für das gute Ende: der Vater wird darauf aufmerksam, dass ein Betrug stattgefunden haben muss.

Bei einer solch schematischen Beschreibung handelt es sich um eine Abstraktion. Erst der Erzählende oder Herausgeber erfüllt sie mit Leben und macht eine Erzählfassung daraus. Handelt es sich dabei um eine besondere Fassung, kann diese wiederum Stil bildend und Tradition festigend oder verändernd wirken. So erzählt z.B. Sigrid Voigt eine Variante, in der eine Hexe als Wächterin die Helden im Schlosshof empfängt und sie überlistet, indem sie sich in die Frauengestalt verwandelt, die sie im Herzen der Männer erkennt. Überwunden wird sie von einer Frau in Männerkleidern, die ihren Mann befreit.[158]

In der literaturwissenschaftlichen Auseinandersetzung können Märchenmotive innerhalb der Gesamtstruktur als konstituierend oder eher requisitenartig angesehen werden. Diese unterschiedliche Gewichtung der Motive hielt der produktive Kritiker der Finnischen Schule, Albert Wesselski (1871-1939), für unabdingbar. Sein Konzept gilt als ein Beispiel für einen auf Zaubermärchen Westeuropas bis zur Renaissance konzentrierten Ansatz.[159] Er hält die mündliche Präexistenz der Märchen für eine unbewiesene These und möchte daher die Methoden der Finnischen Schule (vgl. Abschnitt Die geographisch-historische Methode in 3.2) auch nur dann angewendet wissen, wenn es keine schriftlichen Überlieferungen zu einem Text gibt.[160] Seine wesentliche Kritik bezieht sich auf den Begriff ‚Motiv': Die Art der Erzählung bestimme sich durch die Auswahl der Motive. Wesselski **definiert Motive nach ihrer Entstehung**:

- ‚Gemeinschaftsmotive': gehen aus dem Leben der menschlichen Gemeinschaft als reale oder mögliche Erfahrung hervor und werden vom Hörer uneingeschränkt als wahr erkannt.
- ‚Wahnmotive': stammen aus dem Aberglauben oder noch nicht restlos verschwundenen Glauben und werden nur noch halb geglaubt.
- ‚Wundermotive': werden gar nicht mehr geglaubt und gelten nur „als poetische Fiktion".[161]

Nach Wesselski enthält eine Sage neben realistischen Motiven insbesondere Wahnmotive. Das Märchen, in höherem Grade eine künstlerische Schöpfung,

[158] Märchen aus Mallorca 1968, Nr. 30.
[159] Vgl. z.B. Thompson: The Folktale 1977, S. 22.
[160] Wesselski: Versuch einer Theorie des Märchens 1974, S. 153.
[161] Ebd. S. 12, 32.

benutzte neben Motiven der realen Erfahrung vor allem Wundermotive. Dabei bezieht Wesselski die Historizität dessen, was Glaubensinhalte und deren Wahrheitsgehalt ausmachte, nicht ein. Er geht von zunehmend geringerem Glauben an Wunder aus - wohl in Fortsetzung aufklärerischer Strömungen. In der Folge kommt er zu der Ansicht, dass das europäische Mittelalter mit den seltsamsten Formen des Aberglaubens keine wirklichen Märchen kannte, sondern nur Sagen, Legenden, Anekdoten, Novellen usw. So habe auch Indien keine authentischen Märchen gekannt, weil dort noch heute verschiedene Vorstellungen des Aberglaubens lebendig seien, die in Europa abgelegt seien.[162]

Tatsächlich haben die Motive einen unterschiedlichen Wirklichkeitsgrad, der historisch-sozial und individuell verschieden realisiert werden kann. Daher ist es nicht unproblematisch, diese Einteilung zu verallgemeinern. Sie hat sich nicht in der Forschung durchgesetzt, weist aber auf prinzipielle Probleme bei der Gliederung in eine Folge von Motiven und Zügen hin.[163] Unabdingbar ist dabei eine historische und geographische Einzelfalluntersuchung im Kontext oraler und literarischer Tradierung.

2.6 Fantasy-Literatur und Trivialliteratur

Ein großer Teil der **Fantasy-Literatur** wird allgemein der Trivialliteratur zugeordnet, obwohl einige Werke weltliterarischen Rang genießen, wie etwa J.R.R. Tolkiens „The Lord of the Rings" (1954/55, deutsch 1969/70) oder Arbeiten von Michael Ende. Mit den traditionellen Märchen teilt das Genre auf den ersten Blick zahlreiche Gemeinsamkeiten.

Als gemeinsame Eigenschaften könnten gelten:

- kleinere Bestandteile wie Motive, Züge und Episoden mit phantastischen Elementen und Verwandlungen
- das sog. gute Ende vor allem in Trivialliteratur und Märchen
- sowohl der Kinder- als auch der Erwachsenenliteratur anzugehören
- Prosadichtungen

[162] Heftig wurde Wesselski z.B. von Walter Anderson angegriffen für seine Behauptung, nur durch eine profilierte Künstlerpersönlichkeit könnten Märchen entstehen und sich verbreiten. Ohne schriftliche Fixierung seien Märchen dem Vergessen anheim gestellt. Vgl. Lo Nigro: Die Formen erzählender Volksliteratur 1973, S. 372-393, hier S. 382-383.

[163] Vgl. weiter: Aarne Leitfaden 1913, S. 14. Leyen: Das Märchen ^{4}1958, S. 75. Mölk: Das Dilemma 1991, S. 112. Würzbach, N.: Theorie und Praxis des Motiv-Begriffs. Überlegungen bei der Erstellung eines Motiv-Indexes zum Child-Corpus. In: Jb für Volksliedforschung 8 (1993), S. 64-89, hier S. 77-79. Frenzel, E.: Neuansätze in einem alten Forschungszweig. In: Anglia 111 (1993), S. 97-117.

- episodische Handlungsstrukturen
- innere Reifung
- Bezug auf fundamentale Lebenserfahrungen und religiös-philosophische Weltdeutungen
- charakteristische Symbolsprache

Im Unterschied zum Märchen aber bildet eine konstruierte archaische Welt den Handlungsrahmen, in dem Magie und übermenschliche Kräfte das Handlungspotenzial der Figuren erweitert. Von herkömmlicher phantastischer Literatur unterscheidet die Fantasy-Literatur auch, dass die Phantasie mit unmöglichen, imaginären, archaischen Alternativwelten und Alternativzeiten ohne Naturwissenschaft und Technik, mit Pseudomythologien und mit magisch-mythischen Wesen genährt wird. Umfassend geformte geschlossene Alternativwelten enthalten nur Märchen über Feen und Feenreiche. Gattungstypische Themen wie der klischeehafte Kampf des Guten gegen das Böse und das Erkennen des Bösen sowie die Suche nach einer idealen Gesamtordnung sind dem Märchen fremd.[164]

Aufgrund ihrer verschiedenen historischen Ausformung unterscheiden sich Formkonsistenz und Rezeption grundlegend. Anders als das traditionell vorgestellte Märchen ist die Fantasy-Literatur, wie die Trivialliteratur allgemein, stets für ein Lesepublikum konzipiert worden und dient der Unterhaltung bestimmter sozialer Schichten.[165] Die traditionellen Märchen werden dagegen noch immer in allen sozialen Schichten und über nationale Grenzen hinweg gepflegt und tradiert, sowohl im mündlichen Vortrag als auch als Buchmärchen.

Das traditionelle Märchen steht mit einigen Merkmalen der **Trivialliteratur** nahe und wird zu den populären Erzählstoffen gezählt. Trivialliteratur[166] bezeichnet zunächst massenhaft verbreitete Literatur, die in Entstehung, Rezeption und Qualität von der Hochliteratur und Dichtung unterschieden wird. Ästhetisch handelt es sich um wertlose Massenlesestoffe, die in ihrem Vertrieb als Groschenhefte, Heftromane oder Taschenbücher im breiten Angebot neben und parallel zu den Vertriebswegen der sog. Hochliteratur stehen. Die leichte Lesbarkeit, eingängige Handlung und ihr Happy End sind sicher eine Gemeinsamkeit mit Märchen, doch insofern sie eine heile und unproblematische Wunschtraumwelt von Glück, Liebe und Reichtum als

---

164 Weiterführend: Pesch: Fantasy 1982. Hume: Fantasy and Mimesis 1984. Todorov: Einführung 1992. Hetman: Die Freuden 1984. Wunderlich: Mythen, Märchen und Magie 1986.

165 Kvideland/Eiríksson: Norwegische und Isländische Volksmärchen 1988, S. 295.

166 Zusammenfassung: Wilpert: Sachwörterbuch der Literatur 2001, S. 851.

Kontrast zum Alltag konstruieren, unterscheiden sie sich vom Märchen.[167] Hier handelt es sich nicht um Schein-Konflikte mit zwanghafter Lösung. Es geht auch nicht um typisierte, schablonenhafte Figuren in Schwarz-weiß-Zeichnung, deren Ständeordnung vielfach eine heile Welt vorgaukelt. Das traditionelle Märchen nimmt seine Konflikte aus der Alltagswelt, lässt seine typisierten Figuren agieren, so dass auf sinnbildhafter Ebene eine stellvertretende Austragung des Konflikts erfolgen kann. Anders als der Trivialroman, der im weißen Kittel daherkommt, ist das Milieu häufig bäuerlicher Couleur, Könige werden als ein Teil beschrieben und ihr Palast ist eher ein bildhafter Schauplatz.[168] Das aus der oralen Umgebung im 19. Jahrhundert stammende Märchen zeichnet sich durch seine umgangssprachlichen Wendungen und dialektale Gestaltung aus, in Abweichung zum floskelhaften, emotional überschwänglichen Sprechen der Trivialliteratur, das voll stereotyper Bilder und Wendungen einem klischeehaften Slang folgt.[169]

2.7 Mündlichkeit - Schriftlichkeit - Kontinuität?

Die Frage nach dem Verhältnis von Mündlichkeit und Schriftlichkeit bei der ‚Produktion' und den Prozessen der Distribution steht im Zentrum der Untersuchungen, wenn romantisierende Klischees von der mündlichen Präexistenz kritisch befragt werden. Zusammen mit der These einer Entstehung der Märchen aus dem ‚Volk' gehört die orale Tradierung der Märchen zum romantischen Paradigma in den Auffassungen zur Entstehung und Verbreitung der Märchen.[170] Schon die Grimmschen Märchen sind ein Konglomerat aus mündlich zugetragenen Stoffen, Textteilen und Abschriften. Eine in Liebhaberkreisen häufig noch anzutreffende Überbewertung der mündlichen Präexistenz der Märchentradition oder der Notwendigkeit schriftlicher Fixierung für den Fortbestand der Märchen entspricht den tatsächlichen Abläufen wenig.

Aus den Texten selbst ist eine Rekonstruktion oraler Tradition und Performanz nicht möglich. Diese muss sich an anderen Quellen orientieren, wie Einleitungen der Sammlungen, Reisebeschreibungen, Chroniken, Gerichtsak-

---

167 Röhrich: Märchen und Wirklichkeit 2001.

168 Vgl. Titel wie Sprachmagie und Wortzauber/Traumhaus und Wolkenschloss 2004 (=EMG 29). Als es noch Könige gab 2001 (=EMG 26).

169 Weiterhin Bausinger, H.: Schwierigkeiten bei der Untersuchung von Trivialliteratur. In: Wirkendes Wort 13 (1963) 4, S. 204-215. Ders.: Zur Kontinuität und Geschichtlichkeit trivialer Literatur. In: Festschrift für Klaus Ziegler. Hg. v. E. Catholy und W. Hellmann. Tübingen 1968, S. 385-410. Fritzen-Wolf: Trivialisierung des Erzählens 1977. Schenkowitz: Der Inhalt 1976 (nach Levins Korpusanalyse). Weitere Arbeiten von Schenda und Brückner.

170 Ausführlich: Pöge-Alder: ‚Märchen' 1994, S. 17-23.

ten usw. Ein spezifischer Quellenwert kommt auch Kalendern, Zeitschriften, den Unterrichts- und Lesebüchern, Predigten und der kirchlichen Unterhaltungsliteratur zu.[171]

Zur Frage nach dem Primat von Oralität oder Literalität formierten sich in der Wissenschaftsgeschichte der Märchenforschung zahlreiche und auch extreme Positionen. Hier besteht eine enge Verbindung zur Frage nach den Ursachen für die Gemeinsamkeiten zwischen den Märchen weit voneinander entfernter Gebiete. Die Forscher der Finnischen Schule favorisierten eine Wanderung oder Diffusion der Märchenstoffe als häufigste Verbreitungsform. Walter Anderson (1885-1962) beispielsweise ging von einer Wellentheorie aus, nach der sich das mündliche Überlieferungsgut wellenförmig ausbreite.[172]

Neben einer einseitigen Überhöhung der mündlichen Überlieferung standen gemäßigtere Positionen, nach denen der Wirkung von Sammlungen wie den Grimmschen „Kinder- und Hausmärchen" oder der Veröffentlichung der Märchen aus Tausendundeiner Nacht größere Bedeutung beigemessen wurde. So nahm der Finne Antti Aarne an, dass diese Sammlungen die Verbreitung und Verallgemeinerung von Märchen gefördert hätten. Mündlichkeit hielt er dagegen etwa dann gegeben, wenn in zwei benachbarten Ländern sich stark gleichende Varianten gefunden wurden, die entfernteren Varianten weniger ähnlich wären. Er glaubte, dass durch Verkehrsverbindungen auch Märchen Sprach- und Ländergrenzen überwinden konnten, etwaige Lücken in der Kette der Überlieferungen jedoch nur durch intensivere Feldforschungsarbeiten überwunden werden könnten.[173]

Über die Relevanz der mündlichen Überlieferung sind im Zusammenhang mit den Arbeiten Albert Wesselskis und dem Streit rund um die Thesen Detlev Fehlings heftige Auseinandersetzungen geführt worden.[174] Fehling zweifelt generell an der Möglichkeit mündlicher Überlieferung.[175] Für Grätz ergab eine Bestandsaufnahme, dass es im 18. Jahrhundert in Deutschland keine

---

171 Röhrich/Wienker-Piepho: Storytelling in contemporary societies 1990. Röhrich: Volkspoesie ohne Volk 1989. Röhrich: Das Kontinuitätsproblem 1976, S. 292-301. Zuerst in: Bausinger/Brückner (Hg.): Kontinuität? 1969, S. 117-133. Moser-Rath: Predigtmärlein der Barockzeit 1964. Pöge-Alder: Lehren fürs Leben 2003. Müller-Salget: Erzählungen für das Volk 1984. Lox/Schelstraete: Stimmen aus dem Volk? 1990.

172 Anderson: Geographisch-historische Methode 1934/40, S. 508-522.

173 Aarne: Leitfaden 1913, S. 18-21. Vgl. auch Holbeks exemplarische Studie zur Märchenanalyse in Abschnitt 6.6.

174 Fehling, D.: Amor und Psyche. Die Schöpfung des Apuleius und ihre Einwirkung auf die Märchen, eine Kritik der romantischen Märchentheorie. Mainz 1977 (=Akademie der Wissenschaften und der Literatur 9). Wesselski: Versuch einer Theorie 1974. Ders.: Die Vermittlung des Volks 1936, S. 177–197. Anderson: Zu Albert Wesselski's Angriffen 1935. Wienker-Piepho: Schriftlichkeitssymbole 1997, S. 207-215. Dies.: „Je gelehrter, desto verkehrter" 2000.

175 Fehling: Erysichthon oder das Märchen von der mündlichen Überlieferung 1972, S. 173-196.

Volksmärchen mit einer urwüchsigen Existenz im Volk gegeben hat, sondern dass die Märchen des beginnenden 19. Jahrhunderts auf französische und orientalische Quellen zurückgehen. Letztere gelangten anfangs auch via französischer Übersetzungen ins deutsche Sprachgebiet.[176]

Allgemein wird von einem wechselseitigen Einfluss zu sprechen sein, in dem Oralität und Literarität einander bedingen. An den jeweiligen Umbruchphasen von überwiegender Mündlichkeit zu Schriftlichkeit und nun sog. neuen Medien sind die Abläufe von Interesse, die in jedem Überlieferungsfall gesondert zu untersuchen sind. Literarische Varianten bilden Markierungspunkte der Tradierung. Wenn Indizien vorhanden sind, kann eine mündliche Überlieferung in Betracht gezogen werden. Sonst können nur literarische Nachweise als feste Bestandteile einer datierbaren Überlieferungskette gelten. Die mündliche Tradierung eines Stoffes kann sich bei mangelndem Nachweis als Fiktion erweisen. Dagegen hat es das sog. alltägliche Erzählen immer gegeben:

> Das polierte Erzählen von Geschichten, die zu einem glücklichen Ende kommen, ist [...] eine höfische Erfindung mit höfischem Performanzverhalten.[177]

Heute begegnen zahlreiche Phänomene einer zweiten Mündlichkeit. Dazu gehört die sog. Xeroxlore[178], die die Verbreitung von Märchen in Form von Kopien bezeichnet, deren Ursprung und Überlieferungsweg nur mühsam rekonstruiert werden kann. Ein anderer Untersuchungsgegenstand ist die Reoralisierung gedruckter Quellen im heutigen Märchenerzählen.[179] In diesen anonymisierten Austauschbewegungen von Erzähltexten ohne ursprüngliche Quellenangabe werden oft nur noch Austauschort und die damit verbundene Person erinnert. Ebenso werden im Internet Geschichten ausgetauscht und weitergegeben. Talkshows werden zu Umschlagplätzen von Erzählungen auch märchenhafter Art.

Die Auffassung einer von der Literatur völlig unbeeinflussten oralen Tradition der Märchen ist in der Märchenforschung obsolet. Röhrich und Bausinger gehen von einer „Literarisierung der Folklore" und einer „Folklorisierung von Literatur"[180] aus, die nebeneinander verlaufen und für einzelne Quellen und Märchen zu bestimmen sind. Nachweisbare mündliche Überlieferung wird im günstigsten Fall bis zum Anfang des 19. Jahrhunderts zurückzuverfolgen sein.[181] Daher werden solche Quellen etwa in den Artikeln der

---

176 Grätz: Das Märchen 1988.

177 Schenda: Von Mund zu Ohr, S. 274, vgl. auch S. 268.

178 Bausinger, H.: Folklore, Folkloristik. In: EM 4, 1984, Sp. 1397-1403, hier Sp. 1401.

179 Pöge-Alder: Erzählerlexikon 2000.

180 Bausinger: Formen der ‚Volkspoesie' ²1980, S. 53. Röhrich: Volkskunde und Literaturgeschichte 1982, S. 742-760.

181 Röhrich: Erzählforschung 1988, S. 353-379, hier S. 356.

„Enzyklopädie des Märchens" als Belege aus den Sammlungen des 19. Jahrhunderts aufgeführt und nicht als Belege für eine Mündlichkeit. Die Sammlung „Märchen des Mittelalters", von Wesselski 1925 ediert, oder die „Erzählungen des späten Mittelalters" 1962/67 gehören nach Röhrich zur Literatur: Zwar waren Quellen, Vortragsweise und Wirkung der Beiträge mündlich, es blieben aber nur schriftliche Zeugnisse erhalten.[182] Der jeweilige Wert von oralen oder skripturalen Quellen für das einzelne Märchen oder den Erzähltyp ist im Einzelfall zu bestimmen. Im 19. Jahrhundert ist für die Volkserzählungssammlungen häufig von einer sekundären Mündlichkeit auszugehen, die aus gedruckten Quellen wie Schulbüchern, Kalendergeschichten, Tageszeitungen usw. gespeist wurde.[183]

Aufgaben

1. Welche Ursachen führten zum Bezeichnungsfeld des Wortes ‚Märchen'?
2. Erklären Sie die Bedeutung von ‚Märchen' aus seiner Etymologie.
3. Begründen Sie die Merkmale von ‚Märchen' anhand des Märchens vom „Wasser des Lebens" der Grimmschen Sammlung.
4. Finden Sie Beispiele für sogenannte Anti-Märchen in den KHM.
5. Wählen Sie einen Typenkatalog und suchen Sie Beispiele für einen Märchentyp. Entwickeln Sie anhand verschiedener Märchensammlungen Beispiele von Varianten, finden Sie seltene Motive und Züge.

---

182 Röhrich: Erzählforschung 1988, S. 353-379, hier S. 358.

183 Tomkowiak: Lesebuchgeschichten 1993.

3 Entstehungs- und Verbreitungstheorien

Im Zuge ihrer Textsammlung sichteten Jacob und Wilhelm Grimm ähnliche Varianten von Märchen. Dabei stellten sie zahlreiche Gemeinsamkeiten in geographisch weit auseinanderliegenden Räumen fest. Ihre Thesen zu den Ursachen solcher Gemeinsamkeiten gleichen roten Fäden, die sich in späteren Erklärungsversuchen wiederfinden.

Für den Bereich der Märchen als populäre Erzählstoffe sind Fragen nach der Entstehung und nach den Ursachen ihrer Gemeinsamkeiten immer wieder gestellt worden, da es häufig keinen nachweisbaren Urheber der Erzählungen gibt und sich verschiedene Schichten der Überlieferung in den Texten überlagern. Wiederum geben die vorgestellten Antworten Auskunft über die generelle Betrachtung der Erzählungen. Die Suche nach Ursprung und Parallelen wurde zur Einstiegsfrage bei der Beschäftigung mit diesen Erzählungen und beeinflusste Editionsarten und Interpretationsweisen.

Spätestens seit den Grimmschen Äußerungen gibt es zur Klärung der Entstehung vor allem die Theorien von Monogenese und Diffusion und zum Verständnis der nachfolgenden Veränderungen der Motive oder Gesamterscheinungen von Märchen die Prinzipien von Diffusion und Evolution[1]. Diese beiden Gruppen treten in unterschiedlicher Ausprägung auch in den Theorien der Gegenwart auf.

Einige Beispiele belegen, dass Theorien des 19. Jahrhunderts - obwohl sie als obsolet gelten - immer wieder zitiert werden. Damit ist ein wissenschaftsgeschichtlicher Rückblick notwendig, der die Theorienbildung seit den Grimms bis in heutige Diskussionen darstellt.

3.1 Legitimation durch Wurzeln in der Vorzeit

Zu den nicht mehr in der Erzählforschung verfolgten Thesen zum Ursprung der Märchen gehörten die der Mythologischen Schule, die sich im Zuge der romantischen Bewegung herausbildete.

Nach den Ideen Johann Gottfried Herders und anderer gingen die Brüder Grimm von einem Fortbestehen der Reste alter Mythen auch in den zeitgenössischen mündlichen Erzählungen aus. Sie nutzten für die ursprüngliche

---

1 Der Begriff ‚Diffusion' zuerst bei E.B. Tylor: Primitive Culture. 2 Bde., London 1871 als Oppositionsbegriff zu ‚Evolution'. Hesse, K.: Evolution. In: Streck, B. (Hg.): Wörterbuch der Ethnologie. Wuppertal 2000, S. 59-63.

Gesamtheit der ‚Volksliteratur' das Bild des zersprungenen Edelsteins, modifiziert als „Brunnen, dessen Tiefe man nicht kennt" oder als „alter Strom" und „nie stillstehender Fluss".[2] Diese Analogieschlüsse zwischen Organik und Natur als Prinzip der Literaturbetrachtung und Formulierung neuer Beobachtungen ermöglichen, diese Betrachtungsweise mit Herders Thesen zu verbinden.[3]

Der mythologischen Forschung förderlich waren außerdem die entwickelten Methoden der Sprachwissenschaft seit dem Ende des 18. Jahrhunderts, zu denen beispielsweise die Rekonstruktion des Sanskrit als der ‚Ursprache der Indoeuropäer' gehörte.[4] Diese Methoden wurden auf die gesammelten Zeugnisse der Volksliteratur übertragen, ohne deren Funktion, Tradierung und Performanz einzubeziehen. Die „heut zu tage noch lebendige[n] volkssagen und kindermärchen, spiele, sprüche und redensarten" galten Jacob Grimm als eine Quelle der Göttermythen.[5] Gleiche Bestandteile in der Folklore verstand er als ein konstantes Erbe der indoeuropäischen Sprachfamilie, das bis zum rezenten Erzählgut, wie den Märchen, und den Bräuchen seit langen Zeiten überliefert wurde.[6] Dieser übergreifende Mythos bildete nach Grimmscher Auffassung die Basis der Poesie und ist der Sprachgruppe gemeinsam[7], deren Grenzen nach weiteren Forschungen nach außen verlagert werden müssten.[8]

Für die Vorrede zum 2. Band der „Kinder- und Hausmärchen" schrieb Wilhelm Grimm 1815:

> ... in diesen Volksmärchen liegt lauter urdeutscher Mythus, den man für verloren gehalten, und wir sind fest überzeugt, will man noch jetzt in allen gesegneten Theilen unseres Vaterlandes suchen, es werden auf diesem Wege ungeachtete Schätze sich in ungeglaubte verwandeln und die Wissenschaft von dem Ursprung unserer Poesie gründen helfen.[9]

---

2 Grimm: KHM. Vorrede 1850, S. LXIII. Ders.: Vorrede zum ersten Band 1812, S. 332.

3 Herder, Suphan-Ausgabe, Bd. 32, S. 235, Bd. 18, S. 483 zum Bild der Pflanze und ihrem Wachstum. Grimm: Vorrede zum zweiten Band 1815, S. 330-331. Vgl. Lempicki: Geschichte der deutschen Literaturwissenschaft 1968, S. 386.

4 So z.B. Bopp, Franz: Vorreden zur ersten und zweiten Ausgabe (1833). In: ders.: Vergleichende Grammatik des Sanskrit, Send, Armenischen, Griechischen, Lateinischen, Litauischen, Altslavischen, Gothischen und Deutschen. Bd.1, Berlin ³1868.

5 Grimm: Deutsche Mythologie ³1854, S. 11. Ebenso Ebel: Jacob Grimms Deutsche Altertumskunde 1974, S. 133.

6 Weiterführend: Vries: Forschungsgeschichte der Mythologie 1961, S. 123-124. Pikulik: Die sogenannte Heidelberger Romantik 1987, S. 190-215, bes. S. 203. Hunger: Romantische Germanistik 1987, S. 47-48. Bausinger: Volkskunde 1971, S. 41-42. Thompson: Folktale ²1951, S. 370-371.

7 Grimm: Vorrede 1850, S. LXIX-LXX. Ders.: Vorrede 1812, S. 325.

8 Ebd. S. LXX.

9 Grimm: Vorrede zum zweiten Band (1815) 1881, S. 330.

Ähnlich könnten die Mundarten zur Erklärung der Literatursprache dienen, da sie Eigentümlichkeiten enthielten, die man verloren glaubte. Seine Schlussfolgerung von 1850 wurde zugleich Programm:

> Gemeinsam allen Märchen sind die Überreste eines in die älteste Zeit hinaufreichenden Glaubens, der sich in bildlicher Auffassung übersinnlicher Dinge ausspricht. Dies Mythische gleicht kleinen Stückchen eines zersprungenen Edelsteins, die auf dem von Gras und Blumen überwachsenen Boden zerstreut liegen und nur von dem schärfer blickenden Auge entdeckt werden.

Wilhelm Grimm folgert, das Mythische „dehnt sich aus je weiter wir zurückgehen, ja es scheint den einzigen Inhalt der ältesten Dichtung ausgemacht zu haben."[10] Komparative Methoden dienten nicht nur zur Rekonstruktion der indoeuropäischen Ursprache, sondern auch des Ursprungs der umfassend vorgestellten Volksliteratur und der Mythologie vorchristlicher Zeit.

Daher identifizierten Jacob und Wilhelm Grimm Märchenmotive beispielsweise mit Resten folgender Mythen:

- Märchen von der schwarzen und weißen Braut (ATU 403) mit dem Mythos von Tag und Nacht und der Berta-Sage[11], die Figur der Berta mit dem historischen Zusammenhang der Berta oder Perchta von Rosenberg und mit Frau Holle[12]
- das „Dornröschen" (KHM 59) mit der vom Dorn entschlafenen (altnordischen) Brunhilde
- das „Sneewittchen" (KHM 53) mit Snäfridr
- „Der goldene Vogel" und die Suche des Königssohnes (KHM 57) mit König Mark im Tristan
- „Die goldene Gans" (KHM 64), an der der Dieb und weitere Personen hängenbleiben, mit Loki und seiner geschleuderten Stange aus der jüngeren Edda.

Beispiele für einen Bezug auf eine allgemeine Naturmythologie gab Grimm mit dem Hinweis auf die Vermischung des mythischen Elements mit Namen von Pflanzen und Gestirnen, die noch von der Verbindung „zwischen gottesdienst und natur" zeugten.[13]

Als wissenschaftliches Modell fand die „Deutsche Mythologie" (1835, ²1844) Nachahmer in der ganzen Welt. Da sich Jacob Grimm um die Systematisierung und Bedeutungserklärung von indogermanischen Mythen bemühte,

---

10 Grimm: Vorrede 1850, S. LXVII.

11 Vgl. Rumpf, M.: Braut: Die schwarze und die weiße B. (AaTh 403). In: EM 2, 1979, Sp. 730-738, hier Sp. 734.

12 Grimm, J.: Gedanken über mythos, epos und geschichte. In: ders.: Kleinere Schriften Bd. 4. Hildesheim 1965, S. 74-85. Vgl. Kellner: Studien zum Mythosbegriff 1994, S. 319-351.

13 Grimm: Deutsche Mythologie ³1854, S. 10.

nannte man die gesamte Forschungsrichtung auf dem Gebiet der Folkloristik „Mythologische Schule".[14]

Zugleich war mit diesen Forschungen die Wissenschaftlichkeit der Altertumskunde belegt worden. In diesem Sinne formulierte Jacob Grimm 1854 in der Vorrede zur Ausgabe von serbischen Volksmärchen: Durch die Sammler sei eine ungeahnte Menge von Material zusammengetragen worden,

> von welcher ein gedeihen kritischer forschungen abhängen musz, und der wahn beseitigt werde, als beruhen diese stoffe auf läffischen, der betrachtung unwürdigen erdichtungen, da sie vielmehr für den niederschlag uralter, wenn auch umgestalteter und zerbröckelter mythen zu gelten haben, die von volk zu volk, jedem sich anschmiegend, fortgetragen, wichtigen aufschlusz darbieten können über die verwandtschaft zahlloser sagengebilde und fabeln, welche Europa unter sich und noch mit Asien gemein hat.[15]

Die Sammlung der Survivals helfe die „Wissenschaft von dem Ursprung unserer Poesie" zu begründen und leiste einen „Beitrag zur Geschichte der deutschen Volksdichtung".[16] Die Märchenforschung folgte mit der Mythologischen Schule maßgeblich den Äußerungen Jacob und Wilhelm Grimms. In der Wissenschaftsgeschichtsschreibung findet man ihre Thesen zu Entstehung und Verbreitung von Märchen als indogermanische oder indoeuropäische Theorie.

Die philosophische Basis legten die Ideen Schellings sowie A.W. und F. Schlegels, in denen die Mythologie als das eigentliche Fundament der Kunst galt. Die Verbindung zur Folklore stellten Arnim, Brentano und Görres her. Den Grimms vorangegangen waren auch F. Creuzer und K.O. Müller. Übereinstimmend zwischen den Dichtern der Romantik und den Grimms ist die Tendenz, Zusammenhänge durch Analogien herzustellen.[17]

Die Mythologie der Völker als zugrundeliegendes System der Volksliteratur – diese These kann einmal als eine Fortwirkung des religiös angebundenen Prinzips einer „fortwährenden und unversöhnlichen Traditionsgeschichte ursprünglicher Kultur und Poesie" angesehen werden, das auch Arnim in

---

[14] Vgl. Sokolov: Russian Folklore 1950, S. 54-55. Gusev, V.E.: Mifologičeskaja škola. In: Bolšaja sovetskaja enziklopedija, Bd. 16, Moskva [3]1974, S. 340. Vgl. Pöge-Alder: Die Mythologische Schule 1998, S. 79-83. Dies.: Mythologische Schule. In: EM 9, 1999, Sp. 1086-1092.

[15] Grimm, Jacob: Vorrede zu: Volksmärchen der Serben. Hg. v. Wuk Stephanowitsch Karaditsch. In: ders.: Kleinere Schriften, Bd. VIII, Hildesheim 1966, S. 386-390, hier S. 387. Zur Wissenschaftsdisziplin: Wilhelm Grimm: Vorrede (1815) 1881, S. 330-332.

[16] Grimm, Wilhelm: Vorrede (1815) 1881, S. 330-332.

[17] Pikulik: Die sogenannte Heidelberger Romantik 1987, S. 203: Den Grimms vorangegangen war auch K.O. Müller. Hunger: Romantische Germanistik und Textphilologie 1987, S. 42-68, hier S. 47-48. Vgl. Bausinger: Volkskunde 1971, S. 41-42.

seinem Aufsatz „Von Volkslidern" (1805) ausspricht.[18] Zum anderen hatte sich das Interesse bereits für die Heidelberger Romantiker von der Ursprungsfrage auf die Suche des substantiellen Gehalts, der Traditions- und Wirkungsgeschichte der Volksdichtung als dem „vielleicht wichtigsten Medium der Selbstdarstellung deutscher Kulturnation", verlagert.[19] Die Vorstellung von Vollkommenheit als Ausgangslage gesellschaftlicher Entwicklung unterstützte nationale Interessen und die Integration der Rezipienten, wie sie zu Beginn des 19. Jahrhunderts erforderlich waren.[20]

Vertreter der mythologischen Schule

An die Bemühungen vor allem Jacob Grimms knüpfte die Forschungsmeinung an, dass Mythen die Basis zum Verständnis der Märchen seien. Die folgenden Vertreter belegen die weite Verbreitung dieser Auffassung, die sich auch in Form von Sammelintentionen und Editionen niederschlug.

Franz Felix Albert Adalbert Kuhn (1812-1881) gilt als Begründer der vergleichenden Mythologie, deren Grundlage gewagte Etymologien waren, auf denen seine Vorstellungen eines Göttersystems der Indogermanen und ihrer Mythen aufbauten. In den vedischen Spracherzeugnissen sah er den Keim für die späteren „wirkliche[n] mythen", die die Basis seiner Mythenvergleiche bilden. Das mythenauslösende Ereignis war für Kuhn vor allem das Sturmgewitter.[21]

Der Berliner Gymnasialdirektor **Friedrich Ludwig Wilhelm Schwartz** (1821-1899) hielt dagegen die niedere Mythologie gegenüber der Göttermythologie für primär.[22] Übernatürliche Ideen, die bis heute überlebt haben, verstand er als einen Ausdruck des primitiven Denkens und als Echo komplexer uralter Mythen. Damit wurden Ideen etwa Wilhelm Mannhardts vorbereitet.[23] Für die Harz-Region beispielsweise hatte der wiederholte Abdruck der Sagen wichtige Funktionen. Er festigte das historische Selbstverständnis innerhalb einer mythischen Tradition, wirkte innerhalb der Reiseliteratur und

---

18 Hofe: Der Volksgedanke 1987, S. 246.

19 Ebd. S. 250. Dieser Prozess ist beschrieben bei Seeba, H.C.: Zeitgeist und deutscher Geist. Zur Nationalisierung der Epochentendenz um 1800. In: DVjS. Sonderheft 1987, S. 188-215.

20 Vgl. Rosenberg: Zehn Kapitel 1981, S. 52.

21 Kuhn, A.: Die Herabkunft des Feuers und des Göttertranks. Berlin 1859, S. 253-254. Ders.: Märkische Sagen und Märchen 1843, neu 1937, S. IX-XI. In: Die Entwicklungsstufen der Mythenbildung (Berlin 1873) gibt Kuhn generelle Erklärungen (zusammen mit Schwartz). Kuhn/Schwartz: Norddeutsche Sagen, Märchen und Gebräuche 1848. Dies.: Sagen, Gebräuche und Märchen aus Westfalen 1859.

22 Schwartz: Der Ursprung der Mythologie 1860, S.56. Ders.: Indogermanischer Volksglaube. Ein Beitrag zur Religionsgeschichte der Urzeit. Berlin 1885.

23 Vgl. Sokolov: Russian Folklore 1950, S. 56; EM 7.781; Pöge-Alder: ‚Märchen' 1994, S. 99-105.

der Tourismusindustrie und förderte die Popularisierung scheinbar urtümlicher Bräuche.[24]

Johann(es) Wilhelm Wolf (1817-1855) gründete die „Zeitschrift für deutsche Mythologie und Sittenkunde" (1853-1859, 4 Bde.). Er beabsichtigte, in den Sagen und Märchen „theile eines ungeschmälerten ganzen" der Mythologie zusammenzustellen. Doch konnte er „fast immer nur bis zu einem gewissen punkte vordringen: es ließen sich nur die ähnlichen züge aus dem nordischen mythus und dem deutschen märchen zusammenstellen. Weiter zu gehen war mir zu gewagt".[25]

Richard Wossidlo (1859-1939) suchte nach dem „Fortleben der heidnischen Götterwelt" in den Mecklenburger Volkssagen.[26]

Theodor Colshorn (1821-1896) wollte mit seinen „Märchen und Sagen aus Hannover" nicht nur ein „rechtes Kinderbuch" vorlegen, sondern sieht den „höhere[n] Zweck" darin „die deutsche Mythologie zu fördern." Sein Bändchen bringe für „diese herrliche junge Wißenschaft" einige „neue und bedeutende Züge", in denen er Wuotan, Donar, Loki und Fro findet, Göttinnen, Wald- und Wasserweiber, Hexen, Riesen, Elben, Zwerge u.a.m.[27]

Für **Ernst Meier** (1813-1866) gehörten die „epischen Stoffe" seiner schwäbischen Märchen zum großen Teil „der mythischen Götter- und Heldensage an". Da sie „uraltes Gemeingut aller deutschen Stämme" wären, seien die Charaktere der KHM in ihnen wiederzufinden.[28]

Auch **Heinrich Pröhle** (1822-1895) geht vom mythischen Gehalt der Märchen aus und gibt daher an, nur solche sprachlich bearbeitet zu haben, die diesen Wert nicht in sich tragen. Gerade in diesen erkennt er „abgeschwächte ältere Märchenstoffe, aus welchen im Laufe der Zeit der Wunderglaube entwichen ist, die aber darum doch noch manchen mythologischen Aufschluß geben können."[29]

Friedrich Panzer (1794-1855) betrachtete seine „Bayerischen Sagen und Bräuche" (erschienen 1848) als „Beiträge zur deutschen Mythologie". Er suchte in ihnen vorchristliche Zeugnisse:

> Längst liegt das Heidentum danieder, aber es haften noch Spuren in der Sage, ja selbst im Aberglauben. ... In wenigen Jahren wird die Ausbeute nicht mehr ergie-

---

[24] Vgl. Uther: Einführung: Zur Entstehung der Sagen. In: Uther: Deutsche Märchen und Sagen. Digitale Bibliothek 2003, Band 80, S. 41-65. Vgl. Abschnitt 5.1.

[25] Wolf: Beiträge zur Deutschen Mythologie 1852, S. VI, X, XXIV.

[26] Aus den Aufzeichnungen Wossidlos: Neumann: Das Wossidlo-Archiv 1994, S. 20. Vgl. Pöge-Alder: Richard Wossidlo im Umgang 1999, S. 325-344.

[27] Colshorn: Märchen und Sagen aus Hannover 1854, S. 257-258.

[28] Meier: Deutsche Volksmärchen aus Schwaben. Vorrede 1852, S. 5-6.

[29] Pröhle: Kinder- und Volksmärchen 1853, S. 11.

big sein; mit einem hochbetagten Greis, mit einem alten Mütterchen sinkt oft die Sage auf immer dahin.[30]

Als wissenschaftliches Modell fand die „Deutsche Mythologie" Resonanz in zahlreichen Arbeiten, die sich um einen ähnlichen Überblick bemühten:[31]

- Herrmann, Paul: Deutsche Mythologie. Leipzig 1898 (Gekürzte Neuausgabe: Berlin 2. Aufl., 1992). Ders.: Nordische Mythologie, Leipzig 1903 (gekürzte Neuausgabe: Berlin 1992).
- Mannhardt, Wilhelm: Mythologische Forschungen, aus dem Nachlasse hg. v. H. Patzig, mit Vorreden v. K. Müllenhoff und W. Scherer, Straßburg 1884 (=Quellen und Forschungen Nr. 51).
- Müllenhoff, Karl: Deutsche Altertumskunde, Bd. V, 1., Berlin 1883.
- Simrock, Karl: Handbuch der deutschen Mythologie, mit Einschluß der nordischen, Bonn [6]1887.
- Uhland, Ludwig: Schriften zur Geschichte der Dichtung und Sage, Bd. VI, VII, Stuttgart 1868.

Zur naturmythologischen Schule

In den naturmythologischen Interpretationen um 1900 galten Naturerscheinungen als eine Quelle für den Volksglauben und gaben Anstoß zur Bildung der Mythologie, die bis in die rezenten Erzählungen tradiert wurde. Innerhalb der Astralmythologie (Sonnen- und Mondmythologie) betrachteten die Interpreten Mythen und Märchen als Allegorien von Naturphänomenen. Ch. F. Dupuis hatte 1794 in „Origine de tous les Cultes ou Religion universelle" (1809) die Wirkung der Natur auf den Menschen sowie Licht und Finsternis, Sonne und Himmel zur Grundlage seiner auch allegorischen Deutung gemacht.[32] Vor dem Hintergrund dominanter Naturwissenschaften im 19. Jahrhundert schien eine monokausale Bedeutungserklärung besonders einsichtig zu sein. Die sog. naturmythologische Schule beruht auf Analogieschlüssen zwischen Organik und Natur als Prinzip der Literaturbetrachtung. Den romantischen Strömungen folgend, strebte man nach dem Auffinden gesetzmäßiger Zusammenhänge. Einflussreich war die von der vergleichenden indoeuropäischen Sprachwissenschaft ausgehende sog. vergleichende Mythenforschung und die Auffassung vom Ursprung der astralen Mythen vor allem in Babylon.[33] Mythen wurden als Allegorien von Naturerscheinungen gedeu-

---

30 Panzer: Bayerische Sagen, Bd. I, S. X. Alzheimer-Haller, H.: Panzer, Friedrich. In: EM 10, 2002, Sp. 515-516, hier Sp. 515.

31 Dazu auch Pöge-Alder: Die Mythologische Schule 1998, S. 79-83. Dies.: Märchen aus dem Volk – Märchen für das Volk? 2003, S. 32-53. Hier nur die bekanntesten Beispiele.

32 Vries: Forschungsgeschichte 1961, S. 129; cf. EM 6, 1990, Sp. 794.

33 Schier, K.: Astralmythologie. In: EM 1, 1977, Sp. 921-928, hier Sp. 923.

tet. Das Märchenmotiv erhielt dabei eine symbolische Deutung im Sinne der Naturmythologie.

Der Sanskritist Friedrich Max Müller (1823-1900) verband seine Theorie der Sprachveränderung mit der Erklärung von Mythen.[34] Die Theorie Müllers von der „Krankheit der Sprache" ist bei Chr.G. Heyne (Vortrag vor der Göttinger Akademie 1764) schon vorgebildet. Ihm folgten Creuzer und Görres.[35] Die Märchen werden mittels spekulativer Etymologien auf die Mythen zurückgeführt, deren Basis im Naturkultus gesucht wird, wie er in den Veden überliefert wurde.[36] Grammatikalische Kategorien und semasiologische Veränderungen trugen nach Müller zur Mythenbildung bei. Die Mehrheit der Mythen wurde auf eine begrenzte Anzahl von Naturerscheinungen, auf die Sonne und mit ihr verbundene Erscheinungen, besonders auf Morgen- und Abendröte, zurückgeführt. Daher nennt man diesen Zweig der Mythologischen Schule „Solartheorie".[37] Die begeisterte Aufnahme von Müllers Theorien in England wurde vom Interesse an vorindustriellen und vorliterarischen Traditionen getragen.[38]

George William Cox (1827-1902) erweiterte die Solar- und Nebulartheorie über die Entstehung der Mythen, stellte dabei gemeinsame Elemente der Mythen, Sagen, Märchen und Heldendichtung heraus und wird daher auch als ein Vorläufer der Typen- und Motivanalyse angesehen.[39]

Das allegorische Deuten von Märchenmotiven im Sinne der Naturmythologie ist allen ihren Vertretern eigen. Zu ihnen gehören Ernst Siecke, Paul Ehrenreich, Eduard Stucken, F. Linnig.[40] Friedrichs hing extrem der Astralmythologie an. Er interpretierte etwa „Die beiden Wanderer" (KHM 107) als Morgen- und Abendstern[41].

---

34 Braun, H.: Müller, Friedrich Max. In: EM 9, 1999, Sp. 987-992.

35 Vries: Forschungsgeschichte 1961, S. 143-144.

36 Forke: Die indischen Märchen und ihre Bedeutung 1911, S. 21. Müllers Theorie vgl. Oxford Essays. Oxford 1856. Lectures on the Science of language delivered at the Royal Institution of Great Britain in April, May, June 1861, Feb., March, April, May, 1863, London 1864. Vgl. Vries: Forschungsgeschichte 1961, S. 225-231.

37 Vgl. Sokolov: Russian Folklore 1950, S. 58, 60. Vgl. EM 8, 1996, Sp. 768-769 zur Auseinandersetzung von Lang mit Müller.

38 Gilet: Vladimir Propp and the Universal Folktale 1999, S. 18.

39 Newall, V.: Cox, George William. In: EM 3, 1981, Sp. 160-161. Cox, G.W.: The Mythology of the Aryan Nations. 2 vols., London 1870.

40 Stucken, E.: Der Ursprung des Alphabets und die Mondstationen. Leipzig 1913. Ehrenreich: Die Sonne im Mythos 1915. Fries/ Kunike/Siecke: Vier Abhandlungen 1916.

41 Friedrichs, G.: Grundlage, Entstehung und genaue Einzeldeutung der bekanntesten germanischen Märchen, Mythen und Sagen. Leipzig 1909. Rezension von J. Bolte: Zeitschrift des Vereins für Volkskunde, 19 (1909), S. 459. Friedrichs, G.: Wie die Menschheit ihre Götter, Mythen, Märchen und Sagen fand. Leipzig 1935. Ders.: Deutung und Erklärung der germanischen Märchen und Mythen. Leipzig 1934.

Die anderen Vertreter der Astralmythologie schlossen hier an. Philipp Stauff (1876-1923)[42] und Werner von Bülow[43] veröffentlichten ihre Beiträge in der „Mythologischen Bibliothek“ (seit 1907), herausgegeben von der Gesellschaft für vergleichende Mythenforschung, die sich am 6. Juni 1906 gegründet hatte. Der Berliner Oberlehrer Carl Fries versuchte z.B. in der „Gesta Romanorum“ und der „Legenda aurea“ „mythologische Urbestandteile herauszuheben“.[44]

Auch die sog. Wiener Mythologische Schule stellte die Märchen in Beziehung zur indogermanischen Mythologie. Nach dem Namen des indischen Lichtgottes gab sie ab 1914 „Mitra. Zeitschrift für vergleichende Mythenforschung“ heraus. Zu ihren Vertretern gehören Wilhelm Schmidt (1868-1954) als Begründer der Wiener Schule in der Völkerkunde und bedeutender Vertreter der Kulturkreislehre[45], der Wiener Völkerkundler und Orientalist Robert Bleichsteiner (1891-1954), der in der altindischen Philologie und als Altertumskundler, ab 1899 in Wien als Professor wirkende Leopold von Schroeder (1851-1920) und ihr Gründer Georg Hüsing (1869-1930), der glaubte, eine ältere Mondmythologie sei der von Schroeder angenommenen arischen Sonnenmythologie vorausgegangen.[46] Auch Wolfgang Schultz (1881-1936) legte

---

42 Stauff: Märchendeutungen 1914.

43 In der Veröffentlichung von Bülows „Geheimsprache der Märchen“ (1925) offenbart sich die Gefahr derartiger Interpretationen, wie sie während der Herrschaftszeit des Nationalsozialismus zum Tragen kamen. Bülow beschreibt, wie er Märchen auf die Edda und „durchweg auf das Runen-Futhark zurückführen“ will. (S. 3) Der Froschkönig ist seiner Meinung nach Freyr, das göttliche Kind, dem die Götter Alfheim, das Land der ungeborenen Seelen, das Kinder-Unschuldsland der goldenen Reinheit zum Patengeschenk gegeben haben, Menschen sind Frohs Geschlecht (Fro-sk – Frosch). (S. 5) Von der antisemitischen Deutung zu „Der Jude im Dornbusch“ führt der Weg bis zur „Gänsehirtin am Brunnen“. Die jüngste Königstochter gehe den Weg des Heils, das Salz ließe sich als Sal=Heil deuten, Tränen als Perlen in der Smaragdbüchse zeigten „Die Lehre vom Karma.“ „Wem eine besondere Aufgabe im Leben zuteil wird, der muß sie unter allen Umständen lösen. ...“ (S. 79) Dazu müsse sowohl der Einzelne als auch ganze Völker Entbehrungen auf sich nehmen. „Je klarer das deutsche Volk diese tiefen Zusammenhänge durchschaut, um so unaufhaltsamer wird hereinbrechen das Bewußtsein der hohen weltgeschichtlichen Aufgabe, die der Allwaltende auf unsere Schultern gelegt hat... Dann ist das deutsche Volk in Wahrheit das auserwählte.“ (S. 81) Solche pseudoreligiös verbrämten und politisch hoch brisanten Deutungen bildeten das ideologische Gerüst für das barbarische System. Es erklärt wiederum die Vorbehalte gegenüber der Märchenforschung nach dem Ende des 2. Weltkrieges.

44 Fries: Mythologisches in der Gesta Romanorum und der Legenda aurea. In: Fries, C./Kunike, H./Siecke, E.: Vier Abhandlungen. Leipzig 1916, hier S. 38 (=Mythologische Bibliothek VIII, 4).

45 Wilhelm Schmidt gründete 1906 die Zeitschrift „Anthropos“ und 1932 das Anthroposophische Institut in St. Augustin.

46 Bleichsteiner, R.: Kaukasische Forschungen. Wien 1919. Ders.: Iranische Entsprechungen zu Frau Holle und Baba Jaga. In: Mitra 1 (1914), S. 65-71. Ders.: Perchtengestalten in Mittelasien. In: Archiv für Völkerkunde 8 (1953), S. 58-75. Schroeder, L. von: Arische Religion. Leipzig

seiner Interpretation der Mythen die Zeiteinteilung nach dem Mondmonat zugrunde, dem drei Schwarzmond- und drei mal neun Lichtmondnächte im Ordnungsbedürfnis der Arier entsprechen.[47]

Nicht nur Max Müller schätzte den Einfluss besonders der Sonne auf den Menschen hoch ein[48], ebenso untersuchte in Italien Angelo de Gubernatis (1840-1913), Professor für indische Philologie, die Wichtigkeit der Tierfiguren (Tiersage) bei der Mythenbildung vergleichend.[49] Weitere Vertreter waren der Germanist Karl Simrock (1802-1876)[50], der Indologe Hermann Oldenberg (1854-1920)[51], der Ethnologe, Afrika-Forscher und Begründer der Kulturkreislehre Leo Frobenius (1873-1938)[52] und der ab 1921 in Wien lehrende Professor für Sprachen und Völkerkunde Wilhelm Schmidt (1868-1954)[53].

Transition in Richtung anthropologischer Theorien

Das Werk Wilhelm Mannhardts (1831-1880) ist der Volkskunde vor allem aufgrund seiner innovativen Datenerhebung in Fragebögen geläufig.[54] Die

---

1914. Hüsing, G.: Die iranische Überlieferung und das arische System. Leipzig 1909. Vgl. Moser-Rath, E.: Hüsing, Georg. In: EM 6, 1990, Sp. 1411-1412.

47 Vgl. Lüthi: Märchen 112005, S. 65. Schultz, W.: Rätsel aus dem hellenischen Kulturkreise. Leipzig 1912 (=Mythologische Bibliothek 5,1). Ders.: Zeitrechnung und Weltordnung in ihren übereinstimmenden Grundzügen bei den Indern, Iraniern, Italikern, Kelten, Germanen, Litauern, Slawen. Leipzig 1924 (=Mannus-Bibliothek; 35). Ehrenreich: Die Sonne im Mythos 1915, S. 3-22. Vgl. EM 2, 1979, Sp. 864.

48 Zur Auseinandersetzung von A. Lang (EM 8, 1996, Sp. 768-768) vom anthropologischen Standpunkt mit M. Müller: Quart. Review 4/1913, S. 311. Grimm's household tales Bd. 1. Hg. v. M. Hunt, London 21901, Einleitung.

49 Sokolov: Russian Folklore 1966, S. 100. Von Angelo de Gubernatis erschienen „Zoological Mythology" (2 Bde. 1872, dt. 1874) sowie „Mythologie des plantes" (1878-80); sein Nachfolger in Russland N.F. Sumtsov verband die Mythologische Schule mit der anthropologischen Theorie Langs und Tylors.

50 Simrock: Handbuch der deutschen Mythologie 51878.

51 Oldenberg, H.: Die Religion des Veda. Stuttgart 1894, 21914, 31923, 41927.

52 Frobenius veröffentliche 12 Bände „Atlantis. Volksmärchen und Volksdichtungen Afrikas" (1921-28). Vgl. Braukämpfer, U.: Frobenius, Leo. In: EM 5, 1987, Sp. 378-383.

53 Schmidt, W.: Der Ursprung der Gottesidee. Münster 1926-1955, bes. Band 1 und 6 [Sachregister unter Sonne und Sterne]. Schmidt war Gründer der internationalen Zeitschrift „Anthropos" für Völker- und Sprachenkunde 1906. Seine Wiener Schule stütze sich auf eine historische Methode, die die Schichten der Kulturen aufdecken wollte, z.B. „Völker und Kulturen" 1924. Vgl. Anthropos 1954.

54 Beitl, R.: Wilhelm Mannhardt und der Atlas der deutschen Volkskunde. In: ZfVk 42 (1933), S. 70-84. Weber-Kellermann, I.: Erntebrauch in der ländlichen Arbeitswelt des 19. Jahrhunderts auf Grund der Mannhardtbefragung in Deutschland 1865. Marburg 1965. Weber-Kellermann/Bimmer: Einführung in die Volkskunde/Europäische Ethnologie 1985. Die Sammelwut des Altertumswissenschaftlers zeichnete Karl Immermann (1796-1840) in dem Kapitel des Romans „Der Oberhof" (1839) nach (S. 40): „Wilhelm Mannhardt darf als der markanteste Repräsentant einer Forschungsrichtung verstanden werden, die mit philologi-

Märchenforschung hat bisher kaum Bezüge zu seinen Methoden und Thesen zum Märchen hergestellt. Der Erwähnung wert sind seine Arbeiten hier, da er eine exemplarische Figur der Transition zwischen mythologischer Schule und anthropologischen Theorien ist.

Nach seiner Promotion 1854 zur „Anthropologie der Germanen“ verband den Sohn eines Mennonitenpredigers ein freundschaftliches Verhältnis mit den Grimms. Insbesondere galt seine Bewunderung Jacob Grimm, denn dieser habe in der „Deutschen Mythologie“ erstmals Mythologie „als eine der Sprache analoge Schöpfung des unbewußt dichtenden Volksgeistes“ angesehen.[55] Mannhardt stellte sich in die Tradition Jacobs, in der das deutsche Altertum und die germanisch-deutsche Mythologie in den Mittelpunkt der Arbeiten gerückt wurde. In dieser Linie arbeitete er „als specieller Jünger, Nachfolger und litterarischer Testamentsvollstrecker“ Johann(es) Wilhelm Wolfs und übernahm 1855 die Leitung der „Zeitschrift für deutsche Mythologie“. Auch die Lehre Wilhelm Schwartz' beeindruckte ihn, nach der in der Volksüberlieferung und im Volksglauben „die niedere, elementare mythologie“ enthalten sei. So suchte auch er nach den Resten der nordischen Mythologie in den Volksüberlieferungen.[56]

In Sitten, Bräuchen, Sagen, Märchen, Volks- und Kinderliedern glaubte Mannhardt verschiedene Schichten von Überlieferungszeiten und -arten vorzufinden: Elemente der indogermanischen Urzeit und des späteren Heidentums stünden neben denen des Christentums, die jeweils übernommen, umgeformt oder neu gebildet würden.[57] Daher schloss er:

> Unsere Sagen und Gebräuche enthalten vielfach die Reste ein und derselben Überlieferung, von welcher die der Märchen sich größtenteils in weiterem Abstande entfernt.[58]

Mannhardt tradierte das romantische Paradigma der Grimm-Zeit, als mit der Vorstellung eines konstanten ‚Volksgeistes‘ die Konstanz der Dichtungen

---

scher Akribie und Altertumsbegeisterung die Überlieferungs*stoffe* untersuchte, – die Stoffe als Mittel zur Rekonstruktion einer vermeintlichen ‚Urform‘ und damit auch die Suche nach der ‚Urform‘ der Stoffe selbst, – fernab von ihrem menschlichen Bezug und ihrer sozialen Funktion.“ Entscheidend zur Mannhardtrevision trugen Sigurd Erixon (1888-1968) und die skandinavische Schule mit den drei Kulturdimensionen Raum, Zeit, soziale Gruppierung bei, die der äußerste Gegenpol zur mythologischen Schule sind.

55 Mannhardt: Wald- und Feldkulte. Bd. 2, 1963, S. XI. Er erscheint häufig im Zusammenhang mit Müllenhoff, etwa in den Briefen der Grimms. Leitzmann: Briefe der Brüder Grimm 1923, S. 55, 57, 217.

56 Distanzierung gegenüber Wolf und Schwartz: Mannhardt: Mythologische Forschungen, 1884, S. VII. Ders.: Germanische Mythen 1858, S. VIII.

57 Mannhardt: Germanische Mythen 1858, S. VII.

58 Mannhardt, W.: Die Korndämonen. Ein Beitrag zur germanischen Sittenkunde. Berlin 1868, S. VI.

erklärt werden sollte. ‚Naturpoesie' bezog er direkt auf die Natur und hielt sie für den Nachklang alter Naturmythen, Himmelskörper und Naturerscheinungen. So sei sie für die Märchen- und Sagenentstehung ursächlich. Dadurch stehen unterschiedliche Vorstellungen wie die Natur als Ursache und Gegenstand von Dichtung und die ‚Natur' als nicht künstlich geformte in der Dichtung auf einer Ebene.[59]

Müllenhoff wies Mannhardt sowohl auf die philologische Methode als auch auf die Werke der anthropologischen Schule, besonders Tylors, hin. Daher sind seine „Wald- und Feldkulte" (1875/78) davon beeinflusst. Da es ihm um die unterschiedliche Ausprägung eines Stoffes ging, bezog er sich gleichermaßen auf Märchen, Mythen und Sagen. Beispielsweise gehe es bei den Abenteuern des Peleus auf Akastos um einen alten Mythos, der bei den Germanen den Hauptteil der Siegfriedsage sowie den Gehalt mehrerer Märchen, etwa von „Die zwei Brüder" (KHM 60) und „Die Goldkinder" (KHM 85), bei den Kelten dagegen einen Teil der Tristansage fülle.[60] Die Übereinstimmung erkennt Mannhardt durch Text- und Motivvergleich. Die Gemeinsamkeiten glaubte er in den übereinstimmenden Zügen zu finden:[61]

- Kampf gegen das Ungeheuer auf dem Berg,
- Erlangen eines sieghaften Zauberschwerts im Augenblick des Kampfes,
- Herausschneiden der Zungen,
- Bewährung als Sieger durch die Zungen als Erkennungsstücke,
- Schlaf auf dem Kampfplatz.

Diese „einfachen mythischen Volkssagen" seien in den Sammlungen von Sagen und Märchen enthalten und erst durch Dichter zu den großen Heldenmythen gestaltet worden.[62] Das verbindende Element der Tradierung sieht Mannhardt dabei im Volksglauben. Tatsächliche genetische Abhängigkeiten konnte und wollte Mannhardt nicht aufzeigen.

Wenn Mannhardt von einer europäischen Herkunft der Stoffe ausgehen zu konnen glaubte, dann erklärte er ihre Gemeinsamkeiten mit der gleichen Wirkung gleicher Ursachen, „d.h. auf analoger Entwicklung aus gleichen psychischen Keimen unter ähnlichen Verhältnissen."[63] Beim Märchen vom Drachentöter etwa lägen „dieselben mythischen Personificationen, unmittelbare Schöpfungen eines primitiven religiösen Gefühls aus dem Material der Naturanschauung, wie in unserem Volksglauben" vor.[64]

---

59 Vgl. Bausinger: Formen der ‚Volkspoesie' ^{2}1980, S. 36.
60 Mannhardt: Wald- und Feldkulte, Bd. 2, 1963, S. 52-54.
61 Ebd. Bd. 2, 1963, S. 75.
62 Ebd. Bd. 2, 1963, S. 77.
63 Ebd. Bd. 2, 1963, S. 348.
64 Ebd. Bd. 2, 1963, S. 350.

Mannhardt siedelt diese Vorgänge in vorgeschichtlichen Zuständen an: im „frühesten Urzustand der nordischen Bevölkerung", bereits vor der indogermanischen Völkertrennung. Auch die alte Schicht antiken Volksglaubens schloss Erbstücke der indogermanischen Urzeit mit ein.[65]

Die Wandlungsprozesse der Stoffe sollten mit umfangreichen Materialsammlungen belegt werden, ähnlich den Monumenta Germaniae Historica, der von Freiherrn Karl vom Stein 1819 begonnenen Sammlung mittelalterlicher Quellentexte.[66] Das Ziel Mannhardtscher Forschungen bestand in der Sammlung von Überlieferungen und dem Versuch, ihrer historischen und lokalen Verortung. So wollte er sichere Ergebnisse über den Ursprung, die älteste Bedeutung, die ursprüngliche Gestalt und die allmähliche Veränderung gewinnen. Damit sollte sich die Mythologie als exakte Wissenschaft etablieren.[67] James Frazer (1854-1941) rezipierte Mannhardt in „The golden bough" (zuerst 1890) fast unverändert, indem er nach Zusammenhängen zwischen lebendiger Volkstradition und den vor- und frühgeschichtlichen Götterlehren suchte.

Rezeption der Naturmythologie in der jüngeren Vergangenheit

Die Mythologische Schule lebte während der nationalsozialistischen Ideologie in Deutschland wieder auf. Neben Karl Haiding (1906-1985) wirkten die Wiener Volkskundler Karl von Spieß (1880-1957)[68] und Edmund Mudrak (1894-1965), die das Märchen in eine nordische, von Bauernvölkern bis in das Jahr 1000 u. Z. geschaffene Überlieferungswelt stellten.[69] Die Münchner Bibliothekarin Maria Führer wollte die „sinngleichen" Übereinstimmungen zwischen nordgermanischen Göttersagen und 80 Grimmschen Märchen aufzeigen.[70]

Naturmythologischen Aspekten folgte auch der spätere Rektor der Leipziger Universität Julius Lips (1896-1950). Aus seinen mythologischen Forschun-

---

65 Mannhardt: Wald- und Feldkulte, Bd. 2, 1963, S. 348, 350.

66 Mannhardt: Die Götter 1860, S. 13. Vgl. Sievers: Fragestellungen der Volkskunde 1988, S. 82.

67 Schmidt: Wilhelm Mannhardts Lebenswerk 1932, S. 10. Mannhardt: Wald- und Feldkulte Bd. 2, 1963, S. XXVII-XXVIII. Mannhardt: Die Götter 1860, S. 15.

68 Spieß, K. von: Der Vogel. Bedeutung und Gestalt in sagtümlicher und bildlicher Überlieferung. Hg. v. Herta Spieß und Alice Schulte. Klagenfurt 1969 (=Aus Forschung und Kunst 3). Mit Foto von Spieß posthum veröffentlicht.

69 Spieß, K. von/Mudrak, E.: Deutsche Märchen – deutsche Welt. Zeugnisse nordischer Weltanschauung in volkstümlicher Überlieferung. Berlin 1939, S. 7; später unter dem Titel: Hundert Volksmärchen, treu nach den Quellen in ihren Beziehungen zur Überlieferung. Wien 1947.

70 Führer, M.: Nordgermanische Götterüberlieferung und deutsche Volksmärchen. München 1938, S. 3. Ähnlich Rebholz, D.: Der Wald im deutschen Märchen: Das Erlebnis als Grundlage für die Auffassung des Waldes, seine Darstellung und Rolle im deutschen Märchen. Diss. Heidelberg 1944, S. 70-79. Vgl. Kellner: Grimms Mythen 1994, S. 71.

gen bei schriftlosen Kulturen stellte er Belege für Ätiologien zum Sonnenauf- und -untergang zusammen. In Regionen ohne Ozean oder großen Fluss fräße ein Elefant oder Wolf das Tagesgestirn. So ist für ihn das Rotkäppchen-Märchen „nichts anderes als eine Variante der Jonasmythe: sein rotes Käppchen ist der untergehende Sonnenball, und der Wolf ist die Nacht."[71] Der Ethnologe Lips beobachtete, dass sich Mythos und Märchen bei den sog ‚Naturvölkern' noch nahe stünden. So unterschied er beide nicht, sondern mischte naturerklärende Mythen anderer Kontinente mit den europäischen ‚Märchen' in seiner Deutung.

Auch neuere astralmythologische Deutungsversuche kommen über die anfängliche Einseitigkeit der Interpretation nicht hinaus.[72] Erst die Religionswissenschaft versuchte später, in differenzierteren Untersuchungen die Verbindung astraler Phänomene in Religion und Mythologie zu klären.[73]

Ein prominentes Beispiel der Rezeption naturmythologischer Thesen findet man in der Interpretation Eugen Drewermanns zu dem Märchen vom „Mädchen ohne Hände" (KHM 31). Er vergleicht den Gesamtablauf der Handlung mit den Phasen des Mondes: Der Himmelsvater muss, dem Schicksal folgend, seine Tochter verstümmeln, sie zieht immer schwächer werdend davon, bis sie zum Weltenbaum gelangt, wo sie sich nährt und dem königlichen Gemahl, der Sonne, begegnet. Als Belege führt er die Griechen an, die nach Karl Kerényi in Niobe das dunkle Seelenkleid der Urfrau und die Mondgöttin personifizieren. Weiterhin zieht er als Vertreter der naturmythologischen Schule Ernst Siecke hinzu, der die Bahnen von Sonne und Mond als die Wege der Liebenden beschreibt, die ein unbegreifliches Schicksal voneinander reißt und zueinander bringt. Drewermann versteht mit Carl Gustav Jung die Mondmythologie als eine Projektion der unbewussten Psyche des Menschen auf die Vorgänge am Himmel.[74]

Katalin Horn berichtete über ihre Erlebnisse in Erwachsenengruppen, die nach der „Selbsterfahrung mit Märchen" strebten. Wie sie, so erlebten viele andere Teilnehmer ähnlicher Veranstaltungen, dass man den magischen Glauben in Märchen mit der Suche nach vorbiblischen religiösen Inhalten belegen wollte. Dafür habe die Gruppenleiterin angegeben, dass die Kröte eine Beziehung zum Mond habe, der Mond aber zum Weiblich-Göttlichen.

---

71 Lips: Vom Ursprung der Dinge 1951, S. 473.

72 Z.B. Schellhorn, L.: Goldenes Vlies. Tiersymbole des Märchens in neuer Sicht. München/Basel 1968.

73 Eliade, M.: Die Religionen und das Heilige. Elemente der Religionsgeschichte. Salzburg 1954. Röhrich, L.: Die Sonne. Licht und Leben. Freiburg 1975. Vgl. Schier, K.: Astralmythologie. In: EM 1, 1977, Sp. 921-928, hier Sp. 926.

74 Drewermann/Neuhaus: Das Mädchen ohne Hände ^{6}1985, S. 30, 31, 42. Kerenyi, K.: Niobe (1946). In: Apollon und Niobe. München/Wien 1980, S. 275. Siecke: Die Liebesgeschichte des Himmels 1892, S. 3.

Dass Verbindungen der Märchen in die mythologische Vorzeit tatsächlich bestehen, lässt sich jedoch nicht belegen. Ihre bloße Benennung lässt keine Rückschlüsse auf das Alter und die Gültigkeit für einen Märchentext zu. Den Belegen fehlt der Gesamtzusammenhang.[75]

In den mythologischen Konzeptionen hat sich ein romantisches Paradigma ausgebildet und bis in die jüngere Vergangenheit tradiert: Seit Herder verbreitete sich die Vorstellung vom ‚Märchen' als phantastische Gestaltung von Erzählstoffen, deren Motive lange zurückliegende Zeiten in sich bewahrten. Die im ‚Volk' entstandenen Märchen hatten sich über lange Zeit hinweg mündlich tradiert. Eine kollektive Entstehung wird zwar durch den Gedanken vom ‚Volksgeist' suggeriert, aber die Vermerke zu den Beiträgern in den Manuskripten der Grimmschen Märchen belegen die realisierte Editionspraxis. Blieb die Vorstellung vom ‚Schöpfer' der Märchen auch im Dunkeln, so wurden Anhaltspunkte zu den letzten Erzählerinnen und Erzählern vor der Edition der Brüder Grimm mit diesen Angaben überliefert. Diese vagen Vorstellungen wurden durch eine Distanz zur erzählerischen Realität gestützt, die die Entstehung eines Idealbildes vom ‚Märchen' förderte. Begünstigt von Herders vagen Gattungsbestimmungen, ließen sich diese Geschichten zur ‚Naturpoesie' stellen, deren Altertumswert als belegt galt. Man datierte sie Jahrhunderte zurück und untersuchte ihre Motive nach Resten dieser Vergangenheit, die gleichzeitig einen ‚heilen Naturzustand' der Gesellschaft zu beinhalten schienen. Bei ihrer Weitergabe nahm man an, dass die ubiquitären Volksmärchen in ihrem Grundbestand blieben.

Die daraus folgenden Anforderungen an die Editionstechnik von Märchen orientierten sich entlang von zwei Extremen, wie Manfred Grätz formulierte[76]:

1. Sorgfältige und unverfälschte Aufzeichnung und Weitergabe der Texte: Mit den wachsenden technischen Möglichkeiten wurde dieses Streben immer perfekter, bis im 20. Jahrhundert Tonband und Video an die Stelle der Aufzeichnung aus dem Gedächtnis oder nach Notizen (etwa bei Wossidlo) standen.
2. Ausschluss alles Anstößigen und nicht der Vorstellung vom ‚Märchen' als eines volkstümlichen Erzählgutes hohen Alters entsprechenden.

Die Ausformung der ‚Gattung Grimm' festigte das Bild vom ‚Volksmärchen'. Die ästhetischen Anforderungen beschrieb Max Lüthi in der 2. Hälfte des 20. Jahrhunderts als Stilmerkmale des Märchens. Erotische Elemente oder

---

75 Horn: Selbsterfahrung mit Märchen 1996, S. 235.

76 Grätz: Das Märchen 1988, S. 210-211.

vulgäre Ausdrücke fehlten darin.[77] Märchen sind vom spielerischen Umgang mit Wundern und anderen übernatürlichen Motiven geprägt und werden nicht geglaubt. Als romantisches Paradigma besteht dieses Bild vom ‚Volksmärchen' noch heute. Zu ihm gehören die Annahme einer Entstehung der Märchen im ‚Volk' und ihre mündliche Tradierung.

Die mythologische Schule erwirkte durch ihre weite Rückdatierung der Märchenmotive eine Aufwertung des Untersuchungsgegenstandes ‚Volksmärchen'. Die naturmythologische Schule verband die bis dahin unerklärlichen Motive mit bekannten Vorgängen aus der Natur. Beide suchten nicht nach einer Analyse des erzählerischen Könnens oder nach der Bedeutung eines Erzähltextes.

3.2 Das Verbreitungsprinzip ‚Migration'

Im Zusammenhang mit den Nationalbewegungen seit Ende des 18. Jahrhunderts und auf der romantischen Vorstellung von der Sprachnation als einer Kulturnation aufbauend, ist das mit sprachwissenschaftlichen Untersuchungen korrespondierende Bestreben zu verfolgen, eine Nation in den Mittelpunkt der Suche von Überlieferungsquellen zu stellen. Dies geschieht auf Basis der schon bei Wilhelm Grimm zu findenden Meinung, es sei „nicht die Möglichkeit, in einzelnen Fällen nicht die Wahrscheinlichkeit des Übergangs eines Märchens von einem Volk zum andern" zu bezweifeln.[78] Damit formulierte er das allgemeine Prinzip der Monogenese und Diffusion von Märchen und Märchenstoffen: Einmal an einem Ort entstanden, hätten sich Märchen auch über Ländergrenzen hinweg verbreitet. Positivistische Tendenzen und das Bestreben nach philologischer Genauigkeit spiegeln sich in den Arbeiten wider, die dieser These verpflichtet sind.

Indien als Ursprungsort

Fast alle Märchen des „Pantschatantra" (sanskrit Pañcatantra), der „Fünf Bücher von Erzählungen [über Lebensklugheit]", stammen ursprünglich aus Indien und der buddhistischen Religion[79], danach folgte die Wanderung der

---

77 Röhrich: „und weil sie nicht gestorben sind" 2002, S. 34-36.

78 Grimm: Vorrede 1850, S. LXIII.

79 Den buddhistischen Ursprung nahm Benfey nach Hertel an, da er eine Pahlavi-Rezension des Pañcatantra wegen schlechten Vergleichsmaterials überschätzte und auch im Umfang für ursprünglich hielt. So schienen ihm ein antibrahmanischer Abschnitt und später gefundene Erzählungen in buddhistischen Sammlungen diese Annahme zu rechtfertigen. Hertel: Das Tantrakhyayika 1970, S. 1-3.

Märchen und Erzählstoffe über die Kontinente bis nach Europa – diese Thesen formulierte zuerst Theodor Benfey (1809-1881) in detaillierten Studien.[80]

Von einem unbekannten Verfasser wurde es zwischen dem 1. und 6. Jahrhundert n. Chr. gedichtet. Es handelt sich um einen Fürstenspiegel zur Prinzenerziehung in fünf Büchern mit meist Tierfabeln im Stil der hohen Literatur, der Kunstdichtung. Die Entwicklung zum Volksbuch ist daher sekundär.[81]

Für die meisten Tierfabeln fand Benfey Quellen im Äsopschen Fabelkreis. Der überwiegend in Göttingen lebende Indologe, Sprach- und Märchenforscher, übertrug die Erzählungen des „Pantschatantra" aus dem Sanskrit in die deutsche Sprache und veröffentliche sie mit einem umfangreichen Kommentar.[82] Seine Anhänger waren vor allem Vertreter einer philologischen Märchenforschung. Sie entwickelten die später so genannte indische Theorie.[83] Diese stieß in Europa und darüber hinaus auf große Resonanz, da sie einen konkreteren methodischen Bezug zum Text ermöglichte.[84] Damit konnte man von einer allgemeinen romantischen Suche nach dem ‚Volksgeist' abrücken, ohne gleichzeitig auch vom romantischen Paradigma abzuweichen.

Mit textphilologisch-vergleichender Methodik und unter Einbeziehung historischer Hintergründe wie der religiösen Auseinandersetzungen zwischen Buddhismus und Brahmanismus wollte Benfey beweisen, dass sich dieser Wanderungsprozess vor dem 10. Jahrhundert nur in wenigen Fällen wahrscheinlich allein durch mündliche Überlieferung in westlicher Richtung vollzog. Mit dem Beginn der Einfälle und Eroberungen islamischer Völker in Indien habe die literarische Überlieferung wesentlich zugenommen. Übersetzungen ins Persische und Arabische breiteten den Inhalt über die islamischen Reiche in Asien aus. Die Verbindungen zwischen Asien, Afrika und Europa

---

80 Zusammenhänge zwischen indischen und deutschen Märchen werden schon früher erwähnt. Vgl. Funke: Enthalten die deutschen Märchen Reste der germanischen Götterlehre? 1932, S. 69. Benfey ging von der Herkunft *aller* Märchen aus Indien aus.

81 Hoffmann, H.: Pañcatantra. In: KLL. München 1992, Bd. 19, S. 233-234.

82 Benfey: Pantschatantra 1859 (Nachdruck 1966).

83 Zu den Schülern und Nachfolgern gehörten: Reinhold Köhler, Emmanuel Cosquin, Felix Leibrecht, Oskar und Grete Dähnhardt, Victor Chauvin.

84 Benfey führte eine umfangreiche Korrespondenz und reiste 1844 nach Berlin, London, Paris, 1878 nach Florenz. Vgl. Bezzenberger, A.: Theodor Benfey. In: Benfey, Th.: Kleinere Schriften 1. Abt. Hildesheim/New York 1975 (Nachdruck 1890-92). Cocchiara: Auf den Spuren Benfeys 1973, S. 254-272. Die Rezeption Benfeys in Russland erfolgte durch Vladimir Stassov seit den 60er Jahren des 19. Jahrhunderts. Er kam zu dem Schluss, dass die russische Volksdichtung auf östliche Quellen zurückgehe, die Bylinen und Märchen vor allem auf solche aus dem Iran. Daher könne eine ‚russische Volksseele' nicht gefunden werden. Čičerov wertete dies als Theorie des Kosmopolitismus, bezeichnend für konservative Gesellschaftsschichten: Čičerov: Russische Volksdichtung 1968. Sokolov: Russian Folklore 1950, S. 78-89, 101.

sorgten dann für eine Ausbreitung des Erzählguts über die christliche Welt, besonders nach Byzanz, Italien und Spanien.[85]

Einen zweiten Überlieferungsstrang beschrieb Benfey über die mittelasiatischen Regionen: Da die inhaltlich-ideologische Herkunft der ursprünglichen indischen Stoffe in der buddhistischen Literatur lag, folgerte Benfey, dass sie sich über die gemeinsame Religion auch auf östlich und nördlich an Indien grenzende Regionen ausbreitete. Von dort gelangten sie seit dem 1. Jahrhundert nach China und Tibet. Die Mongolenherrschaft in Europa verbreitete die indischen Erzählungen auf diesem Wege auch hier.[86]

Nach Benfey beschäftigten sich zahlreiche Indologen mit dem Pañcatantra, dem bedeutendsten Werk indischer Fabelliteratur. Insgesamt wurden mehr als 200 Bearbeitungen in 54 Sprachen gezählt.

Die bei Benfey geäußerten Thesen wirkten in der Germanistik nach. Die Methodik bestach vor allem durch ihre textkritisch-philologische Exaktheit, ihr vergleichendes Arbeiten und weitreichende Quellenkenntnis. Wesentliche Korrekturen veröffentlichte der als Gymnasiallehrer in Döbeln tätige Johannes Hertel (1872-1955). Folgender Ausspruch Hertels besaß große Durchschlagkraft:

> So findet seit alter Zeit eine ununterbrochene, teils literarische, teils mündliche Wanderung von Erzählungen aus Indien nach allen Himmelsgegenden, teilweise aber auch aus dem Westen nach Indien statt, und nur, wer von diesen Dingen nichts weiß, kann eine ‚Polygenesie der Märchen' glauben und sich einbilden, mit diesem gedankenlosen Schlagwort die Benfeysche Anschauung von der Wanderung indischer Stoffe beseitigt zu haben.[87]

Mit dieser Überzeugung war die These von der sich selbst erzeugenden Naturpoesie erschüttert.[88] Benfey sprach von der Ausprägung des ‚Volksgeistes' im Schaffen der Individuen. Er glaubte, dass die unförmigeren Ausgangsgestalten

> durch langes Treiben im Strome des Volkslebens zu derselben homogenen Form abgerundet sind und alsdann ihre höchste Vollendung erhielten, dass sie durch eine für die eine oder andere dieser Formen hochbegabte Individualität als lebendiger Ausdruck des Volksgeistes ergriffen und mit dem Gepräge eines hochstehenden individuellen Geistes bezeichnet wurden.[89]

Hier findet sich aber ein anderer Zusammenhang: die Tradierung eines Kunstwerkes in der oralen Literatur. So erklärt sich die allgemeine Akzeptanz

---

85 Benfey: Pantschatantra 1966, S. XXIII, S. 24-25, § 225, S. 585-595. Zur Arbeitsweise vgl. seine Beispiele auf S. 592.

86 Benfey: Pantschatantra 1966, S. XXIII-XXIV.

87 Hertel: Das Pañcatantra 1914, S. IX

88 Vgl. Poser: Das Volksmärchen 1980, S. 38.

89 Benfey: Pantschatantra 1966, S. 325-326.

der Geschichten bzw. ihrer Stoffe bei unterschiedlichen Völkern, ohne über die Erläuterung einzelner Züge hinaus die polygenetischen Theorien bemühen zu müssen - eine gleichzeitige, unabhängige Entstehung identischer Motive an verschiedenen Orten. Grundsätzlich gehen Benfey wie Hertel von einer Entstehung der Märchen als literarischer Form durch Individuen, von einem literarischen Kunstwerk, aus. Unter dieser Prämisse lassen sich textkritische Methoden anwenden. Mündliche Überlieferung im unterschichtlichen ‚Volk' wird als Bewahrung der Überlieferung und Ursache für Veränderungen aufgefasst.

Jacob Grimm würdigte Benfeys „umfassende und tiefgreifende erörterungen", die „eine fülle von beweisen, die, wie es sein musz, ins einzelne gehen und überraschende bestätigungen darreichen"[90] und begründete so seinen Antrag vom November 1859, Benfey zum korrespondierenden Mitglied der Berliner Akademie zu ernennen. Materialsammlung, strenge wissenschaftliche Methoden in historischer und vergleichender Weise - dieses Wissenschaftsideal fand allgemeinen Zuspruch, verlieh den Aussagen Nachdruck und erhob die Untersuchungsobjekte - ‚Volks'-Märchen - zum würdigen Gegenstand der Wissenschaft. Die indische Theorie fügte sich außerdem in die seit den romantischen Strömungen in Deutschland rege wissenschaftliche Beschäftigung mit dem Subkontinent Indien und dem Sanskrit ein, die auch für die indoeuropäische Sprachwissenschaft zu wichtigen Ergebnissen führte.[91]

Von den Philologen wurden Benfeys Theorien bis zur ersten Hälfte des 20. Jahrhunderts unterstützt. Der Germanist Wilhelm Scherer (1841-1872) schloss aus dem ihm vorliegenden Material, dass die Märchen „wenigstens nationalisierte Poesie" seien, denn ihr Inhalt sei nicht ursprünglich deutsch. Die Märchen nähmen „mithin einen Teil der romantischen Poesie in Wilhelm Grimms Sinne, d.h. einen Teil der bei uns importierten Poesie" ein. Im Mittelalter folgte die Einführung, in der Romantik des 18. und 19. Jahrhunderts die Wiedergeburt und Wiederherstellung der Märchen in der Literatur.[92]

Zwei weitere deutschsprachige Märchenforscher belegen mit ihren Äußerungen die weitreichende Wirkung der indischen Theorie:

Der Germanist Friedrich von der Leyen (1873-1966) nahm für einige Stoffe der Grimmschen „Kinder und Hausmärchen" einen indischen oder orientalischen Ursprung an, so für

---

90 Grimm, J.: Antrag, Theodor Benfey zum correspondierenden mitgliede der Berliner academie zu ernennen. In: ders.: Kleinere Schriften, Bd. VIII, Hildesheim 1966, S. 560.

91 Ausführlicher Pöge-Alder: ‚Märchen' 1994, S. 58-62.

92 Scherer: Jacob Grimm ²1921, S. 93-95.

- „Die kluge Bauerntochter" (KHM 94)
- „Doktor Allwissend" (KHM 98)
- „Die vier kunstreichen Brüder" (KHM 129)
- das Motiv vom Verwandlungswettkampf der Zauberer, wie in „De Gaudeif un sien Meester" (KHM 68, ATU 325; enthalten ebenso in KHM 56, 88 und 113)
- Ausschnitte aus dem Märchen vom treuen Johannes (KHM 6)
- Teile aus „Der Teufel mit den drei goldenen Haaren" (KHM 29)
- Teile vom Streit um die Wunderdinge, wie in „Tischchendeckdich, Goldesel und Knüppel aus dem Sack" (KHM 36).

Diese seien erst im 13. Jahrhundert im Verlauf der Kreuzzüge ins deutsche Sprachgebiet gekommen. In der veränderten Fassung seiner dritten (1925) und vierten Ausgabe (1958) des Buches „Das Märchen" zeigt sich die abnehmende Bedeutung der indischen Theorie deutlich. Über diesen einen Theorieansatz hinaus zog von der Leyen auch Parallelen zu den Thesen Sigmund Freuds in der „Traumdeutung".[93]

Für den Berliner Altphilologen, klassischen Archäologen und Erzählforscher Johannes Bolte (1858-1937) ist das „technische Raffinement" der indischen Märchen herausragend: die in die Rahmenhandlung eingefügten Erzählungen steigerten die Spannung und erzeugten besondere Effekte mit der eigentümlichen Mischung aus Ernst und Spiel sowie gehäuften Vergleichen und Sprüchen.[94]

Die Arbeitsweise und das Anliegen, die Wanderwege der Märchen zu verfolgen, ist im Prinzip in der sog. Finnischen Schule aufgegangen.

Die geographisch-historische Methode

Die geographisch-historische Methode konstituierte sich vor allem durch die Arbeiten der Finnischen Schule, die nach ihrem regionalen Entstehungsgebiet Finnland benannt wurde. Das kam nicht zufällig, denn die nationalfinnische Bewegung setzte sich im Zuge der romantischen Bewegungen Europas für die Bildung einer Sprach- und Kulturnation als Voraussetzung für die national-staatliche Identität und spätere Einheit ein.[95]

Die Anerkennung des Finnischen als Amts-, Literatur- und Schulsprache wurde 1863 mit der Gleichstellung zwischen finnischer und schwedischer Sprache unter der Herrschaft des russischen Zaren Alexander II. (1855-1881)

---

93 Leyen: Das Märchen 1958, S. 174, wesentlich ausführlicher in der 3. Auflage 1925, S. 115-127. Vgl. Schier, K.: Leyen, Friedrich von der. In: EM 8, 1996, Sp. 1005-1011, hier Sp. 1007-1008.

94 BP Bd. 5, 1932, S. 253. Vgl. Lixfeld, H.: Bolte, Johannes. In: EM 2, 1979, Sp. 603-605.

95 Kaukonen: Jacob Grimm und das Kalevala-Epos 1963, S. 229.

erreicht. In dieser Situation war die mündlich überlieferte traditionelle Literatur die einzige Basis, auf der das angestrebte Ziel, eine finnische Kultursprache und Nationalliteratur zu schaffen, verwirklicht werden konnte.

Die Finnische Literatur-Gesellschaft vergab in ihrem Gründungsjahr 1831 an Elias Lönnrot (1802-1884) ihr erstes Stipendium zum Sammeln der Kalevala-Lieder, die in den Bestand des gleichzeitig eingerichteten Archivs eingingen. Institutionell förderte sie die Etablierung der finnischen und vergleichenden Folkloristik in Forschung und Lehre seit 1888 an der Universität Helsinki bis zur Gründung der Folklore Departments an der Universität Turku 1963.[96]

Die geographisch-historische Methode entwarf zuerst Julius Krohn (1835-1888) anhand der Lieder des Kalevala.[97] Er knüpfte damit an Überlegungen Grundtvigs und Riehls (seit 1854) an.[98] Sein Sohn Kaarle Krohn (1863-1933) übertrug das Verfahren auf die Märchen und erprobte es anhand des Tiermärchens von Bär (Wolf) und Fuchs.[99] Er wurde 1888 Dozent für Folkloristik und 1896 Extraordinarius.[100] Sein Schüler Antti Aarne (1867-1925) schrieb wiederum den ersten Märchentypenkatalog der Wissenschaftsgeschichte nach den Prinzipien der geographisch-historischen Methode (AaTh). In ähnlicher Weise arbeitete auch Marian Emily Roalfe Cox (1860-1916).[101] Der schwäbische Stadtpfarrer Ernst Böklen (1863-1936) führte 75 engere und sieben weitere Varianten des Sneewittchen-Märchens auf, verglich sie, setzte sich mit Aarnes Typensystem auseinander und stellte gemeinsame Motive zusammen, ohne allerdings eine Interpretation des ausgebreiteten Stoffes bieten zu können.[102]

Wie auch die folgenden Vertreter der geographisch-historischen Methode folgte Kaarle Krohn den Thesen der Indischen Schule und glaubte an einen ‚Hauptwanderweg' der Märchen von Indien nach Europa. Da er sich mit europäischen, besonders finnischen Traditionen beschäftigen wollte, stand am Anfang seiner Märchenforschung ein Tiermärchen, der nach Benfey einzige in Europa beheimatete Typus.[103] In den Überlegungen seines Vaters Julius Krohn spiegeln sich noch naturmythologische Thesen. Kaarle Krohn wollte

---

96 Lehtipuro, O.: Trends in Finnish Folkloristics. In: SF 18 (1974), S. 7-36.

97 Krohn, Julius: Suomalaisen kirjallisuuden historia. 1: Kalevala. Helsinki 1883-85.

98 Cocchiara: Auf den Spuren Benfeys 1973, S. 267.

99 Krohn: Übersicht über einige Resultate 1931, S. 13-15. Ders.: Bär (Wolf) und Fuchs 1889, S. 1-132. Inhalt bei Honko: Zielsetzung und Methoden 1985, S. 322-325.

100 Hautala, Jonko: Finnish Folklore Research 1828-1918. Helsinki 1969, S. 11.

101 Weitere Vertreter: S. Grundtvig, F. J. Child, F. Ranke, L. Kolmačevskij. Cox, M.E.R.: Cinderella. Three hundred and forty-five Variants. London 1893.

102 Böklen, E.: Sneewittchenstudien. 2 Bde. Leipzig 1910/15.

103 Vgl. Röhrich: Geographisch-historische Methode. In: EM 5, 1987, Sp. 1014.

die Arbeitsgrundlage schaffen, um die Herkunft des überlieferten Materials aufzuklären.[104]

Prämissen

Die neue Schule übernahm die geltenden zeitgenössischen wissenschaftlichen Ansichten und trat zuerst als neue Arbeitsmethode in Erscheinung. Eine Grundlage bildet die Annahme, der Typ einer Erzählung oder eines Liedes sei einmal an einem bestimmten Ort entstanden (**Monogenese**). Davon ausgehend habe er sich durch Wanderbewegungen in nachvollziehbarer Weise verbreitet (**Diffusion**). Die Determinanten Ort und Zeit bestimmten die Veränderungen und Abweichungen von der ursprünglichen Form. Daher gleichen einander in Ort und Zeit näher stehende Varianten in größerem Maße.[105] Der Programmatiker Walter Anderson (1885-1962) gehörte der auf Aarne folgenden Forschergeneration an, die Prämissen und Methode sowohl vor den Kritikern verteidigte als auch zusammenfasste. Seiner Meinung nach gehören alle Untersuchungen zur geographisch-historischen Methode, die sämtliche existierende Aufzeichnungen einer Erzählung kennen, diese Zug für Zug miteinander vergleichen und dabei Ort und Zeit der Aufzeichnung jeder Variante beobachten.[106]

Im „Handwörterbuch des Märchens" formulierte er die **Ziele** der Methode in der Rekonstruktion

1. der Urform der Erzählung, „des gemeinsamen Archetypus, von dem alle uns vorliegenden Varianten abstammen"
2. von Heimat und Entstehungszeit der Urform
3. der Lokalredaktionen, d.h. der „lokal abgeänderten Formen, in denen die Erzählung in den einzelnen Gegenden auftritt" und ihre Beziehungen untereinander
4. von Verbreitungswegen der Erzählung.[107]

Erste Voraussetzung für die Arbeit bildet eine breite Zusammenstellung des Materials. Erst umfangreiche Sammlungen ermöglichen eine Untersuchung.

---

104 Krohn: Suomalaisen kirjallisuuden historia 1883-85. Zitat bei Röhrich EM 5, Sp. 1014.

105 Aarne: Leitfaden 1913, S. 41.

106 Anderson: Geographisch-historische Methode 1934/40, S. 508.

107 Ebd.

Arbeitsmethode

Zuerst wird das Material geordnet, danach werden die einzelnen Befunde bewertet:

1. Die gesammelten Erzählungen werden nach Aufzeichnungsorten sortiert. Daraus entsteht eine geographische Ordnung.
2. Literarische Quellen bieten eine historische Einordnung des gesammelten Materials.[108]
3. Die Analyse erfolgt aufgrund der Gliederung der Erzählungen in ihre Hauptbestandteile. Ziel ist der Vergleich einzelner Züge der Varianten, der Vergleich von Personen, Gegenständen, Mitteln, Tätigkeiten usw.

Folgende Kriterien gelten zur Bestimmung der Ursprünglichkeit eines Zuges:[109]

1. **Häufigkeit und Größe des Verbreitungsgebiets** der Aufzeichnungen: Allgemeiner sei eine Form, wenn sie in einem umfangreichen Überlieferungsgebiet auftritt. Einzelnes und Seltenes gelten eher als zufällige Veränderungen. Berücksichtigt werden muss die unterschiedliche Sammelintensität in den Regionen.
2. **Alter und Erhaltung:** Als ursprünglich habe ein Zug zu gelten, der in den ältesten und am besten erzählten Aufzeichnungen enthalten ist. Der am natürlichsten und am folgerichtigsten in die Erzählung gehörende Zug sei der ursprünglichere.
3. **Entlehnung:** Ein nicht aus einem anderen Erzählungstypus entlehnter Zug ist ursprünglicher. Ein Zug ist auch dann ursprünglicher, wenn andere Formen leicht als lokale Variationen aus ihm abgeleitet werden können.
4. **Andere Umstände:** „Wenn z.B. das Verbreitungsgebiet der einen Form das Verbreitungsgebiet der anderen ringförmig umgibt, so ist die umgebende Form in der Regel älter als die umgebene, die eine spätere lokale Neubildung darstellt."[110] Die „reinste, ursprünglichste und altertümlichste" Form gehöre immer in die Heimatregion, da sie sich dort nicht so stark verändert habe.[111]

Erst wenn für jeden Zug einer Erzählung die Urform rekonstruiert wurde, setzt sich aus diesen Zügen der „Urtext der Erzählung" zusammen.[112]

---

108 Aarne: Leitfaden 1913, S. 41

109 Ebd. S. 42-43. Anderson: Geographisch-historische Methode 1934/40, S. 517.

110 Anderson: Geographisch-historische Methode 1934/40, S. 527.

111 Ebd. S. 518.

112 Ebd. S. 527.

Datierung und Wanderung

Anderson räumte ein, dass man zur Rekonstruktion der Verbreitungswege häufig auf allgemeine Wege der Kultur zurückgreifen müsse, wenn andere Kriterien versagen.[113]

Die geographisch-historische Methodik betont in ihrer Vorgehensweise die Historizität der Erzählungen. Eine weite Rückdatierung ist nicht das Ziel, sondern es geht um konkrete Fragen und Antworten entgegen mythologischer Spekulationen.

Die schriftlichen Aufzeichnungen oder Erwähnungen erhielten dazu eine feste Funktion. Da für die meisten Forscher der Finnischen Schule literarische Belege als Bearbeitungen mündlicher Überlieferungen gelten, geben sie das Datum der spätesten Entstehung an, den nach Anderson „sichersten terminus ad quem".[114] Anhaltspunkte zur Datierung liefern kulturgeschichtlich datierbare Begriffe[115] ebenso wie Eckpunkte der Auswanderungs- und Kolonialgeschichte und die Sprachinselforschung zur Beleuchtung interethnischer Beziehungen.[116] Allerdings gelten Aarne Sprachgrenzen als ein kleines Hindernis in der insgesamt eher mündlichen Märchenausbreitung: „Für die Verbreitung der Märchen bedarf es nur des gegenseitigen Verkehrs der Individuen und der Völker." Die Ausbreitung eines Märchentyps hinge aber auch vom Alter der Märchen, von ihrer Wanderungszeit und von ihrer „eigenen Beschaffenheit" ab, der „Anziehungskraft des Inhalts". So erhielten und verbreiteten sich unterhaltende Märchen eher als „trockene".[117]

Die Suche nach der Urform eines Erzähltyps entspringt philologischem Denken: Erst wenn die Urform rekonstruiert wird, sind Interpretationen möglich.

Lokale Varianz

Zur Bezeichnung der „für ein abgrenzbares Gebiet oder eine ethnische Gruppe spezifischen Version eines international verbreiteten Erzähltyps" führte der Schwede C. W. von Sydow 1932 den Begriff **‚Ökotyp'** ein.[118] Die Voraussetzung der begrifflichen Konstruktion ist ein stabiler Erzähltyp, von dem abweichend lokale Ausgestaltungen unterschieden werden. Es geht dabei um einen Prozess der Vereinheitlichung. Lokale Traditionen bilden sich während der mündlichen Überlieferung aufgrund gemeinschaftlicher Inbesitznahme

---

113 Anderson: Geographisch-historische Methode 1934/40, S. 520.

114 Ebd. S. 518.

115 Aarne: Leitfaden 1913, S. 85.

116 Anderson: Geographisch-historische Methode 1934/40, S. 518-519.

117 Aarne: Leitfaden 1913, S. 20.

118 Hasan-Rokem, G.: Ökotyp. In: EM 10, 2002, Sp. 258-263, Zitat Sp. 258.

und gegenseitigen Einflusses der Überlieferungsträger.[119] Die so entstehenden regionalen Charakteristika werden als ökotypisch bezeichnet.

Der Begriff ‚Ökotyp' ist aus der Botanik entliehen und bezeichnet die ererbte Form der Anpassung an eine spezifische Umgebung, die verschiedenen Exemplaren einer Spezies gemeinsam ist. Gemeint ist die ökologische Anpassung von Pflanzen an neue Standorte. So folgen auch Erzählungen nach Lauri Honko einem Prozess der Angleichung an spezifische Bedingungen der Umwelt in Überlieferung und Funktionalität.

Dazu formulierte er folgende Formen der Anpassung:[120]

1. Verbinden der Überlieferungen mit sog. Milieu-Dominanten der neuen Umgebung
2. Verknüpfen neu eingeführter Traditionselemente mit lokalen Traditionsdominanten (Figur und Orte)
3. Funktionales Anpassen an den situativen Kontext durch Performanz und Erzählerpersönlichkeit
4. Umfassender und dauerhafter Wandel neuer Traditionselemente in für eine Region oder Gruppe charakteristischer Weise

Hier werden Prozesse beschrieben, die in heutigen Migrationsvorgängen verstärkt beobachtet werden dürften. Für Sydow selbst lenkte der Begriff ‚Ökotyp' hin zu synchronen Prozessen. Er ist ein Gegenentwurf zur geographisch-historischen Methode in der Ausprägung Kaarle Krohns. Sydow verfolgte das Ziel, Kontext und Funktion der Überlieferung sowie ihren Wandel zu betrachten, weniger aber die in Erzähltypen bestehende Dynamik der Entwicklung, mit der sich Andersons Gesetz der Selbstberichtigung beschäftigt.

Ein Ökotyp ist demnach eine spezifische dominante Ausprägung eines Erzähltyps in verschiedenen Medien und Genres. Solche Subtypen sind stabil und häufig, fruchtbar und produktiv, anpassungsfähig an ihre Umgebung und widerstandsfähig gegen Kontaminationen.

In der zweiten Überarbeitung des Aarne/Thompson-Verzeichnisses der Märchentypen von 1961 sind Ökotypen, die in ihrer Verbreitung regional beschränkt sind, mit einem Stern versehen als Subtypen aufgeführt. Außerdem nutzt man den Begriff häufig im Zusammenhang mit kleinen Ethnien, die sich um eine eigene Identität bemühen.

---

119 Vgl. Bogatyrev/Jakobson: Die Folklore als besondere Form des Schaffens 1972, S. 13-24.

120 Honko: Four Forms of Adaptation of Tradition. In: SF 26 (1981), S. 19-33.

Einige regionale Besonderheiten des Märchentyps „Wasser des Lebens" ATU 551 sind beispielsweise:

Südeuropa: ein Vogel als Heilquelle, Helfer sind dankbare Tiere, ein Toter, eine alte Frau

Südosteuropa: übernatürliche Wesen sind Feen, Draken, Ungeheuer; als Heilmittel gelten Erde, ein goldener Vogel, das Wasser der Jugend und des Todes; der Ablenkung von der Aufgabe dient das Wirtshaus; religiöse Normen werden deutlich wiedergegeben; Erzähler sprechen mundartlich und das Publikum direkt an

Slavischer Bereich: Der Held absolviert Stationen bei Tierkönigen, bei Hexen (Baba Jagá) und in Gasthäusern; Sexualität spielt eine größere Rolle, Helfer ist ein sprechendes Pferd; Erzähler schaltet sich mit rhetorischen Fragen, umgangssprachlichen Wendungen ein, zu beobachten ist eine Requisitverschiebung (Modernismen wie Telefon)

Südamerika: Es zieht nur ein Kind aus, aber die Brüder drohen ihm auf dem Rückweg; Helfer sind Vögel, ein Fuchs, eine Hexe und die Tochter der Riesen, als Heilmittel nutzt man Papageien-Dreck, Blumen und Vögel; Erzähler: humoristische Darstellung, Abschlusskommentar

Arabische Halbinsel: Herrschaftserbe (Sultanat) herausgestellt; die soziale Hierarchie verdeutlichen verschiedene Frauen des Herrschers, die Jungfräulichkeit der erworbenen Frau wird hervorgehoben; sprechende Tiere als Ratgeber (Pferd); Rahmenerzählungen

Wirkungen innerhalb der Märchenforschung

Aufgrund der Forderung nach vorrangiger Materialzusammenstellung stiegen die Sammelaktivitäten in der Märchenforschung wesentlich an. Die Resultate sind in Archiven weltweit zusammengestellt und damit der Forschung zugänglich. Märchenarchive mit originalem Sammelmaterial befinden sich in Städten wie Helsinki, Uppsala, Stockholm, Göteborg, Lund, Kopenhagen, Oslo, Vilnius, Riga, Tartu, Dublin, Paris, Marburg, Göttingen, Athen, St. Petersburg und Moskau.

Eine Grundlage zur Archivierung und Edition bildete „The Types of the Folktale" von Antti Aarne und Stith Thompson (Abkürzung AaTh, selten AT) und neuerdings das von Hans-Jörg Uther in Göttingen erstellte und überarbeitete Typenverzeichnis „The Types of International Folktales" (Abkürzung ATU). Wissenschaftlichen Ansprüchen genügende Märcheneditionen weisen in ihren Anmerkungen zu den Texten die Märchentypennummer auf, um eine internationale Orientierung zu gewährleisten.[121] Außerdem entstanden mehrere regionale Typenverzeichnisse.[122]

Auf den Materialbeständen bauen etwa 40 Monografien auf. Diese erstrecken sich nicht nur auf einzelne Märchentypen, sondern auch auf andere Gattungen der traditionellen Literatur, so etwa auch auf Redensarten.[123] Gemeinsam mit den Typisierungen der Märchenvarianten (in der Reihe FFC rund 50 Nummern) machen die Arbeiten der geographisch-historischen Methode etwa die Hälfte aller in der Reihe Folklore Fellows Communications (FFC) veröffentlichten Arbeiten aus.[124] Diese Veröffentlichungsreihe ist das Organ des ersten Zusammenschlusses der Erzählforscher in der Organisation „Folklore Fellows" (FF). Der Forscherbund wurde 1907 von Johannes Bolte, Kaarle Krohn und Carl Wilhelm von Sydow gegründet. Heute besteht mit der International Society for Folk Narrative Research (ISFNR) ein ähnlicher Zusammenschluss, der 1958 gegründet wurde.[125]

Kritische Auseinandersetzungen

Die geographisch-historische Methode fand auch deshalb großen Anklang, weil dank ihr die Märchenforschung zunehmend ernster genommen wurde. Die Folkloristik erwarb in der Folge das Ansehen einer eigenständigen Wissenschaft. Entgegen dem Forschungsansatz einer objektiven Nachvollziehbarkeit der Ergebnisse sind die vorstehenden Kriterien von weitreichender Erfahrung und subjektiver Einschätzung bestimmt. Da eine alle Varianten einschließende Materialsammlung aber nie möglich ist, war das „Paradigma des Forschers" für den „Nachvollzug der Überlieferungsgeschichte des Überlieferungsprodukts"[126] entscheidend.

Die neue Methodik führt „nicht zu zwingend logischen Schlussfolgerungen", wie es das Ziel war, sondern lässt individuelle Lösungen zu.[127] Zu den unterschiedlichen Ansichten gehören die evolutionistischen wie die devolutionistischen Auffassungen. Einmal glauben Forscher wie Julius Krohn und Matti Kuusi, der Erzähltyp entwickle sich aus einem relativ einfachen Urkern

---

121 Bsp.: KHM Ausgaben von Heinz Rölleke, Hans-Jörg Uther, die Anthologien „Märchen der Weltliteratur", „Gesicht der Völker", die „Volksmärchen. Eine internationale Reihe" des Akademie Verlages Berlin.

122 Z.B. Kerbelite, Bronislava: Tipy narodnych skazanij. Sankt-Peterburg 2001. Robe: Index of Mexican Folktales 1973. Marzolph: Die Typologie des persischen Volksmärchens 1984.

123 Kuusi: Regen bei Sonnenschein 1957.

124 Röhrich: Geographisch-historische Methode. In: EM 5, 1987, Sp. 1017.

125 Wie die Zusammenarbeit wirklich funktionierte, wird bei Kuusi: Regen bei Sonnenschein, S. 8-11 beeindruckend dargestellt.

126 Honko: Zielsetzung und Methoden 1985, S. 322.

127 Röhrich: Geographisch-historische Methode. In: EM 5, 1987, Sp. 1017-1018.

bis zur voll ausgereiften Form, die andere Gruppe um Kaarle Krohn und Martti Haavio geht davon aus, dass das Märchen eher auf dem Höhepunkt seiner Entwicklung mit der Urform einsetze und die Entwicklung von dort degenerativ verlaufe.[128] Röhrich führt weitere Beispiele an, die zeigen, dass die Resultate dieser Arbeitsmethode weder eindeutig noch personenunabhängig sind.[129] So unterscheiden sich die Urformen und Verbreitungswege zu ATU 780 „Singender Knochen" bei Lutz Mackensen, der flämische Gebiete als Heimat des Märchens annimmt, und Kaarle Krohn, der Indien durchaus als Heimat ansehen würde, zumindest aber die Wanderung des Märchens von Frankreich aus über Wallonien ins Flämische annimmt.[130]

Folgende Punkte stehen außerdem im Zentrum der Kritik:

a) Die **Rekonstruktion des Archetypus oder einer Urform** zu jedem Erzähltyp ist ein wissenschaftliches Anliegen, das eng mit romantischen Vorstellungen vom Wert der historisch frühesten Form verbunden ist.

Prinzipiell handelt es sich um eine Übertragung philologischer Prinzipien auf einen anderen Gegenstand - mündlich überliefertes Erzählgut.[131] Das Resultat - der Archetypus oder die Urform - entspricht weniger den gewünschten Hoffnungen: einer sicheren Basis für Interpretationen. Das textkritische Verfahren der Philologie zielte darauf, nach Untersuchung des Verhältnisses von Handschriften und Textgeschichte den ältesten überlieferten

---

128 Vgl. ebd. Sp. 1017. Nach Honko: Zielsetzung und Methoden 1985, S. 322-324.

129 Röhrich: Geographisch-historische Methode. In: EM 5, 1987, Sp. 1017-1018.

130 Mackensen: Der singende Knochen (=FFC 49) 1923, S. 64: „Die Jüngere, Schöne von zwei Schwestern genießt Liebesglück (Person des Freiers oder Bräutigams) und wird deshalb von der Älteren, Häßlichen so sehr beneidet, daß diese sie in mörderischer Absicht in ein Wasser stößt. Ihr Vater findet ihren Grabbaum und fertigt sich aus ihm ein Musikinstrument, das ihm den Mord und seine Ursache enthüllt. Damit ist die Mörderin entlarvt, die nun denselben Tod wie ihr Opfer erleiden muß, wodurch dieses ins Leben zurückkehrt." Krohn: Übersicht über einige Resultate 1931, S. 79-80: „Von zwei königstöchtern wird die jüngere, schöne wegen ihres liebesglückes (in der person eines freiers oder bräutigams) von der älteren, hässlichen so sehr beneidet, dass diese sie in mörderischer absicht in ein wasser stößt. Am strande wächst ein leichenbaum hervor, aus dem ein vorüberwandernder (in Indien ein bettler, in Europa ein schäfer) sich eine geige oder flöte schneidet und sich zum königshaus begibt, wo die mörderin mit dem bräutigam der ermordeten hochzeit feiert. Sein flötenspiel enthüllt das verbrechen und dessen motiv. Die braut (? In K; PT 4, 7b) zerschmettert das musikinstrument, da kommt aus demselben die getötete lebendig hervor. Die schuldige wird vom könige mit dem tode bestraft." Vgl. Vries: Betrachtungen zum Märchen 1954, S. 10-12.

131 Zu wissenschaftsgeschichtlichen Hintergründen: Pöge-Alder: ‚Märchen' 1994, S. 76-80.

Wortlaut festzustellen[132]. Diese Rekonstruktion konnte für die sog. Volksliteratur nicht gelingen, sondern nur in einer angenommenen, ursprünglichen Handlungsfolge eines Typs münden. Eine Stütze für Interpretationen literaturwissenschaftlicher und psychologischer Provenienz bildet aber ebenso der Wortlaut, an den sich genauere Aussagen knüpfen ließen.

> Der Archetyp ist eine reine Abstraktion, ein intellektuelles Konstrukt, kein realer, sondern ein bloß hypothetischer Text. Seine Rekonstruktion basiert lediglich auf Statistik.[133]

Kreativität gilt demgegenüber nach dem Ansatz der Finnischen Schule als verwerflich – dabei lebt gerade mündliche Überlieferung von begabten Erzählenden, die neue Konzeptionen und Verbesserungen weitergeben. Polygenetische Vorstellungen sind nicht in die Überlegungen einbezogen worden. Mit der rekonstruierten ‚Urform' wird eine neue Schriftlichkeit geschaffen, die ohne realen Bezug zur Mündlichkeit steht.[134] Mündlich vorgetragene Texte gehören in einen Tradierungsprozess, in dem die Aufzeichnungen nur Stationen darstellen. Demgegenüber ist die Rekonstruktion der ‚Urform' oder des Archetyps etwas Ahistorisches, da der historische Aspekt bei der Betrachtung der Varianten nicht einbezogen wurde. Formalstoffliche Kriterien spielten die größte Rolle.[135]

b) Die geographisch-historische Methode basiert auf **einer statistisch weitgehend vollständigen Erfassung des Quellenmaterials**.

Diese statistische und quantitativ arbeitende Methode verstellt daher den Blick für qualitative Fragen. Welche Bedeutung ein Erzählstoff für einen Erzähler oder eine Erzählerin hat, bleibt bis zur Erfüllung der Aufgaben (Urform, Entstehungsort und -zeit, Verbreitungswege des Erzähltyps) unbeantwortet und ungefragt.

c) Die Zusammengehörigkeit der Varianten, die in den Erzählkatalogen aufgeführt sind, muss **genetisch nicht immer gegeben sein**.

Affinitäten und Kontaminationen sind für lebendiges Erzählgut anzunehmen, andere Erzähltypen können ebenfalls großen Einfluss haben.[136]

---

132 Wie in der Philologie erhielt auch in der Märchenforschung die Quellenforschung und Edition den Status der Grundlagenforschung gegenüber Interpretation und Geschichtsschreibung der Volksliteratur. Vgl. Rosenberg: Zehn Kapitel 1981, S. 51-52.

133 Röhrich: Geographisch-historische Methode. In: EM 5, 1987, Sp. 1018-1019.

134 Schade: Mehr als ‚nur' Transkription 1989, S. 253.

135 Fromm: Einführung. Die Erforschung der Kalevalischen Lieder Bd. 2 1967, S. 9-18, hier S. 11.

136 So etwa stehen AaTh 550 und 551 sicherlich in einem engen Zusammenhang. Vgl. Röhrich: Geographisch-historische Methode. In: EM 5, 1987, Sp. 1020-1021.

d) Die relative Stabilität und Dominanz der oralen Tradition ist eine der **Prämissen** der geographisch-historischen Methode.

Anderson führte zum Beweis ein volkskundliches Experiment durch und entwickelte das Gesetz der Selbstberichtigung.[137] Literarische Versionen wurden weniger ernst genommen. Untersuchungen etwa über die Verbreitung der Grimmschen „Kinder- und Hausmärchen" und ihre Wirkung auf die mündliche Tradition zeigen ihren Einfluss.[138] Die Annahme einer ungebrochenen Kontinuität mündlicher Überlieferung, der ein hohes Alter zukommt, ist heute nicht mehr haltbar.[139]

e) Auch die **relativ mechanischen Annahmen** zur geographischen Überlieferung sind stark durch von Sydow und Honko angefochten worden.[140]

Wanderbewegungen würden zu summarisch und mechanisch beschrieben werden, die relative Stabilität der mündlichen Überlieferung würde oftmals zeitlich und räumlich überschätzt. Die Modelle sind häufig stark eurozentristisch; eine Überlieferung zwischen den Generationen wird zu Gunsten der zwischen den Kulturräumen außer Acht gelassen.[141]

f) **Monographien** zu einem Märchentyp als die favorisierte Art der Auseinandersetzung sind in ihrem Nutzen zu Recht sehr angegriffen worden.

Da eine Entwicklungsgeschichte des betreffenden Erzähltyps nur bei einer ausreichend großen Zahl datierbarer literarischer Belege zu kennzeichnen ist, ergibt sich sonst lediglich eine Typologie des vorliegenden Stoffes.[142] Elfriede Moser-Rath regte daher an, nicht an Längsschnitten, sondern an Querschnitten durch die Quellenbestände bestimmter Perioden zu arbeiten.[143]

Nach Lauri Honko eignet sich die Methode am besten für

> komplexe Überlieferungsprodukte mit fester Form, z.B. längere Märchen, Lieder in Versmaß und mit Stropheneinteilung sowie Rätsel und Sprichwörter, bei denen bestimmte Formeln zur Anwendung kommen. Mit anderen Worten: Das zu unter-

---

137 Anderson: Zu Albert Wesselskis Angriffen 1935. Ders.: Ein volkskundliches Experiment. Helsinki 1951 (=FFC 168). Zur Auseinandersetzung mit Wesselski: Pöge-Alder: ‚Märchen' 1994, S. 73-76. Dies.: Albert Wesselski and the History (Druck 2007).

138 Bsp.: Herranen: The maiden without hands (AT 706) 1990, S. 106.

139 Moser, D.-R.: Altersbestimmung des Märchens. In: EM 1, 1977, Sp. 407-409. Wienker-Piepho, S.: Noch einmal: Wie alt sind unsere Märchen? In: MSP 16 (2005) H. 4, S. 20-34. Fehling: Erysichthon 1972. Vgl. Grätz: Das Märchen 1988.

140 Sydow: Selected Papers on Folklore 1948, S. 47-59. Honko Zielsetzung 1985, S. 325.

141 Vgl. Röhrich: Geographisch-historische Methode. In: EM 5, 1987, Sp. 1023.

142 Vgl. ebd. Sp. 1022-1023.

143 Moser-Rath, E.: Gedanken zur historischen Erzählforschung. In: ZfVK 69 (1973), S. 61-81, hier S. 65.

suchende Überlieferungsprodukt muß mittels ausreichend komplizierten Merkmalsverbindungen identifiziert werden können, damit die Voraussetzungen für die Aufstellung der Monogenese- und Wanderhypothese gegeben sind.[144]

In der weiteren wissenschaftlichen Auseinandersetzung mit Märchen führte die geographisch-historische Methode zur stärkeren Anwendung formalkritischer Methoden, die strukturale Aspekte verfolgten.

Die heutige Märchenforschung arbeitet mit größerer Bescheidenheit: Die Herkunft eines Folklorestoffes kann nicht geklärt werden, aber die Variabilität und ihre individuellen wie kulturellen Hintergründe sind von großem Interesse. Statt des Alters und genetischer Abhängigkeiten der Erzähltypen stellt die heutige Märchenforschung andere Fragen in den Vordergrund:[145]

- Welche Bedeutung hat ein Erzählstoff für eine Erzählerin/einen Erzähler und das Publikum eingenommen (Biologie des Erzählguts)?
- In welchem kulturellen Kontext stehen einzelne Varianten und Versionen? Siedlungs-, sprach- und sozialgeschichtliche Aussagen zu den Texten werden dabei berücksichtigt.[146]
- In den Vordergrund traten zeitweilig Aspekte des Stils, der Struktur, der Gattungen sowie der Funktionen von Volkserzählungen.
- Die Prozesshaftigkeit der Überlieferungsvorgänge (Psychologie, Dynamik, Fluktuation historisch-gesellschaftlicher Vorgänge) stehen im Blickfeld, um Kommunikations- und Vermittlungssysteme mündlicher Überlieferung zu klären.
- Interpretationen eines Textes als eines Bedeutung tragenden Gliedes der Überlieferung sind innerhalb der an der Märchenforschung beteiligten Wissenschaftsdisziplinen anerkannt worden.

Zum heutigen Umgang

Die Märchen- und Erzählforschung erlebte ihre volle Ausbildung erstmals innerhalb der geographisch-historischen Methode – dem „Evergreen“ der Märchenforschung[147]. Weg von Spekulationen wies diese Methode erstmals einen strukturierten Weg hin zu geographischer und historischer Tiefe, die der Märchenforschung innewohnt. So bauen auch die Typenartikel der „Enzyklopädie des Märchens“ auf Überlegungen der geographisch-historischen

144 Honko: Zielsetzung und Methoden 1985, S. 323.

145 Vgl. Röhrich, L.: Geographisch-historische Methode. In: EM 5, 1987, hier Sp. 1024-1025.

146 Dazu Brednich: Volkserzählungen 1964. Petzoldt: Der Tote als Gast. Helsinki 1968 (=FFC 200).

147 Honko: Zielsetzung und Methoden 1985, S. 322, 328. Beleg ist Krohn: Die folkloristische Arbeitsmethode 1926. Vgl. Zusammenfassung durch Röhrich, L.: Geographisch-historische Methode. In: EM 5, 1987, Sp. 1012-1030, hier Sp. 1027.

Methode auf: Eine möglichst vollständige Zusammenstellung der Varianten ist Voraussetzung. Aus diesen wird eine allgemeine Form oder Normalform angegeben, die aber auch einen Einblick in die Variationsbreite gibt, indem in Klammern Personen oder Gegenstände anderer Versionen angeführt werden. Man spricht heute auch in Finnland weniger von der Urform als vom „Urkern" oder „der Kombination der ursprünglichsten Merkmale"[148]

Hinter dem Titel „Mann wird wegen seiner schönen Frau verfolgt" (ATU 465) verbirgt sich ein Zaubermärchentyp mit zahlreichen Episoden, in denen es um eine übernatürliche Gattin geht. Die ‚Normalform' lautet:

> (1) Ein armer junger Mann (Jäger, Fischer; der jüngste dreier Brüder) heiratet eine Frau mit übernatürlichen Fähigkeiten, die sich durch außergewöhnliche Schönheit auszeichnet. (2) Ein Herrscher (der Vater des Helden) beneidet ihn um seine schöne Frau (ist habgierig) und möchte sie in seinen Besitz bringen. Um sich ihres Ehemannes zu entledigen, denkt er (seine Ratgeber) sich schwere Aufgaben aus, die der Held mit Hilfe seiner Frau erfüllen kann. (3) Meist führt die letzte Aufgabe zur Vernichtung des Widersachers oder zu dessen Einsicht.[149]

Nach dieser Zusammenfassung erfolgt die Angabe der literarischen Tradition. Im Beispiel ATU 465 reichen sie nach Fernost, wo der früheste Beleg aus China seit der Tang-Zeit, etwa im 7. Jahrhundert, bekannt ist. Danach werden Angaben zu den im 19. und 20. Jahrhundert gesammelten Varianten gemacht. Kontaminationen und Analogien mit anderen Typen werden aufgeführt. Im vorliegenden Fall sind in diesem Zusammenhang vor allem die jeweils letzten Aufgaben interessant. Mündlichkeit und Schriftlichkeit werden heute in ihrem jeweiligen Quellenwert gewürdigt und individuell für den jeweiligen Kontext untersucht.

Eine abschließende Stellungnahme der Enzyklopädie kann interpretatorischen Inhalts sein. Hier ist es auffällig, dass der Erzähltyp nicht in die Kategorie „Supernatural or Enchanted Husband (Wife) or Other Relatives" (ATU 400-459) fällt. Die Frau ist als Wegweiserin im Mittelpunkt des Geschehens. Sie gibt Anleitungen zum Erfüllen der Aufgaben, sie kennt die Aufgaben im Voraus, die der Held nach seinem Tabubruch aufgetragen bekommt. Mit ihrer Hilfe führen diese Prüfungen zu einem Weg hin zum gemeinsamen Glück.

---

148 Honko: Zielsetzung und Methoden 1985, S. 323. Nach Honko muss dies keine in sich logische und geschlossene Gesamtheit sein; die Normalform ist „z.B. ein auf der Basis der zur gleichen Redaktion gehörenden Varianten abstrahiertes Ganzes". „Wellenkreis-Verbreitung und Automigration werden allmählich ersetzt durch siedlungs-, sprach-, kultur- und sozialgeschichtliche Schlußfolgerungen."

149 Pöge-Alder, K.: Mann wird wegen seiner schönen Frau verfolgt (AaTh 465). In: EM 9 1999, Sp. 162-171, hier Sp. 162. Dies.: Zaubermärchen über die bedrohte Partnerschaft mit einer schönen Frau (AaTh 465). In: MSP 10 (1999) H. 4, S. 110-115.

Für das Märchen „Das Wasser des Lebens“ (KHM 97) findet sich der Nachweis des Stoffes relativ früh. Er ist schon um 1300 in der Scala coeli des provenzalischen Dominikaners Johannes Gobi Junior belegt.[150] Die Tötung des Jüngsten durch die Brüder fehlt und die Erzählung ist mit einer Brautwerbung gekoppelt, wie öfter in den orientalischen Textzeugen.[151] Diese schriftlichen Quellen können jedoch, wie allgemein in philologischen Analysen, nur den Terminus ad quem anzeigen, der dann mit kulturhistorischen Indizien aufgefüllt werden kann.

3.3 ‚Polygenese': Anthropologische Theorien

Nach den Brüdern Grimm vollzog sich die Erforschung der Märchen nicht nur in der deutschen Philologie, etwa durch Johannes Bolte, sondern auch innerhalb der Orientalistik durch Theodor Benfey, Johannes Hertel und Moritz Winternitz. Wesentliche Impulse erhielt die Märchenforschung aus den Studien verschiedener Disziplinen: aus der Philosophie durch Theodor Waitz, der Anthropologie durch Edward Tylor und Andrew Lang, der Völkerkunde Adolf Bastians, der Völkerpsychologie Wilhelm Wundts und der Volkskunde Wilhelm Mannhardts. Diese neueren Akzente der Theoriebildung konstituierten den zweiten Komplex von Thesen zur Entstehung und Verbreitung von Märchen. Dieser betont **Polygenese** der Entstehung und Evolution bei der Verbreitung von Märchen. Im Hintergrund stand hierbei der Gedanke Wilhelm Grimms, dass es Zustände gebe, „die so einfach und natürlich sind, daß sie überall wieder kehren“ und „daher in den verschiedenen Ländern dieselben oder sehr ähnliche Märchen unabhängig voneinander erzeugen“.[152]

Es ging den Forschern dieser polygenetischen Theorien darum, die weltweiten Gemeinsamkeiten zu erkennen, die die Grundlage für zahlreiche, einander ähnliche Märchen bilden. Die Märchenentstehung stellte man sich als Prozess vor: Aus gleichartig wirkenden Basiselementen, die den Menschen als Gattungswesen charakterisieren, hätten sich unabhängig voneinander an verschiedenen Orten der Erde Märchen herausgebildet, die daher übereinstimmende Merkmale tragen. Bei allen Völkern gefundene, gleiche oder parallele Märchenvarianten wurden auf diese allen Menschen gemeinsamen Eigenschaften zurückgeführt. Anthropologische Charakteristika bildeten die Voraussetzung des polygenetischen Entstehungsvorgangs mit anschließender

---

150 Predigtmärlein, lat. Ulmer Druck 1480; dt. Breslauer Hs. siehe Mitteilungen der schlesischen Gesellschaft für Volkskunde H. 20, 11, um 1300 nach BP Bd. 1, S. 510-512. Text: „Der Quell des Lebens“. In: Wesselski: Märchen des Mittelalters 1925, Nr. 28.

151 Prym, E./Socin, A.: Syrische Sagen und Märchen aus dem Volksmunde. Göttingen 1881, Nr. 18, 38, S. 386.

152 Grimm: KHM. Vorrede 1850, S. LXII.

Evolution – im Unterschied zu Monogenese und Diffusion. Unter evolutionistischem Blickwinkel betonte man vor allem den gleichartigen Verlauf der Märchenentwicklung bei den verschiedenen Völkern.

Entscheidend für die Konstitution dieser sog. anthropologischen Theorien war eine veränderte Materialbasis. Dem philologisch orientierten Benfey lagen verschiedene schriftliche Varianten, Aufzeichnungen und Übersetzungen des „Pantschatantra" vor. Nun gab es aufgrund weltweiter Sammeltätigkeit Märchensammlungen mit mündlichen Überlieferungen, deren Inhalte und Formen sich nicht durch Wanderungsbewegungen erklären ließen. Die anthropologischen Theorien schienen hier einen neuen Weg zu weisen. Beginnend mit Berichten von Reisenden, Kaufleuten, Missionaren und Gesandten entstanden Materialsammlungen. Wissenschaftliche Kollektionen z.B. von Henry Rowe Schoolcraft (1793-1864), Alexander von Humboldt (1769-1859), Johann Baptist von Spix (1781-1826) und Karl Friedrich Philipp von Martius (1794-1868) schufen gemeinsam mit archäologischen Funden eine erweiterte Arbeitsbasis.[153] Dabei wurden nicht nur ausgewählte geographische Regionen einbezogen, sondern diese Theorien beabsichtigten eine universale Erklärung, die mit einem spezifischen Menschenbild verbunden war.

Philosophische Grundlagen durch Theodor Waitz

In Deutschland wies der Philosoph Theodor Waitz (1821-1864) in seinen Werken, insbesondere der „Anthropologie der Naturvölker" (6 Bde., 1859-72) die Richtung zukünftiger Untersuchungen: Einerseits stellte er umfangreiche Quellenmaterialien über das Leben der ‚Naturvölker' zusammen, andererseits betrachtete er den Menschen in seinen Anlagen und sozialen Konstellationen, seinen natürlichen oder als ursprünglich aufgefassten ‚Zuständen'.[154] Er verfolgte damit eine eher holistische Konzeption. Seine Theorie von der „Einheit des Menschengeschlechts" umfasste die gesamte Menschheit. Hier sah Waitz den ‚Naturzustand' des Menschen, an den sich eine allmähliche Entwicklung anschloss. Er ging von einem allgemeinen und unveränderlichen menschlichen Wesen aus. Auch rassische Unterschiede sah er nicht als ursprünglich an.[155] Vier Ursachen machte er für das Fortschreiten der Kulturgeschichte verantwortlich: die psychische und physische Gestaltung des

---

[153] Harris, M.: The Rise of Anthropological Theory. New York [2]1969, S. 144-145, 148.

[154] Ausführlicher Pöge-Alder: ‚Märchen' 1994, S. 87-88. Vgl. Dilthey, W.: Die „Anthropologie" von Theodor Waitz. In: ders.: Gesammelte Schriften, Bd. XVI. Zur Entwicklung der Anthropologie vgl. Eidson, J.: Anthropologie. In: Streck, B. (Hg.): Wörterbuch der Ethnologie. Wuppertal 2000, S. 27-32, hier S. 29.

[155] Waitz: Anthropologie der Naturvölker, Bd. 1, 1859, S. 11-12.

Menschen, ihre Naturumgebung sowie die sozialen Verhältnisse und Beziehungen der Menschen untereinander.[156]

Für Waitz war auch die Verschiedenheit der Menschen nicht bewiesen, solange nicht Ungleichheit in Form, Art und Entwicklung des geistigen Lebens gezeigt sei und deutlich werde, dass ein Volk durch die Beschränkung seiner eigenen Natur trotz gleich günstiger Umstände und Entwicklungsbedingungen auf einer niederen Stufe zurückgehalten werde.[157]

Die verschiedenen Formen des Kolonialismus stellten nicht nur das Forschungsmaterial bereit, sondern bedingten auch die Notwendigkeit, sich mit dem „Fremden" der anderen Kulturen auseinanderzusetzen. Die als ungebrochen interpretierten kulturellen Lebensumstände der sog. Naturvölker betrachtete man als eine Umkehrung der eigenen, bürgerlichen Situation mit ihren frühen Entfremdungserscheinungen. In Form einer „Aneignung durch Negation" entstand eine „imaginäre Ethnographie".[158] Am Schreibtisch fanden die ersten Studien von Herder, Hegel und Creuzer statt. Der Schiffsarzt Bastian unternahm Forschungsreisen, Malinowski führte Feldforschung durch. Gestalterisch eigneten sich Gaugin und Nolde die Fremdheit an. So entwickelte sich die Kulturanthropologie als Teildisziplin der Anthropologie in den Jahren zwischen 1860 und 1890.[159]

Die Suche nach ‚Elementargedanken'

Den Weg in Richtung einer wissenschaftlich exakten Aufarbeitung dieser Thesen ging Adolf Bastian, geboren 1826 in Bremen, der als Schiffsarzt 1850 seine erste Reise nach Australien antrat und bis zu seinem Tod 1905 in Port Spain auf Trinidad insgesamt 25 Jahre im Ausland weilte. Dabei trug er den Grundstock des Berliner Museums für Völkerkunde zusammen. Mit seiner

---

156 Waitz: Anthropologie der Naturvölker, Bd. 1, 1859, S. 6.

157 Ebd. S. 15.

158 Kramer, Fritz: Verkehrte Welten. Zu einer imaginären Ethnographie des 19. Jahrhunderts. Frankfurt a.M. 1977.

159 Folgende Werke gelten in diesem Zusammenhang als Wegbereiter: Vergleichende Untersuchungen zwischen Sagen und Legenden der Brahmanen und alttestamentlicher Berichte zu geschichtlichen Begebenheiten: William Jones „Über die Götter Griechenlands, Italiens und Indiens" (1788), Charles Darwin „On the origin of species by the means of natural selection" (1859), James Cowes Prichard „Researches into the physical history of mankind", später „Natural history of man" (dt. 1840, Über die psychische Gleichartigkeit der verschiedenen Völker gegenüber der eines Urstammes und dessen Verbreitung), die Entdeckungen zur menschlichen Zivilisation im Paläolithikum durch Boucher de Perthes' „Antiquités celtiques et antédiluviennes" (3 Bde., Paris 1846-65), Henry Maines „Ancient Law", Johann J. Bachofen „Das Mutterrecht" (1861, ²1897), die Entwicklung der französischen Soziologie durch Claude Henry de Rouvroy, Comte de Saint-Simon (1760-1825) und August Comte (1798-1857), der Ethno- und Sozialpsychologie durch Moritz Lazarus (1824-1903) und der vergleichenden Sprachwissenschaft durch Heymann Steinthal (1823-1899).

Person ist auch ein Schub in der institutionellen Entwicklung der Völkerkunde, ihrer Gesellschaften, Zeitschriften und Museen verbunden. So betrieb er mit dem Anatom Rudolf Virchow die Gründung der „Berliner Gesellschaft für Anthropologie, Ethnologie und Urgeschichte" (1869), im Folgejahr der deutschen Gesellschaft mit dem gleichlautenden Namen und der „Deutschen Gesellschaft zur Erforschung des äquatorialen Afrikas" (1873). Er wirkte als Direktorialassistent für die ethnologische und prähistorische Sammlung der Königlichen Museen. Daraus ging 1886 das Museum für Völkerkunde hervor. Mit Bastian als Direktor repräsentierte es die Ethnologie als selbständige Wissenschaft.[160]

Der aus romantischen Bemühungen bekannte Gedanke des Bewahrens aller Erzeugnisse des Menschen bewegte auch die entstehende ethnologische Disziplin in der zweiten Hälfte des 19. Jahrhunderts. Im Unterschied zu etwa den Brüdern Grimm konzentrierte sich Bastian bei seiner schnellen „Materialbeschaffung" auf Zeugnisse aus dem Leben aller ,Naturvölker'. Bastian ging von einem gleichartigen Entwicklungsverlauf aller Völker aus und sah daher den Verlust der Kulturgüter voraus. Ein für die Märchenforschung wichtiges weiteres Ziel psychologischer Untersuchungen war ein Verzeichnis der bei allen Völkern wiederkehrenden Ideen aus den ursprünglich volkstümlichen Sagensammlungen.[161] Dieses wäre den Typenverzeichnissen der Finnischen Schule vorangegangen, wurde aber nie verwirklicht.

Zur Interpretation seiner zusammengetragenen ethnographischen Parallelerscheinungen wollte Bastian eine „Gedanken-Statistik" durchführen lassen, „die zugleich das organische Wachsthum des Geistes in den gesetzmässigen Umwandlungen seiner Produkte erfasst." Dabei erklärte er das Gesamtobjekt aus seinen konstituierenden Bestandteilen:

> Alles Existirende muss aus seinen Elementen, aus seinen kleinsten Teilen, verstanden werden, und die Elemente im Geistesleben sind die Gedanken, die die Psychologie nach ihren relativen Werthen zu sichten und abzuwägen hat.[162]

Bastian berief sich bei seiner Beschreibung der ,Elementargedanken' auf Kant. Er fasste sie als kleine Teilchen auf, vergleichbar mit Atomen oder Zellen, in denen die geistigen Schöpfungen des Menschen prädestiniert und antizipiert seien, ähnlich den Samen in der Morphologie der Pflanzen.[163] Aus den Einheiten von ,Elementargedanken' würden dann die ,Völkergedanken' wachsen. Sie seien zahlenmäßig gering, da die einfachen Denkmöglichkeiten in ihrer

160 Ausführlicher zu Bastian Pöge-Alder: ,Märchen' 1994, S. 88-95.

161 Bastian: Die Vorgeschichte der Ethnologie 1881, S. 91. Ders.: Das Beständige in den Menschenrassen und die Spielweite ihrer Veränderlichkeit. Prolegomena zu einer Ethnologie der Culturvölker. Berlin 1868, S. 64.

162 Bastian: Der Mensch in der Geschichte 1860, Bd. 3, S. 428.

163 Bastian: Die Vorgeschichte der Ethnologie 1881, S. 89.

psychischen und physischen Bestimmtheit nur begrenzte Variationen zulassen. So bewirkten sie auch die Gleichartigkeit des Menschen in allen Kulturen.[164]

‚Elementargedanken' ließen sich auf allen Stufen der materiellen und geistigen Kultur „in Gestalt der einfachsten Elemente ihrer religiösen Vorstellungen, ihrer sozialen Einrichtungen, ihrer Wirtschaftsformen, ihrer ästhetischen Regungen, ihrer technischen Fertigkeiten" finden.[165] Ähnlich den später von Sydow beschriebenen Ökotypen sind ‚Elementargedanken' zwar allumfassend, aber bilden regionale Besonderheiten aus:

> Nach fester Gesetzlichkeit keimend, entwickeln sich die durchgängig überall gleichartigen Elementargedanken zu denjenigen Himmelsgaben der Cultur, für welche sich das jedesmalige Volk prädestinirt findet nach seinen geographisch-historischen Constellationen.[166]

Das typisierende Verständnis Bastians wertet das individuelle Gestalten des historischen Geschehens in der Kultur bis zur Bedeutungslosigkeit ab.[167] Ebenso spielen in seinen Betrachtungen zur Mythologie und zum Märchen die Erzählenden selbst keine Rolle. Der reisende Wissenschaftler glaubt die „nationalen Mythen" zuerst vorhanden. Hier seien Menschen und Götter noch nicht getrennt. Erst später teilten sich Wissenschaft und „Dichtkunst". Märchen als Teil der Dichtkunst waren für ihn ein Ergebnis des erkennenden Trennens zwischen Wirklichkeit und Vorgestelltem:

> Je klarer der Blick des Volkes wird, desto mehr müssen von ihm in die unbestimmten Gestalten der Phantasie in das Dämmerlicht des Mährchens zurückgedrängt werden, um sich die Bahn seiner Forschung frei und rein zu halten. Die Religion der Gebildeten wird dem Volke zum Mährchen und die Unterschiede sind nur graduelle, wie auch für die Unterscheidung zwischen Zauberer und Priester, schwarzer und weisser Magie nur relative Werthe aufgestellt werden können.[168]

---

164 Fiedermutz-Laun, A.: Elementargedanke. In: EM 3, 1981, Sp. 1312-1316, hier Sp. 1314. Eisenstädter, J.: Elementargedanke und Übertragungstheorie in der Völkerkunde. Stuttgart 1912, S. 2. Der Theorie der ‚Elementargedanken' ähnlich sind die Monadenlehre Leibniz' und die ‚e confronti' von Vico. Auch Voltaire nahm gleiche menschliche Erkenntnisprozesse aufgrund der gleichen menschlichen Natur an, vgl. Schiller in seiner Antrittsrede „Was und zu welchem Ende studiert man Universalgeschichte?" 1789.

165 Steinen, Karl von den: Gedächtnisrede auf Adolf Bastian. In: Zeitschrift für Ethnologie 37 (1905), S. 236-249, hier S. 245.

166 Bastian, A.: Allgemeine Grundzüge der Ethnologie. Prolegomena zur Begründung einer naturwissenschaftlichen Psychologie auf dem Material des Völkergedankens. Berlin 1884, S. 15.

167 Vgl. Fiedermutz-Laun: Der kulturhistorische Gedanke 1970, S. 256.

168 Bastian: Der Mensch in der Geschichte 1860, Bd. 2: Psychologie und Mythologie, Abschnitt „Religion, das Mährchen und die Philosophen", S. 57.

Nach dieser Auffassung sind Märchen oder vielmehr deren Inhalte das Ungenaue, das Phantastische, in dem der Glaube über dem Wissen steht und dessen Wirklichkeitsgehalt die Erfahrungen birgt, die als Tatsächliches erscheinen.

Bastian glaubte, dass im Gegensatz zur Religion in Märchen das dem ‚Volk' Verständliche in isolierter Form zu finden ist. Die Inhalte der Märchen stünden unter dem Niveau der Religion, über das sich die Philosophie erhebt:

> Der geistige Gehalt [der Religion] ist bald wiederum von der Priesterklasse absorbirt und verläuft in meinungslosen und bald ganz willkürlichen Symbolen, an die ihn der Zufall in bedeutungsvollen Momenten knüpfte. Was das Volk aus einer ihm selbst entsprossenen Religion zu verstehen pflegt, umgaukelt ihn als Mährchen, während denkende Köpfe, die ausgeschlossen von dem Sanctuarium der Tempel oder unzufrieden mit deren aristrocratischen Formeln, nach selbständiger Erkenntnis streben, in philosophischen Speculationen über das Niveau des religiösen Horizontes hinübertreten, wie andererseits das Mährchen unter denselben hinabsinkt.[169]

Prinzipiell hielt Bastian an der romantisierenden Vorstellung einer Entstehung der Märchen im sozial funktionell gedachten ‚Volk' als einer unterschichtlichen Gruppe mit der Typisierung ‚ungebildet' und ‚sozial niedrigstehend' fest. Historisch betrachtete Bastian die deutschen Märchen als relativ jung. Er glaubte, dass sich das Volk im Mittelalter solche Erzählungen geschaffen habe, als die älteren einheimischen Volkserzählungen ausgerottet werden sollten.[170]

Bastian stellte Märchen insgesamt in einen Entwicklungsprozess, den er von der Kindheitsentwicklung übertrug. Er verstand Märchen als phantastische Geschichten, die auf einer bestimmten Entwicklungsstufe des Menschen entstanden waren. Durch ihre Eigenschaften böten sie Verarbeitungsmöglichkeiten von Umwelteinflüssen. Sie entsprächen den Gegebenheiten der menschlichen Seele auf einer bestimmten Entwicklungsstufe der menschlichen Psyche.

Im Unterschied zu historisch-philosophischen Untersuchungen, in denen deduktive Verfahren dominierten, orientierte sich Bastian in seiner Methodik an einer induktiven, komparatistischen und genetischen Betrachtungsweise auf Grundlage seines gesammelten ethnischen Materials. In der Folge entstanden Sammelwerke mit zahlreichen Details, in denen Kulturerscheinungen unterschiedlicher historischer und geographischer Art verglichen wurden, die detaillierter Einzeluntersuchungen würdig gewesen wären.[171] Bastians Arbeiten galten als Konglomerat, das keine geschlossene Theorie beschreibt, son-

---

169 Bastian: Der Mensch in der Geschichte 1860, Bd. 2 , S. 16.

170 Ebd. Bd. 2, 1860, S. 57.

171 So schon Wundt gegenüber Waitz. Wundt: Völkerpsychologie Bd. 4, 1920, S. 315.

dern aus vitalistischen Zügen der vergangenen Epoche und dem kulturhistorischen Kausalprinzip besteht.[172]

Die Bedeutung Adolf Bastians für die Märchenforschung liegt weniger in der Auswertung des unsystematisch zusammengetragenen Materials als in einer Änderung der Blickrichtung auf die Überlieferungen außerhalb Europas und Asiens. Leitlinien seiner Theorien reichen bis zu C.G. Jung und dessen Vorstellung von ‚Archetypen'. Hier gilt Bausingers Warnung bis heute, die besagt, dass ‚Elementargedanken' „ein formales Prinzip [sind], das sehr leicht einseitig formal fixiert werden kann". Es ist die Bezeichnung eines unreduzierbaren Sachverhaltes, die zum Verwischen von tatsächlichen und fälschlich vermuteten Horizonten und Grenzen verleitet.[173] Ein evolutionistisches Modell wie das Bastians kann in seiner Abstraktheit den tatsächlichen historischen Beziehungen zwischen den Geschichten nicht entsprechen.

Tatsächlich ist eine korrekte Entscheidung zwischen Entlehung und selbständiger Entstehung eines Märchenmotivs häufig schwierig zu treffen. Die Unterscheidung zwischen Text und Motiv eines Märchens ist dabei grundlegend. Ein gesamtes Märchen wird wohl nur schwerlich zweimal völlig gleich erfunden. Motive sind dagegen eher polygenetisch zu erklären. So glaubt Gerhard Kahlo, dass ‚Elementargedanken' häufig animistischer Natur seien, etwa die Seele als Vogel (KHM 47). Der Animismus, die Beseelung der Natur, ist als Weltreligion anzutreffen, daher entstanden auch kultisch gleiche Bräuche. Der Glaube, dass die Seele im Blut liegt, führte zu Blutsbrüderschaft, so z.B. bei Germanen, Griechen, Arabern, in Afrika und Papua.[174]

Für Kahlo bleibt die Theorie des ‚Elementargedankens' unbestritten:

> die Völker haben die gleiche Einbildungskraft und die gleiche Naturbetrachtung; gemeinsame Urmärchen können wir nur für begrenzte Völkerfamilien annehmen. Im übrigen beruht jede doppelte Erfindung auf der allen Menschen gemeinsamen Seele;[175] die Großhirnrinde ist bei allen Menschen unter regelmäßigen Verhältnissen gleich ausgebildet.[176]

Unterschiedlich ist der Grund, weshalb der gleiche Gedanke so oft auftaucht.[177] Bei den strukturell orientierten Untersuchungen der geographisch-historischen Methode stand diese Frage nicht im Zentrum. So ist es beispielsweise fraglich, warum das Motiv vom lebensspendenden Element einmal als Wasser auftritt, ein anderes Mal als Apfel oder als Feder vom Vogel Phönix. Geographische Gegebenheiten, dem Erzählenden und der Hörge-

---

172 Vgl. Fiedermutz-Laun: Der kulturhistorische Gedanke 1970, S. 256.
173 Vgl. Bausinger: Formen der ‚Volkspoesie' ²1980, S. 35.
174 Kahlo: Elementargedanke im Märchen 1930/33, S. 523.
175 Kahlo: Die Seelen der Völker. Völkerkunde 1926, 10-12, S. 217.
176 Kahlo: Elementargedanke im Märchen 1930/33, S. 522.
177 Ebd. S. 520.

meinschaft bekannte Traditionen und Vorlieben scheinen hier wichtige Gründe zu sein, die aber nur in der Untersuchung von Einzelfällen erklärbar scheinen.

Die Theorie der ‚Survivals'

Bastian entwickelte die Vorstellung von der Existenz kleiner Elemente, die an verschiedenen Orten der Erde gleichzeitig erfunden werden können und die ein Märchen konstituieren, und nannte diese ‚Elementargedanken'. Der englische Anthropologe Edward Burnett Tylor (1832-1917) baute zwar auf diesen Überlegungen auf, bewahrte jedoch einen historischen Blick. Er verstand mündliche, über Generationen vererbte Erzählungen als die älteste Geschichte der Völker.[178] Zu ihrer Interpretation bezog er auch Auffassungen von Mythen als Allegorien und Personifizierungen von Sonne und Mond im Sinne der Naturmythologie sowie als Pseudogeschichte und Ätiologie mit in seine Überlegungen ein.[179]

Für Tylor war die Entwicklung der Völker entscheidend, nicht ihre Abstammung.[180] Die Stufen der Entwicklung hielt er bei den verschiedenen Rassen für gleich. An verschiedenen Orten und zu verschiedenen Zeiten kehrten sie wieder.

Nach Tylor gibt es drei Möglichkeiten zur Kenntnis eines Märchens an einem Ort:

- selbständige Erfindung,
- Erben von Vorfahren in einer entfernten Region,
- Transmission von einer Rasse zur anderen (Wanderung).[181]

Wesentlich ist die Erkenntnis Tylors geworden, dass mündliche Erzählstoffe als ein organisches Erzeugnis der gesamten Menschheit aus einer gleichmäßigen Entwicklung hervorgingen. Individuelle, nationale und Unterschiede der Rassen treten hinter den allgemeinen Eigenschaften des menschlichen Geistes zurück.[182]

Ausgehend von dieser These unternahm Tylor den Versuch, aus den Überlieferungen die überindividuellen historisch zuzuordnenden Bestandteile herauszufinden. Dazu hatte er in seinem Werk „Researches into the Early

---

178 Tylor, E.B.: Einleitung in das Studium der Anthropologie und Civilisation, dt. v. G. Siebert. Braunschweig 1883, S. 451.

179 Z.B. Tylor: Die Anfänge der Cultur 1873, Kapitel 8-10.

180 Tylor: Forschungen über die Urgeschichte der Menschheit 1866, S. 466.

181 Ebd. S. 467, 471.

182 Tylor: Die Anfänge der Cultur 1873, S. 410.

History of Mankind" (1865) den Begriff ‚Survival' im Sinne von ‚Überbleibsel' in die Ethologie eingeführt. Er bezeichnet damit „aus älteren Kulturen überlebende Kulturelemente, die sich als isolierte Reste in jüngeren Kulturen erhalten haben."[183] Dieser Begriff und die Vorstellung vom Aufbau der Märchen aus Schichten unterschiedlichen Alters setzte sich in den verschiedenen anthropologischen Märchenforschungen fort.

Nach Tylors Meinung steigt der Wert einer Parallele, wenn durch Verwandtschaft oder direkten bzw. indirekten Austausch zwischen den Völkern eine Monogenese nachgewiesen werden kann.[184] Verbreitungswege seien anhand bekannter Verbindungen zwischen Völkern zu erweisen und stellten dann einen historischen Zusammenhang dar.[185] Als Beispiel führt er die Tierfabeln etwa des Reinecke Fuchs an.[186] Monogenese und Diffusion erscheint bei komplexen Texten wahrscheinlicher.[187] Eine systematische und genaue Übereinstimmung sollte vorliegen, die

> es in hohem Grade unwahrscheinlich macht, daß zwei solche Combinationen einzeln für sich vorgekommen seien, oder zum wenigsten müssen die in verschiedenen Gegenden gleichartig gefundenen Erzählungen oder Ideen so eigenthümlichen und phantastischen Charakters sein, daß schon ein bloß oberflächlicher Anblick der Sache ihre zweimalige Erfindung unwahrscheinlich erscheinen läßt.[188]

Polygenetisch erklärte Tylor, ähnlich wie Bastian, vor allem die Entstehung einzelner Motive von Märchen und Mythen, etwa die Ersteigung des Himmels auf einem Baume (einem Regenbogen, durch Steppengras, ein Seil, Spinnweben o.a. Mittel). Das darin formulierte Geschehen entspräche einer auf einer bestimmten Kulturstufe natürlichen Idee und einem ‚primitiven' geographischen Kenntnisstand.[189] Auch übereinstimmende Märchen von Riesen und Ungeheuern überall auf der Welt erklärte der Anthropologe mit polygenetischer Entstehung, da sie in direkter Verbindung mit Funden fossiler Knochen stünden.[190]

Tylor ging davon aus, dass Kulturentwicklungen, die sich durch Klima, gesellschaftliche Zustände, eine demokratische oder despotische Regierung, Krieg oder Frieden ergeben, lokal und ohne Dauer bestehen[191] und damit nicht in das allgemein bekannte und über lange Zeiten tradierte Erzählgut

---

183 Hirschberg, W.: Survival. In: Neues Wörterbuch der Völkerkunde. Hg. v. Walter Hirschberg. Berlin 1988, S. 462.

184 Tylor: Forschungen über die Urgeschichte 1866, S. 6.

185 Ebd. S. 424.

186 Ebd. S. 12, 424.

187 Ebd. S. 198.

188 Ebd. S. 424.

189 Ebd. S. 450.

190 Ebd. S. 404. Bsp.: Sage über Riesenkolonie auf Punto Santa Elena im Norden von Guayaquil.

191 Ebd. S. 231.

eingingen. Er vernachlässigte dabei, dass sich auch das gesellschaftliche Leben und die Geschichte in typischen Bildern abzeichnen, die im Märchen vor allem aus der Handlung entstehen.[192]

Gemeinsame Entwicklungsstadien der Menschheit

Als Religionshistoriker ging Andrew Lang (1844-1912) in die Geschichte der Ethnologie ein. Dabei beschäftigte er sich auch mit Homer, Übersetzungen der „Odyssee" (1897) und edierte das „Blue Fairy Tale Book" (1889, später als Reihe von 11 Büchern „Color fairy books" ausgeweitet). Seiner Meinung nach überlebten die Bestandteile niederer Mythologie wie auch die ‚Kalevala' und die Märchen als „primitive fairy tales of all nations" unter der christlichen Schicht, über die sie erst die künstlerischen Gestaltungen der Dichter erhoben. Aus diesen habe sich die höhere Mythologie entwickelt.[193] Lang ging davon aus, dass die Märchen entweder während der frühen Stadien der Menschheitsentwicklung entstanden sind oder dass es eine sehr freie Übernahme ähnlicher Traditionen gegeben habe. Seine These dazu:

> that the civilised races (however they began) either passed through the savage state of thought and practice, or borrowed very freely from people in that condition.[194]

Gleiche, weit entfernt gefundene Zeugnisse, wie z.B. zwei ähnliche Geschichten aus Mexiko und Ceylon, wollte er nicht mit gemeinsamen Ursprüngen und dem gemeinsamen tatsächlichen Glauben an die Wahrhaftigkeit des Erzählten begründen, sondern vielmehr durch das gemeinsame Stadium psychischer Entwicklung:

> Obviously, these opinions are the expression of a common state of superstitious fancy, not the signs of an original community of origin.[195]

Gleichartige mentale Voraussetzungen ließen gleichartige Bräuche und Erzählungen entstehen, unabhängig von der Identität der Rassen oder der Entlehnung von Ideen und Lebensweisen.[196]

> The diffusion of stories practically identical in every quarter of the globe may be (provisionally) regarded as the result of the prevalence in every quarter, at one time or another, of similar mental habits and ideas. This explanation must not be

[192] Vgl. Neumann: Mecklenburgische Volkserzähler der Gegenwart 1990, S. 102-103. Hier ist das bäuerliche Milieu mit Bauern und Adligen häufig schwankhaft dargestellt.

[193] Lang: Custom and Myth 1904, S. 157, 177, 179.

[194] Lang: Myth, Ritual and Religion 1906, S. 47.

[195] Lang: Custom and Myth 1904, S. 17, so anhand von Parallelen bei Griechen und Australiern. Ebd. S. 25.

[196] Vgl. Lang: Custom and Myth 1904, S. 22.

> pressed too hard nor too far. [...] An ancient identity of mental status and the working of similar mental forces at the attempt to explain the same phenomena will account, without any theory of borrowing, or transmission of myth, or of original unity of race, for the world wide diffusion of many mythical conceptions.[197]

Identische geistige Entwicklungsstufen und das Wirken übereinstimmender mentaler Kräfte erklärten die weltweite Verbreitung vieler mythischer Konzeptionen. Zwar ging Lang damit von einer polygenetischen Märchenentstehung aus, die er an übereinstimmende mentale Entwicklungen knüpfte, bezog sich hier aber eher auf motivische Übereinstimmungen und schloss hieraus ganze Erzählungen oder Geschichten komplizierter Bauart aus.[198]

Lang lehnte es ab, ein Zentrum der Märchenentstehung festzulegen. Ebenso sei es unmöglich die ursprünglich erzählte Geschichte und die folgenden Entlehnungen festzulegen: Märchenstoffe hätten keine Grenzen auf der Welt, da sie Inhalt der menschlichen Kommunikation seien.[199]

Märchen galten dem Theoretiker der Völkerpsychologie Wilhelm Wundt (1832-1920) als Ausdruck psychischer Vorgänge, die die Grundlage zur Entwicklung menschlicher Gemeinschaften und deren geistiger Produkte bilden.[200] Diese machte er zur Grundlage seiner Untersuchungen, um so die allgemeinen Entwicklungsgesetze der menschlichen Gemeinschaft erkennen zu können.[201] Der Beitrag einzelner Erzählerpersönlichkeiten an der Ausformung von einzelnen Märchen stellte für ihn kein wissenschaftliches Problem dar.

In romantischer Tradition sah er in der Völkerpsychologie eine „Lehre von der Volksseele", deren Elemente an die Bedingungen menschlichen Zusammenlebens gebunden sind.[202] Die ‚Volksseele' erzeuge sich aus ‚Einzelseelen', habe aber keine direkte Beziehung zum physiologischen Einzelorganismus der Individualseele,[203] sondern stehe eher in der Kontinuität psychischer Entwicklungen.[204]

---

197 Lang: Myth, Ritual and Religion 1906, S. 41.

198 Ebd. S. 42.

199 Ebd. S. 336-337.

200 Wundt: Völkerpsychologie 1921, Bd. 1, S. 1.

201 Ebd. S. 4.

202 Ebd. S. 8, 16. Dagegen die Meinung im „Lexikon der Psychologie", Stichwort „Völkerpsychologie" Bd. 3, Freiburg/Basel/Wien 1980, Sp. 2501. Wundt habe sozialpsychologische Gesichtspunkte außer Acht gelassen.

203 Wundt: Völkerpsychologie [4]1921, Bd. 1, S. 10.

204 Wundt: Völkerpsychologie [4]1921, Bd. 1, S. 11.

Erzählungen mit mythologischen Vorstellungen gliederte Wundt in mythologische Märchen und mythologische Sagen.[205] Als ursprünglichste Form galt ihm dabei das sog. primitive Mythenmärchen, sowohl nach ethnologischen Zeugnissen als auch nach psychologischen Merkmalen.[206] Bei 'primitiven Völkern' sei es die verbreitetste und neben dem Lied die einzige dichterische, mündlich tradierte Form und im Vergleich zu materiellen Dingen eher der Verbreitung fähig, da überall übereinstimmende Merkmale der mythenbildenden Phantasie vorliegen.[207] Mit der psychologischen Natur der Märchen, „Affekte des Wunsches und der Furcht ... mit phantastischer Willkür in eine erträumte Wirklichkeit" umzuwandeln, begründete Wundt diese Ursprünglichkeit.[208] Dagegen hält er den Stoff der Märchen aber für zeitlos. Er sei nie erlebt worden.[209] Inhaltlich gehe es um „die unmittelbar geglaubte Wirklichkeit mit ihrer an keine Schranken von Raum, Zeit und Erfahrung gebundenen Zauberkausalität."[210]

Mit dieser Entstehungsvorstellung gehörten Märchen eher zum Alltag des Menschen, nicht zu Zeremonien und Festlichkeiten.[211] Die Entstehungszeit datierte Wundt in das totemistische Zeitalter zurück, in dem man nur märchenähnliche Erzählungen vom Charakter geglaubter Mythen kannte.[212] Solch hohes Alter sah Wundt durch Merkmale bestätigt wie:

- die Durchdringung mit primitiver Naturmythologie,
- die Allbelebung der Gegenstände,
- Gemeinsamkeiten mit der Tierfabel,
- moralische Indifferenz des handelnden Menschen,
- Kausalität des Märchengeschehens mittels Zauber und Wunder, die trotz moralischer Einflüsse erhalten blieben.[213]

Nach diesen Mythenerzählungen entstand die mythologische, scherzhafte und moralische Form der Märchen.[214] Die primitive Form der Märchen sah

---

205 Wundt: Märchen, Sage und Legende 1908, S. 217.

206 Wundt: Völkerpsychologie ²1914, Bd. 5, S. 33.

207 Ebd. Bd. 3 ²1908, S. 349, 364, Bd. 5 ²1914, S. 92.

208 Wundt: Märchen, Sage und Legende 1908, S. 204. Vgl. ders.: Völkerpsychologie ²1914, Bd. 5, S. 34.

209 Wundt: Völkerpsychologie ²1908, Bd. 3, S. 351-352.

210 Ebd. S. 350, 371.

211 Ebd. S. 326.

212 Wundt, W.: Elemente der Völkerpsychologie. Grundlinien einer psychologischen Entwicklungsgeschichte der Menschheit. Leipzig ²1913, S. 9. Daher sei das Märchen eine Vorstufe zur Heldensage. Ebd. S. 475.

213 Wundt: Völkerpsychologie ²1908, Bd. 3, S. 352, 354-357, 361.

214 Ebd. S. 369-382.

Wundt in heutigen Kindermärchen und reinen Zaubermärchen erhalten. Damit begann die Entwicklung, aus der Mythus und Sage hervorgingen.[215]

Die Entwicklungsstufen der Märchen sah Wundt wie folgt, korrespondierend mit der menschlichen Entwicklung:[216]

<table>
<tr><td colspan="2">Zaubermärchen
↓
Mythenmärchen/Erzählung mit geglaubtem mythischen Inhalt</td></tr>
<tr><td>↓</td><td>↓</td></tr>
<tr><td>Lügenmärchen, Scherzmärchen, „biologische Märchen“ (Naturerklärung in Form des Märchens)
↓</td><td>Einbeziehung von Orten, historischen oder als historisch angenommenen Ereignissen
↓</td></tr>
<tr><td>freie „Märchendichtung“
↓</td><td>Sage und Legende</td></tr>
<tr><td>Tierfabel und Novelle</td><td></td></tr>
</table>

Die einfache und die entwickelte Form des Mythenmärchens unterschied Wundt durch den Vergleich formaler Eigenschaften und der Parallele zur Entwicklung menschlichen Bewusstseins:

Mythenmärchen	
einfache Form	entwickelte Form
einzelnes zauberhaftes Ereignis	einzelne Vorgänge zum Ganzen geformt
	Einheit durch einheitliche Motive
	phantastischer Zusammenhang

Hier spiegelte sich für Wundt der Entwicklungsschritt von der Apperzeption (bewussten Wahrnehmung) einer Anzahl einzelner Vorstellungen, die nur durch elementare Berührungs- und Gleichheitsverbindungen verkettet sind, zur Apperzeption einer durch ein beherrschendes Motiv gebundenen Gesamtvorstellung, die durch die Erzählung in ihre Teile gegliedert ist.[217]

---

215 Wundt: Völkerpsychologie ^{2}1914, Bd. 5, S. 368, 370.

216 Ebd. ^{2}1914, Bd. 5, S. 108, 358–359, 362-364.

217 Wundt: Völkerpsychologie ^{2}1914, Bd. 5, S. 105-106, 112.

Wundt verhandelte zwischen den beiden kontroversen Theorien zur Erklärung der Märchenähnlichkeiten: Er lehnte die „alle Grenzen möglicher Nachweisung weit überschreitende Wanderhypothese" ab, hielt aber Wanderungen einzelner Motive für möglich. Primitive Glaubensformen entstünden unabhängig voneinander, den gleichmäßig wiederkehrenden Lebensbedingungen entsprechend. Stoffe der Märchen und Fabeln wanderten eher.[218] Die Eigenschaften des Beharrens wie des Wanderns gehörten zusammen: „komplexe Verwebungen von Motiven, die in dieser Verbindung jedesfalls nur einmal entstanden sind, kehren in den Märchenerzählungen weit entlegender Ländergebiete und Zeiten wieder, nur jedesmal eingetaucht in das besondere Medium der Kultur und Gesittung, dem ein solcher Mythenstoff zugewandert ist." Je größer die natürliche Verwandtschaft des Denkens und Fühlens, desto größer die Kraft der Assimilation.[219]

Die Vorstellung Wundts von einer linearen Evolution der Erzählstoffe, während der bei den ‚Primitiven' urtümliche Vorstufen derselben Prozesse erkennbar seien wie später unter zivilisierten Völkern, stieß immer wieder auf Kritik.[220] Von seinen Vorgängern unterschied sich Wundt durch das Bemühen, den kulturhistorischen Veränderungen mit ihren Wirkungen auf die Erzählungen in Inhalt und Form gerecht zu werden.

3.4 Kulturgeschichtliche Merkmale als Datierungshilfe

Die Theorie der kulturhistorischen Zeichen in den Märchen, die als Survivals eine Datierung der Texte und deren Verwertung als kulturhistorische Quellen zulassen, erfreute sich in der Folge großer Beliebtheit. Sie schien die Bestätigung des Wertes mündlicher Überlieferungen aufgrund ihres damit nachweisbaren hohen Alters zu sein.

Friedrich von der Leyen ordnete in seiner Edition der KHM die Texte nach kulturhistorischen Merkmalen.[221] Für ihn gehörte „Rumpelstilzchen" (KHM 55) mit dem Namenszauber an erste Stelle, gefolgt vom „Singenden Kno-

---

218 Ebd. Bd. 4 1920, S. 49, 223, Wundt: Völkerpsychologie ²1908, Bd. 3, S. 351.

219 Ebd. Bd. 5 ²1914, S. 113.

220 Bsp.: „Lexikon der Psychologie", Stichwort „Völkerpsychologie" Bd. 3, Freiburg/Basel/Wien 1980, Sp. 2501. Selten wurden die differenzierten Vorstellungen Wundts zur Kenntnis genommen. Man bezog sich nur auf die Ausführungen zum ‚Mythenmärchen' und fand in Wundts Werk keine Erklärungen für Märchen mit komplexeren Motivstrukturen, z.B. Lüthi: Märchen 2004 und Propp über Wundt.

221 Leyen: Die Welt der Märchen 1953/54. Ders.: Die deutschen Märchen 1964.

chen" (KHM 28) wegen des Glaubens an die Beseelung einzelner menschlicher Körperteile (pars pro toto).[222]

Will-Erich Peuckert suchte nach kulturhistorischen Zeiträumen, in denen die Motive verstanden wurden und kulturhistorisch verortet seien. So ordnete er Rapunzels Einsperren im Turm (KHM 12) der Pubertätshütte innerhalb der Initiationsriten von Naturvölkern zu.[223]

Vladimir Propp suchte seine Strukturanalyse der Märchen mit einer Datierung einzelner Motive historisch in den Initiationsritualen zu verankern (vgl. Kapitel 6.2). Pierre Saintyves interpretierte Märchen als Kommentare des Rituals. Auch Johannes Siuts übernahm diese Ansätze, indem er altertümliche Vorstellungen vom Jenseits als Grundlage deutscher Märchenbelege verstand. Hier folgte Heino Gehrts, für den Märchen in das Weltbild der schamanistischen Kultur gehören.[224]

Auch die These der eigenen wissenschaftlichen Disziplin schien sich so beweisen zu lassen, etwa indem August Nitschke mittels der „historischen Verhaltensforschung" die Märchen „Von dem Machandelboom" (KHM 47) dem Jungpoläolithikum, „Aschenputtel" (KHM 21), „Allerleihrauh" (KHM 65) sowie „Brüderchen und Schwesterchen" (KHM 11) den Jägern und Hirten der letzten Eiszeit zuordnen, dagegen aber „Hänsel und Gretel" (KHM 11) den Bauern und Fischern im Mesolithikum zuweisen wollte.[225]

Historisierung und Enthistorisierung sind Tendenzen innerhalb der Tradierung auch von Märchen. Daher sind die Merkmale des Königtums nicht bestimmten kulturhistorischen Verhältnissen zuzuordnen, etwa Perraults Märchen dem französischem Absolutismus. Könige handeln eher als Familienvater in einer Gemeinschaft und sind weniger reale Herrscher. Röhrich nennt aber das Beispiel des „Müllers von Sanssouci", an dem man mehr über den aufgeklärten Absolutismus erfahre als aus einer unhistorischen Wanderanekdote.[226] Insgesamt gehört das überdauernde Königtum im Märchen eher in den Bereich der Requisiterstarrung, die das Ziel verfolgt, das Flair des Märchens als traditionellen Erzählstoff mit langer Vergangenheit zu verfestigen. In heutigen Interpretationen wird dagegen auf eine symbolische Ebene abgehoben und von innerem Königtum gesprochen, zu dem Heldin oder

---

222 Zusammenstellung derartiger Versuche bei Röhrich: „und weil sie nicht gestorben sind" 2002, S. 377-387.

223 Peuckert: Deutsches Volkstum in Märchen und Sage, Schwank und Rätsel 1938.

224 Gehrts, H.: Schamanistische Elemente im Zaubermärchen. Ein Überblick. In: Schamanentum und Zaubermärchen. Kassel 1986, S. 48-89. Ders.: Von der Wirklichkeit der Märchen 1992. Saintyves: Les contes de Perrault et les récits parallèles 1923. Vgl. Eliade, M.: Les savants et les contes de fées. La nouvelle Nouvelle Revue française 4 (1956), S. 884-891.

225 Nitschke: Soziale Ordnungen im Spiegel der Märchen 1976/77.

226 Röhrich: „und weil sie nicht gestorben sind" 2002, S. 385.

Held gelangen wollen und müssen, in sprachlichen Bildern erzählt durch Märchen.

So gilt das glückliche Zusammenfinden der erlösten Braut und des jüngsten Sohnes im Märchen „Das Wasser des Lebens" (KHM 97) bei Grimm als „heilige Hochzeit, die ‚mit großer Glückseligkeit' gehalten wird". Sie ist „ein strahlendes Bild für das volle Menschsein, zu dem Königstochter und Königssohn gewachsen sind: Beide sind wahre Könige." Der Held auf seinem Weg nach dem Wasser des Lebens erhielt ungesuchte Geschenke: „Wer den Königsweg geht, dem wachsen oft wunderbare Gaben zu, die er gar nicht gesucht hat. Er wird reich beschenkt, und mag er verkannt, verleumdet und verstoßen umherirren, sein reines Herz und die Liebe führen ihn aus dem Leid zu dem königlichen Schloss, zu seinem Königtum."[227]

Tatsächlich finden sich kulturhistorische Züge in den Märchen. Mythen und Erzählungen vom Ursprung des Feuers gehören sicher in eine von der Feuertechnik abhängigen Kultur.[228] Einige Märchenstrafen wie das Blenden, Vierteilen, Abhauen von Fuß oder Hand, das Ertränken in Sack oder Fass, Verbrennen und lebendige Begraben gehören zu kulturhistorischen Stufen des Strafrechts. Dabei gilt: Je jünger die Aufzeichnung, desto wahrscheinlicher die kulturhistorische Datierbarkeit von Märchenzügen. Zur Rechtfertigung der Ständeordnung im Zeitalter der Reformation gehört nach Röhrich sicher die Erzählung „Die ungleichen Kinder Evas" (KHM 180). In diesen Zeitraum der protestantisch-nachreformatorischen Kultur kann auch der Erzähltyp von der kinderlosen Pfarrerin gesehen werden (ATU 755 „Sünde und Gnade"). [229]

Requisiten sind im Märchen dagegen austauschbar. Es gehört zu den Merkmalen der Gattung, dass altertümliche Requisiten verwendet werden, so etwa Kampfmittel, Verkehrsmittel und Geräte aus vorindustrieller Zeit wie Schwert und Eisenstange, Spindel und Kutsche. Die Requisitverschiebung bedingt allerdings auch den Einsatz von Telefonen, Zeitungen oder Flugzeugen. Diese Tendenz zeichnet sich vor allem in den sog. urban legends, den Zeitungssagen, Großstadtmythen und im Internet verbreiteten Erzählungen ab, die alle zum populären Erzählgut unserer Tage gehören. So ist die Kombination von gegenwärtiger Wirklichkeit mit traditionellen Erzählmustern und einem mythisch-magischen Weltbild neben rationalen Geisteshaltungen noch immer nachweisbar.[230]

---

[227] Heindrichs: Vom Königsweg des Menschen im Märchen 2001, Zitate S. 308. Vgl. Vonessen: Der wahre König – Die Idee des Menschen im Spiegel des Märchens 1980, S. 9-38.

[228] Röhrich: „und weil sie nicht gestorben sind" 2002, S. 384.

[229] Ebd. S. 384.

[230] Ebd. S. 385. Petzoldt: Einführung in die Sagenforschung 1999, S. 60.

3.5 Von der Prüfung des Einzelfalls

Entscheidungen für oder gegen eine bestimmte Theorie entsprechen oft dem jeweiligen Kenntnisstand und der Erfahrung der Wissenschaft und des Forschers selbst.[231] So ist ein hohes Maß an Subjektivität festzustellen, das in der wissenschaftlichen Tradition oft durch Faktenreichtum ausgeglichen werden sollte.

Das Konzept der Diffusion bleibt als Begriff der ‚cultural area' in der Ethnographie heute unverzichtbar. Dabei räumt etwa Streck ein, dass „Grenzen, Charakteristika wie die ‚Kulturzüge', Zentren oder Schichtenfolgen sich nie eindeutig werden festlegen lassen."[232] Die Erzählforschung hat dabei mit eindrucksvollen Fallstudien nachweisen können,[233] was auch der amerikanische Diffusionist Kroeber 1940 feststellte: Bei der Übernahme fremden Kulturguts fand nicht eine Imitation statt, sondern die „selbständige Ausgestaltung einer Anregung von außen (stimulus diffusion)."[234]

Der Nachweis diffusionistischer Prozesse behält einen wichtigen Platz in der Märchenforschung: Häufig zeigen sich, wie in ethnologischen Untersuchungen[235], Mischungsprozesse, Entwicklungen zur Hybridität und in Richtung eines universalen Kulturaustauschs. Diese sind schöpferische Übersetzungen in eigene Erzählweisen.

In der heutigen Erzählforschung wird Diffusion im Zusammenhang mit dem **Konzept der Innovation** verwendet: Weicht eine Erzählung vom Bekannten ab, so kann sie sich als Innovation ausbreiten. Dabei interessieren sowohl der Träger, die Bedingungen der Entstehung und Ausbreitung sowie die Eigenschaften des Diffusionsgegenstandes. Die Beschreibung der spezifischen Kontakte zwischen der Übermittler- und der Aufnahmegesellschaft zeigt, wie die Integration des Stoffes verläuft.[236] Solche Prozesse haben im Zusammenhang mit heutigen kulturellen Migrationsbewegungen an Bedeutung gewonnen.

In den philologischen Disziplinen taucht immer wieder der Gedanke einer Entstehung traditioneller Märchen durch Dichter auf. So erinnert Obenauer daran, dass sieben Zwerge nach sieben Metallen schürfen als Entsprechung zu sieben Planeten, denen in der alten Naturphilosophie sieben Metalle zugeordnet waren (Gold = Sonne, Silber = Mond usw.). „Solche Vorstellungen konnten dem alten Dichter, der das Märchen erfand und ausgestaltete, ver-

---

231 Vgl. z.B. Tylor: Forschungen über die Urgeschichte 1866, S. 211, 219.
232 Streck: Diffusion. In: Ders. (Hg.): Wörterbuch der Ethnologie 2000, S. 45.
233 Z.B. Pentikäinen: Oral Repertoire and World View 1978.
234 Streck: Diffusion. In: Ders. (Hg.): Wörterbuch der Ethnologie 2000, S. 45.
235 Ebd. S. 46.
236 Pentikäinen, J.: Diffusion. In: EM 3, 1981, Sp. 666-670, hier Sp. 668-669.

traut gewesen sein; es ist ihm aber nicht wichtig genug, um an irgendeiner Stelle darauf hinzuweisen."[237]

Solche Spekulationen helfen bezüglich der Märchen und populärer Erzählstoffe nicht weiter. Die Frage der Motivgleichheit wird nicht gelöst durch grundsätzliche und summarische Deutungen wie die von Grimm usw. Eine Entscheidung zwischen Polygenese und Diffusion ist nur von Fall zu Fall zu treffen. Dazu bedarf es sorgfältiger Indizienbeweise, „wirken doch oft literarische Kontakte und typologische Voraussetzungen gemeinsam und stützen sich auch gegenseitig." Die Zitate eines Autors können die Herkunft verraten; Details der Motivgestaltung geben Hinweise.[238]

Auch nach Auffassung der Jungschen Schule haben Motive menschheitsgeschichtliche Dimensionen inne. Goethe betrachtete poetische Motive als „Phänomene des Menschengeistes, die sich wiederholt haben und wiederholen werden und die der Dichter nur als historische nachweist". Dabei wird von Archetypen gesprochen, ohne sie mit dem gleichzusetzen, was der Begriff bei Jung bedeutet.[239] Ob man hier von stehenden Motiven oder Clustern, Plots oder anderen Konstanten spricht, immer geht es darum, die konstanten Bestandteile der Überlieferung zu kennzeichnen.

Für eine Textinterpretation ist ein Textvergleich möglichst vieler aufgezeichneter Fassungen notwendig. Dazu hilft eine Tabelle, in die alle handlungsrelevanten Elemente eingetragen werden.

Für „Das Wasser des Lebens" (ATU 551) wäre folgendes Beispiel vorzuschlagen:

Quelle, Region	Ausgangs-situation	1. Sohn 2. Sohn	3. Sohn	1. Station	2. Station	3. Station	am Ziel	Heimkehr	Schluss

Ein Auflisten der Varianten nach diesem vergleichenden Schema zeigt ansatzweise, welche Veränderungen die einzelnen Überlieferungen aufweisen. So kann eine ungefähre Vorstellung gewonnen werden, wie der Kern eines Märchentyps lautet und welche Kreise sich mit diesem verbinden. Je nach Quellenlage sollten Angaben zum jeweiligen Erzähler und dem Aufnahmezeitraum hinzugefügt werden.

---

[237] Obenauer: Das Märchen 1959, S. 122.

[238] Frenzel: Motive der Weltliteratur ^{4}1992, S. X.

[239] Ebd. S. IX.

Eine Altersbestimmung der Texte kann einerseits durch feststehende Angaben zur Textveröffentlichung oder Niederschrift sowie aus historischen und literarischen Quellen erfolgen. Andererseits aber ist es die Altertümlichkeit der Motive, die die Spekulationen und Theorienbildung immer wieder angeregt hat. Hier lieferten die sozialwissenschaftlichen Wissenschaftsdisziplinen wichtige Beiträge, z.B. Volkskunde, historische Verhaltensforschung, Kulturgeschichte.

Tatsächlich führt nur eine Mischung verschiedener Methoden zum Ziel, indem empirische Techniken, quellenkritische und historische Methoden sowie interpretierende Verfahren angewendet werden, die Deutungen und historische Einordnungen erst verifizieren. Auch wenn nicht von einem pauschalen Urteil über das uralte Märchen wie in einem romantischen Paradigma auszugehen ist, so kann in diesen traditionellen Überlieferungen populärer Erzählstoffe doch ein kollektives Gedächtnis früherer Gesellschaftszustände[240] wie auch zwischenmenschlicher Erfahrungen und Verhaltensmuster gesehen werden.

Aufgaben

1. Worin besteht der Vorteil philologischer Textbetrachtung der Finnischen Schule?
2. Beschreiben Sie Ähnlichkeiten und Unterschiede in den Auffassungen Tylors, Langs und Wundts.
3. Diskutieren Sie die beispielhafte Analyse von Bengt af Klintberg zu ATU 755 von 1986 nach dem verwendeten Interpretationsansatz.
4. Um die Prägung des Erzähltyps in einer Landschaft zu analysieren, beantworten Sie anhand zahlreicher Texte einer Region die folgenden Fragen:
    a. Gibt es für die Region eine typische Strukturfolge?
    b. Welche besonderen Motive treten in Ihrer Region auf?
    c. Welche Personage ist typisch?
    d. Welche typischen sprachlichen Mittel stellen Sie fest?

240 Röhrich: „und weil sie nicht gestorben sind“ 2002, S. 388.

4 Die Märchen der Brüder Grimm als Maßstab

Die Märchensammlung der Brüder Grimm trägt den programmatischen Titel „Kinder- und Hausmärchen". Sie gehört zu den weltweit am weitesten verbreiteten Schriften deutscher Literatur. Beispielsweise wurden die Märchen im Jahr 2004 zur Förderung der Völkerverständigung durch das Goethe-Institut ins Afghanische übersetzt. Gleichzeitig bilden sie das Vorbild für nachfolgende Sammlungen populärer Literatur in Europa, insbesondere von Märchen. Sie stehen daher selbst immer wieder im Zentrum der Märchenforschung.

Die Brüder Jacob und Wilhelm Grimm bildeten eine besondere Autorengemeinschaft, bezeichnet mit dem romantisierenden „Gebrüder" ebenso wie bei den Brüdern Schlegel, Humboldt und später Mann. Jacob (1785-1863) und Wilhelm (1786-1859) lebten sechs Jahrzehnte zusammen. Beide waren Wissenschaftler der entstehenden Germanistik, der Altertumskunde und Pädagogik. Die Gestaltung und Interpretation der Märchentexte selbst setzte Maßstäbe, die über das 19. Jahrhundert hinaus wirkten. Die Brüder etablierten im deutschsprachigen Raum den Typus des Buchmärchens und wirkten darüber hinaus auf die Sammlung und Edition von traditionellen Märchen in anderen entstehenden Nationen.

Die wichtigsten Grundlagen des heutigen Forschungsstandes zum Grimm-Märchen entstanden in der Wuppertaler Schule Heinz Röllekes und durch die Arbeit des Göttinger Erzählforschers Hans-Jörg Uther.[1] Einer der Altmeister der Grimm-Forschung ist auch Ludwig Denecke (1905-1996).[2] Außerdem sei auf die Publikationen und Ausstellungen des Grimm-Museums Kassel unter ihrem Leiter Bernhard Lauer verwiesen.[3]

In der nachfolgenden Forschung wurden immer wieder drei Ausgangsthesen für die spätere Theoriebildung in den Äußerungen der Brüder Grimm hervorgehoben:[4]

---

1 Vgl. im Literaturverzeichnis die Schriften Röllekes, Uthers und Bluhms. Heidenreich/ Grothe (Hg.): Kultur und Politik 2003, mit umfangreichem Abschnitt von Uther.

2 Köhler-Zülch, Ines: Ludwig Denecke (1905-1996). In: Fabula 38 (1997) H. 1/2, S. 125-128. Z.B. Denecke, Ludwig: Jacob Grimm und sein Bruder Wilhelm, Stuttgart 1971.

3 Lauer: Die hessische Familie Grimm – Herkunft und Heimat. In: Heidenreich/Grothe (Hg.): Kultur und Politik 2003, S. 17-42. Ders.: Die Brüder Grimm-Gesellschaft e.V. und die literarischen Grimm-Stätten in Hessen. In: ebd. S. 341-353. Ders.: Ausgewählte Brüder Grimm-Bibliographie. In: ebd. S. 355-361.

4 In der Forschungsliteratur wird meist allein die 1. These benannt bzw. ‚vom alles erzeugenden Volksgeist' in den Auffassungen der Grimms gesprochen. Vgl. z.B. Pikulik: Die soge-

1) Märchen gelten vorrangig als ein Erbe, das aus einem gemeinsamen geistigen Besitz, dem grundlegenden Mythos eines ursprünglichen einheitlichen - indogermanischen - „Volksstammes", für das deutsche Märchen überliefert ist.
2) Märchen bilden in ihrer Gesamtheit ein Wandergut, das als solches über große Zeiträume hinweg weitergegeben und tradiert wurde.
3) Märchen sind eine Erzählform, die aus den grundlegenden Gemeinsamkeiten des menschlichen Lebens erwuchs. Sie können an allen Stellen der Welt entstanden sein und daher gleiche Züge aufweisen.

4.1 Zur Entstehung der Sammlung

Die Entstehung der Sammlung ist eng mit dem Lebensweg der Brüder Grimm und ihrem wissenschaftlichen Werdegang verbunden. Aus der gut recherchierten Biografie[5] sind einige Aspekte hervorzuheben, die für die Märchensammlung wichtig wurden.

Märchen als ‚Volkspoesie'

Im Zuge der Aufwertung mittelalterlicher Literatur spielte Johann Gottfried Herder (1744-1803) für die „Heidelberger Romantik" und damit auch für die Brüder Grimm die Rolle eines Wegbereiters. Seine Ideen beeinflussten die neue Sicht auf die sog. Volksliteratur und die Sammeltätigkeit entscheidend. Eine direkte Linie von Herder zu den Brüdern Grimm ist wohl jedoch nicht zu ziehen.

Die Aufwertung mittelalterlicher Literatur vollzog sich insgesamt am Ende des 18. Jahrhunderts. Auch die Vorstellung eines ‚Volksgeistes' zur Erklärung, wie ‚Volkspoesie', Sprache und Sitten entstanden waren, vertraten zu dieser Zeit die meisten Historiker und Juristen.[6] Die Orientierung auf historische Studien, die von entwicklungsgeschichtlichem Denken bestimmt waren,

---

nannte Heidelberger Romantik 1987, S. 209. Die drei Thesen der Brüder Grimm rezipiert erst Bausinger in „Formen der ‚Volkspoesie'" in dieser Breite.

5 Vgl. dazu L. Deneckes Artikel zu Jacob und Wilhelm Grimm in: EM 6, 1990, Sp. 171–186 und Sp. 186-195. Ginschel: Der junge Jacob Grimm 1989.

6 Wyss: Die wilde Philologie 1979 nennt neben Herder Montesquieu, Gustav Hugo, A.W. Rehberg, Savigny, S. 77 und S. 79-81. Die Gedanken Hegels zum ‚Volksgeist', die auf eine soziale Dialektik zielten, wurden in der Volkskunde kaum wirksam. Weber-Kellermann: Deutsche Volkskunde zwischen Germanistik und Sozialwissenschaften 1969, S. 11-12. Vgl. Schuler: Jakob Grimm und Savigny 1963, S. 241.

wirkte, nicht allein von Herder ausgehend, auf die Grimms.[7] Herder und seine Frau Caroline suchten bereits ab 1796 möglichst unbearbeitete ‚Kindermährchen' als didaktisch literarische Gattung für eine breitere Sammlung.[8]

Herders 1802 veröffentlichte Sammlung „Stimmen der Völker in Liedern" von 1778/79 pries Jacob Grimm als Weg zur „rechten Erkenntnis der alten Poesie".[9] Herder definierte die Herkunft dieser Lieder und ihre Gestaltung: Sie seien aus der „Seele des Volkes" entstanden, die „doch nur fast sinnlicher Verstand und Einbildung" sei.[10]

Ihre Quellen liegen nach Herder in der unmittelbaren Gegenwart und aus dieser herrührenden Erfahrung:

> Wie reich und vielfach sind da nun Umstände, gegenwärtige Züge, Theilvorfälle! Und alle hat das Auge gesehen! Die Seele stellet sie sich vor. Das setzt Sprünge und Würfe![11]

Der Inhalt von „gemeinen Volkssagen, Mährchen und Mythologie" basierte, wie Herder 1777 schrieb, auf dem Erleben, Erklären und der Verarbeitung von Natur- und Umwelterlebnissen:

> Sie sind gewissermassen Resultat des Volksglaubens, seiner sinnlichen Anschauung, Kräfte und Triebe, wo man träumt, weil man nicht weiß, glaubt, weil man nicht siehet und mit der ganzen, unzertheilten und ungebildeten Seele würket: also ein großer Gegenstand für den Geschichtsschreiber der Menschheit, den Poeten und Poetiker und Philosophen.[12]

Diese Überlegungen zur Herkunft der (Volks-)Märchen finden sich bei den Brüdern Grimm und in der Erzählforschung des 19. und zu Beginn des 20. Jahrhunderts wieder.

In einer seiner letzten Schriften, der „Adrastea" von 1801, ging Herder zusammenhängender auf ‚Mährchen' ein. Ihre Entstehung schien ihm der Bildung von Träumen vergleichbar:

> Die in uns wirkende, Vieles zu Einem erschaffende Kraft ist der Grund des Traumes; sie werde auch der Grund des Romans, des Mährchens.

---

7 Vgl. Savigny in seiner Schrift „Vom Beruf unserer Zeit"; vgl. Ginschel: Der junge Jacob Grimm 1989, S. 5-6. Zum Einfluss Herders auf die Frühromantiker: ebd. S. 23. Vgl. Pénisson: Nachwort. In: Herder, Werke, Bd. 1, Darmstadt 1984, S. 907.

8 Dazu Arnold, Günter: Herders Projekt einer Märchensammlung. In: Jb für Volkskunde, Bd. 27, N.F. Bd. 12 (1984), S. 99-103, hier S. 99, 103. Vgl. dazu etwa Herder: Adrastea 1881, Bd. 2, 3. Stück: Mährchen und Romane, S. 28-29.

9 Steig: Achim von Arnim und Jacob und Wilhelm Grimm 1904, S. 140.

10 Herder: Ossian 1891, S. 185.

11 Ebd. S. 196-197.

12 Herder: Von der Ähnlichkeit 1893, S. 525. Die besonderen Merkmale der Volkslieder lägen „in der Natur der Einbildung". Herder: Ossian 1891, S. 198.

Wie der Traum „ueber das grobe Gewirr des wachenden Lebens hebt", so sollten sich auch Roman und Märchen über „die gemeine Welt" erheben.[13] Der „süße Reiz" des Traumes, das Wunderbare, durchziehe auch Märchen und Roman. Ähnlich hieß es bei Novalis: „Alle Mährchen sind nur Träume von jener heymathlichen Welt, die überall und nirgends ist."[14] Beide gewinnen in Herders Sicht ein magisches und moralisches Interesse, das sonst nur noch dem Drama eigen ist, indem sie wie der Traum „die Heimlichkeiten und Neigungen unseres Herzens", „unsere Versäumniße und Vernachlässigungen" und „unsre Feinde" darstellen, wecken, warnen und strafen.[15]

Herder rief auf zu einer Neubewertung der ‚Volksliteratur', besonders der Kindermärchen:

> Welch reiche Ernte von Weisheit und Lehre in den Dichtungen voriger Zeiten, in den geglaubten Märchen der verschiedensten Völker zu einer beßren Anwendung für unsre und die Nachzeit in Keimen schlummre, weiß der, der die Felder der menschlichen Einbildungskraft mit forschendem Blick bereist hat. Es ist, als ob die Vernunft alle Völker und Zeiten der Erde habe durchwandern müssen, um nach Zeit und Ort jede mögliche Form ihrer Einkleidung und Darstellung zu finden ...[16]

Herder glaubte in den Märchen Weisheit und tradierte Erfahrung der Völker gespeichert, die bewahrt werden muss, um nicht vergessen zu werden. Wie jede Familie ihre Chronik hat, zu der neben Ereignissen auch Erfahrungen und Glaubensinhalte gehören, so gäbe es „Kosmogonische Mährchen" mit Naturerklärungen, „Geschichten- und Localsagen" und „National-, Local-, und Familienmährchen".[17] Herder beeinflusste mit seiner Meinung nicht nur Goethe und die Grimms, sondern besonders auch Clemens Brentano und Achim von Arnim.

Methodisches Rüstzeug

Neben dem Ziel „ein eigentliches Erziehungsbuch"[18] zu schaffen, folgten die Grimms zuerst ihren historischen Interessen. Dieser zuerst auf den Inhalt gerichtete Blick eröffnete Interpretationsmöglichkeiten der Märchen, die nach Analogien zwischen den Texten und verschiedenen Mythologien oder dem Volksglauben suchen. Davon ausgehend formierte sich vor allem die sog. Mythologische Schule (Kapitel 3.1).

---

13 Herder: Adrastea 1881, S. 295-296.

14 Aus dem 196. Fragment. Novalis Schriften, Bd. 2. Hg. v. Richard Samuel. 2., nach Handschriften ergänzte u. erw. Aufl. Stuttgart 1960.

15 Herder: Adrastea 1881, S. 297.

16 Ebd. S. 287-289.

17 Ebd. S. 275.

18 Grimm: Vorrede 1815, 1881, S. 331.

Während ihres Jura-Studiums in Marburg hörten Jacob und Wilhelm Grimm seit dem Wintersemester 1802/03 die Vorlesungen des später als geistiger Kopf der Historischen Rechtsschule wirkenden Friedrich Carl von Savigny (1779-1861).[19] Nach dessen Meinung sollte die Rechtswissenschaft historischen und philosophischen Aspekten folgen und auf diese Weise zu systematischen Ergebnissen führen:

> Alles System führt auf Philosophie hin. Die Darstellung eines bloß historischen Systems führt auf eine Einheit, ein Ideal, worauf sie sich gründet hin. Und dies ist Philosophie.[20]

Savigny zielte darauf, über bloße Materialanhäufungen hinaus zur Verarbeitung „aus der Idee eines Ganzen" und der Bildung „allgemeiner Regeln" zu gelangen.[21] So sollte die Wissenschaftlichkeit, Rechtssicherheit und Gerechtigkeit als Wertungskonstanz gewährleistet werden.[22] Eine systematisierte Methode schien den Juristen zu Jahrhundertbeginn die beabsichtigte Wissenschaftlichkeit, Rechtssicherheit und Gerechtigkeit im Sinne von Wertungskonstanz zu erlauben.[23] Dieser Ansicht verschlossen sich auch Philologen wie Lachmann und Müllenhoff nicht.[24]

Die historische Methode der Rechtswissenschaft sah Savigny darin,

> jeden gegebenen Stoff bis zu seiner Wurzel zu verfolgen, und so ein organisches Prinzip zu entdecken, wodurch sich von selbst das, was noch Leben hat, von demjenigen absondern muß, was schon abgestorben ist und nur noch der Geschichte angehört.[25]

Dieser Ansatz lässt sich auch beim Umgang mit Texten durch die Brüder Grimm beobachten. Sie sammelten Materialien und Stoffe für eine umfassende Geschichte der ‚Volksliteratur', deren Ursprung und Zusammenhang erhellt werden sollte. Eine Übersicht legten sie zuerst im dritten Band der „Kinder- und Hausmärchen" gebündelt vor.

Über das methodische Rüstzeug hinaus wurde Savigny für die Grimms auch mit seiner Bibliothek wichtig: Aus Bodmers Ausgabe der deutschen

---

19 Scherer: Jacob Grimm ^{2}1921, S. 15. Schuler, Theo: Jacob Grimm und Savigny 1963, S. 197-305, hier S. 202. Zur Theoriebildung Pöge-Alder: ‚Märchen' 1994, S. 40-43.

20 Vgl. Sievers: Fragestellungen der Volkskunde im 19. Jahrhundert 1988, S. 41

21 Vgl. Müllenhoff: Vorrede. In: Mannhardt, W. : Mythologische Forschungen 1884, S. VI. Als Philologe bemühte sich Müllenhoff um eine streng historische Auffassung des Gegenstandes und der Aufgabe der Wissenschaft.

22 Müllenhoff: Vorrede. In: Mythologische Forschungen 1884.

23 So Müllenhoff gegenüber Scherer. In: Mythologische Forschungen. Straßburg/London 1884.

24 Müllenhoff: Die deutsche Philologie 1980, S. 280.

25 Vgl. Mannhardt: Wald- und Feldkulte 1963, S. XXVIII. Er steht in romantischer Tradition, da er zur Entstehung und Wandlung der „Personificationen und vermeintlichen Äußerungen übernatürlicher Mächte" das Wirken eines „mythenbildenden Triebes" (ebd.) annimmt.

Minnelieder erfuhr Jacob vom ästhetischen und kulturgeschichtlichen Wert der Minnesänger.[26] Auch Ludwig Tiecks Ausgaben der mittelalterlichen Literatur sowie die literaturgeschichtlichen Vorlesungen Ludwig Wachlers (1767-1838) blieben nicht ohne Einfluss auf den Werdegang der Grimms.[27]

Savigny ließ Jacob Grimm 1805 nach Paris rufen, damit dieser ihn dort bei seinen Bibliotheksarbeiten unterstützte. Der Rechtsgelehrte suchte nach Belegmaterial für seine „Geschichte des römischen Rechts im Mittelalter" (Heidelberg 1815-1831). Bei dieser Gelegenheit sind Jacob Grimm nicht nur die mittelalterlichen Quellen des römischen Rechts bekannt geworden, sondern auch die der alten deutschen Poesie.[28]

Auch die Historische Rechtswissenschaft hatte die mündliche Tradition als Quelle historischer Tatsachen einbezogen. Im Unterschied zu Savigny hoben die Grimms aber das ‚Poetische' im Wesen der Sprache hervor. Für sie lag in der Poesie die erste erkennbare Äußerung und Quelle alles geschichtlich Gewordenen. Indem sie nach der Herkunft der mündlich tradierten Märchen fragten, versuchten sie, einer ursprünglichen Erscheinungsform näher zu kommen. Märchen als volksliterarische Äußerungen schienen direkt zu den einigenden Grundlagen der Nation zu führen. Diese wurden zur Zeit der sog. Befreiungskriege 1813 gegen Napoleon gesucht und befördert. Dem Ideal der sog. Sprachnation entsprach ihre These vom indogermanischen Volksstamm, dem die Märchen zuzurechnen seien.[29]

Bezüglich der räumlichen Verbreitung von Märchen, die trotz unterschiedlicher geographischer und zeitlicher Herkunft große Gemeinsamkeiten aufweisen, schaute Jacob Grimm auf die Kontinente Europa und Asien, wo er die Heimat der indogermanischen oder indoeuropäischen Sprachgruppe vermu-

---

26 Ginschel: Der junge Jacob Grimm 1989, S. 129. Wyss: Die wilde Philologie 1979, S. 54-55. Grimm, Wilhelm: Selbstbiographie. In: ders.: Kleinere Schriften 1881, Bd.1, S. 3-26, hier S. 11-12. Strack, F.: Zukunft in der Vergangenheit? Zur Wiederbelebung des Mittelalters in der Romantik. In: Heidelberg im säkularen Umbruch: Traditionsbewußtsein und Kulturpolitik um 1800. Hg. v. F. Strack. Stuttgart 1987, S. 252-281, hier S. 257. Lempicki: Geschichte der deutschen Literaturwissenschaft 1968, S. 284-287, S. 293-294.

27 Bodmer/Breitinger (Hg.): Sammlung von minnesingern 1758/59. Tieck: Minnelieder aus dem Schwäbischen Zeitalter 1803. Vgl. Denecke: Jacob Grimm und sein Bruder Wilhelm 1971, S. 50. Jacob war von 1801-1815 Student bei Wachler in Marburg.

28 Vgl. Mannhardt: Wald- und Feldkulte 1963, S. 350.

29 Ebd.

tete.[30] Wilhelm Grimm berief sich auf die Verwandtschaft der Sprachen dieser Völker[31] und beschrieb das Ausmaß der Verbreitung:

> Die Grenze wird bezeichnet durch den großen Volksstamm, den man den indogermanischen zu benennen pflegt, und die Verwandtschaft zieht sich in immer engern Ringen um die Wohnsitze der Deutschen, etwa in demselben Verhältnis, in welchem wir in den Sprachen der einzelnen dazu gehörigen Völker Gemeinsames und Besonderes entdecken.[32]

Zur These vom übergreifenden Mythos, dessen Auswirkungen in den Märchen zu finden seien, tritt noch der besondere Bezug auf die indogermanische Sprachgruppe, deren Einheit zugleich die nationale Legitimation der Sprache und ihrer sog. Volksliteratur darstellt. Die Möglichkeit, dass Motive und Handlungsfolgen „wandernd" weitergetragen würden, stand nicht im Zentrum der Überlegungen. Varianten des afrikanischen und amerikanischen Kontinents wären danach nicht in ihr Modell einzuordnen. So äußerte Wilhelm Grimm, dass „sich vielleicht, wenn noch andere Quellen sich aufthun, die Nothwendigkeit einer Erweiterung" der Grenzen ergebe.[33]

Noch 1818 formulierte er als unbestreitbare Tatsache, dass bei der Ähnlichkeit der Völker jedes so eigen sei, dass „ein Abborgen und Herübernehmen auch höchst unwahrscheinlich wird, zumal da sie [die Märchen] nicht in Büchern, sondern in den Überlieferungen des Volkes leben und fortdauern". Diese Erscheinungen seien also nur auf „historischem Wege" zu erklären.[34]

Etwa 30 Jahre später bestreitet er „nicht die Möglichkeit, in einzelnen Fällen nicht die Wahrscheinlichkeit des Übergangs eines Märchens von einem Volk zum andern". Eine Ausbreitung durch die Wanderung wurde nun zumindest in Betracht gezogen, wobei Ausnahmen „noch nicht den großen Umfang und die weite Verbreitung des gemeinsamen Besitzes" erklärten.[35] Damit ist die These der Wanderung von Märchen hier formuliert und fortan aus der wissenschaftlichen Literatur nicht mehr wegzudenken. Sie wirkte bis hin zur Finnischen Schule (vgl. Abschnitt 3.2), deren Entstehung ebenso von nationalstaatlichen Bestrebungen befördert wurde.

---

30 Der Begriff „Sage" bezeichnet bei den Grimms neben der Gattung der Volksliteratur auch allgemein die epischen und mythischen Stoffe und Motive in der Weltliteratur. Nach: Ginschel: Der junge Jacob Grimm 1989, S. 40, 283-285. Ebenso auch: Sydow: Kategorien der Prosa-Volksdichtung 1934.

31 Vgl. Grimm, W.: Einleitung. Über das Wesen der Märchen. In: Kleinere Schriften 1881. Bd. 1, S. 333-358, hier S. 337. Grimm, W.: Rezension zu: Märchensaal. Sammlung alter Märchen. In: ders.: Kleinere Schriften 1882. Bd. 2, S. 221-225, hier S. 225.

32 Grimm, Wilhelm: Vorrede 1850, S. LXIX-LXX. Ders.: Vorrede 1812, S. 325.

33 Grimm: Vorrede 1850, S. LXX.

34 Grimm, W.: Rezension zu: Märchensaal. Sammlung alter Märchen. In: ders.: Kleinere Schriften 1882. Bd. 2, S. 221-225, hier S. 225.

35 Grimm: Vorrede 1850, S. LXIII.

Der Versuch, die Gemeinsamkeiten der Märchen mit dem zugrunde liegenden Mythos zu erklären, wie er vor allem von der sog. Mythologischen Schule praktiziert wurde, musste angesichts der Vielfältigkeit der Märchen erweitert werden. So räumte Wilhelm Grimm in seiner Vorrede zur Märchenausgabe 1850 ein:

> Es gibt aber Zustände, die so einfach und natürlich sind, daß sie Überall wieder kehren, wie es Gedanken gibt, die sich wie von selbst einfinden, es konnten sich daher in den verschiedenen Ländern dieselben oder doch sehr ähnliche Märchen unabhängig von einander erzeugen: sie sind den einzelnen Wörtern vergleichbar, welche auch nicht verwandte Sprachen durch Nachahmung der Naturlaute mit geringer Abweichung oder auch ganz übereinstimmend hervor bringen.[36]

Übereinstimmungen im Denken und Fühlen, die unabhängig voneinander auf ähnliche Weise in der Sprache und in den Märchen ausgedrückt sind, werden als Ursache für Gemeinsamkeiten benannt. Darin liegen Ansätze zur Theorie der Polygenese, die den Grund der Ähnlichkeit in dieser den Völkern gemeinsamen Grundlage sieht.

Neben einer „elementaren Ausdrucksform“ erkannte Wilhelm Grimm auch eine „elementare soziale Funktion“ des Märchens[37]:

> Wie die Hausthiere, das Getreide, Acker-, Küchen- und Stubengeräthe, die Waffen, überhaupt die Dinge, ohne welche das Zusammenleben der Menschen nicht möglich scheint, so zeigen sich auch Sagen und Märchen, der befeuchtende Thau der Poesie, so weit der Blick reicht, in jener auffallenden und zugleich unabhängigen Übereinstimmung.[38]

Diese soziale Komponente deutete sich schon in Grimms Vorrede 1815 an, wo er die Konstanz der mündlichen Überlieferung vor allem „bei Menschen, die in gleicher Lebensart unabänderlich fortfahren ...“[39] zu beobachten glaubte. Röhrich bestätigte diese Wahrnehmung für das Erzählen bei sog. Naturvölkern, bei Kindern, aber auch für bestimmte Erzählsituationen im deutschen Sprachgebiet. Für ihn ist schon „das Festhalten an einem fest geprägten Wortlaut ... ein Kennzeichen alles ursprünglichen und noch im Glauben verwurzelten Erzählstiles.“[40]

Die Thesen zur Migration und Polygenese werden in dieser Form erst 1850 in der sechsten großen, erweiterten Ausgabe geäußert.

---

36 Ebd. S. LXII.

37 Vgl. Bausinger: Formen der ‚Volkspoesie‘ ²1980, S. 32.

38 Grimm: Vorrede 1850, S. LXIII.

39 Grimm: Vorrede 1812, S. 329.

40 Röhrich: Märchen und Wirklichkeit 2001, S. 174. Zum wörtlichen Erzählen vgl. Abschnitt 5.4.

4.2 Die Initiation der Märchenforschung

Es ist eine bleibende Leistung der Brüder Grimm, mit ihren KHM und dem Anmerkungsband (1822 und 1856, nach Arnims Vorschlag in getrennten Bänden) die Volksmärchen nicht nur dem einfacheren Volk, sondern auch den Gebildeten nahe gebracht zu haben. Von ihrem Werk ausgehend, entwickelte sich eine starke Märchenforschung, die diese Geschichten zunächst unter religions- und mythengeschichtlichem, unter philosophischem sowie unter volks- und völkerpsychologischem Aspekt betrachteten. Seit dem Ende des 19. Jahrhunderts erfreuen sie sich auch der Aufmerksamkeit der Psychologen, Anthropologen und Anthroposophen verschiedenster Herkunft.

Zu den Wirkungen ihrer Arbeit gehört, dass die Märchenforschung in ganz Europa einsetzt und die Sammlung von Volksgut fortführt. Die ‚Volksliteratur' gilt als Grundlage für die Nationalliteratur, der eine wesentliche Rolle im staatlichen Einigungsprozess der Nationsbildung zukommt. Dieser Vorgang lässt sich nicht nur in Nordeuropa verfolgen, wie beispielsweise anhand der Finnischen Schule dargestellt wurde, sondern begegnet uns auch in Osteuropa, etwa im Werk des russischen Märcheneditors Afanas'ev.

Die Entstehungs- und Verbreitungstheorien, die sich im Verlauf der Märchenforschung herausbildeten, können bis zu den Grimmschen Äußerungen zurückverfolgt werden (Kapitel 3).

Entscheidende Impulse erhielten die Grimms aus der über Savigny zustande gekommenen Beziehung zu Clemens Brentano, der seinen Schwager 1806 gefragt hatte, wer in der Kasseler Bibliothek alte Lieder kopieren könnte. Diese Abschriften wurden später ein wichtiger Bestandteil in der Arnim-Brentanoschen Liedersammlung „Des Knaben Wunderhorn" (3 Teile, 1805-08). Armin und Brentano hatten damals auch noch den Plan, ihre Volksliedsammlung durch eine Sagen- und Märchensammlung zu ergänzen. Die jungen Brüder wollten sie dabei unterstützen. Auf schriftliche Spuren mündlicher Tradition hatte Brentano die Grimms auch in Werken Fischarts, Moscheroschs oder Grimmelshausens hingewiesen. Brentano hatte bereits selbst „Die Geschichte vom Mäuschen, Vögelchen und Bratwurst" (nach Moscherosch, Vorform zu KHM 23) in der „Badischen Wochenschrift" 1806 veröffentlicht. Im Anhang zu „Des Knaben Wunderhorn" veröffentlichte Brentano auch eine Prosafassung zu KHM 80 „Von dem Tode des Hühnchens", die mit dem Schluss einer Erzählung des Obersts Wilhelm Engelhardt aus Kassel für den ersten Band der Märchen 1812 kontaminiert wurde.[41] Jacob Grimm übertrug 1807 aus dem Roman „Schilly" (1798) nicht nur volksliedhafte Pas-

---

[41] Vgl. Rölleke: Nachwort. In: KHM 1997, S. 972.

sagen, sondern auch eine Fassung des Märchens „Allerleirauh" (KHM 65). Diese Beispiele belegen das literarische und literarhistorische Interesse der Brüder Grimm am Volksmärchen.

Die Anregungen zum Zusammentragen alter deutscher Poesie und zur Sammlung von Erzählungen waren also vor allem von Clemens Brentano und Achim von Arnim ausgegangen.[42] Er wies die Grimms auf Märchen und Erzähler in der altdeutschen Literatur hin.[43]

Aus einem Brief Brentanos an Arnim vom 19.10.1807 aus Kassel wird deutlich, dass Brentano während seiner Kasseler Arbeitszeit die literaturwissenschaftlich-volkskundlichen Interessen der Brüder Grimm in die folgenden Bahnen wies.

> Es ist äußerst nothwendig, daß Du mit mir zusammen und zwar hierher kömmst, um den ewig aufgeschobenen zweiten Theil des Wunderhorns zu rangiren [...]. Denn ich habe hier zwei sehr liebe, liebe altteutsche vertraute Freunde, Grimm genannt, welche ich früher für die alte Poesie interessirt hatte, und die ich nun nach zwei Jahre langem, fleißigen, sehr konsequenten Studium so gelehrt und so reich an Motiven, Erfahrungen und den vielseitigsten Ansichten der ganzen romantischen Poesie wiedergefunden habe, daß ich bei der Bescheidenheit über den Schatz, den sie besitzen, erschrocken bin.[44]

Die enge textimmanente Bezugnahme zwischen den Brüdern Grimm und Brentano zeigt, in welchen Details, Formulierungen, Anspielungen und Texten sich diese Verbindung manifestiert. Von anderen früheren Märchensammlern unterschieden sich die Grimms durch ihre philologische Akribie, einen ausdauernden Spürsinn und einen ungeheuerlichen Fleiß.

Neuland betraten die Grimms mit ihrer Dokumentation mündlich noch lebendiger Märchentradition. Brentano gab auch hier erste Orientierung und Anlass zur Beschäftigung mit sog. Volksmärchen.[45] Erhalten ist eine von Brentano selbst verfasste Stichwortliste zu einem Märchen. Er empfahl die Aufzeichnungen Runges aus der mündlichen Erzählung (KHM 19 „Von dem Fischer un syner Fru" und KHM 47 „Von dem Machandelboom"), an die sie sich vorbildhaft anlehnten.[46]

---

42 Ginschel: Der junge Jacob Grimm 1989, S. 212. Zur Biographie: Grimm, Jacob: Rede auf Wilhelm Grimm. In: ders.: Kleinere Schriften. Bd. I, Hildesheim 1965, S. 163-177 und ders.: Grimm, Jacob: Selbstbiographie. In: ders.: Kleine Schriften, Bd. I, Hildesheim 1965, S. 1-24. Grimm, Jacob: Ein Lebensabrisz. In: ebd. Bd. VIII, Hildesheim 1966, S. 459-461. Grimm, Wilhelm: Selbstbiographie. In: ders.: Kleinere Schriften. Hg. v. Gustav Hinrichs, Berlin 1881, Bd. 1, S. 3-26.

43 Rölleke: Clemens Brentano und die Brüder Grimm im Spiegel ihrer Märchen 1996, S. 78-93.

44 Zit. n. Rölleke: Nachwort. In: KHM 1997, S. 971.

45 Rölleke, Heinz: Brentano, Clemens Maria Wenzeslaus. In: EM 2, 1979, Sp. 767-776.

46 Hofmann, W. (Hg.): Runge in seiner Zeit. Kunst um 1800. München 1977.

Das Interesse der Brüder an der Altgermanistik verband sich mit dem beginnenden volkskundlichen Sammeln und Forschen. Ein Zeichen dafür ist, dass die KHM in demselben Jahr erstmals erschienen sind, in dem die Grimms auch ihre kritische Ausgabe des altdeutschen „Hildebrandliedes" herausgegeben hatten. Es erscheint daher verständlich, dass die in die 3. Auflage der KHM 1837 neu aufgenommenen Stücke fast ausschließlich wieder aus schriftlichen Quellen stammen. Erst im Laufe ihrer Arbeit entwickelten die Brüder Grimm ein eigenes Verständnis von ‚Volksliteratur' und ‚Märchen'.

4.3 Grundsätze zur Gestaltung der Märchen

> Wir haben uns bemüht, diese Märchen so rein als möglich war aufzufassen, ... Kein Umstand ist hinzugedichtet oder verschönert und abgeändert worden, denn wir hätten uns gescheut, in sich selbst so reiche Sagen mit ihrer eigenen Analogie oder Reminiscenz zu vergrößern, sie sind unerfindlich.[47]

So beschreiben Jacob und Wilhelm Grimm für ihren ersten Märchenband von 1812 ihren Umgang mit den zusammengestellten Texten. Häufig ist daraus abgeleitet worden, dass es sich um gänzlich unveränderte Versionen von Märchen handelt. Im Vorwort von 1819 aber finden sich deutliche Hinweise auf die von Auflage zu Auflage verfeinerte Technik des Grimmschen Buchmärchenstils. Zunächst grenzen sich die Brüder gegenüber den Bearbeitungen ihrer Dichterkollegen und Vorgänger ab, indem sie darauf hinweisen, dem zusammengetragenen Material nichts absichtlich hinzugefügt zu haben:

> Was die Weise betrifft, in der wir hier gesammelt haben, so ist es uns zuerst auf Treue und Wahrheit angekommen. Wir haben nämlich aus eigenen Mitteln nichts hinzugesetzt, keinen Umstand und Zug der Sage selbst verschönert, sondern ihren Inhalt so wiedergegeben, wie wir ihn empfangen hatten; daß der Ausdruck und die Ausführung des einzelnen großenteils von uns herrührt, versteht sich von selbst, doch haben wir jede Eigentümlichkeit, die wir bemerkten, zu erhalten gesucht, um auch in dieser Hinsicht der Sammlung die Mannigfaltigkeit der Natur zu lassen.[48]

Allerdings geben sie ausdrücklich an, dass die tatsächliche Gestaltung, die Formulierung der Erzählungen, von ihnen selbst stammt. „Treue und Wahrheit" erscheint als eine Selbstverpflichtung gegenüber dem vorliegenden

47 Grimm: Kinder- und Hausmärchen. Berlin 1812/1815, S. 18. In: Uther: Digitale Bibliothek 2003, Bd. 80: Deutsche Märchen und Sagen, S. 23663-23664.

48 Kinder- und Hausmärchen. Gesammelt durch die Brüder Grimm. München 1977, S. 34. In: Uther: Digitale Bibliothek 2003, Bd. 80: Deutsche Märchen und Sagen, S. 24517.

Stoff, aber nicht als Versicherung der Originalität der wörtlichen, abgedruckten Formulierung.

Ihre Vorgehensweise haben sie genauer beschrieben und dabei auch ihr Verfahren der Kontamination verschiedener Stücke erwähnt:

> Verschiedene Erzählungen haben wir, sobald sie sich ergänzten und zu ihrer Vereinigung keine Widersprüche wegzuschneiden waren, als eine mitgeteilt, wenn sie aber abwichen, wo dann jede gewöhnliche ihre eigentümlichen Züge hatte, der besten den Vorzug gegeben und die andern für die Anmerkungen aufbewahrt. Diese Abweichungen nämlich erschienen uns merkwürdiger als denen, welche darin bloß Abänderungen und Entstellungen eines einmal dagewesenen Urbildes sehen, da es im Gegenteil vielleicht nur Versuche sind, einem im Geist bloß Vorhandenen, Unerschöpflichen auf mannigfachen Wegen sich zu nähern. Wiederholungen einzelner Sätze, Züge und Einleitungen sind wie epische Zeilen zu betrachten, die, sobald der Ton sich rührt, der sie anschlägt, immer wiederkehren, und in einem andern Sinne eigentlich nicht zu verstehen.[49]

Daraus ist zu erkennen, dass die Anfänge der Grimmschen Märchensammlung durchaus nicht in der Feldforschung lagen. Sie zogen nicht über Land, um sich vom ‚einfachen Volk', von sozial niederen Schichten, Märchen erzählen zu lassen.

Die Brüder Grimm trugen Märchen überwiegend im sog. Korrespondentenverfahren zusammen. Sie ließen sich über vielfältige Bekanntschaften von Kollegen, Freunden und von der Idee der sog. Volksliteratur Begeisterten Geschichten zuschicken. Auch zwei Sammelaufrufe veröffentlichten die Grimms 1811 und 1815. Sie boten in ihrer Sammlung keine thematisch, sozial und inhaltlich übergreifende Auswahl.[50]

Herman Grimm hatte der „alten Marie", die er in Marie Clar (geb. 1747) zu sehen glaubte, 1890 die wichtigsten Grimmschen Märchen zugeschrieben. Sie war Haushälterin in der Kasseler Apotheker-Familie Wild, den Nachbarn der Grimms. Da sie nur im Raum Kassel lebte und nicht französisch sprach, schien sie die Idealvorstellungen einer Erzählerin mit hessischem Repertoire aus den sozialen Unterschichten zu bestätigen. Bei dieser Zuweisung war dem Sohn Wilhelm Grimms leider ein Fehler unterlaufen: Die Märchen stammten nicht von der alten Haushälterin, sondern von Marie Hassenpflug (1788-1856). Die Forschungen zur „Alten Marie" widerlegten den Mythos von der urdeutschen Herkunft und den hessischen Beiträgern zu den KHM, der von ideologischen Vorstellungen deutlich beeinflusst war. Nicht die Brüder Grimm suchten vordringlich eine „hessische Märchenlese"[51] zu veröffentli-

49 Kinder- und Hausmärchen. Gesammelt durch die Brüder Grimm. München 1977, S. 35. In: Uther: Digitale Bibliothek 2003, Bd. 80: Deutsche Märchen und Sagen, S. 24518.

50 Rölleke: KHM. In: EM 7, 1993, Sp. 1280-1281.

51 BP Bd. 4, S. 471.

chen, sondern deren Nachfolger wollten ihre Vorstellung hessischer und urdeutscher Märchen gern in der Sammlung wiederfinden.[52]

Einsichten in die Grimmsche Märchenwerkstatt gewähren textphilologische Arbeiten[53]. Sie zeigen Eigenarten des Bearbeitungsstils und das Zurechtschleifen dessen, was wir heute mit dem herkömmlichen Bild vom ‚Volksmärchen' beschreiben, das einem romantischen Paradigma verpflichtet ist: Märchenforscher glaubten, dass sog. Volksmärchen im ‚Volk', den sozial unteren Schichten im ländlichen Milieu, entstanden sind, und seitdem mündlich tradiert wurden. Da sich dieser Ansatz mit romantischen Vorstellungen verbindet, wird er mit der Wendung ‚romantisches Paradigma' benannt. Häufig verbindet sich mit diesem Thema auch die Auffassung, dass sich der Grundbestand dieser ubiquitären ‚Volksmärchen' bei der Tradierung nicht verändert. Ihre Ästhetik beschrieb vor allem Max Lüthi durch seine ‚Stilmerkmale' (vgl. Kapitel 6.4). Solche Geschichten sind vom spielerischen Umgang mit Wundern und anderen übernatürlichen Elementen geprägt. Sie wurden nicht als wahr angesehen, sondern vor allem zur Unterhaltung erzählt. Diese Vorstellungen haben in der heutigen Märchenforschung keine Gültigkeit mehr.[54]

Von Runge und Brentano selbst kamen also die ersten Vorschläge zu einer Märchenedition der Brüder Grimm. Sie suchten deshalb auch nach Materialien, die dem vorgegebenen Muster, nämlich Märchenerzählungen von hohem künstlerischen Niveau, entsprachen. In der frühen Phase ihrer Beschäftigung mit Märchen entwickelten die Grimms also noch keinen eigenen Märchenstil, wie er uns in den späteren Ausgaben der KHM immer mehr entgegentreten wird. Sie kürzten nur ‚unmärchenhafte' Passagen. Veränderungen, Kontaminationen oder Vollendungen nahmen sie kaum vor, denn das hatte sich Brentano vorbehalten. In Bezug auf die Textauswahl und den Beiträgerkreis blieben die Grimms diesen frühen Ansichten treu.

Philologische Untersuchungen zeigen, wie die sog. Gattung Grimm, die einem hypothetisch rekonstruierenden Erzählen entsprach, den Maßstab für das deutsche Märchen bestimmt. Dazu gehört z.B. das Merkmal der „lokalen Unbestimmtheit" des europäischen Volksmärchens.[55] Wie stark Tendenzen der Lokalisierung vor allem im mündlich überlieferten Märchen ausfallen, ist in den Sammlungen insgesamt unterschiedlich.[56] Hier prägten die von Lüthi beschriebenen Stilmerkmale Generationen von Erzählforscher, obwohl diese

---

52 Rölleke: Die Märchen der Brüder Grimm ²2004, S. 29, 54. Bluhm: Grimm-Philologie 1995. Bluhm: Neuer Streit um die „Alte Marie"? 1989, S. 180-198.

53 Z.B. Rölleke: Die Märchen der Brüder Grimm ²2004, zu KHM 20 s. S. 86-91.

54 Vgl. Grätz: Das Märchen 1988.

55 Rölleke: Die Märchen der Brüder Grimm ²2004, S. 86-87. Nach Martin Kaiser: Das tapfere Schneiderlein. In: Librarium 3 (1987), S. 175-210.

56 Marzolph, U.: Lokalisierung. In: EM 8, 1996, Sp. 1172-1177, bes. Sp. 1173.

Kriterien wohl selbst auf einer Textauswahl beruhen, die bereits einem Ideal folgt.[57] Überarbeitungen zeigen sich aber erst, wenn vor den Interpretationen philologisch genaue Untersuchungen innerhalb der Grimmschen Editionspraxis zu den einzelnen Texten durchgeführt werden.[58]

Merkmale des Grimmschen Märchenstils:[59]

- Streben nach lakonischer Parataxe
- Einfügung wörtlicher Rede
- Freude an der Wortwiederholung und subtilem Humor
- anschauliche und drastische Darstellung
- Einbindung von volkstümlichen Wendungen und Lautmalereien
- Vorliebe für Formelhaftes, für feste Farben und Konturen
- Bemühen um künstlerischen Aufbau
- Stringente Motivierung und Rundung der Erzählung

Die Grimms folgten in ihrer Textauswahl einem bestimmten Bild vom Märchen, das sich auf gut erzählte, vollständige Texte bezog, aus dem Fragmente, motivlich widersprüchliche Elemente und später auch Erotisches, Sexuelles und Sozialkritisches herausfielen. Sie lehnten sich an Werke des 16./17. Jahrhunderts wie von Sachs, Kirchhof oder Grimmelshausen an und schrieben Erzählungen vor allem von einem weiblichen Zuträgerkreis des gehobenen Stadtbürgertums in Kassel auf.[60]

Bestimmte Gattungsmerkmale spielten erst in der Abgrenzung zu den „Deutschen Sagen" eine Rolle, seit den Vorarbeiten etwa ab 1813/14.[61] Daher finden sich in Grimms Märchen Texte, die heute anderen Gattungen zugeordnet werden (vgl. Abschnitt 2.3). Entscheidend für die Aufnahme eines Textes in die Sammlung waren nicht nur seine vermeintlichen mythischen Wurzeln oder Motive des älteren Tierepos, sondern auch die angenommene oder tatsächliche orale Tradierung des Textes.[62]

---

57 Vgl. Schenda, R.: Lüthi, Max. In: EM 8, 1996, Sp. 1307-1313, hier Sp. 1311, Anm. 13.

58 Z.B. Rölleke: Die Märchen der Brüder Grimm ²2004 z.B. zu „Die Wichtelmänner" (KHM 39/II, z.B. S. 96: Zeitraffung im Märchenwunder). Bottigheimer, R.B.: Marienkind (KHM 3): A Computer-Based Study of Editorial Change and Stylistic Development within Grimm's Tales from 1808 to 1864. In: ARV Scandinavian Yearbook of Folklore 46 (1990), S. 7-31.

59 Nach Rölleke: Nachwort. In: KHM 1997, S. 597-599.

60 Rölleke: KHM. In: EM 7, 1993, Sp. 1280. Ders.: Die Märchen der Brüder Grimm ²2004, S. 25. Vgl. Röhrich: „und weil sie nicht gestorben sind" 2002.

61 Rölleke: KHM. In: EM 7, 1993, Sp. 1281.

62 Vgl. ebd.

4.4 Aufwertung und politische Funktion

Die Grimms folgten Idealvorstellungen und hingen dabei einer Art „fingierter Mündlichkeit“[63] an. Als Prototyp einer Erzählerin ‚aus dem Volk‘ findet sich in der Grimmschen Vorstellung fast unveränderter Mündlichkeit die Frau eines Schneidermeisters aus Niederzwehrn, Dorothea Viehmann (geb. Pierson, 1755-1815). Sie verkaufte die Produkte ihres Gartens auf dem Kasseler Markt. Durch Titelkupfer und Namensnennung ist sie als einzige Erzählerin herausgehoben:

> Sie bewahrte die alten Sagen fest im Gedächtnis und sagte wohl selbst, daß diese Gabe nicht jedem verliehen sei und mancher gar nichts im Zusammenhange behalten könne. Dabei erzählte sie bedächtig, sicher und ungemein lebendig, mit eigenem Wohlgefallen daran, erst ganz frei, dann, wenn man es wollte, noch einmal langsam, so daß man mit einiger Übung nachschreiben konnte. Manches ist auf diese Weise wörtlich beibehalten und wird in seiner Wahrheit nicht zu verkennen sein. Wer an leichte Verfälschung der Überlieferung, Nachlässigkeit bei Aufbewahrung und daher an Unmöglichkeit langer Dauer als Regel glaubt, der hätte hören müssen, wie genau sie immer bei der Erzählung blieb und auf ihre Richtigkeit eifrig war; sie änderte niemals bei einer Wiederholung etwas in der Sache ab und besserte ein Versehen, sobald sie es bemerkte, mitten in der Rede gleich selber.[64]

Von den Aufzeichnungen aus dem Märchenrepertoire der „Viehmännin“ ist also „manches“ - nicht alles - „wörtlich beibehalten“. Die Anmerkungen geben oftmals über Kontaminationen und Veränderungen Auskunft. Deutlicher wird diese Textarbeit vor allem Wilhelm Grimms ab 1815 durch einen Textvergleich. Die Tochter eines hugenottischen Gastwirts erzählte den Grimms mehr als 40 Märchen. Im Vergleich zu den anderen Beiträgerinnen stellt sie mit ihrem Alter von etwas über 50 Jahren, ihrer sozialen Stellung und ihrem breiten Repertoire aber die Ausnahme im Grimmschen Beiträgerkreis dar.

Das distanzierte Verhältnis der Grimms zur erzählerischen Realität und deren Repräsentanten, den Gewährsleuten, wirkte nicht korrigierend auf die im Anschluss an Herder bildhaft formulierten Vorstellungen vom Märchen, die diese Erzählungen der ‚Naturpoesie‘ zuordneten und mit ihrem Altertumswert die lange zurückliegenden Quellen germanischer und damit deutscher Literatur belegen wollten. Damit sollte die Sammlung der Volksmärchen in allen Gebieten Deutschlands eine von ihren Nachbarn unterscheidende und integrative Funktion während der nationalstaatlichen Einigung Deutschlands ausüben. Die ‚Kulturnation‘ Deutschland schien sich durch diese Geschichten bestätigen zu lassen.

---

63 Begriff nach L. Röhrich: Erzählforschung 1988, S. 353-379, hier S. 359.

64 Kinder- und Hausmärchen. Gesammelt durch die Brüder Grimm. München 1977, S. 33. In: Uther: Digitale Bibliothek 2003, Bd. 80: Deutsche Märchen und Sagen, S. 24514-24515.

Zur Funktion der Märchen im 19. Jahrhundert zeigten Dieter Richter und Johannes Merkel das Beziehungsgefüge von Sozialisation, Märchen und Phantasie auf, das die Lektüre vermitteln sollte, und damit gewünschte Geisteshaltungen transportierte. Zu ihnen gehörte das Überkommen des Feudalismus und die Stärkung des Nationalbewusstseins. Einer soziokulturellen Manipulation von Phantasie, Wunsch und Bedürfnis diente auch das Märchen.[65]

Woher die Brüder Grimm ihre Märchen bezogen, ist eine Frage, die insbesondere für die Interpretation der Texte wichtig ist und immer wieder zum Thema „Oralität und Literalität" führt. Die Kenntnis der Märchen Perraults von 1697 ist seit 1807 belegt, was auch in den Grimmschen Anmerkungen deutlich wird. Die Nähe einzelner Märchen zu denen von Perrault kam den Grimms teilweise zu Bewusstsein.[66]

Charles Perrault (1628-1703) gab Ende des 17. Jahrhunderts acht Erzählungen heraus. Die Spuren der echten Märchen führen auch in die Grimmsche Sammlung, so zu Dornröschen (KHM 50), Rotkäppchen (KHM 26), Blaubart (Anhang KHM 9), Der gestiefelte Kater (KHM Anhang 5), Frau Holle (KHM 24) und zur Geschichte über den Jüngling beim Menschenfresser (nicht als Däumlingsmärchen, sondern als verstümmelte Version von Rumpelstilzchen, KHM 55).

Der Einfluss französischer Literatur ist durch die Orientierung der deutschen Oberschicht, insbesondere des Adels, an Französischsprachigem und die hugenottische Einwanderung nach Hessen erklärbar. Heinz Rölleke wies auf die hugenottische Abstammung von Erzählerinnen wie Dorothea Viehmann und die Töchter der Familie Hassenpflug hin (vgl. Abschnitt 5.3). Man unterhielt sich französisch und las und kannte die französische Literatur.[67] Insbesondere die Feenmärchen waren beliebt. Nach 1750 nahmen die Über-

65 Vgl. Richter/Merkel: Märchen, Phantasie und soziales Lernen 1974, S. 23, 42. Henderson: Kultur, Politik und Literatur 1996, S. 217-218.

66 Z.B. Rölleke: Die Märchen der Brüder ^{2}2004, S. 29-31, zum Einfluss von Perraults „Les Fées" auf KHM 13 „Die drei Männlein im Walde" ebd. S. 54-56.

67 Rölleke: Die Märchen der Brüder Grimm ^{2}2004, S. 39-40. Es gibt Märchen, an die sich die Schwestern Jeannette und Amalie Hassenpflug aus ihrer Kindheit in Hanau am Main erinnern. Diese sind nach Rölleke ganz der französischen Tradition verpflichtet, während die später in Kassel kennengelernten eher der deutschen Erzähltradition folgten. Die Brüder Grimm kennzeichneten letztere mit „aus Hessen", erstere dagegen mit „aus den Maingegenden". Die Mutter der Töchter Hassenpflug war hugenottischer Abstammung, am Tisch sprach man bis 1880 französisch. Ihr Bruder, Hans Daniel Hassenpflug, heiratete 1822 die Schwester der Brüder Grimm, Lotte Amalie Grimm. Scurla, H.: Die Brüder Grimm. Berlin 1985, S. 89.

setzungen französischer und orientalischer Märchen ins Deutsche erheblich zu.[68]

Zu deutlich an ihr französisches Original erinnernde Märchen wurden in den Anhang der KHM verlegt oder ganz eliminiert. Diese Zusammenhänge bestätigten wesentlich später durchgeführte philologische Untersuchungen. Von ihrer Wirkung büßten sie deshalb nichts ein. Als eines der meistübersetzten Bücher deutscher Sprache sind die KHM ein wichtiger Repräsentant deutscher Literatur.

Dazu trug der von den Brüdern Grimm geschaffene Typus des Lesemärchens als gehobenes Buchmärchen bei, der eng mit der Sozialgeschichte der Familie im 19. Jahrhundert verbunden ist. Nach den Bearbeitungen fanden Grimms Märchen ihre Rezipienten in den bürgerlichen Kinderzimmern.[69]

4.5 Zum Beispiel „Das Wasser des Lebens“

Der Grimmsche Text KHM 97 erschien zuerst im 2. Band der KHM 1814 als Nr. 11, datiert auf 1815. Seit der 2. Auflage 1819 hat der Text die Nr. 97 und verblieb damit im 2. Band zwischen „De drei Vügelkens“ (KHM 96) und „Doktor Allwissend“ (KHM 98). Letzteres Schwankmärchen (ATU 1641) war der Nachfolger des Zaubermärchens. Es wurde von Dorothea Viehmann erzählt. Das davor stehende Zaubermärchen (AaTh 707) hielten die Grimms für verwandtschaftlich nahe stehend: Hier verhilft Lebenswasser zur Genesung der lange Jahre fälschlich eingesperrten leiblichen Mutter der Königskinder.

Die Fassung in der Ausgabe letzter Hand ist nach der Anmerkung im 3. Band der KHM als Kontamination einer Erzählung aus Hessen und einer aus dem Raum Paderborn zu verstehen. Da die Grimms die letztere für „überhaupt viel unvollkommener“ ansahen, hielten sie sich wohl eher an die hessische Wiedergabe des Stoffes. Dazu erzählten sie eine Version aus dem Raum Hannover nach, wo neben dem Motiv vom „Herrn der Tiere“ ein Fuchs und die Winde den Königssohn zum Lebenswasser führen.

Die einzelnen Veränderungen in sprachlicher Hinsicht verdeutlicht die folgende Tabelle.

---

68 Vgl. Grätz, M.: Fairy Tales and Tales about Fairies in Germany in the Eighteenth and Nineteenth Centuries. In: Marvels and Tales 21 (Druck 2007).

69 Dazu Weber-Kellermann: Deutsche Volkskunde 1969, S. 19. Vgl. u.a. Hagen, Lüthi, bes. Rölleke. Weitere Bibliographie in Lüthi: Märchen 2004, S. 52-55 zur Textgestaltung und Anpassung an ein kindliches Lesepublikum.

Auflage von 1814/1815	Auflage von 1857
ein König, der ward krank und glaubte niemand, daß er mit dem Leben davon käme.	ein König, der war krank, und niemand glaubte, daß er mit dem Leben davonkäme
Da erzählten sie, ihr Vater wär' so krank...; es wollte ihm nichts helfen.	Sie sagten ihm, ihr Vater wäre so krank..., denn es wollte ihm nichts helfen.
Der Alte sprach: ...	Da sprach der Alte: ...
Da sagte der älteste...	Der älteste sagte.....
dabei sind zu große Gefahren	die Gefahr dabei ist zu groß
bis es der König zugab	bis der König einwilligte
der Prinz dachte auch in seinem Herzen: „hol´ ich das Wasser, ...	Der Prinz dachte in seinem Herzen: „Bringe ich das Wasser, ...
„Du Knirps, sagte der Prinz ganz stolz...	„Dummer Knirps", sagte der Prinz ganz stolz,
wie nun der Prinz fortritt, kam er in eine Bergschlucht, und je weiter, je enger thaten sich die Berge zusammen, und endlich ward der Weg so eng, daß er keinen Schritt weiterkonnte, und auch das Pferd konnte er nicht wenden und selber nicht absteigen und mußte da eingesperrt stehen bleiben.	Der Prinz geriet bald hernach in eine Bergschlucht, und je weiter er ritt, je enger taten sich die Berge zusammen, und endlich war der Weg so eng, daß er keinen Schritt weiter konnte; es war nicht möglich, das Pferd zu wenden oder aus dem Sattel zu steigen, und er saß da wie eingesperrt.
Indessen wartete der kranke König auf ihn; aber er kam nicht und kam nicht.	Der kranke König wartete lange Zeit auf ihn, aber er kam nicht.
Da sagte der zweite Prinz: „so will ich ausziehen und das Wasser suchen" und dachte bei sich, das ist mir eben recht, ist der todt, so fällt das Reich mir zu.	Da sagte der zweite Sohn: „Vater, laßt mich ausziehen und das Wasser suchen", und dachte bei sich: „Ist mein Bruder tot, so fällt das Reich mir zu."
Der König wollt' ihn auch anfangs nicht ziehen lassen, endlich aber mußte er's doch zugeben.	Der König wollt ihn anfangs auch nicht ziehen lassen, endlich gab er nach.
„Du Knirps, sagte der Prinz, das brauchst du nicht wissen", und ritt in seinem Stolz fort.	„Kleiner Knirps", sagte der Prinz, „das brauchst du nicht zu wissen", und ritt fort, ohne sich weiter umzusehen.
Wie er nun den Zwerg auf dem Wege fand, und der fragte: wohinaus so geschwind? so antwortete er ihm: „ich suche das Wasser des Lebens, weil mein Vater sterbenskrank ist."	Als er dem Zwerg begegnete und dieser fragte, wohin er so eilig wolle, so hielt er an, gab ihm Rede und Antwort und sagte: „Ich suche das Wasser des Lebens, denn mein Vater ist sterbenskrank."
„Weißt du denn, wo das zu finden ist?"	Weißt du auch, wo das zu finden ist?"
„So will ich dir's sagen, weil du mir ordentlich Rede gestanden hast;	„Weil du dich betragen hast, wie sich's geziemt, nicht übermütig wie deine falschen Brüder, so will ich dir Auskunft geben und dir sagen, wie du zu dem Wasser des Lebens gelangst.

Auflage von 1814/1815	Auflage von 1857
es quillt aus einem Brunnen, in einem verwünschten Schloß, und damit du dazu gelangst, geb' ich dir da eine eiserne Ruthe und zwei Laiberchen Brot, mit der Ruthe schlag dreimal an das eiserne Thor vom Schloß, so wird es aufspringen;	Es quillt aus einem Brunnen in dem Hofe eines verwünschten Schlosses, aber du dringst nicht hinein, wenn ich dir nicht eine eiserne Rute gebe und zwei Laiberchen Brot.
Da dankte ihm der Prinz und nahm die Ruthe und das Brot, ging hin und war da alles, wie der Zwerg gesagt hatte.	Der Prinz dankte ihm, nahm die Rute und das Brot und machte sich auf den Weg. Und als er anlangte, war alles so, wie der Zwerg gesagt hatte.
Als die Löwen gesänftigt waren, ging er in das Schloß hinein und fand einen großen schönen Saal, und darin verwünschte Prinzen	Das Tor sprang beim dritten Rutenschlag auf, und als er die Löwen mit dem Brot gesänftigt hatte, trat er in das Schloß und kam in einen großen schönen Saal; darin saßen verwünschte Prinzen
Und weiter kam er in ein Zimmer, darin war eine Prinzessin, die freute sich, als sie ihn sah, küßte ihn und sagte, er hätte sie erlöst und sollte ihr ganzes Reich haben; in einem Jahr sollt' er kommen und die Hochzeit mit ihr feiern.	Und weiter kam er in ein Zimmer, darin stand eine schöne Jungfrau, die freute sich, als sie ihn sah, küßte ihn und sagte, er hätte sie erlöst und sollte ihr ganzes Reich haben, und wenn er in einem Jahr wiederkäme, sollte ihre Hochzeit gefeiert werden.
Er war aber froh, daß er das Wasser des Lebens hatte und ging heimwärts und wieder an dem Zwerg vorbei.	Er war aber froh, daß er das Wasser des Lebens erlangt hatte, ging heimwärts und kam wieder an dem Zwerg vorbei
Da dachte der Prinz, ohne deine Brüder willst du zum Vater nicht nach Haus kommen und sprach: „lieber Zwerg, kannst du mir nicht sagen, wo meine Brüder sind, die waren früher, als ich, nach dem Wasser des Lebens ausgezogen und sind nicht wieder kommen."	Der Prinz wollte ohne seine Brüder nicht zu dem Vater nach Haus kommen und sprach: „Lieber Zwerg, kannst du mir nicht sagen, wo meine zwei Brüder sind? Sie sind früher als ich nach dem Wasser des Lebens ausgezogen und sind nicht wiedergekommen."
„Zwischen zwei Bergen sind sie eingeschlossen	„Zwischen zwei Bergen stecken sie eingeschlossen",
wieder los ließ, aber er sprach noch:	wieder losließ, aber er warnte ihn und sprach
und der König glaubte schon, er sollte verderben in der Noth;	und der König glaubte schon, er müßte verderben, so groß war die Not.
spotteten sein und sagten: „nun, hast du das Wasser des Lebens gefunden? du hast die Mühe gehabt und wir den Lohn,	verspotteten ihn und sagten: Du hast zwar das Wasser des Lebens gefunden, aber du hast die Mühe gehabt und wir den Lohn;
auf die Jagd ritt und nichts davon wußte, mußte des Königs Jäger mitgehen.	auf die Jagd ritt und nichts Böses vermutete, mußte des Königs Jäger mitgehen.

Auflage von 1814/1815	Auflage von 1857
Da nahm der Jäger des Prinzen Kleid und der Prinz das schlechte vom Jäger und ging fort in den Wald hinein.	Da tauschten sie die Kleider, und der Jäger ging heim, der Prinz aber ging weiter in den Wald hinein.
und ihr Land ernährt hatten.	und ihr Land ernährt hatten und die sich dankbar bezeigen wollten.
Das fiel dem alten König auf's Herz und er dachte, sein Sohn könnte doch unschuldig gewesen seyn und sprach zu seinen Leuten: „ach! wär' er noch am Leben, wie thut mir's so herzlich leid, daß ich ihn habe tödten lassen."	Da dachte der alte König: „Sollte mein Sohn unschuldig gewesen sein?" Und sprach zu seinen Leuten: „Wäre er noch am Leben, wie tut mir's so leid, daß ich ihn habe töten lassen."
„So hab' ich ja Recht gethan, sprach der Jäger, ich hab' ihn nicht todt schießen können", und sagte dem König, wie es zugegangen wäre.	„Er lebt noch", sprach der Jäger, „ich konnte es nicht übers Herz bringen, Euern Befehls auszuführen", und sagte dem König, wie es zugegangen war.
Da war der König froh und ließ bekannt machen in allen Reichen, sein Sohn solle wieder kommen, er nehme ihn in Gnaden auf.	Da fiel dem König ein Stein von dem Herzen, und er ließ in allen Reichen verkündigen, sein Sohn dürfte wiederkommen und sollte in Gnaden aufgenommen werden.
Die Prinzessin aber ließ eine Straße vor	Die Königstochter aber ließ eine Straße vor
dachte er: „ei, das wäre jammerschade	dachte er: „Das wäre jammerschade
und die Prinzessin empfing ihn mit Freuden	und die Königstochter empfing ihn mit Freuden

Ein philologisch orientierter Textvergleich zeigt innerhalb der Geschichte dieser Sammlung den Werdegang einzelner Texte. Das Beispiel zeigt:

- die Abrundung und Aktualisierung der sprachlichen Form
- die durchgehende Einfügung direkter und indirekter Rede
- die Handlung wird überwiegend im Präteritum dargestellt
- Wortänderungen, wie Königstochter statt Prinzessin

Andere Texte sind im Laufe der Ausgaben wesentlich stärker bearbeitet worden. So wurden vor allem erotische Elemente eliminiert und Mädchen und Frauen in ihrer Aktivität zurückgedrängt. Das Bild der Stiefmutter trat an die Stelle gewalttätiger leiblicher Mütter und erhielt damit einen durchgehend negativen Impetus. Soziale Konflikte finden sich geschwächt, religiöse Motivierungen dagegen verstärkt.[70] Die Grimmschen Märchen mit dieser sprachlichen Bearbeitung bilden das Muster für das europäische Buchmärchen.

70 Vgl. Bottigheimer: Grimms' Bad Girls and Bold Boys 1987. Tatar: The Hard Facts of the Grimms' Fairy Tales 1987 (dt. 1990).

4.6 Märchen für Häuslichkeit und Erziehung

Dass Jacob Grimm frühzeitig auch an eine kindliche Rezeption der Märchen dachte, ist damit belegbar, dass er 1808 sieben Märchen für sein Patenkind Bettine an Savigny schickte, darunter auch „Marienkind" (KHM 3) und „Rumpelstilzchen" (KHM 55) in den Erstfassungen.[71]

Die Grimms ließen durch ihre Bearbeitung Märchen als Familien-, besonders als Kinder-Literatur entstehen. Märchen haben durch sie einen festen Platz im Bereich des „Hauses", ganz der Programmatik ihres Titels folgend.

In ihrer Vorrede von 1812/1815 ist zu lesen, warum die Grimms selbst diese Märchen als lehrhaft und für Kinder geeignet einstuften:

> ..., oder die weltliche Klugheit wird gedemüthigt und der Dummling, von allen verlacht und hintangesetzt, aber reines Herzens, gewinnt allein das Glück. In diesen Eigenschaften aber ist es gegründet, wenn sich so leicht aus diesen Märchen eine gute Lehre, eine Anwendung für die Gegenwart ergiebt; es war weder ihr Zweck, noch sind sie darum erfunden, aber es erwächst daraus, wie eine gute Frucht aus einer gesunden Blüthe ohne Zuthun der Menschen. Darin bewährt sich jede ächte Poesie, daß sie niemals ohne Beziehung auf das Leben seyn kann, denn sie ist aus ihm aufgestiegen und kehrt zu ihm zurück, wie die Wolken zu ihrer Geburtsstätte, nachdem sie die Erde getränkt haben.[72]

Insgesamt gingen die populäre und die wissenschaftliche Rezeption der Grimmschen Märchen stets Hand in Hand und befruchteten sich gegenseitig.[73] So steigerte die sog. Kleine Ausgabe der Märchen mit ihrer Textauswahl den Absatz der Großen. Wilhelm Grimms bewusste Bearbeitung der Texte für ein kindliches Lesepublikum, seine gezielte Umsetzung von Volkstümlichkeit und seine Beachtung bürgerlicher Moralvorstellungen folgten den gesellschaftlichen Umbrüchen um 1840 mit der Sorge vor politischen Unruhen im sog. Vormärz. Diese Epoche kennzeichnet sich durch die allgemeine Industrialisierung und Auslöschung der heimischen Meisterbetriebe, die zunehmende Lesebefähigung und die Ausbildung der Kleinfamilie. So entwickelten sich auch die „Kinder- und Hausmärchen" vom Lesestoff für Erwachsene seit der Mitte des 19. Jahrhunderts zum Vorlesegut für Kinder, ausgelöst durch die pädagogisch gelenkte Kindererziehung in Familie und Schule und dem zunehmenden Bedarf an Kinderliteratur. In der Erzählkultur ist ein ebensolcher Wandel auszumachen. Heutige Erzähler aber meinen, dass sich bestimmte

---

71 Rölleke, H.: KHM. In: EM 7, 1993, Sp. 1278-1297, hier Sp. 1279.

72 Grimm: Kinder- und Hausmärchen. Berlin 1812/1815, S. 12-13. In: Uther: Digitale Bibliothek 2003, Bd. 80: Deutsche Märchen und Sagen, S. 23659-23660.

73 Vgl. Rölleke: KHM. In: EM 7, 1993, Sp. 1286.

Märchen nur für bestimmte Altersgruppen eignen und betonen allgemein das Erzählen für ein erwachsenes Publikum.[74]

Aufgaben

1. Suchen Sie sich ein Märchen der KHM und vergleichen Sie die Textveränderungen.
2. Vergleichen Sie Hexendarstellungen in den KHM (beispielsweise in „Hänsel und Gretel") und anderen Märchensammlungen.
3. Suchen Sie verschiedene Darstellungen von Frauen in den KHM verschiedener Ausgaben, z.B. in „Sneewittchen" (KHM 53).

74 Dazu Pöge-Alder: Erzählerlexikon 2000, S. 12, 15.

5 Erzählen - Erzählgemeinschaft

Erzählen (ahd. ‚arzellan', ‚irzellan', mhd. ‚erzeln', ‚erzellen') bedeutet ‚mitteilen' und ‚bedachter, feierlicher Vortrag', „den rechtsbrauch öffentlich hersagen und verkünden"[1]. Gestaltetes Weitergeben von öffentlich lebenswichtigen Inhalten gehörte damit von Anfang an zur Bedeutung dieses Verbs. Nach ersten Nachweisen aus dem 8. Jahrhundert verzeichnet man einen Bedeutungswandel von ursprünglich ‚aufzählen' zu ‚in geordneter Folge hersagen, berichten'.[2] ‚Erzählen' meint heute, einen Bericht über den Hergang einer Begebenheit zu geben und dabei schildernd und mit Worten sprachliche Bilder formend einen Sachverhalt und Geschehensverlauf darzustellen. Beim mündlichen Erzählen ist die Differenz zwischen der Vorlage und dem realisierten Text interessant. Eine Vorlage kann in schriftlicher Form oder in Gedächtniskonzepten vorliegen, die mündlich realisiert werden. Das Erzählen umfasst die Gestaltung mit eigenen Worten oder auch mit angeeigneten Formulierungen und ist mit der Rezitation oder ähnlichen Kleinkunstveranstaltungen vergleichbar. Man kann davon ausgehen, dass sich die Realisierung des Textes beim Erzählen in unterschiedlicher Weise vollzieht und so voneinander und von der Vorlage abweichende Versionen entstehen.[3] Nonverbale Mittel sind Teil des Vortrags und spielen dabei eine wesentliche Rolle.

Die Resonanz der Erzählgemeinschaft wirkt dabei, wenn es sich um eine gefestigte und erfahrene Gruppe handelt, wie eine regulierende Instanz. Ebenso ist sie die Stimulans für die Auswahl und den Vortrag von Geschichten. Dem Interesse an anderen Kulturen folgte die Suche nach Märchen aus anderen Kulturen. So erfreuen sich etwa orientalische Märchenabende großer Nachfrage und Beliebtheit. Erzählerinnen und Erzähler suchen nach Darbietungsmöglichkeiten von Märchen aus Tausendundeiner Nacht. Sie kleiden sich in Kostüme und transformieren die Märchen für den Kontext des Vortrags. Diese Märchenrezeption ist ein Teil des in Europa lange bestehenden Orientalismus. Der Bedarf an Erzählern wird auch durch audiovisuelle Medien angeregt, die Märchen aus aller Welt und häufig Grimmsche Märchen verarbeiten.

---

1 Grimm DWb: Stichwort „erzählen", Sp. 1076.

2 Kluge, Friedrich: Etymologisches Wörterbuch der deutschen Sprache. Bearb. v. Elmar Seebold. 23., erw. Aufl. Berlin/New York 1995, S. 233.

3 Vgl. zur Problematisierung z.B. Wienker-Piepho: Die orale Tradierung der Sage. In: Petzoldt/Haid (Hg.): Beiträge zur Rezeptions- und Wirkungsgeschichte 2005, S. 5-16.

Als elementares menschliches Bedürfnis folgt das Erzählen dem Lustprinzip des Erzählers nach persönlicher Mitteilung bzw. Selbstdarstellung. Daher ist bei der Untersuchung des Erzählens selbst auf eine mehrmalige Beobachtung des Erzählers und seines Vortrags zu achten. Wichtig ist dabei die Selbstbeschreibung der Erzählerinnen und Erzähler, d.h. ihre Selbstinterpretation.[4]

5.1 Erzählen als Kommunikation

Betrachtet man das Erzählen in einem Kommunikationsmodell, so bilden Erzähler eine Vermittlungsinstanz zwischen den Hörern bzw. der Erzählgemeinschaft, der Tradition und dem alltäglichen Erzählen. Sowohl inhaltlich als auch in der Inszenierung ihrer Beiträge arbeiten sie nicht willkürlich, sondern erzählen eingebettet in eine bestimmte historische, soziale und persönliche Situation. Sie stehen zwischen mündlicher und schriftlicher Überlieferung in historischer und gegenwärtiger Dimension. Hier geht ihr Erzählen unter Umständen wieder ein und wird damit ein Teil der Tradition. Dazu trägt auch der Aufschreibende oder Aufnehmende bei, der ein Märchen bearbeitet und als Editor veröffentlicht. Dabei wechselt der erzählte Text das Medium, wird konserviert und verändert in dieser statischen Form den Kreis der Rezipienten. Zu diesem Prozess des Eingehens in die Erzähltradition trägt in heutiger Zeit der medialen Vermittlung von Lebenswelten wesentlich die mediale Konserve oder Vermittlung bei. Nicht nur Bücher und Bilderbücher, sondern in besonderem Maße Schallplatten, Hörspiele, Filme, das Fernsehen, CDs und Computerspiele tragen zum Aufbewahren, zur Variation und zur Auswahl des Erzählens und des Erzählten im kulturellen Gedächtnis bei.

Erzählen hängt darüber hinaus wesentlich von der Situation ab, die diese Kommunikation fördert oder behindert. Sie umfasst etwa die Frage, wie stark die Teilnehmenden emotional am Geschehen beteiligt sind, welche Sozialbereiche sie mit dem Erzählenden teilen und wie hoch ihr Vorwissen und ihre Wertung des Erzählens sind.

Das öffentliche Erzählen selbst ist ein Teil der Gegenwartskultur in Westeuropa und den USA. Es gehört zu den theatralen Prozessen des Inszenierens und Darstellens, die durch die mediale Spiegelung erneut gebrochen werden. Die allgemeinen Aspekte der Theatralität wie Performance, Inszenierung, Korporalität und Wahrnehmung sind auch für das Erzählen charakteristisch.[5] Damit grenzt sich das Märchenerzählen vor einem meist fremden Publikum

---

4 Dazu finden sich auch zahlreiche Eigenaussagen in: Pöge-Alder: Erzählerlexikon 2000.

5 Fischer-Lichte/Horn/Umathum/Warstat: Theatralität als Modell 2004. Dies.: Performativität und Ereignis 2003.

vom ‚alltäglichen Erzählen' ab, das trotz der polemischen Rufe von der sprachlosen Gesellschaft auch heute noch Teil jeder Gemeinschaft ist. Andere Formen öffentlichen Vortrags sind *Oral Poetry* bzw. *Littérature Orale,* Arbeiten von Parry und Lord, ebenso das Erzählen von Memoraten und von ‚Familiengeschichten', von Erlebnissen in Konzentrationslagern oder aus dem Bereich der Modernen Sagen (*urban legends*).

Zwar grenzt sich hier das Märchenerzählen ab, verbindet sich jedoch mit dem allgemeinen Erzählen als Kommunikationsform. Helmut Fischer stellte zum **alltäglichen** Erzählen fest: „Der Glaube an das Geheimnisvolle, das die Wirklichkeit verfremdet, scheint immer wieder durch."[6] Wie viel stärker kann man dies beim Märchenerzählen unserer Zeit beobachten! Dabei drücken sich Glaubensinhalte (bei Helmut Fischer „alte Glaubensüberzeugungen") und das erzählerische Gestaltungsvermögen seiner Meinung nach vor allem in epischen Kleinformen innerhalb des sog. eigentlichen, traditionellen Erzählens aus. Innerhalb eines **historischen Konstrukts** von Gattungen stehen sie dem alltäglichen Erzählen gegenüber und werden als „Buch-Erzählen" tradiert, wo Märchen, Sagen und Schwänke in festen, schriftlich fixierten Sammlungen eine gefrorene Gestalt angenommen haben.[7]

Heutiges Erzählen trägt einerseits zur erneuten Varianz der Märchentexte bei. Sie sind nicht länger zwischen Buchdeckeln begraben, wie viele Erzähler sagen. Gleichzeitig verfestigte sich durch Märchenerzähler die Vorstellung vom Märchen. Heutiges Erzählen hat andererseits dem Zustand des historisch gefrorenen Gattungskonstrukts Gestalt verliehen. Dabei ist der Trend hin zu einer „Bewegung" auszumachen. Organisationen wie die EMG und die Akademie Remscheid, Troubadour und Dornrosen e.V. in Nürnberg oder auch Regina Sommer in Aachen sowie Anbieter in der Schweiz, z.T. zur Schweizer Märchengesellschaft gehörend, bieten Ausbildungen zur Märchenerzählerin bzw. zum Märchenerzähler und einen Abschluss mit Zertifikat an.[8] Zwar wissen Märchenerzähler, dass man mit dem bloßen Märchenerzählen nicht reich werden und davon nur in wenigen Fällen leben kann, doch wird von einigen Ausbildern dieser Beruf weniger als Berufung denn als ein Beruf angedient. Erzähler/innen werden von der Organisation Troubadour

---

6 Fischer, H.: Alltägliches Erzählen heute: Zum Problem der Texterhebung und Textverarbeitung. In: Petzoldt, L./Rachewiltz, S. de (Hg.): Studien zur Volkserzählung. Berichte und Referate des ersten und zweiten Symposions zur Volkserzählung Brunnenburg/Südtirol 1984/85. Frankfurt a.M. u.a. 1987, S. 5-32, hier S. 7 (= Beiträge zur Europäischen Ethnologie und Folklore. Reihe B, 1).

7 Ebd. S. 24-25.

8 Geprüfte Erzähler der EMG dürfen z.B. vorzugsweise auf Kongressen der Gesellschaft erzählen. Über Bezeichnungen wie „Erzählergilde der EMG" zur Kennzeichnung von geprüften Erzähler/innen wurde nachgedacht: Beschluss des Vorstandes der EMG und Mitteilung auf dem Kongress in Bad Karlshafen September 2002.

auf eine eigene Vermarktung mit Flyer und Honorarforderung hin trainiert. Erzählen und dazugehöriges Puppenspiel gilt in diesen Kreisen von Troubadour als ein neues Berufsbild. Agenturen vermitteln Erzähler/innen.[9]

5.2 Die Märchenerzählerin – der Märchenerzähler

Ein Märchenerzähler hat mit dem allgemeinen Begriff ‚Erzähler' in der Folkloristik zahlreiche Eigenschaften gemeinsam. Er unterscheidet sich jedoch vor allem durch sein Repertoire und sein Selbstverständnis, deren Fokus sich stark auf Märchen, insbesondere traditionelle Märchen richtet. Mit dieser Eingrenzung über das Genre ‚Märchen' ist allerdings eine in dieser Form nicht existierende Ausgrenzung anderer Gattungen gemeint. Tatsächlich erzählen die heute Auftretenden auch Schwänke und (seltener) Sagen, gerne auch Anekdoten und sogar Witze. Ein Gattungsverständnis existiert minder ausgeprägt. Das trifft besonders auf Mischformen wie Mythenmärchen, Schwankmärchen und Novellenmärchen zu. Eine Übertragbarkeit der inhaltlichen Aussage des Textes auf traditionelle Werte und moralische Kriterien ist für die Auswahl besonders zu beobachten. Legendenmärchen werden relativ selten erzählt.

Was ist ein Erzähler?

1. Der Erfinder des Erzählten ist nicht sein Erzähler. Meist ist der Erfinder vergessen.
2. Ein Erzähler repräsentiert eine kollektive orale Tradition.
3. Der Erzähler ist nicht bloßer Reproduzent.
4. Die Persönlichkeit des Erzählers charakterisiert seine Vortragstechnik, sein Repertoire und seine Publikumsbeziehung.
5. Das Erzählte lebt durch seine Wiederholung.
6. Der Erzähler als Produzent gehört zum historischen und gegenwärtigen Kontext der Folklore.

Spezifisch ist die erzählerische Subjektivität beim Märchenvortrag. Erzähler wollen mit ihren Texten auch etwas weismachen und vorreden. Wahrheit und Lüge, Tatsächliches und vom Erzähler Hinzugefügtes lassen sich in der

[9] Janning, J.: Troubadour. In: MSP 10 (1999) H. 3, S. 93. Hier auch zur Sendung „Fakt" des MDR vom 17.5.1999 über die Organisation Troubadour und ihren Leiter Jean Ringenwald. Zur Esoterik: Wienker-Piepho, S.: Junkfood for the Soul. In: Fabula 34 (1993), S. 225-237. Ein Agentur-Beispiel in Frankfurt a.M. ist „Märchenstark": laut eigener Internetseite „Deutschlands erfolgreichster Märchen-Erzähl-Service", seit 1998 erzählen hierüber vermittelte Seniorinnen und Senioren für ein kleines Honorar: www.maerchenstark.de.

gewollten Fiktionalität des Märchens nicht leicht trennen, doch dieses Spannungsverhältnis ist gewollt. Eingangs- und Schlussformeln, Mimik und Gestik[10] unterstützen in der einen oder anderen Richtung. Die gestaltete Subjektivität lässt den Wahrheitsgehalt eines Märchens in einer bestimmten Perspektive erscheinen, ihn daher anscheinend der Lüge nahe stehen, immer einen Teil verbürgtes Wissen im umfassenden Sinne, das Körnchen Wahrheit über die Sache und ihren Sprecher enthaltend. ‚Volks'-Märchen gelten oftmals als Wunschdichtung und Ausdruck von Sehnsucht in sozialer und persönlicher Hinsicht, die die Wünsche der Erzählenden mittelbar und unbewusst mitteilen.[11] In heutiger Inszenierung steigt der Grad an bewusster Gestaltung.

Für die Erzählforschung gelten folgende Merkmale eines Erzählers: [12]

1. Der Erfinder ist nicht der Erzähler
Zwar ist der Erfinder des Märchens meist vergessen, aber bei Chronicate oder Memorate gründen sich die Geschichten auf den Erfahrungen des Erzählers und werden, selbst wenn der ursprüngliche Erzähler wechselt, mit überliefert. Auch Sagen beanspruchen einen Wahrheitswert, der beim Erzählen in Form einer Quellenangabe in die Tradierung eingeht.

2. Der Erzähler steht in der kollektiven oralen Tradition
Über Konstanz und Variabilität ist vor allem im Zusammenhang der Finnischen Schule diskutiert worden.[13] Der Ausdruck ‚kollektive orale Tradition' bezieht sich auf die Akzeptanz der Gemeinschaft und einen vorgegebenen Rahmen, der Änderungen der Geschichte in Struktur und Stil reglementiert. Die Erzählgemeinschaft akzeptiert, vor allem wenn sie konstant bleibt, wenn ein Erzähler immer wieder vor einem auf ihn fixierten Publikum spricht, kaum eine Änderung der Geschichte ohne verständlichen Anlass. In kleinen Elementen ist eine sog. Verbesserung der Märchen möglich und wird natürlich praktiziert. Ulrich Jahn beschrieb als die veränderlichen Teile der Märchen die Vorstellungen, die „die menschliche Phantasie in ihrem Hange zum Wunderbaren erzeugt und die unter gleichen Bedingungen ganz gleich bei den Deutschen wie bei den Chinesen, bei den Kaffern wie bei den Indianern

---

10 Haiding, K.: Von der Gebärdensprache der Märchenerzähler. Helsinki 1955 (=FFC 155).
11 Röhrich: Märchen und Wirklichkeit 2001, S. 24.
12 Vgl. Kaivola-Bregenhøj: Narrative and Narrating 1996, S. 20-24.
13 Vgl. die Diskussion zwischen Wesselski und Anderson: Pöge-Alder: Wesselski and the History of Fairy Tales (Druck 2007).

sein müssen." Diese Veränderungen schritten mit der Weltgeschichte, dagegen änderten sich die Märchenkerne wenig.[14]

Änderungen der Texte dürfen dem Erzählenden besonders bei religiöser Aufladung des Erzählten nicht unterlaufen. Dies gilt als Fehler, der geahndet wird.[15] ‚Orale Tradition' impliziert eine mündliche Präsentation, in der der Erzähler den Hörer mit seiner Geschichte und mit nonverbalen Mitteln in seinen Bann zieht. Formal zeichnet sich gesprochene Sprache z.B. durch Satzabbrüche, erzählerische Sprünge und Redundanz aus.

Im kommerziellen Bereich des heutigen Erzählens kommen, wenn es um die Erfinder des Erzählten und um die Konstanz im Vortrag geht, Fragen des **Urheberrechts** ins Spiel. Grundsätzlich gilt eine Schutzfrist von 70 Jahren nach dem Tod des Urhebers. Daher finden sich in zahlreichen Publikationen nur Märchen aus der Zeit vor dieser Spanne. Allerdings müssen auch Reprint-Ausgaben berücksichtigt werden. Ob das Urheberrechtsproblem beim mündlichen freien Vortrag wegfällt, bleibt bis zur endgültigen Klärung eine Frage des Augenmaßes und der konkreten Umsetzung. Einerseits existiert ein reger Austausch an Texten, Kopien und Bearbeitungen von Märchen unter den Erzählerinnen und Erzählern. Seit einigen Jahren veröffentlicht die EMG unter ihrem Präsidenten, dem Theologen und Märchenerzähler Heinrich Dickerhoff, im Königsfurth Verlag meist bearbeitete Märchen, die beim Kongress der Gesellschaft erzählt werden. Andererseits verlangen auch heute tätige Erzählerinnen und Erzähler, dass vor dem Erzählen der von ihnen veröffentlichten Märchen um eine Erlaubnis nachgesucht wird. In den USA proklamierte die Bewegung Tootsnic via Internet schon in den 1990er Jahren eine Aufführungsfreiheit aller Texte der bei ihnen eingetragenen Künstler, da sie als Folklore/Volksliteratur allen gehörten. Tatsächlich besteht in Deutschland über die Frage des Urheberrechts von Märchen bisher ein geringes Bewusstsein.

3. Der Erzähler ist kein Reproduzent

Dem folgt die Überzeugung, dass der Erzähler kein bloßer Reproduzent ist. Seine Arbeit folgt einem dreistufigen Ablauf: Über das Lernen speichert er das Märchen im Gedächtnis und kann es daher erzählen. Den Vorgang des Lernens nennen Erzähler gern verinnerlichen, um so den Unterschied zu sturem Pauken zu verdeutlichen. Schon die Art des Lernens unterscheidet die Erzähler untereinander. Zwischen einem festen Auswendiglernen, dem Ansatz des Inwendiglernens, dem Erzählen nach inneren Bilder oder der Me-

---

14 Jahn: Volksmärchen aus Pommern und Rügen 1998, S. 13, 15.

15 Taube: Märchenerzählen und Übergangsbräuche 2000. Dies.: Warum sich der Erzähler 1996. Vgl. Leeuw, G.v.d.: Phänomenologie der Religion. Tübingen 1933; 4. Aufl. d. 2., durchges. Aufl. Tübingen 1977, S. 317-320.

thode der Lemniskate gibt es viele Schattierungen und Spielformen.[16] Jeder Erzähler findet allmählich eine für ihn typische Form der Textaneignung. Kreativ ist der Erzähler daneben auf zahlreichen Ebenen, die seine Erzählerpersönlichkeit charakterisieren:

Der Erzähler entscheidet:

- was er lernen will und was nicht,
- wie viel er von einer Sache lernt und wovon daher sein aktives Repertoire bestimmt wird,
- die Art der Veränderung einer Geschichte,
- wie er sein Repertoire erneuert und ihm bisher unbekannte Geschichten hinzufügt.

Der österreichische Geschichtenerzähler KAI kann als Beispiel der textlichen Produktivität gelten. Er schrieb, dass er nicht nur europäische Volksmärchen und keltische Mythen erzählt, sondern auch eigene Märchen zu den Karten des Tarot, die Geschichte der Nibelungen und Erzählungen von E.T.A. Hoffmann.[17]

4. Erzähler sind Persönlichkeiten

Zwar ist man in der Erzählforschung geneigt gewesen, von Beiträgern und Erzählern zu sprechen, sie einem Milieu zuzuordnen und in Typologien zu pressen. Generell unterscheiden sie sich in verschiedener Weise. Herausragend sind dabei die Vortragstechnik, das Repertoire und der Austausch mit dem Publikum. Doch auch die Art der Quellenfindung und -bearbeitung, der Textaneignung und Inszenierung sind wichtige Charakteristika.

5. Ein erzähltes Märchen ist kein Wegwerfprodukt

Die Wiederholung über eine längere Zeitspanne gehört vielmehr zum Wesen der Folklore. Dagegen werden Geschichten der täglichen Unterhaltung häufig vergessen, es sei denn, sie sind so lebensfähig, dass sie in einen regelmäßigen Gebrauch übergehen. So gibt es in zahlreichen Familien Geschichten, die immer wieder und oft von den einzelnen Familienmitgliedern in abweichender Form erzählt werden, im Kern jedoch gleich sind.[18]

6. Der Erzähler als Produzent

Die erzählten Märchen können selbst wieder tradiert werden. Wie weit eine Veränderung des Märchentextes reichen darf, ist häufig Inhalt von Diskus-

---

16 Vgl. Knoch, L.: Märchenerzählen lernen bei der Europäischen Märchengesellschaft (EMG). In: MSP 8 (1997) H. 3, S. 89–90. Dies.: Praxisbuch Märchen 2001.

17 E-Mail vom 27.7. 1999.

18 Vgl. MacDonald: Scipio Storytelling 1996. Rezension in: Fabula 38 (1997) H. 3/4, 342-345.

sionen. Von wörtlichem Lernen bis zum Erzählen im Stegreif gibt es zahlreiche Schattierungen, wie meine Befragung ergeben hat. Die Vermittlungsinstanzen sind zahlreich: Die Bandbreite reicht von den Hörern, die Geschichten weitererzählen, bis zu medialer Verbreitung. Der Erzähler produziert damit selbst Folklore, die sich aufgrund seiner Vertrautheit mit dem folkloristischen Stil und einem trainierten Gedächtnis in den historischen und gegenwärtigen Kontext (Kultur- und Situations- bzw. Performanzkontext) einordnet.[19]

5.3 Erzählen im Kontext des Lebens: Märchenbiologie

Erzählerforschung (Märchenbiologie oder Märchensoziologie) ist als Forschungsrichtung innerhalb der Märchen- bzw. Erzählforschung ebenso ‚jung', wie diese Kleinkunstform selbst. Sie beschäftigt sich mit dem Verständnis des Erzählkontextes und der Performanz. Es geht also um die dynamischen Prozesse des Erzählens und Tradierens zwischen Völkern und Personen.[20] Wichtige Stationen dieser Forschungsrichtung stellten Rainer Wehse (Märchenerzähler) 1983, Linda Dégh 1984 und Dietmar Sedlaczek 1997 zusammen.

Stofftradition statt unbekannter Erzähler

Angaben zum Namen, Wohnort, Alter oder Beruf galten erst lange nach der Grimm-Ära als Standard für die Sammlung und Edition von Märchen. Die Brüder Grimm hatten die Viehmännin in der Vorrede zum zweiten Band der „Kinder- und Hausmärchen" 1815 herausgehoben, aber zu den Texten selbst notierten sie nur deren Herkunftsregion, beispielsweise „aus Zwehrn" (= von Dorothea Viehmann), „aus Cassel" (= von Frau Wild), „aus Hessen" oder „hessisch" (= von den Geschwistern Wild) und „aus den Maingegenden" (= von Ludovica Jordis-Brentano, die aus Frankfurt am Main stammt). Die Beiträge von Marie und der Familie Hassenpflug sind je nach der Zeit ihrer Kenntnisnahme mit „aus den Maingegenden", „aus dem Hanauischen" oder „aus Hessen" gekennzeichnet, da die Familie bis 1789 in Hanau (Maingegend) lebte und nach Kassel (Hessen) umgezogen war. Dank der Grimmschen Eintragungen im Handexemplar 1812/1815 konnte Heinz Rölleke diesen Anmerkungen den Namen der Beiträger zuordnen.[21]

---

19 Ben-Amos, D.: Kontext. In: EM 8, 1996, Sp. 217–237, hier Sp. 224-227.

20 Dégh, L.: Biologie des Erzählgutes. In: EM 2, 1979, Sp. 386-388. Dies.: Erzählen, Erzähler. In: EM 4, 1984, Sp. 320-325.

21 Vgl. Rölleke: Die ‚stockhessischen' Märchen der ‚Alten Marie' 2000, S. 18.

Ernst Meier (1813-1866) nennt am Rande einige Erzähler. Er fand diese im unteren sozialen Milieu und lernte sie schätzen, kritisierte aber Polizei und pietistische Kirchen-Sitten-Aufsicht wegen des Verbots der Spinnstuben, da so ein wichtiger sozialer Kontext für das Märchenerzählen wegfiel.[22] Richard Wossidlo (1859-1939) nahm bei seinen Feldforschungen in Mecklenburg Angaben zu Erzählern nur zufällig auf. Die Quellen im Wossidlo-Archiv zeigen auch, dass Erzähler gern hinter ihren Erzählungen zurücktraten.[23]

Meier gab in der Anmerkung zu seinem Märchen Nr. 5 „Der kranke König und seine drei Söhne" zur Herkunft an: „Mündlich aus dem württembergischen Oberlande, aus der Gegend von Ulm". Danach folgen Hinweise zu inhaltlich parallelen Märchen.[24] Nur in seiner Einleitung verweist er auf einen blinden Erzähler in Bühl. Dort konnte er „bei einem ziemlich langsamen und wiederholten Vortrage fast wörtlich nachschreiben."[25] Dies erwähnt Meier aber nur, um sein Bemühen um weitgehende Authentizität in der Textwiedergabe zu belegen. Die Perspektive der Sammler war wie bei Meier mehr auf den Erzählstoff gerichtet. Die Beschreibungen erscheinen eher verklärend und geben Auskunft über den Wunsch des Sammlers, das Erzählgut unverfälscht zu bergen.

Schilderungen von Erzählern und Erzählsituationen

Begegnungen mit herausragenden Erzählern, Erzählbegebenheiten und Erzählsituationen beschrieben nach den Grimms Sammler wie Larminie und Luzel.[26]

Ulrich Jahn lieferte in seiner Einleitung zu den „Volksmärchen aus Pommern und Rügen" eine Beschreibung der Märchen erzählenden Stände und Bevölkerungsgruppen. Während die Gebildeten nichts Volkstümliches kennen „wenn's nicht gerade Modesache geworden ist oder von oben gewünscht wird, für derlei Dinge zu schwärmen", der Handwerksmeister Zeitung und Buch liest, der Bauer lediglich materiell orientiert ist, machte Jahn die Erfahrung, dass nur der vierte Stand zur Märchensuche diente. Dabei wissen auch Fabrikarbeiter und streng kirchlich gesinnte Arbeiter nichts:

> Es bleiben also im grossen und ganzen nur die zum arbeitenden Stande gehörige Landbevölkerung, sowie die Fischer und Matrosen in den mittleren und reiferen Jahren, welche uns für das Volksmärchen Ausbeute versprechen.[27]

---

22 Meier: Deutsche Sagen 1983, S. XII-XV.

23 Z.B. Pöge-Alder: Richard Wossidlo im Umgang mit seinen Erzählern 1999.

24 Meier: Deutsche Volksmärchen aus Schwaben 1971, S. 301.

25 Ebd. S. 4. Jeske: Sammler und Sammlungen 2002, S. 42-43. Der Erzähler Stromberg erblindete nach dem 10. Lebensjahr und las zuvor: Herranen, G.: A Big Ugly Man with a Quest for Narratives. In: Studies in Oral Narrative. Hg. v. A.-L. Siikala. SF 33 (1989), S. 64-69.

26 Larminie: West Irish Folk-Tales 1893. Luzel: Contes populaires de Basse-Bretagne 1887.

Sie erzählten aber ihre Märchen nur, wenn sie ganz unter sich waren oder für Kinder vortrugen. Als treibende Kraft des Vergessens benannte Jahn die Pastoren und Schulmeister, die Bauern und Städter. Erst die völlige Verbindung mit den Erzählern brachte für Jahn das ersehnte Ergebnis: Der Sammler „muss ins Volk gehen, er muss sich mit ihm zu verquicken verstehen, seine Sprache, seine Sitten, seine Gewohnheiten, seine Anschauungen anzunehmen wissen". Ist dann auch die Gelegenheit günstig, der Sammler spendabel und wartend über Jahre, dann scheint die Sammlung von Märchen erfolgreich zu verlaufen: „Mir ist's gelungen, in Pommern direkt aus Volkes Mund ein nicht minder grosses Märchenmaterial zusammen zu bringen, als die Gebrüder Grimm in ganz Deutschland aus mündlichen und schriftlichen Quellen geschöpft haben."[28]

Hier schwingt verständlicher Stolz mit und das Wissen, bei ausschließlich selbst aus Volkes Mund gesammelten Stücken den Grimms eigentlich überlegen zu sein. Jahn traf diese wahren Märchenerzähler mit einer Kenntnis von 50, 60 und mehr Märchen fast nur im männlichen Teil der Bevölkerung. Ein Erzähler wird von seinen Kollegen verehrt, doch selten so „dass er von der Kunst zu leben vermag."[29] Jahn schildert, wie er mit den Zuhörern agiert, mit welcher Lebendigkeit er in Mimik und Gestik erzählt und seine Hörer mit sich reißt, dann aber an den spannenden Stellen für eine Schnupftabak- oder Trinkrunde unterbricht. In das Märchen eingestreute Lieder werden gemeinsam gesungen, in denen meist der Inhalt des Märchens in seinen wesentlichen Punkten wiederholt wird.

Jahn beschrieb aus seinen Sammelerfahrungen die Auswirkungen des einzelnen Erzählers auf das erzählte Märchen. Dabei hob er die jeweilige Eigenart des Erzählers hervor, die Anpassung des Märchens an den „Ideenkreis des Erzählers", die unbekannte Züge verändern lässt, die Sucht zur Vervielfältigung und Verbindung, so dass Abenteuer mindestens auf drei vervielfacht und die Drachen mit drei, sechs und neun Häuptern auftreten oder ähnliche Stoffe vieler kleiner Märchen verbunden werden (Kontamination).[30]

All diese Schilderungen lassen einen hohen Grad an Authentizität aufscheinen, allerdings hatte schon Otto Knoop in seiner Rezension der „Volksmärchen aus Pommern und Rügen" den Beweis führen wollen, dass Jahn tatsächlich keinen dieser begabten Erzähler getroffen hatte. Den anhaltenden Erfolg der Sammlung förderte sicherlich die Nähe der Märchen zu den

---

27 Jahn: Volksmärchen aus Pommern und Rügen 1998, S. 9.

28 Ebd. S. 10.

29 Ebd. S. 11.

30 Ebd. S. 15-18.

Grimmschen Texten in Struktur, Motivik und Sprachgestaltung.[31] Dieser Fall ist bereits ein Beispiel für die Balance, die Sammler und Herausgeber vollzogen: Sie orientierten sich an Vorbildern als dem Standard ihrer Zeit, die erst im Verlauf der volkskundlichen Erzählforschung völlig auf die Seite der Erzählenden selbst gelegt wurde.

Eine neue Qualität der Erzählerforschung liegt in den Arbeiten Wilhelm Wissers (1843-1935) vor. Er verzeichnete unter den Texten, die in der Zentralbibliothek der Universität Kiel lagern, nicht nur den Namen, sondern oft auch Wohnort, Beruf, Geburtsdatum und -ort.[32] Hannelore Jeske geht von mehr als 235 Erzählern aus, die für Wisser erzählten, zum größten Teil Arbeiter ohne Berufsausbildung, über 60 bzw. 80 Jahre alt, deren Repertoire umfangreich war, wenngleich mit über 60 Geschichten nicht so erstaunlich wie in anderen Berichten zu finden.[33] Im Allgemeinen hielten sich Wissers Erzähler, wie anhand wiederholter Aufzeichnungen feststellbar war, an den Inhalt ihrer eigenen Fassungen, obwohl konsequente Bewahrertypen nicht zu finden waren. Wisser rühmte den Erzähler Hans Lembke für seine farbige und lebendige Erzählweise.[34]

Es ist im Verlauf der Erzählerforschung deutlich geworden, dass es davon abhing, ob ein Mann oder eine Frau sammelten, um Geschichten von Männern bzw. Frauen zu erfahren. Wisser schrieb nur von 50 Frauen auf.[35] Er interessierte sich noch nicht für den sog. Sitz der Märchen im Leben, für den Kontext, d.h. für die Erzählgemeinschaften und Situationen, in denen erzählt wurde. Ihm wurden die Geschichten direkt im Zweiergespräch erzählt, bei dem er mitschrieb.[36]

---

31 Tietz: Charaktere im kleinen Pommern 1999, S. 382. Otto Knoops Rezension: ZfVk 3 (1890), S. 396-399. Vgl. Lucke: Der Einfluß der Brüder Grimm 1933.

32 Vgl. Jeske: Sammler und Sammlungen 2002. Zu Wisser S. 239-289, hier S. 246. Wisser, W.: Auf der Märchensuche. Die Entstehung meiner Märchensammlung. Hamburg/Berlin 1926 (=Unser Volkstum).

33 Das Alter der Erzähler lag oft über 60, in einigen Fällen auch über 80 Jahre vgl. Jeske: Sammler und Sammlungen 2002, S. 248, 252. Beispiele: Bîrlea: Über das Sammeln volkstümlichen Prosagutes in Rumänien 1985, S. 463, Dégh: Märchen, Erzähler und Erzählgemeinschaft 1962, S. 167. Gelegenheitserzähler geben 4–6 Märchen wieder und 20 Inhaltsauszüge, wirkliche Erzähler nicht weniger als 40, meist mehr Märchen, z.B. Lajos Ami 236 Märchen, irische Erzähler 200-300, der Schwede Taikon 250. Vgl. Uffer: Von den letzten Erzählgemeinschaften 1983, S. 27 über Repertoire im Wechsel der Jahre und Wandel der Erzählgemeinschaft von Erwachsenen zu Kindern. Starzacher: Das Märchen und seine Erzähler 1937, S. 32.

34 Jeske: Sammler und Sammlungen 2002, S. 250.

35 Dazu ebd. S. 253-254. Vgl. Köhler-Zülch: Ostholsteins Erzählerinnen 1991. Dies.: Who are the Tellers 1997, S. 200-201.

36 Jeske: Sammler und Sammlungen 2002, S. 251.

Einzelne Erzählerpersönlichkeiten

Herausgehobene Erzähler Ende des 19. Jahrhunderts finden sich wohl zuerst in der Edition von Guiseppe Pitré in Gestalt der Bettdeckennäherin Agatuzza Messia, in der Sammlung Johann Reinhard Bünkers (1863-1914) mit der erstmaligen Veröffentlichung der Erzählungen eines Erzählers, des Straßenkehrers Tobias Kern[37], und bei Campbell of Islay, der bereits Mitte des 19. Jahrhunderts Repertoireuntersuchungen betrieb und denselben Stoff auch bei dem gleichen Erzähler in zeitlichen Abständen mehrfach aufnahm, in Gestalt des Erzählers D. McPhie.[38]

Literarische Bearbeitungen nutzen gern einen imaginären Erzähler, so auch bei Perrault. Die Untersuchungen zu den Angaben der Erzähler bei Jean-Francois Bladé (1827-1900) in der Gascogne entsprechen eher dem Bild einer Zielfigur und weniger der Wirklichkeit. Bladé hat vermutlich selbst Hand angelegt beim Verfassen der Märchentexte, entsprach damit aber nicht einem Ideal seiner Zeit, die nach ‚authentischen' Märchen verlangte.[39]

Ethnologie und Soziologie, die Werke Durkheims, Malinowskis und Radcliffe-Browns, wurden als Quellen für die Märchenbiologie in ihrer Theorie und Methodologie der exakten Aufzeichnung innerhalb der Feldforschung herausgestellt; praktisch anregend wirkte vor allem Azadovskij.[40]

Impulse der russischen Bylinenforschung

In den ersten Jahrzehnten des 20. Jahrhunderts orientierte man sich in Russland stärker auf die russischen Epensänger. Die Bylinen, die für Russland

---

37 Bünker: Schwänke, Sagen und Märchen in heanzischer Mundart, zuerst 1906 mit 112 Texten, 10 bes. derbe Texte erschienen in der Zeitschrift Anthropophytheia 1905. Haiding, K.: Bünker, Johann Reinhard. In: EM 2, 1979, Sp. 1031-1032, hier Sp. 1032. Schenda: Von Mund zu Ohr 1993, S. 188-191: Die Texte dieser Erzähler existierten „nicht mehr ohne diesen Prozeß der gelungenen Kontaktaufnahme, der provozierten Performanz, der hastigen Aufzeichnung durch den Gebildeten und seine höchstpersönliche Verarbeitung des Erzählten zu vielgelesener Literatur". Die Aufzeichnung lässt gerade die performativen Aspekte vermissen „die Lebhaftigkeit der Gesten und der Mimik, de[n] Tonfall, die Aura der Kunstproduktion, kurz de[n] theatralische[n] Aufzug und Anzug, den die Märchen, Sagen und Schwänke einmal an sich hatten. Eine gründlichere Studie wird alle diese Aspekte sorgsamer auszufalten haben." (S. 191).

38 Vgl. Wehse, R.: Campbell of Islay, John Francis. In: EM 2, 1979, Sp. 1165-1167, hier Sp. 1166. Campbell of Islay: Popular Tales of the West Highlands 1860-62, hier Bd. 1, S. IX-XXXII. Pitré: Fiabe, Novelle e racconti popolari siciliani 1874-75, S. XVII. Märchen aus Sizilien 1991, gesammelt von Pitré (EM 11). Schenda: Von Mund zu Ohr 1993.

39 Steinbauer: Das Märchen vom Volksmärchen 1988. Bladé: Contes populaires 1885.

40 Vgl. Dégh, L.: Biologie des Erzählgutes. In: EM 2, 1979, Sp. 386–406, hier Sp. 393. Gilet: Vladimir Propp and the Universal Folktale 1999, S. 23: „Like Functionalism, the Myth and Ritual position gave priority to the social structure of the world surrounding the myth, rather than to the text of the myth itself and, in the end, sacrified text to context."

typischen epischen Volkslieder, galten als Schöpfung individueller, mündlich vortragender Künstler.[41] In Europa lenkte die Darstellung Mark Azadovskijs (1888–1954) über die sibirische Erzählerin Natalja Ossipowna Winokurowa bei der Erforschung der mündlich tradierten Literatur die Aufmerksamkeit auf die Erzähler. 1926 erschien das Vorwort seiner Märchensammlung aus dem Gebiet der oberen Lena in deutscher Sprache. Darin zeigte Azadovskij den Weg der russischen Folkloristik hin zur Erzählerpersönlichkeit beginnend bei ihren Wurzeln, den Bylinensammlern des Onegagebietes unter A. Hilferding. Schon P. Rybnikov hatte verschiedenartig gestaltete Stoffe und deren Sänger erwähnt, die Bylinen aber noch nach dem Sujet, nicht nach den Sängern geordnet. Hilferding machte nach zehn Jahren Kontrollaufnahmen und veröffentlichte erstmals detaillierte Resultate.

Vor und während des Ersten Weltkrieges war nach Azadovskij die Märchensammlung besonders erfolgreich. Die Petersburger Märchenkommission hatte nach seinen Angaben zwischen 1908 und 1926 mehr als 1000 Märchentexte veröffentlicht sowie die Charakteristika von 35 Erzählerinnen gesammelt und ihr Milieu dargestellt. Geographisch bewegte man sich vor allem im nordeuropäischen Russland.[42]

In Petersburg bemühte sich die Russische Geographische Gesellschaft, gegründet 1845, unter dem Vorsitz von A. Šachmatov und S. Ol'denburg mit der sog. Märchenkommission verstärkt um die Herausgabe von Märchen.[43] Zelenin gab 1914 eine umfangreiche Märchensammlung aus dem großrussischen Gouvernement Perm und im Jahr danach aus dem Gouvernement Vjatsk heraus und zeichnete ein Portrait der Märchenerzähler des Jekaterinburger Kreises. Allein der Erzähler Lomtev gab an den Sammler 27 z.T. sehr umfangreiche Texte weiter.[44]

Nach Azadovskij hätten Erzähler und Dichter bewusst oder unbewusst ähnliche Aufgaben: Sie müssten den Stoff ordnen und auswählen und ihrer künstlerischen Absicht folgend gestalten. Daher gehörten der künstlerische Plan und die gestaltende Individualität des Erzählers in den Forschungsbereich. Nicht allein auf die Biografie orientiert, sondern auf die künstlerische Physiognomie, auf Repertoire und Stil sollte sich Forschung konzentrieren.[45]

---

41 Braun, M.: Byline. In: EM 2, 1979, Sp. 1088-1096. Dégh, L.: Erzählen, Erzähler. In: EM 4, 1984, Sp. 315–342, hier Sp. 320.

42 Asadovskij: Eine sibirische Märchenerzählerin 1926, S. 12.

43 Ebd. S. 9-10 , z.B. in „Živaja starina" 1912. Asadovskij, M.: Die Folkloristik in der U.d.S.S.R in den fünfzehn Jahren 1918–1933. Leningrad o.J. (1936).

44 Zelenin, D.K.: Großrussische Märchen aus dem Gouvernement Perm 1914. Ders.: Großrussische Märchen aus dem Gouvernement Vjatsk 1915.

45 Asadovskij: Eine sibirische Märchenerzählerin 1926, S. 21.

Aktive und passive Traditionsträger

Geprägt wurden die Forschungsrichtung und der Begriff ‚Märchenbiologie' wesentlich von Carl Wilhelm von Sydow (1878–1952) und Friedrich Ranke (1882–1950) in der Auseinandersetzung mit der Finnischen Schule bzw. der geographisch-historischen Methode. Über der Suche nach der ‚Urform' eines Märchentyps waren die Überlieferung der Texte und deren soziokulturelle Bedingungen aus den Augen verloren worden.[46]

In Auseinandersetzung mit den Thesen der Finnischen Schule und der Diskussion um die Stabilität der Märchenüberlieferung betonte der Schwede von Sydow, dass aktive und passive Traditionsträger (Erzähler und Hörer) für die Verbreitung oder den Verlust von Märchen verantwortlich sind. Ein gutes Gedächtnis, lebhafte Einbildungskraft und gute Erzählbegabung nennt er als Eigenschaften zum Erhalt der Überlieferung. Der schwedische Forscher, der vor allem für seine Definition von Memorat und Fabulat bekannt ist, betont, dass Märchen Sprachgrenzen nur schwer überwinden können, eher zwischen den Generationen überliefert werden und sog. Ökotypen bilden.[47]

Albert Wesselski (1871-1939) dagegen betont die Leistung des Märchenpflegers, der sich für die Märchen um die Erhaltung der Form und der Sprachgestalt bemüht. Durch ihn überwinden Märchen weite Entfernungen. Sonst hält Wesselski eine mündliche Überlieferung für wenig traditionserhaltend und weist damit schriftlichen Quellen einen wesentlichen Beitrag zur Erhaltung der Tradition zu.[48]

Linda Dégh entwickelte mit A. Vászsinyi 1971 die sog. Conduit-Theorie, laut der es Erzählerinnen und Erzähler mit adäquater Persönlichkeitsstruktur sind, die eine Geschichte aufnehmen und in ihrer gehörten Form weiterreichen. So entstehen Überlieferungsbahnen (*conduits*), die in sich verzweigt sind (Multi-Conduit-System). Innerhalb dieser Kommunikationsprozesse in einem freien Kontext findet auch die bewusste oder unbewusste Auswahl des Tradierten statt. Diese Theorie bezieht psychologische Tests in die Reproduktionsexperimente ein und versucht erneut, die Stabilität der populären Erzählstoffe zu erklären.[49]

---

46 Pöge-Alder: ‚Märchen' 1994, S. 76-80. Dégh, L.: Biologie des Erzählgutes. In: EM 2, 1979, Sp. 386–406, hier Sp. 387. Der Begriff ist von Olrik 1909 für die Sage geprägt worden.

47 Von Sydow: Selected Papers 1948, S. 11-43: On the spread of tradition. Ders.: Märchenforschung und Philologie 1973, S. 187.

48 Pöge-Alder: Albert Wesselski and the History of Fairy Tales (Druck 2007). Wesselski: Versuch 1974, S. 174.

49 Dégh, L.: Conduit-Theorie. In: EM 3, 1981, Sp. 124-126.

Fokus auf die Erzählerinnen und Erzähler

In den 30er Jahren des 20. Jahrhunderts rückten die Träger der Überlieferung selbst, die Erzählerinnen und Erzähler als einzelne Persönlichkeiten oder auch die soziale Einheit einer Gemeinde in das wissenschaftliche Zentrum. Diesem Aufschwung der Erzählerforschung sind wichtige Monografien und theoretische Einsichten zu danken, deren Wirkung und Tradition lange fortgesetzt wurde.[50] Zwei Beispiele illustrieren die Schwerpunkt-Verlagerung von Arbeiten nach den Prinzipien der geographisch-historischen Methode zu einer erzählerorientierten Forschung.

Gottfried Henßen (1889-1966) bezog sich 1939 auf Friedrich Ranke[51], der die besondere Verbindung zwischen Überlieferung und Träger derselben beschrieben und das Einbeziehen der Erzählbiologie gefordert hatte, d.h. nicht nur Inhalt, sondern auch Erzähler und ihre Meinung zu den Geschichten sowie nähere Umstände des Erzählens zu notieren. Ranke betrachtete die begabten Erzähler als Träger der Überlieferung und daher als Bewahrer und Gestalter. Den Hörerkreis wertete er als „gegenüber dem selbständig formenden Erzähler den beharrenden Teil", der damit zum Fundament der gleichmäßigen Überlieferung wird.[52] Zur Umsetzung der Forderungen verwies er auf die Verwendung von Magnetophonen, die „... die Klanggebilde in ihrer ganzen Ursprünglichkeit wiederzugeben vermögen."[53] Henßen begründete 1936 das Zentralarchiv der deutschen Volkserzählung, zuerst in Berlin, nach

---

50 Bsp.: Grudde: Wie ich meine „Plattdeutschen Märchen aus Ostpreußen" aufschrieb 1932. Tolksdorf, U.: Grudde, Hertha. In: EM 6, 1990, Sp. 257-258. Brachetti, M.: Das Volksmärchen als Gemeinschaftsdichtung. In: Niederdeutsche Zeitschrift für Volkskunde (1931) H. 9, S. 197-212. Henßen: Stand und Aufgaben 1939. Ders.: Überlieferung und Persönlichkeit 1951. Ortutay, G.: Fedics Mihály mesél (Mihály Fedics erzählt). UMNGY I. Budapest ²1978 (zuerst 1940). Uffer: Rätoromanische Märchen und ihre Erzähler 1945. Ders.: Die Märchen des Barba Plasch 1955. Ders.: Märchen, Märchenerzähler und Märchensammler 1961. Haiding, K.: Träger der Volkserzählungen in unseren Tagen. In: Österreichische Zeitschrift für Volkskunde (1953) H. 56, S. 24–36. Ders.: Von der Gebärdensprache der Märchenerzähler 1955. Gerndt, H.: Ulrich Tolksdorf 1938-1992. In: ZfVk 89 (1993), S. 100-102.

51 Ranke, F.: Grundsätzliches zur Wiedergabe deutscher Volkssagen. In: Niederdeutsche Zeitschrift für Volkskunde 4 (1926), S. 44-47. Ranke: Aufgaben volkskundlicher Märchenforschung 1933, S. 203.

52 Henßen, G.: Sammlung und Auswertung volkstümlichen Erzählgutes. In: Hessische Blätter für Volkskunde XLIII (1952), S. 5-29. Auf S. 6 spricht sich Henßen gegen Hans Naumann und die Überbewertung der volkstümlichen Gruppe aus, in der die „schöpferische Eigentätigkeit" der Erzählerpersönlichkeit nicht erkannt oder als Rezitation abgetan wird. Die Überbewertung des Numinosen für die Erzählgemeinschaft z.B. durch das Erzählen von geglaubten Sagen lehnt Henßen ab (S. 7).

53 Henßen: Stand und Aufgaben 1939, S. 134.

1945 an der Universität Marburg. Über den Erzähler Egbert Gerrits schrieb er eine beispielgebende Monographie.[54]

Richard Viidalepp (1904-1986), Sohn einer estnischen Bauernfamilie in Zentralestland, schrieb schon als Schüler für die Zeitung. Nach seinem Studium in Tartu bei dem bedeutenden Sammler Matthias Johann Eisen sowie bei Walter Anderson und Oskar Loorits, wichtigen Protagonisten der Finnischen Methode, arbeitete er am Estnischen Folklorearchiv vor allem für die Sammlung estnischer Überlieferungen. Er unternahm selbst sehr aufwendige Feldforschungen, bezog im Verlauf aber zunehmend Schüler in seine Arbeit ein. Während seiner Feldforschungen besuchte er auch Altersheime und traf so 1932 und 1933 den 64-jährigen blinden Erzähler Kaarel Jürjenson, geboren 1868. Von ihm schrieb Viidalepp 691 Erzählungen auf, zu denen 256 Märchen, Schwänke und Sagen gehörten. Viidalepp hatte bemängelt, dass Angaben, wo der Erzähler seine Geschichte gehört hatte, oft nicht gemacht würden, so dass die Verbreitungsrichtungen der Volkserzählungen nicht nachzuvollziehen wären. Mit diesen Angaben aber könnte man beweisen, „dass die Verbreitung in manchen Fällen sprunghaft, nur von einzelnen Menschen abhängig gewesen sein kann." Dementsprechend nahm sich Viidalepp viel Zeit für die Angaben zur Herkunft der Erzählungen, zeichnete eine Karte und berichtete über Berufe und Erzählgelegenheiten. Auch die Herkunft der russischen Stoffe im Repertoire konnte Jürjenson klären. Sein Erzählstil erwies sich als zuverlässig wiederholend mit nur wenigen Abweichungen. Viidalepp interessierte sich zunehmend für konkrete Zeiten, Orte und lokal bekannte Personen in den Erzählstoffen, ähnlich Lutz Röhrichs „Märchen und Wirklichkeit".[55]

Das gestiegene Interesse an Erzählerpersönlichkeiten schlug sich auch institutionell nieder. Die nach Anregung des Bundes Folklore Fellows 1907 gegründeten Archive orientierten sich nun nicht nur auf Materialerfassung. Wie anhand von Viidalepp beschrieben, erweiterte nicht nur das Estnische Folklorearchiv seine Quellenangaben. Der Norweger Raidar T. Christiansen gründete 1935 in Dublin die Irish Folklore Commission mit der Aufgabe, die Erzählerrepertoires zu sammeln und Erzähler eingehend zu erforschen.

Erzählen als Performanz

Nachdem neben das Erzählte der Erzähler in das Zentrum des Interesses trat, gehörten nun auch die Fragen der Performanz, der Situation, Funktion, des

---

[54] Henßen: Überlieferung und Persönlichkeit 1951. Schwebe, J.: Henßen, Gottfried. In: EM 6, 1990, Sp. 821-823.

[55] Hiiemäe: Richard Viidalepp 2005, S. 243-258. Viidalepp: Von einem großen estnischen Erzähler und seinem Repertoire 1937, Neuabdruck 2005, S. 259–272, Zitat S. 265.

Prozesses und Lebenszusammenhangs zum Forschungsgegenstand.[56] Soziologische Untersuchungen zur Performanz von Volkserzählungen im bäuerlichen Milieu sind ebenso in den 1930er Jahren unter Julius Schwietering durchgeführt worden.[57] Zu den Folkloristen, die in dieser Richtung weiter arbeiteten, gehören auch die Amerikaner Dan Ben-Amos, Richard Bauman und Robert A. Georges. Es entsprach der Situation der 1980er Jahre, wenn sie den „situativen Zusammenhang eines ‚Erzählerereignisses' (*story telling event*)" beschrieben, in dem auch das Erzählen mit seinen besonderen Merkmalen in der Gegenwart untersucht werden kann.[58]

Juha Pentikäinen untersuchte am Beispiel von Marina Takalo (1890-1970) das soziokulturale Systemgefüge, in das diese Frau eingebunden war und in dem sie ihre Erzählungen vortrug. Die Erzählerin emigrierte 1922 in den politischen Umwälzungen der UdSSR nach Finnland und hatte mit diesem Migrationsprozess ihr Repertoire erweitert und verändert.[59]

Standards der Erzählerforschung

Die Tätigkeit der Erzähler schlägt sich am deutlichsten nieder, wenn die Erzählungen über einen längeren Zeitraum hinweg mehrfach aufgenommen werden. Das Beherrschen des vom Erzählenden gebrauchten Dialekts hilft dabei, „das Gehörte wirklichkeitstreu wiedergeben" zu können. Alles, was „zur Kenntnis der Geisteshaltung und damit zur Erforschung des Volkscharakters dient" (auch Schwänke, Anekdoten, gegenwartsnahe Berichte)[60] soll aufgezeichnet werden, auch die beteiligten Personen und ihr soziales Umfeld sind zu registrieren. Gemeinsam mit Beruf, Alter, Werdegang der Erzählerpersönlichkeit sowie der Herkunft der Erzählung ergibt sich dadurch ein umfassendes Bild der Überlieferungsträger.[61] Um diese Bedingungen erfüllen zu können, muss der Sammler „das Vertrauen der Erzähler und Hörer gewinnen", so dass ihn die Erzählgemeinschaft nicht mehr als Außenstehenden empfindet. Eine der Voraussetzungen ist das Vertrautsein mit dem Konvolut der traditionellen Märchen und Erzählungen, ihrer Verbreitung und dem erzählerischen Milieu. In die Kontextualität des Erzählens fließen Beobachtungen zu Gestik, Mimik, dramatischen Bewegungen, zu Tonfall, Tonlage, Erzähltempo und Pausen ein, die nicht nur verbal, sondern auch im Film,

56 Wehse, R.: Feldforschung. In: EM 4, 1984, Sp. 991-1005, hier Sp. 995.

57 Schwietering: Volksmärchen und Volksglaube 1935, S. 68. Kritisch gesichtet von G. Henßen: Sammlung und Auswertung volkstümlichen Erzählgutes 1952 und Linda Dégh: Is the Study of Tale Performance 1980.

58 Vgl. Märchenerzähler – Erzählgemeinschaft. Hg. v. R. Wehse 1983, S. 14.

59 Pentikäinen: Oral Repertoire and World View 1978, S. 13-14.

60 Henßen: Sammlung und Auswertung volkstümlichen Erzählgutes 1952, S. 7.

61 Vgl. Dégh, L.: Biologie des Erzählgutes. In: EM 2, 1979, Sp. 386–406, hier Sp. 393-394.

Video oder Foto, als Tonbandaufnahme und Schallplatte konserviert sind. Beispiele für diese systematische Feldforschung sind bis heute aktuell.

Das Ziel der Feldforschung besteht im Schaffen einer Quelle für die Erzählforschung. Damit nicht nur eine lose Stoffsammlung vorliegt, ist ein weitgehend wirklichkeitsgetreuer Ablauf eines Erzählabends aufzuzeichnen, die Erzählerpersönlichkeit in ihrer Gesamtcharakteristik zu beobachten, die Funktion der Erzählung in der Gemeinschaft zu erschließen und der Erzählschatz einer Landschaft darzustellen.

Henßen beschreibt seine Feldforschung: Bei den Zusammenkünften notierte er den allgemeinen Verlauf,

> den Gang der einzelnen Erzählungen, die Sprechweise und Gebärden der Erzähler, besonders spontane und gelungene Redewendungen innerhalb der einzelnen Geschichten, endlich die Wirkung der Geschichte auf die Hörer, ihre Beifallsäußerungen oder Einwendungen. An einem der nachfolgenden Tage ging ich dann mit den einzelnen Gewährsleuten nochmals die Geschichte durch und ließ sie mir jetzt so langsam erzählen, daß ich sie wörtlich mitschreiben konnte.[62]

In exemplarischen Monografien zu einzelnen Erzählerpersönlichkeiten, wie sie seit den 1960er Jahren entstanden sind, stehen diese Personen mit einer umfassenden Charakterisierung, ihrer Lebensgeschichte, ihrer Umwelt und ihrem Publikum sowie ihrer Gestaltung der Erzählungen im Mittelpunkt.[63] In der Nachfolge Henßens und Neumanns stellte Ingrid Eichler den Erzähler Otto Vogel, geboren 1874, mit insgesamt 40 Erzählungen vor, von denen 15 Märchen und vier Schwänke bzw. Alltagsgeschichten abgedruckt sind. In der Einführung beschreibt die Herausgeberin auch den Wandel des Zuhörerkreises, denn das Zuhören ist eine Kunst, die, wie Bausinger schrieb, „zuerst verlorengegangen" ist.[64] Auch wenn Eichlers Arbeit mit dem Forschungshintergrund und der Geschichte der DDR deutlich verbunden ist, bleibt sie gerade damit ein wichtiges Zeugnis. Ihre Feldforschungen bestanden in fünf Reisen nach Delitz bei Halle an der Saale zwischen 1956 und 1958. Wie bei ihren Vorbildern, so sind auch in diesem Band alle Texte ausführlich

---

62 Henßen: Sammlung und Auswertung volkstümlichen Erzählgutes 1952, S. 9.

63 Monografien zu Erzählern (zuerst erschienen): Bünker: Schwänke, Sagen und Märchen 1906. Henßen: Überlieferung und Persönlichkeit 1951. Zenker-Starzacher: Märchen aus dem Schildgebirge 1986. Neumann: Ein mecklenburgischer Volkserzähler 1968. Ders.: Eine mecklenburgische Märchenfrau 1974. Eichler: Sächsische Märchen und Geschichten 1971. Tolksdorf: Eine ostpreußische Volkserzählerin 1980. Tillhagen: Taikon erzählt 1979. Cammann: Märchen, Lieder, Leben 1991. Gwyndaf, R.: The Prose narrative Repertoire of a Passive Tradition Bearer in a Welsh Rural Community. Genre Analyses and Formation. In: SF 20 (1976) 283-293.

64 Bausinger: Lebendiges Erzählen 1952, S. 14.

kommentiert: Sie sind mit AaTh-Nummern und Literaturverweisen auf Varianten sowie mit Hinweisen auf Besonderheiten und Quellen versehen.[65]

Nach Linda Dégh stehen Tradition, Individuum und Erzählgemeinschaft als Säulen der Überlieferung im Zentrum der Erzählforschung.[66] Mit dem Begriff ‚Biologie des Erzählguts' ist der Paradigmenwechsel in der Erzählforschung von philologisch-genetischen Beziehungen zwischen den Texten zum soziokulturellen und kommunikativen Hintergrund zusammengefasst. Neben den Fragen nach Erzähltyp- und Motivuntersuchung stehen daher Fragen, die historisch und rezent, individuell und in sozialen Gruppen, lokal, regional und international sowie in Bezug auf Mündlichkeit und Schriftlichkeit in transdisziplinärer Zusammenarbeit geklärt werden sollen:

> Wer erzählt wem was bei welcher Gelegenheit, aus welchem Grund und zu welchem Zweck? Wie wird erzählt? Wie erreicht das Erzählte den Empfänger und wie wirkt es auf diesen?"[67]

Ergänzen muss die Forschung weiterhin: Wer stellte welche Fragen mit welcher Intention zu welchem Zweck? Welche Wirkung bestand? Hier ist schöpferisch weiterzudenken und die Entwicklungen der an der Erzählforschung beteiligten Disziplinen sind mit einzubringen.

Die ahistorische Wunsch-Kategorie ‚Mündlich'

Die quellenhistorischen Untersuchungen zu den Grimm-Märchen und anderen Sammlungen des 19. Jahrhunderts, Untersuchungen zu mündlichen Übertragungsprozessen und der Erzählerforschung sowie zu Lesestoffen und Leseverhalten modifizierten die Sicht auf die Kategorie ‚mündlich'. Sie wird nunmehr als ein Qualitätssignum kritisch gewertet.[68] Dem romantischen Paradigma einer Entstehung der Märchen im ‚Volk' und ihrer mündlichen Tradierung wird erst im Zuge kritischer Forschungen und der Einführung von

---

65 Eichler: Sächsische Märchen und Geschichten 1971: „Der Erzähler und seine Umwelt" S. 8-11, bes. S. 17 Bsp. Nr. 6 „Der Musikant im Waldgasthaus", Nr. 12 „Der Fürst mit seinen drei Töchtern"; Nr. 17 Schnurren um den Alten Fritz; Bsp. Nr. 9: AaTh 562 „Das Feuerzeug", der Anfang wie Andersen, danach völlig eigenständig erzählt, vielleicht nach dem Vorbild der Mutter, die einer protestantischen Sekte angehörte.

66 Dégh: Märchen, Erzähler und Erzählgemeinschaft 1962, S. 25.

67 Sedlaczek: Von der Erzählerpersönlichkeit 1997, S. 85.

68 Gerndt, H.: Sagen und Sagenforschung im Spannungsfeld von Mündlichkeit und Schriftlichkeit. Ein erkenntnistheoretischer Diskurs. In: Fabula 29 (1988), S. 1-20, hier S. 7. Siehe auch Gerndt, H.: Volkssagen. Über den Wandel ihrer zeichenhaften Bedeutung vom 18. Jahrhundert bis heute. In: Volkskultur der Moderne. Probleme und Perspektiven empirischer Kulturforschung. Hg.v. Utz Jeggle u.a. Reinbek 1986, S. 397-409. Ders.: Volkserzählforschung. In: Wege der Volkskunde in Bayern. Ein Handbuch. Hg. v. Edgar Harvolk. München/Würzburg 1987, S. 403-420 (=Beiträge zur Volkstumsforschung 23. Veröffentlichungen zur Volkskunde und Kulturgeschichte 25).

Aufnahmetechniken und den Erfahrungen der Transkription eine allgemeine Skepsis und folgend Ablehnung bzw. Spezifizierung entgegengebracht. Rudolf Schenda bettete das Erzählen von Märchen in eine „Kulturgeschichte volkstümlichen Erzählens" ein: „Das ‚Mündlich' der Sammler in der ersten Hälfte des 19. Jahrhunderts entpuppt sich bei näherem Zusehen als eine ahistorische Wunsch-Kategorie."[69]

Der geschärfte Blick nicht nur auf den Inhalt der Erzählung, sondern auch auf die Form und Sprachqualität sowie eine Aufwertung der Erzähler, ihrer persönlichen Leistung und der Rolle des Publikums ging einher mit dem regelmäßigen Notieren von Namen, Alter, Beruf und Umfeld der Erzähler und ihrer Erzählsituationen, wie es beispielsweise Felix Karlinger praktizierte.[70] Wenige Erzählerinnen und Erzähler sind in die EM aufgenommen; eine umfassende Darstellung von europäischen Erzählerpersönlichkeiten ist bleibendes Desiderat.[71]

Hervorzuheben ist für den deutschsprachigen Bereich die regionale Studie zu Sammlern und ihren Leistungen von Hannelore Jeske für Schleswig-Holstein.[72] Das geänderte Forschungsinteresse hat auch die Beschäftigung mit rezenten Erzählerpersönlichkeiten befördert. So entstand in Innsbruck eine Arbeit zu österreichischen Erzählern. Einen umfassenden Überblick über Erzähler im deutschsprachigen Raum gibt es seit dem Jahr 2000, in dem auch einige afrikanischer Erzähler und ein englisch vortragender Erzähler aufgeführt sind.[73]

Allgemein geht man von einer wechselseitigen Beeinflussung von Mündlichkeit und Schriftlichkeit aus[74], wobei im Zuge der Medienentwicklung Radio, Fernsehen und Internet zur Aufnahme neuen Erzählguts und seiner Veränderung sowie zur Neugestaltung von Erzählsituationen beitragen. Das Erzählen über erlebte Sendungen ist Teil der Alltagserzählung geworden. Die Erinnerung an Märchen verändert sich durch die Rezeption der medialen Gestaltungen, was in ablehnender Intention von Freunden ‚traditioneller Märchen' etwa anhand der Filme zu „SimsalaGrimm" ausführlich diskutiert wurde.[75]

---

69 Schenda: Von Mund zu Ohr 1993, S. 250.

70 Karlinger: Auf Märchensuche im Balkan 1987, S. 11-12, 98-102.

71 Vgl. Schenda: Von Mund zu Ohr 1993, S. 188.

72 Jeske: Sammler und Sammlungen von Volkserzählungen 2002.

73 Schiestl: Bemerkenswerte österreichische Märchenerzählerinnen 2000. Pöge-Alder: Erzählerlexikon 2000.

74 Wienker-Piepho, S.: Märchenpflege. In: EM 9, 1999, Sp. 287-291, hier Sp. 288.

75 Weiße: Simsala versus Grimm? 2000. Franz/Kahn (Hg.): Märchen – Kinder – Medien 2000.

Erzählen als Lebensäußerung

Die Rettung des beinahe verloren Geglaubten war die Sammelmotivation für mündliche Überlieferungen seit dem 19. Jahrhundert. Mit dem geweiteten Blick auf das Erzählen insgesamt, auf Kontext und Performanz wurde das alltägliche Erzählen Gegenstand der Forschung. Nicht mehr nur traditionelles Erzählgut, wie es in den Gattungen Märchen, Sagen, Schwänke, Legenden usw. in der Nach-Grimm-Zeit definiert wurde, ist Gegenstand der Erzählforschung, sondern Erzählen ist als Lebensäußerung beschrieben, innerhalb derer sich neben den genannten zahlreiche andere Gattungen, Stile und Funktionen abzeichnen.

Hermann Bausinger hatte in seiner Dissertation den Begriff ‚alltägliches Erzählen' eingeführt und verstand darunter einen Typ der Erzählung, der verschiedene Inhalte wie Arbeitserinnerungen, Krankengeschichten, Erlebnisse aus der Kriegs- und Nachkriegszeit, Reiseberichte, Gerichtsberichte strukturell und inhaltlich an traditionellen Gattungen orientiert,[76] die Bausinger z.B. in ‚realistische' Erzählformen wie die glückliche, die unerhörte und die heitere Begebenheit, aber auch nach der Hinwendung oder Entfernung vom Tatsächlichen gliederte[77], und damit das Anknüpfen an traditionelle Erzählintentionen beschrieb. Wo traditionelle Genres eine andere Rezeptionskultur erlangten, treten neue ebenso künstlerisch wie ästhetisch qualitativ gestaltete Erzählungen auf. Innerhalb dieser Alltagserzählungen[78] nehmen Arbeitserinnerungen[79] vor allem in relativ konstanten Arbeitsverhältnissen einen wesentlichen Platz ein.

Die Erzählforschung sollte Ansätze aus der Textlinguistik und interaktionistische kommunikationswissenschaftliche Ansätze wie Goffman rezipieren, um sowohl die Textebene der Gesprächssituation als auch ihre soziale Dimension betrachten zu können[80] sowie psychologische Analysemethoden der Gesprächsdynamik und Übertragungstechnik einzubeziehen.[81] Jeder Mensch besitzt die komplexe Fähigkeit zu erzählen und kann über das „Erzählen im

[76] Sedlaczek: Von der Erzählerpersönlichkeit zum Alltäglichen Erzähler 1997, S. 86-87. Zu Autobiographie und Lebensgeschichten: Brednich: Zur Anwendung der biographischen Methode 1979. Lehmann: Erzählstruktur und Lebenslauf 1983.

[77] Bausinger: Lebendiges Erzählen 1952, S. 199. III. Kapitel.

[78] Neumann: Erlebnis Alltag 1984, S. 97-106.

[79] Neumann, S.: Arbeitserinnerungen als Erzählinhalt. In: Deutsches Jb für Volkskunde 12 (1966), S. 177-190. Haiding, K.: Das Erzählen bei der Arbeit und die Arbeitsgruppe als Ort des Erzählens. In: Arbeit und Volksleben. Deutscher Volkskundekongreß in Marburg 1965. Göttingen 1967, S. 292-302.

[80] Bausinger, H.: Alltägliches Erzählen. In: EM 1, 1977, Sp. 323-330, hier Sp. 329. Goffman: The Presentation of Self 1959.

[81] Jacoby, M.: Übertragung/Gegenübertragung. In: Wörterbuch der Analytischen Psychologie. Hg. v. Lutz und Anette Müller. Düsseldorf/Zürich 2003, S. 436-437, hier S. 437.

Alltag" Veränderungen in unterschiedlichen Bereichen bewirken. Gerade in institutionellen Handlungsräumen, in Kontexten wie Krankenhaus, Behörden oder vor Gericht[82], ist die Fähigkeit, das eigene Anliegen angemessen vorzubringen, oftmals entscheidend für die entgegengebrachte Empathie und damit für die persönlichen Konsequenzen. Die Analysen von Forschungsrichtungen wie der Ethnologie und Anthropologie, der Soziologie, Linguistik, Rhetorik, Phonologie, Semiotik, der Theaterwissenschaften sowie der Theologie und der Philologien fließen in die Analyse des alltagssprachlichen Erzählens ein, sie nehmen allerdings die älteren Ergebnisse der Erzählforschung kaum wahr.[83]

Die volkskundliche Erzählforschung bemühte sich um eine Begriffsklärung, die über Bausinger weiter zu Rudolf Schenda bestimmt wurde als „das Erzählen vom Nicht-Alltäglichen".[84] Hier knüpft sie an die Methoden und Fragen der Märchenforschung an, indem das Außergewöhnliche, der Konflikt und seine Lösung bestimmt werden. Die historische Dimension des Erzählstoffs auch außerhalb oder in loser Verbindung zu Gattungssystemen bietet in der Forschung den Schutz vor bloßem Suchen nach Funktionen und Motiv- wie Genreeinteilungen.[85] Genrediskussionen werden heute auch gern von Märchenerzählerinnen und -erzählern verworfen und in einer Erzählsituation als fremd angesehen, von Schenda etwa als sozialproblemfremd bezeichnet.[86]

Auch die Märchenforschung hat sich mit der sozialen Funktion des Erzählens, wie sie seit Schwietering und danach etwa von Neumann thematisiert wurde, beschäftigt.[87] Das Erzählen eigener Erlebnisse dient dabei individualisierenden, solidarisierenden und sedativen Funktionen.[88]

Mit dem Bezug auf den einzelnen Erzähler und seine Einbindung in historische und rezente Kontexte, die ihren Niederschlag in seiner Biografie finden, leistet auch die Erzählforschung mit der Hinwendung zum biographischen Erzählen einen Beitrag zu *Oral History* als Bewegung zu mehr Demokratisierung und Humanisierung. Hier wirkten Wolfgang Emmrichs

---

82 Vgl. Ehrlich, K. (Hg.): Alltägliches Erzählen. Frankfurt a.M. 1980, S. 13, 16-17, 20-21.

83 Quasthoff, Uta M. (Hg.): Aspects of Oral Communication. Berlin/New York 1995 (=Research in text theory 21).

84 Schenda: Von Mund zu Ohr 1993, S. 49.

85 Vgl. Schenda: Autobiographien erzählen Geschichten. In: ZfVk 77 (1981), S. 67-87, hier S. 76-77.

86 Vgl. Sedlaczek: Von der Erzählerpersönlichkeit zum Alltäglichen Erzähler 1997, S. 90.

87 Schwietering: Volksmärchen und Volksglaube 1935, S. 68-78. Neumann: Volkserzähler unserer Tage in Mecklenburg 1968, S. 31-49.

88 Sedlaczek: Von der Erzählerpersönlichkeit zum Alltäglichen Erzähler 1997, S. 90. Neumann, S.: Arbeitserinnerungen als Erzählinhalt. In: Deutsches Jb für Volkskunde 12 (1966), S. 177 - 190, hier S. 188-189. Lehmann, A.: Erzählen eigner Erlebnisse im Alltag. Tatbestände, Situationen, Funktionen. In: ZfVk 74 (1978), S. 198-215, hier S. 199.

„Proletarische Lebensläufe" von 1974 als Wegbereiter.[89] Ein Blick in die biographischen Aspekte der Märchenrezeption zeigte anhand der Frage nach dem individuellen Lieblingsmärchen Hinweise auf biographische Themen, die in traditionellen Märchen vorgeformt wahrgenommen werden und individuelle Gestaltungen erfahren können.[90]

Mit den neueren Forschungen ist festzustellen, dass sich zwar das Erzählen von traditionellen Genres verändert hat, dass es sich aber vor allem um ein Verlagern des Erzählens hinsichtlich der Situation, der Stoffe, Formen und Medien handelt (‚moderne Sagen'[91], Sprichwörter und sprichwörtliche Redensarten[92], Xeroxlore, Handygeschichten oder Gerüchte, besonders via Internet[93]). Die Vielfalt der medialen Kommunikation bedingt die Multiplität der Stoffe und Transfervarianten. Gerade neuere Medien spielen gern mit den Mustern traditioneller Genres, vor allem der bekanntesten Märchen, beispielsweise in Computerspiel, Werbung, Trickfilm, Spielfilm und Internet.[94]

5.4 Von den Anfängen des Erzählens bis zum 19. Jahrhundert

Auf die Geschichte des Märchenerzählens kann hier nur in Umrissen eingegangen werden.[95] Erzählende in verschiedenen Kulturen und sozialen Schichten hatten unterschiedliche Funktionen inne. Die Multifunktionalität ging mit zahlreichen Erzählgelegenheiten einher. Erzählt wurde an den Höfen des europäischen Adels, bei afrikanischen Stammesversammlungen, bei Sitzungen mit Schamanen in Sibirien, in den Unterkünften indianischer Großwildjäger, bei Treffen von Handwerksburschen, unter reisenden Kaufleuten und Pilgern, Saisonarbeitern und Bettlern, bei Totenwachen und an Krankenlagern in Bauernhäusern und in Schenken und Geschäften.[96] Selbst während der Predigten in Kirchen beider Konfessionen wurden ‚Predigtmärlein' er-

89 Emmrich, W. (Hg.): Proletarische Lebensläufe. Autobiographische Dokumente zur Entstehung der Zweiten Kultur in Deutschland. 2 Bde. Hamburg 1974-75. Zu *oral history*: Thompson, P.: The Voice of the Past. Oxford 1978.

90 Holbek: Betrachtungen zum Begriff ‚Lieblingsmärchen' 1990, S. 149-158. Kuptz-Klimpel: Lieblingsmärchen 2003, S. 258.

91 Brednich: Der Goldfisch beim Tierarzt 1994.

92 Mieder: Deutsche Redensarten, Sprichwörter und Zitate 1995. Röhrich: Lexikon der sprichwörtlichen Redensarten [6]2003.

93 Literaturhinweise: Wehse, R.: Feldforschung. In: EM 4, 1984, Sp. 991-1005, Fußnoten 36-44.

94 Kölbl: ‚Liebesmärchen' aus der Traumfabrik 2005 (Bsp.: Pretty Woman). Schmitt: Adaptionen klassischer Märchen 1993. Ders.: Werbung und Märchen 1999.

95 Zeugnisse seit der Antike: BP Bd. 4, 1930 „Zur Geschichte der Märchen".

96 Dègh: Biologie des Erzählgutes 1979, Sp. 389-390. Dies.: Märchen, Erzähler und Erzählgemeinschaft 1962, S. 66.

zählt.[97] Diese unterschiedlichen Erzählsituationen spiegeln sich auch in den Märchen selbst. Hier sind Erzählsituationen literarisch-fiktiv gestaltet, so in den Rahmenhandlungen des indischen „Pantschatantra" und in „Tausendundeinernacht".

Schon bei Platon (427-347 v.Chr.) differieren die Wertigkeiten des Erzählens für Kinder, der sog. Ammenmärchen[98], und des Erzählens an sozial und politisch aufgewerteten öffentlichen Räumen durch Berufserzähler.[99] Eine öffentliche Unterhaltungsfunktion erfüllte im 17. Jahrhundert in Italien das Buchmärchen. Der wohl bekannteste Vertreter war Basile mit seinen „Cunto de li cunti", die er in Akademiekreisen vorlas. Nach seinem Tode erschien der erste Druck dieser dialektalen Geschichten 1634-36. Etwa 50 Jahre später sprach Pompeo Sarnello davon, dass das Vorlesen am Abend auf Erwachsene und Kinder beruhigend wirkt.[100]

Charles Perraults „Contes de ma mére l'Oye", Manuskript 1695, erschienen 1697, zeigt im Titelkupfer eine spinnende Erzählerin, umgeben von jungen Leuten und älteren Kindern, dabei vielleicht auch Perraults Sohn Pierre, den Perrault als den Verfasser des Buchs ausgegeben hatte.[101] Anhand seiner Rotkäppchen-Varianten kann der Übergang vom öffentlichen Vortrag zum stillen Lesen der Texte nachvollzogen werden: Perrault merkte 1695 an, dass der Text laut zu sprechen sei, damit sich das Kind ängstige. Diese Stelle ist 1697 gestrichen – Rezipienten sind nun die für sich selbst, also leise Lesenden.[102] Diese Dialogizität ist auch für Benedikte Naubert (1756-1819) ein wichtiges Erzählmerkmal. Ein literarisch-fiktiver Märchenerzähler reflektiert als auktoriale Erzählinstanz mit eigenen Stärken und Schwächen das Erzählen, seine Wirkung auf das menschliche Leben, die Vergnügungen, Warnungen, Bedrohungen und Weissagungen, die von den alten Geschichten ausgehen.[103]

Die deutsche Aufklärung kennt kein Erzählen von Märchen im Sinne der KHM. Die zitierten Belege gegen Märchen etwa aus Christian Ludewig Hahnzogs „Predigten wider den Aberglauben der Landleute" (1784) polemisieren gegen abergläubische Geschichten, die von alten Frauen erzählt und deren Inhalte geglaubt wurden. Sie gehören eher in das „Handwörterbuch des deutschen Aberglaubens". Die Zaubermärchentradition, deren mündlich tradierten Teile im 19. Jahrhundert aufgezeichnet werden konnten, kam über

97 Moser-Rath: Predigtmärlein der Barockzeit 1964. Rehermann, E.H.: Das Predigtexempel bei protestantischen Theologen des 16. und 17. Jahrhunderts. Göttingen 1977.

98 Moser-Rath, E.: Ammenmärchen. In: EM 1, 1977, Sp. 463-464.

99 Vgl. Haggarty: Seek out the voice of the critic 1996, S. 5. Märchenerzähler – Erzählgemeinschaft. Hg. v. R. Wehse 1983, S. 9.

100 Karlinger: Geschichte des Märchens 1988, S. 20.

101 Woeller: Es war einmal 1990, S. 131.

102 Vgl. Schenda: Von Mund zu Ohr 1993, S. 221, 223.

103 Naubert: Neue Volksmärchen 2001, Nachwort Bd. 4, S. 337-376, hier S. 359, bes. Anm. 73.

die französischsprachige und übersetzte Literatur aus Italien und Frankreich, zu der auch orientalische Märchen gehörten, nach Deutschland.[104]

Die Zielgruppe der Märchen verlagerte sich erst zur Zeit der Grimmschen Märchen auf Kinder. Wieland, Musäus und Naubert bezogen sich nicht auf Kinder und lehnten das Märchenerzählen im Ammenton ab. Musäus interessierte nicht Stoffkontinuität aus historischer Vorzeit, sondern die anthropologische Konstante, das menschliche Bedürfnis nach Wunderbarem und die erzieherische und aufklärende Kraft der Märchenphantasie waren seine Anliegen für das Lesepublikum.[105] Die Entwicklung der bürgerlichen Pädagogik, der moralischen Erziehung und der Familie im Allgemeinen machte Kinder zunehmend zum Adressaten der Märchen.[106] So begann auch der Grimm-,Konkurrent'[107] Johann Gustav Büsching (1783-1829) in seinem Vorwort 1811:

> Sagen und Mährchen werden gemeiniglich in früher Jugend und Kindern vorgeführt, es ist gleichsam eine süßere und mildere Speise, die man ihnen einflößt, da sie die härtere und rauere, welche das wirkliche Leben und seine Geschichte uns giebt, nicht ertragen können. ... das Erzählen der Mährchen den Kindern, die nun auf unsere Stimme lauschen, wie wir einst auf die Töne der Erzähler, ist nicht bloß Wohlgefallen, die Kinder zu erfreuen, (da lassen wir uns oft manche Fehler zu Schulden kommen), sondern die ewig rege und unwandelbare Liebe am Mährchen selbst, die in uns wohnt und der wir Freiheit geben.[108]

Seine eigene biographische Erfahrung mit Märchen in seiner Kindheit und Jugend stellte Büsching als wichtigsten Beweggrund für seine Edition der Stoffe vor, drückte aber gleichzeitig auch den ,Rettungsgedanken' aus, wie er auch von den Grimms formuliert wurde, indem auch er um die Zusendung neuer Stoffe bat, „die immer mehr und mehr jetzt in dem Strudel der Zeit verschwinden."[109]

Während hier einerseits die positiven Wirkungen des Wunderbaren herausgestellt werden[110], finden sich im 18. Jahrhundert jedoch auch Feldzüge gegen den ,Aberglauben', so in Christian Ludewig Hahnzogs „Predigten wider den Aberglauben der Landleute", Magdeburg 1784. Darin prangert er das

---

104 Vgl. Grätz: Das Märchen 1988, S. 145-148. Ders.: Fairy Tales and Tales about Fairies in Germany. In: Marvels and Tales 21 (Druck 2007). HDA.

105 Naubert: Neue Volksmärchen 2001, Nachwort Bd. 4, S. 337-376, hier S. 359-360.

106 Vgl. Grätz: Das Märchen 1988, S. 266.

107 In die KHM übernommen Nr. 29, 61, 63, 142. Uther: Digitale Bibliothek 2003, Bd. 80: Deutsche Märchen und Sagen, S. 13002.

108 Büsching, Johann Gustav: Volks-Sagen, Märchen und Legenden. Leipzig 1812 (Vorwort), S. 3-4. In: Uther: Digitale Bibliothek 2003, Bd. 80, Deutsche Märchen und Sagen, S. 13006.

109 Ebd. S. 24. In: Uther: Digitale Bibliothek 2003, Bd. 80, S. 13022.

110 Zum Buchhandelsinteresse an wunderbaren Geschichten: Karlinger: Geschichte des Märchens 1988, S. 29. Mayer/Tismar: Kunstmärchen 1997. Vgl. Naubert: Neue Volksmärchen 2001, Nachwort Bd. 4, S. 363.

Erzählen in der Spinnstube als verwerflichen Weg der Traditionsvermittlung an.[111] Diese Bewertung änderte sich mit Johann Gottfried Herder (1744-1803) und in den romantischen Strömungen, deutlich ablesbar in den Editionen der Brüder Jacob (1785-1863) und Wilhelm Grimm (1786-1859) mit dem Konzept von ‚Volksgeist' und ‚Volkspoesie'.[112] Die Bearbeitungsprinzipien der Grimms zeigen die Remythisierung der Inhalte, die der Wertung dieser Texte durch ihre Herausgeber entsprach.[113]

Von Auflage zu Auflage verfolgte vor allem Wilhelm Grimm zielstrebig das Ziel, durch Pädagogisieren, Entsexualisieren und Stilisieren ein ‚Kinder- und Hausbuch' zu formen.[114]

Die Wirkung der Grimm-Märchen kann nicht unterschätzt werden. Sie wird durch die wissenschaftliche und gesellschaftliche Präsenz ihrer Herausgeber verstärkt.[115] So wollten auch nachfolgende Sammler die Märchenschätze erhalten, die noch zu retten waren.[116]

Als typische Vertreterin ihrer romantisierten Auffassung eines Trägers der Volkspoesie diente den Brüdern Grimm die schon genannte Dorothea Viehmann. Im Vorwort zum 2. Band der KHM stellten die Grimms sie als „ächt hessisch" dar. Als einfache Bäuerin schien sie die romantische Vorstellung von unverfälschter und ursprünglicher Volkspoesie zu belegen. Dieses stilisierte Bild, das sie als Prototyp einer Erzählerin vorstellte, wurde jedoch revidiert. Dorothea Viehmanns Geschichten sind eher im Zusammenhang mit den Überlieferungen aus der deutschen und französischen Literatur zu betrachten. Sie war nicht nur gebildet, sondern auch in der deutschen und französischen Kultur verwurzelt[117].

Illustrationen von älteren märchenerzählenden Frauen, umgeben von Kindern, sind zahlreich, so z.B. in den Illustrationen von Ludwig Richter.[118] George Cruikshank stellte in seiner englischen Ausgabe der Grimmschen Märchen (1826) überwiegend Kinder dar, die einer alten Frau beim Erzählen zuhören.[119] Heutige Erzählende greifen auf diese bäuerliche Spinnstu-

---

111 Vgl. Grätz: Das Märchen 1988, S. 147, 267-268.

112 Dazu im Kapitel 4. Vgl. Pöge-Alder: ‚Märchen' 1994, S. 35-40.

113 Uther: Die Brüder Grimm als Sammler von Märchen und Sagen 2003, S. 93.

114 Bottigheimer: Grimms' Bad Girls and Bold Boys 1987.

115 Ausführliche Beiträge in: Heidenreich/Grothe (Hg.): Kultur und Politik – Die Grimms 2003. Der ‚Rettungsgedanke' bei Grimm Vorwort KHM 1996, S. VII.

116 Z.B. Seifart: Sagen, Märchen, Schwänke und Gebräuche 1854, S. III.

117 Rölleke: Die Märchen der Brüder Grimm ^{2}2004; Lauer: Dorothea Viehmann und die Brüder Grimm 1998.

118 Bechstein: Deutsches Märchenbuch 1845, ebenso: Colshorn: Märchen und Sagen aus Hannover 1854. Scherl, A. (Hg.): Neuer deutscher Märchenschatz. 7. Sonderheft der „Woche". 61.-80. Tsd. Berlin o.J. (1905).

119 Woeller: Es war einmal 1990, S. 19.

benatmosphäre zurück, indem sie mit Spinnrad oder Kostümierung auftreten. Auch im Publikum gibt es auf Mittelalter- und Handwerkermärkten ein Interesse an Handwerk, Spielen und Geschichten dieser Zeit.

Erzählforscher fanden in den traditionellen Erzählgemeinschaften auf der Suche nach Zaubermärchen und abenteuerlichen Stoffen vor allem männliche Erzähler. Während der Hausarbeit und auf den Feldern erzählten dagegen überwiegend Frauen Märchen mit Heldinnen und heiter-lehrhafte Schwänke. Mütter und Großmütter gelten als erste Vermittlerinnen des Erzählgutes an ihre Kinder.[120]

Allgemein fasste Linda Dégh für das traditionelle Märchenerzählen zusammen, dass die Kunst aktiver Erzählender, die in die Gemeinschaft integriert und an deren Arbeit und Festen beteiligt sind, fest zum Gemeinschaftsleben gehört. Sie seien zwischen 40 bis 60 oder 65 Jahre alt, wenn sie auf dem Zenit ihrer Karriere stehen. Häufig begegneten Erzählforscher den Künstlern aber in einem höheren Alter, wenn sie sich bereits in die Passivität zurückgezogen hatten. Die eigene Generation war überlebt, das Publikum verloren und nur das bekannte Standardrepertoire war erhalten geblieben. Demgegenüber bleibe das Repertoire eines aktiven Erzählenden flexibel.[121]

5.5 Das Erzählen im 20. Jahrhundert

Das traditionelle, mündlich überlieferte Märchen sei nicht mehr lebendig – diese Aussage findet man an verschiedenen Stellen[122] und leitete aus dieser Situation erneut einen Rettungsgedanken ab.[123] Siegfried Neumann, der Kenner von Feldforschung und traditioneller Überlieferung, vermutete ein Aussterben des traditionellen mündlichen Erzählens „kollektiv bewahrter Volksdichtung".[124] Nach 1945 waren auch in ländlichen Gebieten wie Mecklenburg und Pommern kaum Märchen und Legenden zu finden, Sagen nur in Reliktform, Schwänke zurückgedrängt und Witze dagegen häufiger. Allerdings fand Neumann Geschehnisberichte und andere Formen des alltäglichen Erzählens.

Nach 1918 ist in Deutschland eine Bewegung zu verzeichnen, die als „bewusste Pflege einer aussterbenden Volkskunst" verstanden wurde: das öffentliche Erzählen als Vortragskunst. Auch das Wettbewerbserzählen, wie es in ehemals sozialistischen Ländern und Anfang der 1990er Jahre von der

120 Dégh, L.: Erzählen, Erzähler. In: EM 4, 1984, Sp. 315–342, hier Sp. 332.

121 Ebd. Sp. 331.

122 Horn: Über das Weiterleben der Märchen 1993, S. 25-71, hier S. 32; z.B. Apo: Die finnische Märchentradition 1993, S. 84.

123 Z.B. die Gründung der EMG und der Märchen-Stiftung Walter Kahn.

124 Neumann: Lebendiges Erzählen in der Gegenwart 1969, S. 157-167, hier S. 160.

Märchen-Stiftung Walter Kahn veranstaltet wurde, stimulierte die Ausbreitung dieser Kleinkunstform.[125]

Im deutschsprachigen Raum gab es mehrere Frauen, die nach der Jahrhundertwende den Aufbruch in eine berufliche Karriere mit dem Märchenerzählen unternahmen. Zu den bekanntesten zählen die berühmte Jugendbuchautorin Lisa Tetzner, Josepha Elstner-Oertel und Charlotte Rougemont, Vilma Mönckeberg und Elsa Sophia von Kamphoevener.[126] Sie begründeten eine ‚neue' Erzählbewegung, die in ganz West- und Mitteleuropa anzutreffen ist. In Frankreich spricht man schon seit der 1968er-Zeit von dieser Bewegung.[127] In Großbritanien wurde 1985 The Company of Storytellers und 1987 The Crick-Crack Club von Ben Haggarty gegründet.[128] Ebenso gibt es in den USA, aber auch in Australien zahlreiche Festivals und Preisverleihungen, die dem öffentlichen Erzählen immer wieder Impulse geben.[129]

Organisationen und Veranstaltungsorte für Erzähler/innen:

- Europäischen Märchengesellschaft e. V. gegründet 1956 in Rheine: Seminare verschiedener Erzählschulen und Kongresse, mehr als 2600 Mitglieder und zweitgrößte literarische Vereinigung in Deutschland. (www.maerchen-emg.de)
- Schweizer Märchengesellschaft e.V. mit Seminaren und Veranstaltungsreihen, Zeitschrift Parabla. (www.maerchengesellschaft.ch)
- Regionale Gruppierungen und Überblick zu regionalen Veranstaltungen[130] (www.maerchenforum-hamburg.de; www.erzaehlen.de; www.erzaehlkreis-maerchen.de; www.maerchen-kreis.de)
- Erzählfestival der Akademie Remscheid, die Organisation *maer* von Margarete Wenzel in Österreich, in der Schweiz z.B: favola Märchenkurse von Elisa Hilty (www.maerchenkurse.ch)
- Erzählfest „Graz erzählt", organisiert von Folke Tegetthoff (www.graz.tales.org)
- Haus der Geschichten. Zentrum für Erzählkunst, gegründet 2004 in Nürnberg, getragen von der GeschichtenErzählKunstKOmpanie, Kurse u.a. mit Martin Ellrodt (www.haus-der-geschichten.de)

---

125 Simonides: Rezente Erscheinungsformen der Märchen in Polen. In: Uther: Märchen in unserer Zeit 1990, S. 124-127.

126 Moericke: Die Märchenbaronin 1995. Bolius, G.: Lisa Tetzner: Leben und Werk. Frankfurt a.M. 1997. Martin, A.: Der Nachlass von Josepha Elstner-Oertel im Institut für Sächsische Geschichte und Volkskunde e.V. In: Volkskunde in Sachsen. Hg. v. Michael Simon. H. 7. Dresden 1999, S. 179–181. Mönckeberg: Der Klangleib der Dichtung 1981.

127 Görög: The New Professional Storyteller in France 1990.

128 Haggarty: Seek out the voice of the critic 1996, S. 3.

129 Z.B.: www.storynet.org; www.storyteller.net; www.australianstorytelling.org (Linkliste).

130 Pöge-Alder: Erzählerlexikon 2000, S. 290-302.

- Berliner Märchentage e.V. seit 2004 als Märchenland e.V. (www.berliner-maerchentage.de)
- Märchen-Stiftung Walter Kahn, Publikation des „Märchenspiegel" (www.maerchen-stiftung.de)
- Yenidze Dresden, ehemaliges Tabakkontor, jetzt Veranstaltungszentrum, auch Lesungen und Tanz (www.1001maerchen.de)

Für den deutschsprachigen Raum sind seit der Umfrage von Kathrin Pöge-Alder im Jahr 1997/1998 unter 285 Erzählerinnen und Erzählern erste Tendenzen sichtbar.[131] 79 % der Beteiligten sind Frauen. Zur Spezialisierung von weiblichen und männlichen Erzählern bezüglich Repertoire und Publikum bestehen in der Forschung unterschiedliche Meinungen.

Alle Altersgruppen sind unter Erzählerinnen und Erzählern vertreten. Die meisten weiblichen Erzählenden liegen im Alter zwischen 52 und 60 Jahren, die meisten männlichen Erzählenden zwischen 41 und 50 Jahren. Trotzdem sich die meisten in ihrer sog. zweiten Lebenshälfte bewegen, wollen viele nicht in das Klischee der ältlichen Märchenoma, dem -opa, der -tante oder des -onkels gepresst werden.

Professionalität und Authentizität

Sowohl der ‚Volkserzähler' als auch der heutige Erzähler hat einen Ausbildungsprozess durchlaufen, der mit Sozialisation und Enkulturation der Kindheit beginnt. Die Kindergruppe bietet nach dem geschützten familiären Umfeld üblicherweise das erste Forum zum Erproben des Gemerkten. Spätere Gemeinschaften der Lehr- und Arbeitswelt erweitern das Repertoire.[132]

Die Anerkennung der Erzählgemeinschaft und die heutige Renaissance des Erzählens lässt den Erzählenden sich seines Selbstwertes bewusst werden. Heute arbeiten etwa 10 % der Erzählenden professionell, d.h. sie geben an, damit ihren Lebensunterhalt zu verdienen. Unter diesen nehmen die der bis 40 Jahre alten Erzähler die größte Gruppe ein, gefolgt von den 40 bis 50 Jahre alten Erzählern. Jüngere Menschen müssen mit ihrer Hauptbeschäftigung auch ihren Lebensunterhalt verdienen, bei älteren Erzählern kommen andere Einkünfte hinzu.

Semiprofessionell arbeiten etwa 26 %. Sie geben an, teilweise von ihren Erzählhonoraren zu leben. Der größte Teil (63 %) von ihnen lebt nicht vom Erzählen (1 % Sonstige). Die übergroße Mehrheit der Erzählenden nimmt Honorare an. Die heutigen Erzählerpersönlichkeiten gehen unterschiedlichen

131 Vgl. Pöge-Alder: Erzählerlexikon 2000. Vorwort. Dies.: An die Erzählerinnen und Erzähler: Über ein Projekt an der Universität Heidelberg. In: MSP 8 (1997) H. 3, S. 74–76.

132 Dégh, L.: Erzählen, Erzähler. In: EM 4, 1984, Sp. 330-331, 335.

Berufen nach: Fluglotse, Schauspieler, Lehrer, Erzieher, Psychotherapeut oder Hausfrau sind nur einige Beispiele.

Die Arbeitsmarktlage brachte die Suche nach alternativen Betätigungsfeldern mit sich. Die große Menge an Ausbildungswegen für Erzähler, insbesondere richtiggehende „Berufsausbildungen", ließ Angst vor einer Verschulung dieser kreativen Kunst entstehen. Stets bedeutet Erzählen jedoch ein lebenslanges und komplexes Lernen.

Bücher oder Gehörtes als Quelle zum Erzählen

Die im Repertoire bevorzugte Erzählgattung war das Märchen, gefolgt von Schwank, Mythe, Witz, Anekdote und Rätsel sowie anderen wie Sagen, literarischen Kurzgeschichten u.a.m. Insbesondere von den Erzählern in der EMG und beim Troubadour Märchenzentrum wird besonders auf den Unterschied zwischen sog. Volks- und Kunstmärchen hingewiesen. Das Ursprüngliche wird dabei besonders hoch gewertet; es wird den ‚Volksmärchen' beigemessen.

Am beliebtesten sind die Märchen der Brüder Grimm, die zahlreiche Erzähler nach dem gedruckten Vorbild wörtlich auswendig lernen. Der Genuss dieser Sprache der ersten Hälfte des 19. Jahrhunderts, ihrer Stilisierung und Abstraktheit bestimmt für heutige Erzähler und Hörer das typisch Märchenhafte. Erzähler sprechen vom Inwendiglernen der Texte. Sie beschreiben damit das verinnerlichte Sprechen, als ob es aus ihnen selbst ‚käme'. Die Nähe zum Publikum ist dabei ein besonderer Unterschied zum Rezitieren und schauspielerischen Arbeiten. Fraglich bleibt, ob ein Rest an Lebendigkeit erhalten bleibt, wenn gelernte ‚Buchmärchen' vorgetragen werden. Unter den Methoden des Erzählenlernens bietet das Lernen der Märchen nach der Methode der Lemniskate, die Vilma Mönckeberg, Felicitas Betz u.a. vermitteln, eine Verbindung zwischen Körperbewegung und Memorieren.

Gegenüber dem Inwendiglernen ist die andere Extremposition, den Erzähltext frei zu formulieren. Für jedes Publikum wird ein Text dabei neu geschaffen. Solches Stegreiferzählen will Authentizität und Originalität vermitteln. Häufig suchen die Erzähler zwischen freier Kreativität und Traditionstreue eine mittlere Position: Erzähler in Verbindung mit der Europäischen Märchengesellschaft erzählen die Grimmschen Märchen gern nach dem gedruckten Wort, übersetzte Texte geben sie dagegen eher frei oder in geänderter Übersetzung wieder.[133]

Aufgrund der weiten medialen Verbreitung lehnen andere Erzähler die Grimmschen Märchen zum Vortrag ab. Manche entwickeln nach gedruckten

---

133 Dazu in verschiedenen Aufsätzen Barbara Gobrecht: Probleme der Übersetzung am Beispiel Schweiz. In: MSP 6 (1995) H. 1, S. 45-48.

Vorlagen selbst Geschichten, die sie oft auch vor dem Erzählen aufschreiben, so dass sie Bücher mit eigenen Märchen veröffentlichen (z.B. Hempel, Kleinhans, Wittmann). Mancher Erzähler entwickelt auch eine besondere Vorliebe für regionale Erzähltraditionen, so etwa Heinrich Dickerhoff für keltische Märchen. Die Erzählertypen bekennen sich also der Traditionstreue oder der freien Kreativität. Diese Differenzierung wird in der Erzählerforschung mit dem Hinweis auf die Unabhängigkeit dieses Kriteriums von der Begabung des Einzelnen beschrieben.[134]

Der Umfang des Repertoires schwankt beträchtlich und kann sich zwischen 10 oder 100 Geschichten oder reinem Stregreiferzählen bewegen. Hier ist auch die Dauer und Intensität der Beschäftigung mit den Inhalten entscheidend. Das Erzählte ist meist angelesen. Als wichtigste Quelle können Bücher, insbesondere die Grimm-Märchen angesehen werden; wichtig sind auch die Reihen „Märchen der Weltliteratur" (ehemals im Diederichs Verlag) und „Märchen der Welt" des Fischer Taschenbuch Verlags oder die überarbeiteten Textausgaben der Europäischen Märchengesellschaft selbst.

Zwischen dem Rezipieren von Büchern oder Gehörtem/Gesprochenem besteht ein ständiger Austausch. Mit ihrer Wahl des Erzählstoffs und der Vortragsart tragen die Erzählenden Verantwortung. Sie sprechen sich über das Hören in die Gefühls-, Vorstellungs- und innere Bilderwelt der Hörenden hinein.

Ein Erzählen in der Mundart ist in der Schweiz besonders verbreitet, wo viele Erzählerinnen und Erzähler die Texte ins Schweizerdeutsch übertragen.[135] Hier ist das Mundartliche nicht nur ein Indiz für Authentizität, sondern auch notwendig für das Verstehen. In Deutschland erzählen dagegen nur etwa 25 % der befragten Erzähler neben der deutschen Standardsprache in einer Mundart, von diesen sind 70 % Frauen. Auffällig ist jedoch das gestiegene Interesse an den lokalen Gegebenheiten und am Dialekt auch in Deutschland und Österreich.[136] Andere Erzähler, wie etwa Andreas Mötschmann, erzählen Sagen in Mundart und drücken so regionale Verbundenheit aus. Die empfundene Globalisierung scheint gerade das Vertraute und Kleinstrukturierte, das ‚Heimische', wieder höher zu bewerten.

---

134 Ortutay: Folk-Life Study in Hungary 1972, S. 226-227, 229. Henßen, G.: Erzählformen in volkskundlicher Sicht. In: Hessische Blätter für Volkskunde 48 (1957), S. 76–85.

135 B. Gobrecht in mehreren Artikeln, zuletzt: Hier und dort, vorher und nachher 2004.

136 Renaissance des Dialekts? Projekt unter Leitung von Eckart Frahm, Tübinger Vereinigung für Volkskunde. Tübingen 2003, S. 13, 156.

Zum Numinosen in der Performanz heutigen Erzählens

Bei meinen Untersuchungen zum öffentlichen Erzählen heute befragte ich auch die Inszenierung des Erzählens im Kerzenschein und mit entsprechender Dekoration aus Tüchern. Zur Antwort bekam ich, dass Kerzen und Schummerlicht zum Erzählen gehören und gerade Schauergeschichten und Gruseliges besonders beliebte Erzählstoffe seien. Dies war der Anlass, weitere Materialien zu sammeln und nachzufragen, ob es dieses Bedürfnis tatsächlich gibt, wie und mit welchen Mitteln es befriedigt wird und welche Traditionen es hat.

In der Erzählforschung wird der Begriff ‚Numinoses' (lat. numen = göttliche Macht, göttliches Walten, Wirken) für „eine geheimnisvolle, übernatürliche Wirkkraft" verwendet, die „etwas Jenseitiges von meist nur verschwommen wahrgenommener, unbestimmter Gestalt, das den religiös empfindenden Menschen erschreckt oder fasziniert",[137] bezeichnet. Schauervolles und anziehend Übermenschliches drücken sich selten in tatsächlichen Figuren, als vielmehr beim Erzeugen einer bestimmten Stimmung und Gefühlssituation aus, die eine Beziehung zu göttlichem Wesen und dem Schicksal herzustellen versucht. Einzuordnen ist dies im Bereich von Religiosität und dem Verlangen nach Transzendenz. Dieses Gefühlselement des Schauervollen und zugleich Anziehenden ist zahlreichen Gattungen eigen, sowohl der Sage als auch dem Märchen, wobei die Sage häufiger die furchterregende Empfindung vor der Konfrontation mit der Gottheit thematisiert.[138] Gerade in unserer Welt, die sich gern modern und (mit Eliade) „desakralisiert"[139] nennt, blieb das Empfinden für das Numinose als geheimnisvolle, gleichzeitig faszinierende und erschreckende Kraft erhalten.[140]

Sagen im engeren Sinne, dämonische Sagen, erzählen von Geistern, Gespenstern, Riesen, Zwergen und anderen Naturdämonen sowie von Wesen, die etwas Jenseitiges auszeichnet. Während die Sage eher diesen Wesen gilt, dominiert in der Gattung ‚Märchen' die Handlung. Lüthi bemerkt:

> Das Jenseitige, Numinose, ganz Andere ist für den in der Weise der Sage erlebenden und denkenden Menschen nichts Unwirkliches, sondern nur eine andere und zwar machtvollere und wesentlichere Wirklichkeit als die nur menschliche, profane, alltägliche.[141]

Während die Sage aber um das Dämonische kreist und der Erzählende selbst wie der Sagenheld davon angerührt ist, so sind diese Bereiche im Märchen

---

137 Gerndt, H.: Numinoses. In: EM 10, 2002, Sp. 154-159, hier Sp. 154.

138 Petzoldt: Einführung in die Sagenforschung 1999, S. 229.

139 Eliade: Das Heilige und das Profane 1957, S. 89, nach Lüthi: Märchen 2004, S. 6.

140 Ebd. S. 6.

141 Ebd. S. 7.

nicht getrennt, der Held wandert zwischen Jenseitigem und Diesseitigem mit Selbstverständlichkeit und ohne besondere „Gefühlsspannung".[142] Die Gattungen gestalten also ein unterschiedliches Maß an numinosem Gehalt. Es muss deshalb darum gehen, wie über die der Gattung selbst eigenen numinosen Inhalte hinaus derartige Stimmungen erzeugt werden. Damit werden vor allem Fragen der Performanz angesprochen. Es zeigt sich, wie das öffentliche Erzählen heute einem Bedürfnis nach Dämonischem folgt; es zugleich weckt und befriedigt.

Motivation und Berufung

Die Frage nach dem Selbstverständnis der Erzählenden ergab überwiegend, dass das **Erzählen als Berufung** empfunden wird. Nur 15 % der 285 befragten Erzählenden verneinten dies, unsicher waren 24 %, ob sie das Erzählen als eine Berufung empfinden. Auch wenn einige Personen anmerkten, dass es sich ja um einen hohen Anspruch handelt, so haben sich doch viele damit identifiziert. Mehr als die Hälfte der Erzählerinnen fühlt sich selbst innerlich zum Erzählen berufen.

Um die **Motivation** zum Erzählen zu erfahren, habe ich 10 Antworten[143] vorgegeben. Aus diesen Antworten sollten die Befragten die drei bevorzugten Gründe auswählen. An erster Stelle steht bei den Erzählenden nicht der Unterhaltungswert (nur 30 Stimmen). Viel bedeutender ist ihnen die Freude (220 Stimmen), die sie selbst empfinden, und dem Hörer Freude bereiten zu können (184 Stimmen). Einen hohen Stellenwert nimmt auch der Erhalt der Erzähltradition ein (111 Stimmen), besonders für die mittlere Altersgruppe der zwischen 51 bis 60-Jährigen. Mit dem Erzählen neuen Lebensmut vermitteln (96 Stimmen) und die Fantasie anregen zu können (101 Stimmen), sind außerdem weit verbreitete Auffassungen unter den Erzählenden. Für männliche Erzähler spielt dabei der Kontakt mit Gleichgesinnten im Unterschied zu ihren weiblichen Kolleginnen eine untergeordnete Rolle (insgesamt nur 23 Stimmen). Erzählen, weil es der Beruf ist, erhielt 45 Stimmen. Die Motivation zum Erzählen ist mit den Argumenten Freude zu bereiten, Lebensmut zu vermitteln und Fantasie anzuregen stark auf den Hörenden orientiert. Insgesamt dominiert dennoch der eigene Lustgewinn durch das Erzählen.

---

142 Lüthi: Märchen 2004, S. 7.

143 Diese Vorgaben entnahm ich vorherigen Befragungen. So stellte ich folgende Möglichkeiten zu Wahl: unterhalten, anderen Freude bereiten, selbst Freude erhalten, es ist der Beruf, Kontakt mit gleichgesinnten Menschen pflegen, anderen Mut zum Leben machen, selbst neuen Lebensmut erhalten, mit den Geschichten auf Ereignisse eingehen, die die Hörer bewegen, die Fantasie der Hörer anregen, die Erzähltradition erhalten, Sonstiges.

Frei formulierte Antworten waren: „eine Insel des ruhigen Miteinander [zu] schaffen" (FB 5) oder „innere Bilder des Menschen aus der Erstarrung lösen und in Fluß bringen für neue Bilder und Perspektiven" (FB 293). Die Erzählerin Dagmar Wicke aus Augsburg wurde durch den Religionsphilosophen Herman Weidelener zu intensiverer Beschäftigung mit dem mythologischen Sinngehalt von Märchen und Mythen angeregt.

> Heute 74 Jahre alt, schrieb sie: „Manchmal ... ist das Märchen so anwesend, daß ich den Eindruck habe, es erzählt sich selbst. Das kann man nicht *machen*. Es sind seltene gelungene Stunden, die den Erzähler beglücken. Gern möchte ich etwas von dem vermitteln, was mir das Märchen bedeutet: 1. Das Märchen versetzt mich in eine Welt, die nicht im Gegensatz zur ‚Wirklichkeit' steht, sondern der sog. Wirklichkeit ihre *Tiefendimension* und ihren Hintergrund gibt. Das Märchen wirkt! Mitunter ist es darum weit wirklicher als das, was uns im Vordergrund als wirklich erscheint. 2. Das Märchen führt in *die eigene innere Tiefe und erweckt Erinnerungen*: Ja, so war es einmal, und so ist es jetzt - ich hatte es nur vergessen! Blicken aus den Angesichtern erwachsener Zuhörer auf einmal Kinderaugen, dann ist etwas von dieser Erinnerung erwacht. 3. In einer Zeit der Reizüberflutung erscheint es notwendiger denn je, den *Raum der inneren Stille* zu finden, die inneren Bilder zu schauen und auf das Schweigen zu lauschen. Dazu kann das Märchen verhelfen."[144]

Diese Aussage ist ein Beleg für die Tiefendimension des Erzählens. Dabei nutzt Frau Wicke fast keine Requisiten: keine starke Verkleidung, reduzierte Gestik, eine Drehorgel und eine Tierhandpuppe beim Erzählen für Kinder und begleitende Erwachsene am Sonntagnachmittag im Sitzkreis, wo natürlich eine Blumendekoration und Kerzen selten fehlen.

Diesem hohen Anspruch an das eigene Erzählen, sich zum Erzählen berufen zu fühlen und damit wichtige Werte zu verbinden, entspricht, dass 68 % der Erzählenden (195 Stimmen) bejahten, dass sie eine **persönliche Botschaft** hätten, die sie ihrem Publikum mitteilen wollten. In allen Altersgruppen ist der Anteil derer, die eine solche Botschaft vermitteln wollen, sehr viel höher als derjenigen, die es ablehnen. Keine Antwort gaben sehr viele der über 71 Jahre alten Erzählenden. So meinte ein Erzähler, dass Märchen keine Alltagsgeschichten seien, sondern in eine transzendente Bilderwelt führen (FB 315). Elfriede Kleinhans aus Steinau ist der „Überzeugung, daß Menschen, die sich sehr viel und intensiv mit Märchen beschäftigen, nicht nur mehr Vertrauen in höhere Kräfte haben, sondern auch größeres Durchstehvermögen entwickeln."[145] Ein anderer Erzähler sprach von verschiedenen Realitäten im Erzählen (FB 194) und ein weiterer glaubte, dass es jenseits unserer rationalen

---

144 Pöge-Alder: Erzählerlexikon 2000, S. 269. Hervorhebungen im Original.

145 Ebd. S. 140. Kleinhans: Märchen helfen leben 1999.

Welt noch eine andere Welt gebe, die genauso wirklich sei wie unsere sichtbare, „aber wir müssen sie aufsuchen und lebendig erhalten." (FB 5)

Zur Illustration dessen dient ein Märchen, das eine Neuerzählung des Grimmschen „Der goldene Schlüssel" (KHM 200) ist. Es heißt „Der eiserne Schlüssel". Hier findet die Heldin einen runden eisernen Schlüssel und gelangt damit durch eine blaue Tür in einen Garten. Dort trifft sie einen sprechenden goldenen Vogel und einen Schmetterling, die sie zu einer Nixe, einem Baumgeist und einer Vogelfrau geleiten, die sie erlösen. Am Ende heißt es:

> Die Nixe dankte und sprach: „Bewahre gut deinen eisernen Schlüssel auf. Er wird dir jederzeit die blaue Pforte zum vergessenen Garten aufschließen." Und alle drei baten: „Komm bald wieder, und bring deine Freunde mit in den vergessenen Garten. Wir werden euch jedes Mal schöne Geschichten erzählen." – „Ich, die Nixe von den Wassergeistern!" – „Ich, der Baummann, von den Wald- und Erdgeistern!" – „Und ich, die Vogelfrau, von den Geistern der Lüfte, die bei Sonne, Mond und Sternen zu Hause sind." Ja, das hat das Mädchen oft getan. Sie ist oft mit ihren Freunden zurückgekehrt, und sie haben wunderschöne Geschichten gehört. Willst du auch einmal mitgehen in den bunten Garten hinter der blauen Tür?? Oder – hast du selbst einen Schlüssel?[146]

Die Erzählung fordert direkt dazu auf, selbst in jene Welten vorzudringen, die der gegenwärtigen entgegenstehen. Als dort anzutreffende Wesen werden Naturwesen genannt, die die Erzählenden symbolisch verstehen wollen. Es ist dies eine irrationale Welt, deren Verlebendigen sie als eine Aufgabe empfinden.

Das Erzählen als Kleinkunstform

Da der Erzähler in der jeweiligen Erzählsituation mit seinem Publikum im Austausch ist, wird er stets Änderungen vornehmen, die den Erzählakt zu einem einmaligen Erlebnis machen. Mit dem britischen Erzähler Ben Haggarty kann man daher von einer „interpretativen Improvisation" sprechen, die sich in lebendiger Dynamik vollzieht und eine einmalige ‚Version' einer Erzählung entstehen lässt.[147]

Gegenüber dem wörtlichen Erzählen und dem Stegreiferzählen vertritt die über 80-jährige Erzählerin Gertrud Hempel den Anspruch, als eine „wahre Volkserzählerin" gedruckte Texte in lebendige, mündliche Erzählfassungen umzuformen, so wie bereits frühere Volkserzähler vortrugen. Diese sog. mündlichen Texte haben eine eigene schriftliche Bearbeitung durchlaufen,

---

146 Unveröffentlichtes Manuskript von Marlis Arnold „Der eiserne Schlüssel" S. 3 (April 1997).

147 Haggarty: Seek out the voice of the critic 1996, S. 10. Dégh, L.: Erzählen, Erzähler. In: EM 4, 1984, Sp. 315–342, hier Sp. 315.

während der die Erzählerin Sinn und Symbolgehalt erfasst und immer wieder neu überarbeitet. Endlich fixiert sie das Märchen, erzählt es öffentlich und veröffentlicht es in Buchform. So entsteht nach und nach eine eigene Fassung des Textes. Gertrud Hempel verglich die Märchen im Buch mit einer Partitur, deren Text erst belebt werden muss. Für das Wesentliche bei der Darbietung hält sie u.a. „ein Gespür für das, was die Hörer erwarten"[148]; die Erwartungshaltung der Erzählenden zeichnet sich anhand der Performanz ab.

Die Einbettung des Erzählens in eine Performanz gehört in jeder Weise zum heutigen Erzählen und scheint damit das entscheidende Mittel für die Gestaltung des Numinosen beim heutigen Erzählen zu sein. Man erzeugt ein Erzählmilieu, das deutlich ein Wachrufen von überirdischen, aber nicht göttlichen Mächten bezweckt und unterstützt.

Besonders hilfreich erweisen sich entsprechende Erzählsituationen. Traditionell füllte das Erzählen z.B. die sog. Schummerstunde, die Zeit der Dämmerung, als in den Häusern noch kein Licht angezündet wurde, es aber bereits zu dunkel zum Arbeiten war. Bei den Erzählveranstaltungen der Europäischen Märchengesellschaft etwa ist das abendliche Erzählen in der Jurte der Pfadfinder sehr beliebt und kommt diesem Gefühl sehr entgegen. In einem den mongolischen Rundjurten nachempfundenen Bau sitzen die Hörenden auf Bänken, geschmückt und gepolstert mit Teppichen. Abwechselnd setzen sich Erzählwillige auf einen Erzählstuhl, der etwas abgehoben ist. In der Mitte brennt ein Feuer, Tee wird im Samowar bereitet.

Das Prinzip, in einem Zelt zu erzählen, haben in der Zwischenzeit verschiedene Erzähler professionell aufgegriffen. Nicht nur, dass etwa beim Märchenkongress zum Thema „Zauber-Märchen" auf der Gelsenkirchener Gartenschau in Zelten erzählt wurde, auch Erzähler wie Matthias Fischer in Augsburg haben ein Erzählzelt. „Erzählt werden jeweils mehrere Märchen, dazwischen sind immer wieder Pausen, in denen man ins Kerzenlicht schauen oder etwas Warmes trinken, mitunter eine Klangschale oder das Instrument eines Zuhörers vernehmen kann ..."[149] Der Hamburger Erzähler Jörn-Uwe Wulf ist seit 1997 Inhaber des „MärchenRaumes" als Konzept und Werkstatt: Zuhörend entsteht ein Raum für Märchen im Herzen, im Denken und in der Gruppe, der er erzählt. Die Zuhörenden sehen ihre eigenen, inneren Bilder. Stille und Vorstellungskraft entfalten sich. Seit 1999 erzählt er im Sommer in einem hellen „MärchenZelt", dessen Wände künstlerisch gestaltet sind. Es ist mit Teppichen ausgelegt und bietet so vielen Kindern Platz wie seine Stimme erreichen kann.[150]

---

148 Hempel: Erzählte Volksmärchen 1999, S. 12-14.

149 Pöge-Alder: Erzählerlexikon 2000, S. 78.

150 Ebd. S. 276.

Requisiten, Symbole und heutiges Erzählen

Die erzählerischen Mittel bestehen aus Wortwahl, Klang, Rhythmus, Tempo und nonverbalen Mitteln wie Gestik, Mimik und Körpersprache. Zu diesen allgemeinen Qualitäten der Erzählerpersönlichkeit treten die Wirkungen der ausgewählten Geschichte.[151] Ein weiteres Mittel sind Requisiten, die viele Erzähler für ihre Themenveranstaltungen nutzen: von Musikinstrumenten bis hin zu Gegenständen aus dem Märchen.

Bei der Befragung sagten 230 Personen (rund 81 %), dass sie Requisiten verwenden. Immerhin 53 Befragte (18,6 %) lehnten solche illustrativen Mittel ab und meinten „nur das vorgetragene Wort soll wirken" (z.B. FB 315).

Großer Beliebtheit erfreuen sich Kerzen, genutzt von fast 73 %. Danach folgen mit großem Abstand: Tücher 48 %, ein Regenrohr 47 %, Kleidung 38 %, Bilder 19 %, Teppiche 15 %, seltener das Spinnrad 6 %. Weitere Mittel nennen 61 % (142 Personen).

Sehr häufig werden beim Erzählen Gegenstände präsentiert, die mit der Geschichte assoziiert werden: so für das Grimmsche Märchen „Die drei Federn" (KHM 63) eine Kröte, für „Das Waldhaus" (KHM 169) Hirse, Linsen, Erbsen, Gebrauchsgegenstände (FB 212, ähnlich FB 7, 79, 254, 293).

Darüber hinaus gab ein Erzähler an, Gegenstände, die in Verbindung zu einem Märchen stehen, symbolisch zu deuten, so etwa Apfel und Brot (FB 156). In diesen Zusammenhang gehören auch allgemein Objekte (FB 359), ein Erzähler nutzt eine Puppe, einen Ball und Federn (FB 272), eine Holzente (FB 165), ein Wollknäuel (FB 281). Auch Steine erfreuen sich großer Beliebtheit (FB 272, 46), sogar ein Steinkreis wird genannt (FB 165) und Perlen (FB 46), ungesponnene Schafwolle (FB 310) und ein Beutel, in dem sich zum Märchen passende Gegenstände befinden (FB 46, 346). Häufig trifft man überdies Blumen an (FB 133, 272). Diese Gegenstände und Objekte werden üblicherweise in eine sog. gestaltete Mitte auf dem Boden oder auf einem Tisch (FB 210) in der Mitte des Erzählkreises oder auf der Bühne arrangiert.

Die Anzahl derer, die während der Erzählveranstaltung selbst musizieren oder nicht, ist mit jeweils rund 40 % etwa gleich groß. Vom Tonband gespielte Musik wird dagegen überwiegend abgelehnt (nur von 10 % genutzt). Trotzdem nimmt die musikalische Gestaltung insgesamt einen großen Stellenwert ein. Einige Erzählende gestalten einen Erzählauftritt gemeinsam mit Musikern (FB 5, 351, 34). Andere spielen selbst ein Instrument, etwa Geige (FB 212) oder keltische Harfe für Erwachsene, Jugendliche und größere Kinder (FB 293), die sog. Märchenharfe wurde genannt (FB 272) sowie fernöstliche Klanginstrumente (FB 210, 46, 165) wie Gong, Klangschale, Klangspiele, Zimbeln,

---

[151] Haggarty: Seek out the voice of the critic 1996, S. 20-22.

Triangel und Pentaton. Hier geht es vor allem um eine Lauterzeugung, die eine bestimmte Stimmung bewirken soll.

Bei der Verwendung der Requisiten ist das symbolische Verständnis der genannten Dinge wichtig. Dies betonten 2/3 der Befragten (188 Stimmen, 66 %). Worin die Rolle der Symbole bestünde, wird sehr unterschiedlich beschrieben. Ein umfassender Bereich in den Beschreibungen betrifft psychische Prozesse (FB 113, FB 5): Sie reichen von einem Hinweis auf die Archetypen nach C.G. Jung (FB 5, FB 351), einer verschlüsselten Botschaft (FB 39) und einer tieferen Deutung (FB 202) über die Aussage, dass der Einfluss des Symbols im Unbewussten in positiven, bereichernden und helfenden Wirkungen bestehe (FB 156) bis hin zu einer Kontaktmöglichkeit zur Vergangenheit und den Ahnen (FB 194). Äußere Wirkungen sind, dass Symbole als Hilfe zum Märchenverstehen (FB 124), Märchenerzählen und der Sinndeutung (FB 354) aufgefasst werden und dabei Lehren für das Leben vermitteln (FB 315). Die Bilder würden die Erzählenden Tag und Nacht begleiten, durch den Umgang mit ihnen sei das Leben ganzer geworden (FB 346). Das Symbolverständnis der Erzählenden orientiert sich damit sowohl an ihrer Lebenserfahrung als auch dem Märcheninhalt.

5.6 Überlegungen zu Erzählertypologien

Die beispielhafte Portraitierung von rezenten Erzählern zeigt verschiedene Typen. Allen gemeinsam ist ein trainiertes Gedächtnis auch für umfassende Textzusammenhänge. Sokolov und Azadovskij versuchten eine Klassifikation in Typen von Erzählern nach ihrem spezifischen Repertoire, ihrem Erzählstil und ihrer Vortragskunst.[152] Insgesamt gilt, dass die Aktivität und künstlerische Präsenz eines Meistererzählers auch das Repertoire seines Publikums bestimmt. Neben herausragenden Persönlichkeiten gibt es Gelegenheitserzähler, die nur einige Geschichten kennen, und Personen, die als passive Traditionsträger wirken.

Es gibt zahlreiche Versuche, eine Typologie der Erzählerinnen und Erzähler zu entwickeln.[153] Neben der genannten von Traditionstreue und freier Kreativität gibt es auch eine Unterscheidung nach Erzählform und Erzählwirkung.

---

152 Dégh, L.: Biologie des Erzählgutes. In: EM 2, 1979, Sp. 386–406, hier Sp. 394. Azadovskij, M.K.: Russkie skazočniki. Stat'i o literature i fol'klore. Moskva/Leningrad 1960. Levin, I.: Azadovskij, Mark Konstantinovič. In: EM 1, 1977, Sp. 1114–1118.

153 Vgl. Dégh, L.: Erzählen, Erzähler. In: EM 4, 1984, Sp. 315–342, hier Sp. 326. Uffer: Rätoromanische Märchen 1945, S. 10-18.

Sokolov beispielsweise gliedert in Epiker, die Heldengeschichten vortragen, Träumer und Fantasten, Moralisten und Wahrheitssucher, Realisten mit einer besonderen Neigung zu Lebensgeschichten, Humoristen und Anekdotenerzähler, Satiriker, Zotenreißer, Dramatiker mit spannender Dialoggestaltung, Literaturgebildete und Erzähler für Kinder. All diese Erzähler konnten sowohl Talentlose und mittelmäßige Künstler als auch überragende Meister sein, die mit der Darbietung von langen Formen wie Zaubermärchen, Sagen, Schwänken, Tiererzählungen, Novellenmärchen, Erlebnisberichten u.a. ihr Publikum inspirierten.[154]

5.7 Zeiten und Orte zum Erzählen

Für eine Gemeinschaft erfüllt das Erzählen zu jeder Zeit wichtige Funktionen. Die Veränderungen des Alltags in urbanen und ruralen Räumen durch Prozesse der Industrialisierung und Modernisierung, der Verstädterung und Automatisierung der Arbeitsabläufe haben die Erzählgelegenheiten grundsätzlich verändert.

Erzählgelegenheiten zwischen 1850 und 1945 waren:[155]

1. „Gemeinschaften unter Angehörigen von Wanderberufen in ländlichen Gebieten außerhalb der Stadt", zu denen nichtbäuerliche Gruppen (Handwerker, Soldaten, Hausierer, Krämer, Seeleute, Bettler, Wanderprediger, Fischer u.a.) und bäuerliche Gruppen ohne Landbesitz (Gleisbauarbeiter, landwirtschaftliche Saisonkräfte, Lohnarbeiter, Holzfäller, Hirten, Jäger) gehörten.
2. Zusammenkünfte innerhalb der Dorfgemeinschaft zum gemeinsamen Arbeiten und während der Freizeit zu zwanglosen Winterabenden und Festen.
3. Unfreiwillige Gemeinschaften von begrenzter, eher kurzer Dauer. In diesen Kontexten wird auch heute gern noch spontan erzählt, z.B. in Krankeneinrichtungen, in Strafanstalten, beim Militär oder bei Reisen mit Bahn, Bus oder Flugzeug.

Heutzutage sind diese klassischen Erzählanlässe, insbesondere das gemeinsame Arbeiten, nur selten gegeben. Die umfassende Präsenz der Massenmedien bewirkt einen nivellierenden Kenntnisstand zum Märchen z.B. über Verfilmungen, die im Kinderfernsehen ausgestrahlt werden. Die Alltagsunterhaltung kreist gern um die konsumierten Produkte der Medien: Fernsehen, Rundfunk, CD-ROM, Computerspiele usw. Eine Verlagerung auf die visuelle

---

154 Sokolov: Russian folklore 1966, S. 404-406.

155 Dégh, L. : Erzählen, Erzähler. In: EM 4, 1984, Sp. 315–342, hier Sp. 334-335.

Rezeption war zu beobachten, bis die Hörbücher einen schon unter rezenten Erzählern berichteten Trend verstärkten: den Wunsch nach dem Hören von Geschichten.

Mehr als 88 % aller befragten Erzählenden sind nach ihren Angaben davon überzeugt, dass das Erzählen von traditionellen Märchen gerade in der Medienwelt eine besondere Bedeutung hat. Mit dem eigenen Erzählen wollen sie ein Gegengewicht zum Einfluss elektronischer Massenmedien schaffen.

Bei den früheren Erzählern handelte es sich oft um Personen mit niederer sozialer Stellung, die mit ihrem Erzählen einen Platz in der Gemeinschaft erwarben. Aufgrund ihres Künstlertums standen sie mit ihrer Beweglichkeit, mitreißenden Sprache, Übertretung allgemeiner Normen oder Exzentrik am Rand der Gesellschaft. Mitunter diente das Erzählen auch der Kompensation körperlicher Mängel.[156] Solche Merkmale treffen auf heutige Erzähler nur bedingt zu.

Aus den Quellen ist zu erkennen, dass das Erzählen gerade im Stillen wirkt und sich als elementare und fast magisch wirkende sinnliche Macht besonders dann entfaltet, wenn die Hörenden in einem ruhigen Zustand sind.[157] Auch deshalb wurde und wird gerne abends und bei Dämmerung erzählt. Da das Erzählen auch negative magische Auswirkungen habe, wird bei verschiedenen Völkern das Erzählen zur Unzeit mit drastischen Sanktionen belegt.[158]

Heute sind Erzählerinnen und Erzähler vor allem in der Advents- und Weihnachtszeit aktiv. Daneben gibt es zahlreiche ‚künstliche Erzählsituationen'. Wie Kleinkünstler erhalten Erzähler Einladungen zu zahlreichen Gelegenheiten, so in der Jugend- und Erwachsenenarbeit, bei Maßnahmen zur Integration von Migranten und zur Drogenbekämpfung. Auch Schulen, Kindergärten und literarische Veranstaltungen laden gern zum Märchenerzählen ein. Daher unterscheiden sich die Anlässe und Orte zum Erzählen deutlich von denen im 19. Jahrhundert. Die zahlreichen Requisiten und Inszenierungen heutiger Erzähler dienen somit auch zum Schaffen einer adäquaten Erzählatmosphäre.

---

156 Dégh, L. : Erzählen, Erzähler. In: EM 4, 1984, Sp. 315–342, hier Sp. 328, 335.

157 Ebd. Sp. 337.

158 Ebd. Sp. 336; Röhrich: Märchen und Wirklichkeit 2001, S. 163. Taube: Märchenerzählen und Übergangsbräuche 2000. Dies.: Warum sich der Erzähler nicht lange bitten lassen darf 1996.

Heutige Erzählorte sind (nach ihrer Häufigkeit):

- private Treffen von Erwachsenen (82,5 %),
- Schulen (78,2 %) und Kindergärten (65,3 %),
- Bibliotheken (59,3 %),
- Festivals, Sonderschulen, Museen,
- Kaffeehäuser, Beratungsstellen, Theater,
- Volkshochschulen und Kirchen.

5.8 Märchenerzählen im 21. Jahrhundert

Das öffentliche Erzählen erfreut sich im deutschsprachigen Raum wachsender Beliebtheit. Die Motivation zum Vortrag von ‚Volksmärchen' resultiert – anders als bei ‚Volkssagen' – nicht mehr unbedingt aus der Förderung des ‚Heimatgedankens'. Vielmehr erfolgt die Auswahl des Repertoires nach überregionalen, thematischen Gesichtspunkten, die bei der Suche nach dem Sinngehalt des Lebens zum Tragen kommen. Die aktive Belebung des traditionellen Märchenmaterials wirft grundsätzlich Fragen des Folklorismus auf.[159] Die Performanz der Auftritte folgt einem eigenen Muster, das einen spezifischen Zugang zum Phänomen des Numinosen bereithält. Es geht den Erzählenden um das Weitergeben von Sinnbildern, die den Hörern ein Eintauchen in das sie umgebende Milieu ermöglichen. Rationales Verstehen nimmt nach dem emotionalen Erleben die zweite Stelle ein. Das Phänomen des Numinosen spielt dabei eine eigene Rolle. Das menschliche Bedürfnis nach Welterklärung zeigt sich heute in der spezifischen Gestaltung von Stimmungen und im Erzählmilieu. Diese werden durch Mittel wie einen angemessenen Sprachduktus (tiefe Sprechstimme mit beschwörendem Ton), Klänge, eine gedankliche ‚Traumwanderung' durch Gegenden und Erinnerungen sowie Assoziationen über eine gestaltete Mitte im Erzählkreis inszeniert. Das Numinose soll sich auf die tiefenpsychologische Ebene oder das Unbewusste verlagern. Die „dunklen Stunden im Leben des Menschen" werden dabei in Gegenspielerfiguren oder Widersacher integriert. In der Perspektive des siegenden Märchenhelden kann das Dunkle beherrscht oder gar sich selbst zunutze gemacht, ja verankert werden.[160] Ein Symptom für das Numinose beim heutigen Erzählen ist der Aspekt der Lebenshilfe, die durch das Erzählen gewährt werden soll, indem die Sinnsuche mit Inhalt gefüllt wird.

Das Numinose wird heute überwiegend mittels eines symbolischen Denkens in der menschlichen Psyche gesucht. Damit wird eine Innenwelt eröffnet, deren Dämonie unterschiedlich wahrgenommen wird, die aber durchaus

[159] Pöge-Alder: Afrikanisches Erzählen 2004.

[160] Geldern-Egmond: Märchen und Behinderung 2000.

als real gilt. Die hier beschriebene Motivation zum Erzählen, die Praxis der Performanz, die Requisiten und Symbole stellen die Suche nach einer Verbindung dar, die der romantischen Suche nach einem harmonischen Naturverständnis des Menschen nahe kommt. Friedrich Schiller hatte 1795/96 in den „Horen" solche Dichtung als „naiv" bezeichnet: Sie wird für Natur gehalten und zur Kultur in einen Gegensatz gebracht.

> Es sind nicht diese Gegenstände [eine unscheinbare Blume, eine Quelle, ein bemooster Stein, Vogelgezwitscher, K.P.-A.], es ist eine durch sie dargestellte Idee, was wir in ihnen lieben. Wir lieben in ihnen das stille schaffende Leben, das ruhige Wirken aus sich selbst, das Dasein nach eignen Gesetzen, die innere Notwendigkeit, die ewige Einheit mit sich selbst.

Weiterreichend für das besondere Verständnis dieser Überlieferungen formulierte Schiller:

> Sie *sind*, was wir *waren*; Sie sind, was wir wieder *werden sollen*. Wir waren Natur wie sie und unsere Kultur soll uns, auf dem Wege der Vernunft und der Freiheit, zur Natur zurückführen.[161]

Dieses spezifische Verhältnis von Natur und Kultur tritt in den beispielhaften Diskursen zutage. Dabei funktioniert die Kommunikation in Anlehnung an Konstruktionen im „gesellschaftlichen Gedächtnisarchiv", einem Begriff von Wolfgang Kaschuba.[162] Aspekte einer „invention of tradition"[163], einer Technik der künstlichen Patinierung und Historisierung, sind dabei offensichtlich und deuten auf den benutzten ‚Quellenschatz'.

Aufgaben

1. Suchen Sie eine Erzählerin/einen Erzähler in Ihrer Region und analysieren Sie die verwendeten Erzählstile.
2. Vergleichen Sie die Fassungen von Märchen der Viehmännin und der Marie Hassenpflug und stellen Sie Unterschiede fest. Als Beispiel könnte „Das Mädchen ohne Hände" (KHM 31; ATU 706) dienen.

---

161 Schiller, F.: Über naive und sentimentalische Dichtung. In: Über Kunst und Wirklichkeit. Schriften und Briefe zur Ästhetik. Leipzig 1985, S. 385-475, hier S. 386.

162 Kaschuba, W.: Einführung in die Europäische Ethnologie. München 1999, S. 171.

163 Hobsbawm, E./Ranger, T.: The Invention of Tradition. Cambridge 1992.

6 Zur Interpretation traditioneller Märchen

In der Märchenforschung dauert das Ringen um einen Königsweg zum Verständnis der Texte an, was die Begeisterungsfähigkeit der Wissenschaft für Märchen belegt. Einzelne Fragestellungen stoßen auf besonders großes Interesse. Wilhelm Solms beschäftigte sich beispielsweise ausführlich mit der Märchenmoral auf der Basis der allgemeinen Forschungsresultate. Er kam zu dem Ergebnis, dass Held und Heldin von einer Moralinstanz geleitet werden, die von allen Figuren dargestellt werden kann oder unsichtbar bleibt. Auch eine innere Stimme oder Eingebung können ihr Handeln lenken. Ihre moralische Bewertung ist perspektivisch gebunden: Die Tat der Heldin oder des Helden, deren selbstloses Handeln hin zu Glück und Tugendhaftigkeit im Kontrast zur Wirklichkeit sind Gegenstand des Märchens.[1]

6.1 Aus der Vielfalt der Methoden und Interessen

Methodisch hat sich im Bereich der Interpretation ein Pluralismus ausgebreitet, der die Märchenforschung selbst zu einem spannenden Forschungsgegenstand macht.[2] Im Folgenden werden die grundlegenden Theorien dargestellt. Aus Platzgründen können dabei nicht alle Spielarten der einzelnen Ansätze aufgeführt werden. So entfallen die Bemühungen der Anthroposophen um Rudolf Steiner (1861-1925).[3] Weitere Interpretationsansätze sind jeweils in der weiterführenden Literatur nachzuschlagen.

Ethnologische Interpretationsansätze sind im Zuge der strukturalistischen Methodendiskussion von Lévi-Strauss, Greimas u.a. entstanden.[4] **Anthropologische Einflüsse** sind bei den polygenetischen Theorien zu finden (vgl. Kapitel 3.3).

Die Verbindung zwischen der **Bibel und traditionellen Märchen** ist immer wieder thematisiert worden. Der Rostocker Theologe Peter Heidrich formulierte dies vor allem für die religiöse Existenz. Märchen reden „auf ihre Weise“ von Erlösung, von der Vollendung, von dem Aufarbeiten des Ver-

---

1 Vgl. Solms: Die Moral von Grimms Märchen 1999, S. 224-225.

2 Röhrich: Rumpelstilzchen. Vom Methodenpluralismus 1972/1973, S. 567-596.

3 Steiner, R.: Die Welt der Märchen. Ausgewählte Texte, hg. u. kommentiert von Almut Bockemühl. Dornach 2006.

4 Dazu ausführliche Darstellungen bei Holbek: Interpretation of Fairy Tales 1987, S. 338-389.

fehlten, wie es die Bibel auf andere Art tut. Im Grimmschen „Wasser des Lebens", kann das Wasser nur von dem Demütigen gewonnen werden, der sich nicht für zu gut hält, einem Zwerg Antwort zu geben und später auch den rechten Zeitpunkt nicht verschläft. In diesem Märchen, meint Heidrich, ist „auch religiöse Existenz so bildhaft beschrieben, daß der mit der Bibel lebende Christ sich darin wiederfindet." Heinrich Dickerhoff spricht von einer Seelenverwandtschaft zwischen Zaubermärchen und Christentum. Zaubermärchen seien mit den besten Traditionen des Christentums „in ihrer Ermutigung, dem Leben zu trauen, Erlösung anzunehmen, Verwandlung zu wagen"[5] verwandt.

Während Hermann Gunkel nach den Märchen in der Bibel fragte[6], stellte Dietz-Rüdiger Moser auf die Bibel bezogene Märchen heraus, so das sog. Ostermärlein „Meister Pfriem" (KHM 178), die „Aktualisierung der ‚Botschaft' des Evangeliums" in „Die ungleichen Kinder Evas" (KHM 180) und das von der wunderbaren Verjüngung und ihrer missglückten Nachahmung erzählende „Das junggeglühte Männlein" (KHM 147). Diese drei Bibelparaphrasen hatten die Grimms in den Anmerkungen der KHM nicht als solche reflektiert.[7]

Häufig mischen sich in den Interpretationen verschiedene Ansätze. Kurt Ranke (1908-1985), der Wegbereiter der Märchenforschung nach 1945, knüpft an Thesen von Jolles und Jung an, wenn er die ‚Geistesbeschäftigungen' in den Einfachen Formen als das „unbewußt Produktive" bezeichnet.[8] Einfache Formen seien eine „unreduzierbare, gehaltlich und gestaltlich in sich geschlossene, genuine, archetypische Form", „Urformen menschlicher Aussage [...], die aus Träumen und Affekten und Denkprozessen erwachsen".

> Jede dieser Gattungen ist daher eine absolut verbindliche, spontane Aussage über die Auseinandersetzung des Menschen mit der Welt in und um ihn und jede hat daher auch eine bestimmte eigene Funktion.[9]

Märchen haben nach Ranke die Funktion, „über die Welt einer höheren Ordnung und Gerechtigkeit auszusagen, eine sublimierte Welt also transparent zu machen, in der sich alle Sehnsüchte des menschlichen Herzens nach

---

5 Dickerhoff, H.: Christentum und Zaubermärchen. In: MSP 10 (1999) H. 3, S. 89-92, hier S. 89, 91-92. Dickerhoff: Seelenverwandtschaft 2004.

6 Gunkel: Das Märchen im Alten Testament 1987.

7 Moser: Märchen als Paraphrasen biblischer Geschichten 2004, S. 3-8.

8 Ranke: Betrachtungen zum Wesen ^{2}1985, S. 660: Die Einfache Form sei „als innere Form ... eine Art ontologischer Archetypus."

9 Ranke: Einfache Formen 1961, Zitate S. 8.

Glück und Erfüllung zu mythischer Vollendung gestalten".[10] Die gestaltete Glücksvorstellung wäre danach historisch zu verorten. Hier kann auch eine sozialhistorische Interpretation der Märchen anknüpfen.[11]

6.2 Von der Struktur zur historischen Interpretation

Die Unzufriedenheit mit Antti Aarnes Typensystem führte Vladimir Propp wie auch Albert Wesselski dazu, die vorliegenden Märchentheorien zu überarbeiten. Propp entwarf mit der „Morphologie" eine Formenanalyse der Zaubermärchen. Mit dieser Dissertation von 1928 gehört er zur Generation der späteren sog. formalen Schule. Für ihn bildete die Struktur eine Grundlage zur Erforschung der Geschichte.[12]

Biographische Notizen zu Vladimir Propp (1895-1970)

Propp war ein Sohn deutscher Einwanderer in St. Petersburg. Sein Vater arbeitete als Kontorangestellter. Nach dem Besuch der St. Annenschule, einem deutsch-russischen Gymnasium, studierte er von 1913 bis 1918 an der Universität St. Petersburg die Fächer Germanistik und Slavistik. Bis 1928 arbeitete er als Lehrer für russische Sprache.

Als Lehrer für deutsche Sprache an Leningrader Hochschulen und Leiter des Lehrstuhls für Fremdsprachen ab 1928 setzte er sich für die Förderung des deutschen Sprachunterrichts ein. Er verfasste auch Lehrbücher zur deutschen Sprache.

Seit den 20er Jahren arbeitete Propp in der Märchenkommission der Ethnographischen Abteilung der Russischen Geographischen Gesellschaft in St. Petersburg mit. Im Institut für Sprechkultur der Gesellschaft reichte er 1928 zuerst die „Morphologie des Märchens" ein und brachte so seine gedanklichen Vorarbeiten zur formalen Untersuchung literarischer Werke zu einem Höhepunkt.[13]

Ab 1932 erhielt er eine Anstellung an der Universität Leningrad, ab 1938 lehrte er dort als Professor für Folkloristik. 1939 legte Propp seine Habilitationsschrift „Historische Wurzeln des Zaubermärchens" vor, die 1946 erschien.[14]

---

10 Ranke: Einfache Formen 1961, S. 8. Zur Märchenentstehung nach Ranke vgl. Pöge-Alder: ‚Märchen' 1994, S. 116-118.

11 Schenda: Prinzipien einer sozialgeschichtlichen Einordnung 1976, S. 185.

12 Propp: Morphologie 1975, S. 22.

13 Zur Rezeption vgl. Pöge-Alder: ‚Märchen' 1994, S. 165-172, auch S. 132.

14 Hartmann, A.: Rezension zu: Propp, Vladimir: Die historischen Wurzeln des Zaubermärchens. München/Wien 1987. In: Fabula (1989) H. 3, S. 160-162.

Aus seiner Beschäftigung mit den Bylinen, den typisch russischen Volksliedern, entstand „Russkij geroičeskij epos" (Das russische Heldenepos) 1955. Darin ging es ihm um Frühformen des Volksepos, die beim Zerfall der Gentilordnung entstanden. Propps letztes Buch blieb 1963 „Russkie agrarnie prasdniki" (Die russischen Agrarfeste).

Die Rezeption seiner Werke im Ausland, die sich aufgrund vorliegender strukturalistischer Arbeiten (de Saussure, Lévi-Strauss) rasant vollzog, setzte nach 1958 mit der englischen Übersetzung der „Morphologie" ein, der eine italienische, französische und deutsche, dann eine 2. Auflage 1969 folgte.

Zu seinem 70. Geburtstag gab es zahlreiche Ehrungen, doch tatsächlich sah sich Propp seit den 30er Jahren bis in die Zeit nach Stalins Tod 1953 zahlreichen Verleumdungen ausgesetzt.[15] Als Propp sich 1948 bei einer Sitzung der Leningrader Universität verantworten musste, ging es um den Vorwurf des Kosmopolitismus in seinen Arbeiten; sei er doch gegenüber seiner Klasse und Nation gleichgültig und beziehe die „historischen Umstandsbestimmungen" des russischen Märchens nicht ein.[16] „Idealistisch" sei Propps Denken, da er sich auf Elemente des Bewusstseins stütze, wie Religion, Mythen und urgeschichtliche Zeugnisse, die Arbeit als Quelle der geistigen Kultur nach Gor'kij und ihre künstlerische Funktion für die Arbeitenden nicht berücksichtige.[17] Aufgrund der formalistischen Arbeiten Propps fehle die Untersuchung des Ideengehalts der Folklore.[18] Die positive Bewertung sei-

---

[15] Vgl. ebd. S. 124-125, 172-181. Quellen: Berkov, P.N.: Čestvovanije Prof. V.Ja. Proppa. In: Izvestija Akademiy nauk SSSR. Otdelenie literatury i jazyka. Moskva 1965, vyp. v. str. 558-559. Breymayer: Vladimir Jakovlevič Propp 1972, S. 36-66. Čistov, K.V.: V.Ja.Propp — issledovatel' skazki (Propp — der Märchenforscher). In: Propp, V.Ja.: Russkaja skazka (Das russische Märchen). Leningrad 1984, S. 3-22, hier S. 7-15. Gutzen, D./Oellers, N./Petersen, J.H./Strohmaier, E.: Einführung in die neuere deutsche Literaturwissenschaft: ein Arbeitsbuch. 6., neugefaßte Aufl., Berlin 1989, S. 285. Striedter, J. (Hg.): Zur formalistischen Theorie der Prosa und der literarischen Evolution. In: ders.: Russischer Formalismus. München [5]1994, S. IX-LXXXIII.

[16] Tarasenkov, An.: Kosmopolity ot literaturovedenija. In: Novyj mir, No. 2, XXIV (1948), S. 124-137, hier S. 135-136.

[17] Propp: Historische Wurzeln 1987, S. 30-31. Gor'kij, M.: Wie ich schreibe. Literarische Portraits, Aufsätze, Reden und Briefe. München 1978 (Über Märchen (1929), S. 398-400; Die sowjetische Literatur (Vortrag am 17.8. 1934 auf dem Ersten Allunionskongreß Sowjetischer Schriftsteller), S. 559-592). Sokolova, V.K.: Diskussii po voprosam fol'kloristiki na zasedanijach sektora fol'klora instituta etnografii. (Diskussionen zu Fragen der Folkloristik auf Tagungen des Sektors für Folklore am ethnographischen Institut.) In: Sovetskaja etnografija 1948, No. 3, S. 139-146, hier S. 139-140. Lazutin, S.: Restavracija otzivsich teoriy. (Die Restauration veralteter Theorien.) In: Literaturnaja gazeta, No. 29, 12.7.1947.

[18] Lazutin wirft ihm auch die Restauration der Thesen von Mythologen vor. Kuznecov, M./Dmitrakov, I.: Protiv buržuaznych traditij v fol'kloristike. (Gegen Bürgerliche Traditionen in der Folklorstik.) In: Sovetskaja etnografija 1948, No. 2, S. 230-239, hier S. 233. Auch nach Čičerov arbeitet Propp mit formalistischen Thesen.

ner Leistungen in der Sowjetunion folgte erst nach der Stalin-Ära mit einer Neubewertung seiner Arbeiten.[19] Die breite Rezeption Propps im Ausland setzte ein, als in Westeuropa und den USA in den 50er Jahren ethnographische Kulturmodelle Hochkonjunktur hatten, beeinflusst von strukturalistischer Linguistik und Semiotik.[20]

Propps ‚Märchen'-Begriff

Propp ging von einer gründlich durchgeformten literarischen Gattung aus und betonte die Poetik der Märchen. Seine ästhetische Funktion stelle das Märchen der sog. rituellen Poesie entgegen, der eher eine angewandte Bedeutung zukomme. So vermittle die Sage Daten und Angaben und die Legende eine Moral. Zum Begriff ‚Märchen', im Unterschied zur Byline, gehörte für Propp auch die Mitteilung eines ungewöhnlichen Ereignisses aus dem Alltag, so dass novellenartige Märchen im Begriffsumfang enthalten waren.[21]

Das Kunstwerk ‚Märchen' spiegle die Realität in mehrdimensional gebrochener Weise.[22] Dabei gehe die Folklore nicht als unmittelbares Spiegelbild des Seins hervor (russ. *byt* Lebensweise, Alltag, Sitten, Bräuche), sondern aus dem Zusammentreffen mehrerer historischer Epochen, Lebensweisen oder Formationen und ihrer Ideologie.[23] Alltagswirklichkeit sei nur wenig im Stoff enthalten. Mit dieser Meinung setzte sich Propp von einer nach Inhalten suchenden Märcheninterpretation ab, so wenn etwa Bolte und Polívka den Unterschied der Märchen zum „wirklichen Leben" betonten[24] oder – zeithistorisch politisch wichtiger: wenn Gor'kij die Zusammenhänge zwischen Folklore, Realität und Arbeitsleben hervorhob.[25]

Die gesetzmäßigen Beziehungen zwischen früheren gesellschaftlichen Existenzen von Kulturformen führten nach Propp dazu, dass sich die Inhalte

---

19 Ausführlich Pöge-Alder: ‚Märchen' 1994, S. 182-184.

20 Meletinskij: Zur strukturell-typologischen Erforschung des Volksmärchens 1975, S. 249.

21 Propp: Russkaja skazka 1984, S. 39.

22 ‚Widerspiegelung' in der marxistisch-leninistischen Literaturwissenschaft bezeichnet „mit komplexen Praxisbeziehungen verbundene, daher immer sozial bedingte und praktisch-tätige Auseinandersetzung mit der Realität: sie ist auf eine geistige Aneignung gerichtet." Lehmann, G. K.: Widerspiegelung (Stichwort). In: Wörterbuch der Literaturwissenschaft. Hg.v. Claus Träger, Leipzig 1986, S. 573. ‚Praktisch-tätige Auseinandersetzung' bezeichnet das Streben nach Literatur, die auf die ‚Praxis', die Lebenstätigkeit, einwirkt. Literatur als Teil der Kunst ist ein „Mittel organisierender Einwirkung auf den Rezipienten, Instrument des Eingriffs in gesellschaftliche Verhältnisse". Lenzer, Rosemarie: Abbild oder Bau des Lebens. In: Literarische Widerspiegelung, Berlin/Weimar 1981, S. 359-402, hier S. 378.

23 Propp: Spezifica fol'klora 1976, S. 28.

24 BP Bd. 4, S. 4.

25 Gor'kij, M.: Die sowjetische Literatur (Vortrag 1934). In: ders.: Wie ich schreibe. Literarische Portraits, Aufsätze, Reden und Briefe. München 1978, S. 559-592.

ausgestorbener Sitten und Bräuche zu Märchen umformten.[26] Er nahm an, dass das Märchen aus dem Mythos hervorgegangen sei. Im Unterschied zu diesem werde es jedoch nicht geglaubt.[27] Trete eine Form in einem religiösen Denkmal und im Märchen parallel auf, so sei die religiöse Gestaltung primär, wie nur umfangreiche Materialvergleiche belegen könnten.[28] Drücke sich im Mythos der heilige Glauben des Volkes aus und trage er sakralen Charakter, so sei aber das Märchen „eine Fiktion der Wirklichkeit". Die unterschiedliche Wahrnehmung der Wahrheit dieser Gattungen bestehe für die Erzählerpersönlichkeiten und das Publikum, jedoch nicht hinsichtlich der Form, sondern des Inhalts.[29] Wenn Mythos und Märchen nebeneinander existierten, unterscheide sich aber ihr Sujet und sie gehörten verschiedenen kompositionellen Systemen an.[30]

Beispielsweise gliederte Propp die Existenz des Drachentöter-Märchentyps (ATU 300 und verwandte Typen) in drei Phasen: Der Brauch habe den Mythos erzeugt und dieser sei vom Volk geglaubt und sakralisiert worden. Der Brauch wurde dann schon nicht mehr umgesetzt, sondern als abschreckend erlebt. Das Märchen nahm den Kern bei geänderten Zügen auf und wurde als Erfindung angenommen.[31]

Der Entwurf eines Kompositionsschemas

Im Streben nach wissenschaftlicher Forschung orientierten sich Propp wie Jolles an Goethes ‚Gestaltlehre'. Wie Linné in der Biologie so suchte Propp nach einer Systematik, die ein umfassendes Verständnis der Struktur von Märchen ermöglichte.[32] Ähnlich den Arbeitsvoraussetzungen, wie sie die geographisch-historische Methode grundsätzlich formulierte, verwies Propp auf eine Formuntersuchung vor der historischen Arbeit.[33]

---

[26] Propp: Morphologie des Märchens 1972, S. 105.

[27] Propp: Russkaja skazka 1984, S. 42, 45. Propp: Der ‚Mythos' sei „eine Erzählung von Gottheiten oder göttlichen Wesen ..., an deren tatsächliche Existenz ein Volk glaubt." Propp: Historische Wurzeln 1987, S. 26. Der Begriff ‚Mythos' beziehe sich auf jene Erzählungen ‚primitiver' Völker, die nicht über die Wirklichkeit hinausgehen. Der Denktypus sei anders: Eine Grenze zwischen Ausgedachtem und Wirklichkeit sei schwer erkennbar (S. 42).

[28] Propp: Transformationen 1975, S. 160. Besonders gegenüber der archaischen, toten, religiösen Erscheinung sei die künstlerische Gestaltung im Märchen jünger.

[29] Propp: Die Bedeutung von Struktur und Geschichte 1976, S. 236.

[30] Ebd. S. 236-237.

[31] Propp: Russkaja skazka 1984, S. 239.

[32] Jolles: Einfache Formen [6]1982, S. 6. Breymayer: Vladimir Jakovlevič Propp 1972, S.59; Levin: Vladimir Propp 1967, S. 6. Propp: Morphologie 1972, S. 19, 22-23. Lüthi: Märchen 2004, S. 16 bezeichnet Aarne wegen seines Typenindex als Linné der Märchenforschung.

[33] Propp: Morphologie 1972, S. 23-24.

Deduktiv untersuchte er rund 100 Märchen aus A.N. Afanas'evs (1826-1871) Märchensammlung, erschienen 1855-1863. Diese verhältnismäßig kleine Materialbasis rechtfertigte Propp mit dem „Häufigkeitsgrad der Grundelemente des Märchens". Außerdem schränkte Propp seine Arbeit auf Zaubermärchen oder sog. eigentliche Märchen (Tales of Magic ATU 300-745A) ein. Prinzipiell beachtete er nicht die historische Gebundenheit der Sammlungen oder die Zeit und Bedingung ihrer Aufzeichnung, denn Propp war kein Feldforscher.[34] Er nutzte vornehmlich die den Grimmschen Märchen vergleichbare klassische Sammlung von Afanas'ev, die ebenfalls Bearbeitungen in den Tendenzen zur Mitte des 19. Jahrhunderts unterlag. Für Propp waren Märchen fixierte Texte und nicht in den historischen Zusammenhang ihres Zusammentragens und Veröffentlichens eingebettet.

Die unterscheidenden Merkmale der Märchen fand Propp nicht in den Aarneschen Typen-Gliederungen (engl. *plot*, russ. *sujet*), dem Geschehen im Handlungsverlauf, deren kleinste Einheiten Motive sind[35], sondern in den Strukturen. Anknüpfend an Joseph Bédier (1864-1938) und dessen Versuch, die Beziehungen zwischen konstanten und variablen Größen zu beschreiben und schematisch darzustellen,[36] sah Propp in der Struktur das konstante und in ihrem Inhalt das variable Element einer Erzählung. Ähnlich dem später von Max Lüthi mit ‚Flächenhaftigkeit' benannten Merkmal der Märchen (vgl. Abschnitt 6.4) schienen Propp die Handlungen der Figuren konstant. Als ‚Funktion' hatte Propp „eine Aktion einer handelnden Person verstanden, die unter dem Aspekt ihrer Bedeutung für den Gang der Handlung definiert wird."[37]

Die Handlungen (‚Funktionen') sind damit konstant, während die Personen wechseln. „Unter dem Aspekt ihrer Bedeutung für den Gang der Handlung", unabhängig, von wem sie ausgeführt wird, bestimmte Propp die Aktionen der handelnden Personen. Als konstante Zahl der Funktionen nannte Propp 31, wobei deren Reihenfolge allgemein gleich sei. Aber nicht immer seien all diese in einem Zaubermärchen enthalten.[38] Märchen bestehen demnach aus einer Aneinanderreihung von Funktionen. Die in der Erzählung

[34] Propp: Russkaja skazka 1984, S. 162-163. Die ersten russischen Sammler waren verbannte revolutionär-demokratische Intellektuelle.

[35] Propp: Die Bedeutung von Struktur und Geschichte 1975, S. 232. Veselovskij, A.N.: Poetika šjuzetov. Vvedenie, Bd. II. St.-Petersburg 1913.

[36] Bédier, J.: Les fabliaux études de littérature populaire et d'histoire littéraire de moyen age. Paris 1893. Bédiers Bedeutung liegt in der Verlagerung des Interesses vom Ursprung auf Anpassungsprozesse an ein Milieu. Vgl. Tenèze, M.-L.: Bédier, Joseph. In: EM 2, 1979, Sp. 21-25, bes. Sp. 24. Lüthi: Märchen 2004, S. 73. Vgl. Bausinger: Formen ^{2}1980, S. 36.

[37] Propp: Morphologie 1972, S. 27.

[38] Ebd. S. 27-28.

aufeinander folgenden Funktionen bilden nach Propp eine lineare Syntagmenreihe.[39]

Viele **Funktionen** gruppierte Propp paarweise als Opponenten, z.B.
Verbot - Verletzung des Verbots,
Verhör - Verrat,
Kampf - Sieg,
Verfolgung - Rettung.

Den **Knoten** der Handlung und Hauptfunktionen bilden
Schädigung (Mangelsituation) - Aussendung (Vermittlung) - Entschluss zur Gegenhandlung - Abreise.

Aus dem Knoten ergibt sich der weitere Gang der Handlung. Die Funktionen bilden also eine Kette, eine Sequenz, die nach jeder Schädigung bzw. jedem Fehlelement wieder aufgebaut wird.[40]

Propp stellte acht Kriterien für ein abgeschlossenes Märchen auf, bei denen das Gesetz der Dreizahl und das positive Märchenende maßgebend sind. So ist ein Märchen abgeschlossen,

- wenn es aus einer Sequenz besteht, die dreimal wiederholt wird,
- wenn eine Sequenz negativ, die andere positiv endet,
- wenn das in der ersten Sequenz erworbene Zaubermittel in der zweiten zur Anwendung kommt,
- wenn vor der endgültigen Unglücksbereinigung ein Mangel eine neue Sequenz hervorruft,
- wenn zwei Schädigungen den Konflikt der Handlung bedingen, z.B. wenn nach dem Drachenkampf die beiden falschen Brüder rivalisierend gegen den dritten Bruder agieren und auch
- wenn sich Helden an einem Kreuzweg trennen und die Geschichte beider erzählt wird.[41]

---

39 Die lineare Syntagmenreihe ist in ihrer Reihenfolge fest, so auch die Opposition der ersten Funktion des Schenkers, d.h. in der ersten Probe, durch die der Held den Zaubergegenstand gewinnt, und der schweren Aufgabe des Schädigers, der Hauptprobe, die zur Aufhebung des Fehlelements führt. Meletinskij: Zur strukturell-typologischen Erforschung der Volksmärchen 1975, S. 247. Vgl. Fischer, John L.: Funktion. In: EM 5, 1987, Sp. 543-560.

40 Propp: Morphologie 1972, S. 91.

41 Propp: Morphologie 1972, S. 93-94.

Die 31 Funktionen der Zaubermärchen:[42]

Nach der morphologisch wichtigen *Ausgangssituation* (i) folgen:

1. *Zeitweilige Entfernung* eines Familienmitgliedes. (a)
2. *Verbot* für den Helden. (b)
3. *Verletzung des Verbots*. (c)
4. *Erkundigung* durch den Gegenspieler. (d)
5. *Verrat*: Der Gegenspieler erhält Informationen über sein Opfer. (e)
6. *Betrugsmanöver* durch den Gegenspieler. (f)
7. *Mithilfe*: Das Opfer fällt auf das Betrugsmanöver herein und hilft damit unfreiwillig dem Gegenspieler. (g)
   (Die Funktionen 1 bis 7 gehören zum Einleitungsteil.)

8. *Schädigung* eines Familienmitglieds durch den bösen Gegenspieler. (A)

8a. *Mangelsituation*: Einem Familienmitglied fehlt irgendetwas, es möchte irgendetwas haben. (α)

9. *Vermittlung*: Ein Unglück oder der Wunsch, etwas zu besitzen, werden verkündet, dem Helden wird eine Bitte bzw. ein Befehl übermittelt, man sendet ihn aus oder lässt ihn gehen. (B)
10. *Einsetzende Gegenhandlung*: Der Sucher ist bereit bzw. entschließt sich zur Gegenhandlung. (C)
11. *Abreise* des Helden. (↑)
12. *Erste Funktion des Schenkers*: Der Held wird auf die Probe gestellt, ausgefragt, überfallen usw., wodurch der Erwerb des Zaubermittels oder des übernatürlichen Helfers eingeleitet wird. (Sch)
13. *Reaktion des Helden* auf die Handlungen des künftigen Schenkers. (H)
14. Der Held *empfängt das Zaubermittel* bzw. gelangt in seinen Besitz. (Z)
15. *Raumvermittlung* des Helden zum Aufenthaltsort des gesuchten Gegenstandes. (W)
16. *Kampf*: Der Held und sein Gegner treten in einen direkten Kampf. (K) [Hier hob Propp vor allem den Drachenkampf heraus. K.P.-A.]
17. *Kennzeichnung, Markierung* des Helden. (M)
18. *Sieg* über den Gegenspieler. (S)
19. *Liquidierung, Aufhebung des Unglücks oder Mangels* vom Anfang. (L)
20. *Rückkehr* des Helden. (↓)
21. *Verfolgung* des Helden. (V)

---

[42] Propp: Morphologie 1972, S. 31-65. Die Kürzel in Klammern legte Propp fest, um abschließend eine Formel für Zaubermärchen allgemein und für jedes Märchen aufzustellen.

22. *Rettung* des Helden vor den Verfolgern. (R)
23. *Unerkannte Ankunft* des Helden zu Hause oder in einem anderen Land.(X)
24. *Unrechtmäßige Ansprüche* des falschen Helden. (U)
25. *Prüfung, Schwere Aufgabe* für den Helden. (P)
26. *Lösung* der Aufgabe. (Lö)
27. *Erkennung* des Helden. (E)
28. *Überführung, Entlarvung* des falschen Helden, Gegenspielers oder Schadenstifters. (Ü)
29. *Transfiguration*: Der Held erhält ein anderes Aussehen. (T)
30. *Strafe, Bestrafung* des Feindes. (St)
31. *Hochzeit, Thronbesteigung* des Helden. (H)

Die Märchenanalyse erfolgt auf Grundlage der Funktionen und der Bedeutung dieser Funktionen für den Gang der Handlung. Die Definition der Zaubermärchen baut darauf auf:

> Morphologisch gesehen kann als Zaubermärchen jede Erzählung bezeichnet werden, die sich aus einer Schädigung (A) oder einem Fehlelement (α) über entsprechende Zwischenfunktionen zur Hochzeit (H) oder anderen konfliktlösenden Funktionen entwickelt. Den Abschluß bilden manchmal auch Funktionen wie: Belohnung (Z), Erbeutung des gesuchten Objekts oder Liquidierung des Unglücks allgemein (L), Rettung von Verfolgern (R) usw.[43]

Die genannten 31 Funktionen verteilen sich auf Handlungskreise von **sieben Personen**: Gegenspieler oder Schadenstifter, Schenker, Helfer, gesuchte Gestalt, Sender, Held, falscher Held. Ein Handlungsmuster mit sieben Rollen entsteht: das „Sieben-Personen-Schema".

Die Funktionen verteilen sich auf die Handlungskreise von 7 Personen, hier am Beispiel: „Das Wasser des Lebens" (KHM 97):

Nr.	Person	Handlungskreise	Beispiel KHM 97
1	Sender	Funktion der Aussendung des Helden	König
2	gesuchte Gestalt	stellt schwere Aufgabe, kennzeichnet den Helden, entlarvt den falschen Helden, identifiziert den echten Helden, bestraft den zweiten Helden (Brüder), Hochzeit	Wasser des Lebens, Königstochter

[43] Propp: Morphologie 1972, S. 91. Genauerer Spezifizierung bzw. Untertypen bezeichnen Zahlen oder Sterne an den Symbolen. So erscheint ein Märchen in Form einer Symbolkette.

3	Held	Auszug mit dem Ziel, etwas zu suchen, Reaktion auf Forderungen des Schenkers, Hochzeit	dritter Sohn
4	falscher Held	Auszug auf Suchaktion, Reaktion auf verschiedene Forderungen des Schenkers mit negativem Resultat, Anmeldung unrechtmäßiger Ansprüche	ältere Brüder
5	Schenker	Aushändigung des Zaubermittels und Übergabe an den Helden	Zwerg
6	Helfer	ermöglicht Raumvermittlung des Helden, Liquidierung des Unglücks oder Fehlelements, Rettung vor Verfolgung, Hilfe bei Lösung schwerer Aufgaben und bei der Verwandlung des Helden	Begegnung mit dem Helden auf anderen Wegstationen in anderen Reichen, Tiere als Helfer
7	Gegenspieler oder Schadenstifter	Schädigung, Kampf, Auseinandersetzung mit dem Heldden, Verfolgung	Bewacher des Wassers
	Figuren als kopulative Elemente	Ankläger, Denunzianten, Verräter von Informationen	Jäger, der Sohn töten soll, sonst z.B. Spiegel, Meißel, Besen, Ein- und Dreiäuglein

Für den Vergleich verschiedener Versionen eines Zaubermärchentyps stellte Propp Kriterien auf, die jenen der geographisch-historischen Methode ähneln. Zwar wurden sie als lose Generalisierung mit geringem praktischem und instrumentellem Wert eingeschätzt[44], da gerade auch geographische Aspekte fehlen, sie finden sich jedoch öfter in Untersuchungen.[45]

1. Älter und primär sei die phantastische Gestaltung eines Stoffes gegenüber der rationalistischen: Die Hexe als Übermittlerin der Zaubergaben ist älter.
2. Älter und primär sei die heroische im Vergleich zur humoristischen Gestaltung: Das Besiegen der Unholde im Kartenspiel, wie etwa in KHM 4 „Märchen von einem, der auszog, das Fürchten zu lernen“ (ATU 326), sei jünger als ein Kampf auf Leben und Tod.

[44] Honko: The Real Propp 1989, S. 20.

[45] Propp: Transformationen 1975, S. 165-167.

3. Älter und primär sei eine logisch erzählte Form (vgl. Folgerichtigkeit bei Antti Aarne).
4. Älter und primär sei die international und quantitativ weiter verbreitete Form.

Gemeinsamkeiten im Erzähltyp „Wasser des Lebens" ATU 551

1. Mangelsituation	Herrscher/Vater als Familienoberhaupt ist krank oder blind
Auszug	Drei Söhne oder drei männliche Personen seiner Untergebenen müssen ausziehen, um das Heilmittel zu holen
Zaubermittel	Weg/Aufgaben: Bewährung bei einer Helferfigur, die Rat/Zaubermittel ausgibt Erlangen des Wassers/Heilmittels/Befreiung/Erlösung einer Frau/Hinterlassen einer Nachricht
Rückweg	Zusammentreffen mit den Brüdern und deren Befreiung
Rückkehr	Übergabe des Zaubermittels im Vaterhaus
2. Mangelsituation	Verrat der Brüder
Auszug	Verstoßung/Flucht des Jüngsten
Aufgaben	Erlöste Frau/Prinzessin findet den wahren Helden, da er ihre Aufgaben löst
Schluss	Hochzeit Flucht der Brüder

Es ähnelt einem Baukastenprinzip, wenn sich Propp vorstellte, dass abgesehen vom prinzipiellen Aufbau der Zaubermärchen, wie in der Definition formuliert, sich die Funktionen völlig frei im logischen und künstlerischen Zusammenhang kombinieren lassen, womit die Abwandlung der Typen erklärt ist. Doch schränkte Propp diese „völlige Variationsfreiheit und wechselseitige Substitution" auf ein Prinzip ein: „Faktisch macht das Volk wenig von dieser Variationsfreiheit Gebrauch, und die Zahl der tatsächlich vorhandenen Kombinationen ist gar nicht so erheblich." Solche Gesetze vom Sujetaufbau seien nur mit Vorsicht auf die Volksdichtung übertragbar, denn man müsse „die Psychologie des Erzählers und seines Schaffens als Komponente der Psychologie des Volksschaffens überhaupt gesondert" erforschen.[46]

Die Proppschen Strukturgesetze sind für Zaubermärchen und besonders die Märchentypen gültig, in denen ein Held auf eine Suchwanderung (*quest*)

[46] Propp: Morphologie 1972, S. 108-110.

geht.[47] Die Funktionen der handelnden Personen zu analysieren, hielt Propp in Bezug auf traditionelle Literatur insgesamt für möglich, gerade dort, „wo, wie in der Sprache und der Folklore, das Prinzip der Rekurrenz auf breiter Basis gilt" und nicht dort, wo die Kunst das Ergebnis eines unwiederholbaren Genies ist.[48] Diese breite Übertragbarkeit der Proppschen Morphologie (wie auch von Lüthis Stilanalyse) auf allgemeine, außerliterarische Lebensvorgänge[49] ließ diese Theorie wieder aufleben und zum allgemeinen Standard werden.

Auf das erinnerte Kompositionsschema aufbauend, schafft ein Erzähler bzw. eine Erzählerin die eigene Version. Die zur Verfügung stehenden Elemente füllen das Basisschema inklusive zahlreicher Modifikationen. Daraus ist gefolgert worden, dass die Herstellung textkritischer Abhängigkeiten zwischen den Varianten, die die geographisch-historische Methode rekonstruieren wollte, entfällt.[50] Die Varianten stehen gleichberechtigt nebeneinander. Sie basieren auf einem stabilen Kompositionsschema, dessen „historische Wurzeln" zu bestimmen seien. Hier ist eine Veränderung der Terminologie notwendig: In der Anwendung textkritischer Methoden sprach man von den einzelnen Märchentexten als Varianten; entwickelt aber jeder Erzählende seinen Text aufgrund des Kompositionsschemas, so ist von Versionen zu sprechen bzw. von einer Version des zugrundeliegenden Schemas, das der Erzählende entwickelt und mit Leben erfüllt.

„Historische Wurzeln der Zaubermärchen"

Propp glaubte, dass die Zaubermärchen aus verschiedenen Epochen heraus entstanden.[51] Dabei ging es ihm weniger um Realien bzw. eine Archäologie der Märchen[52]. Aufgrund der vorhandenen ‚Survivals' in den folkloristischen Materialien glaubte er, ihre früheren mythologischen Grundlagen rekonstruieren zu können.[53] Seine historischen Analysen orientierten sich am ‚Prinzip der stadialen Entwicklung'. Er typisierte in historisch-vergleichender Art unter der Annahme, dass die gesellschaftliche Entwicklung unilinear vom Niederen zum Höheren in Stadien verlief. Das Alter der Überlieferungen bestimmte er nicht chronologisch, sondern durch Zuordnung zu einer Stufe der historischen Entwicklung, um so eine historische

47 Žirmunski, Viktor M.: Rezension zu: V.Ja. Propp: Istoričeskie korni volšebnoj skazki, Leningrad 1946. In: Sovetskaja kniga, Moskva 1947, No.5, S. 97-103, hier S. 100.

48 Propp: Die Bedeutung von Struktur und Geschichte 1976, S. 239.

49 Lüthi: Strukturalistische Märchenforschung 1981, S. 115-116.

50 Honko: The Real Propp 1989, S. 54.

51 Propp: Russkaja skazka 1984, S. 36-37.

52 Satire der Märchenarchäologie: Traxler: Die Wahrheit über Hänsel und Gretel 1978.

53 Propp: Spezifica fol'klora 1976, S. 29.

Poetik zu erstellen.[54] Dem Prinzip von ‚Basis und Überbau' folgend, verstand er die geistige Kultur als Ableitung der sozialökonomischen Basis. Aus Veränderungen dieser sozialökonomischen Basis erklärte Propp auch unterschiedliche Versionen eines Erzähltyps. Sie waren damit sogar eine notwendige Erscheinung.[55] Diese Vorstellung der dialektischen Entwicklung historischer Typen, also eine andere Ursachenbeschreibung, unterscheidet den Forscher von anthropologischen Theorien, mit denen gemeinsam er polygenetische Ansätze vertrat.

Das nötige Vergleichsmaterial entnahm Propp Märchensammlungen aus der ganzen Welt, insbesondere von sog. Naturvölkern. Regionale Besonderheiten schienen ihm hinter typologischen Phasen oder Abschnitten der Gesellschaftsentwicklung zurückzutreten, die allen Völkern gemeinsam waren. Kompliziert sei die historische Interpretation der im 19. und 20. Jahrhundert aufgezeichneten Folklore vor allem durch ihre ‚Polystadialität', d.h. durch die bereits beschriebene Ablagerung älterer und jüngerer Schichten in einer Erzählung.[56]

Das grundsätzliche Problem der Proppschen Historisierung bestand in der Notwendigkeit, sich auf eine exakte und anerkannte Periodisierung berufen zu können. In London war 1877 L. Morgans „Ancient society" erschienen und 1935 ins Russische übersetzt worden. Propp waren die dort verwendeten Begriffe ‚Gentilordnung' und ‚Sklavenhalter-Agrar-Ordnung' aber zu wenig differenziert.[57]

Acht Prämissen gibt Propps in seinem Einleitungskapitel der „Historischen Wurzeln der Zaubermärchen" vor:

1) Grundlage war die Definition **‚Zaubermärchen'** in der „Morphologie". Auf die synchrone sollte nun die **diachrone Untersuchung** folgen.[58]

---

54 Propp: Spezifica fol'klora 1976, S. 29.

55 Propp: Russkaja skazka 1984, S. 161-162.

56 Propp: Russkaja skazka 1984, S. 162. Ders.: Die Bedeutung von Struktur und Geschichte 1976, S. 235. Zu seinem Prinzip der Gesellschaftsanalyse: Trockij, L.: Die formale Schule der Dichtung und der Marxismus (Juli 1923). In: ders.: Literaturtheorie und Literaturkritik. Ausgewählte Aufsätze zur Literatur. Hg. v. Ulrich Mölk. München 1973, S.100-118, hier S. 105, 114. Ebenso Woeller: Der soziale Gehalt 1955. Propp wertete Sekundärliteratur von internationalen und sowjetischen Ethnologen und Religionswissenschaftlern bis zum Ende der 30er Jahre aus. Er zitierte Marx und Lenin, entgegen Breymayer: Vladimir Jakovlevič Propp 1972, S. 42, nicht Stalin.

57 Propp: Russkaja skazka 1984, S. 163-164. Ders.: Spezifica fol'klora 1976, S. 29. Das theoretische Konzept nutzte Engels in „Der Ursprung der Familie, des Privateigentums und des Staats" (1884).

58 Propp: Morphologie des Märchens 1972, S. 91. Ders.: Historische Wurzeln 1987, S. 14: Genre Zaubermärchen: Anfang mit Verlust oder Schaden, Abreise des Helden, Begegnung mit

2) Propp lehnte es ab, die Märchentypen und Motive gesondert zu untersuchen, sondern wollte sie stets in den Zusammenhang der **Zaubermärchenkomposition** stellen.[59]
3) Wiederholungen und Gesetzmäßigkeiten prägten die ‚Folklore', daher müsse nicht alles Material vorhanden sein. Auch beabsichtigte Propp, nur **die wiederkehrenden Elemente** des Zaubermärchens zu untersuchen.[60] Im Unterschied zur geographisch-historischen Methode bezog Propp nicht alle Varianten ein. Zur Grundlage seiner vergleichend-historischen Untersuchung wählte er alle Haupttypen der Zaubermärchen mit Schwerpunkt auf russischen, insbesondere nordrussischen Märchen.[61]
4) Die „historischen Wurzeln" wollte Propp erkennen, indem er die Motive der Märchen mit der **„historischen Wirklichkeit der Vergangenheit"** verglich.[62] Als methodische Grundlage dieses Vergleichs zitierte er die Thesen Karl Marx' von Basis und Überbau und der „Nichtentsprechung" der Entwicklung der ökonomischen Grundlagen und des Überbaus.[63] Abgesehen von diesen Bekenntnissen zu sozialistischen Denkschemata setzte Propp tatsächlich nur Erscheinungen der geistigen Sphäre untereinander ins Verhältnis. Die Quellen des Zaubermärchens wollte er in den „Erscheinungen (nicht Ereignissen) der historischen Vergangenheit" aufzeigen und die Quantität bestimmen, in der es in diesem historischen Kontext „bedingt und hervorgerufen" wurde.[64]
   Zur „historischen Vergangenheit" zählte Propp die Elemente des gesellschaftlichen Lebens, die zum gesellschaftlichen Überbau gehören. Eheformen, Vererbungsformen, aber auch die religiösen Institutionen sowie Riten, Bräuche und andere Kulthandlungen, mit denen auf die Natur eingewirkt werden sollte, fließen mit ein.[65] Damit konnte Propp die gängige Meinung von der Spiegelung ar-

---

dem Schenker, Zweikampf mit dem Gegner z.B. im Drachenkampf, Rückkehr des Helden oder neue Verwicklung.

59 Propp: Historische Wurzeln 1987, S. 15.

60 Ebd. S. 34.

61 Ebd. S. 37.

62 Ebd. S. 18.

63 ‚Überbau' bezeichnet alle der Basis entsprechenden politischen, juristischen, moralischen und weltanschaulichen Anschauungen und die dazu gehörigen Institutionen wie Staat, gesellschaftliche Organisationen, kulturelle Einrichtungen und das Bildungswesen. Die Grundzüge dieser Gesellschaftsauffassung: Basis und Überbau (Stichwort). In: Kleines politisches Wörterbuch. Hg. v. Autorenkollektiv. Berlin 1973, S. 97-98.

64 Propp: Historische Wurzeln 1987, S. 12.

65 Ebd. S. 19-20.

chaischer Bräuche und Vorstellungen in den Zaubermärchen spezifizieren.[66]

5) **Vergleiche zwischen Märchenmotiven und der historisch älteren Schicht angehörende Riten** sollten erhellen, in welchem Verhältnis beide zueinander stehen. Selten entsprechen sie sich direkt, im Märchen treten sie in **Uminterpretation und Umwertung** auf.[67] Dabei beschrieb Propp, dass sich Motive nicht „aufgrund einer Evolution von innen heraus“ verändern, „sondern aufgrund der Tatsache, daß es [ein Motiv] in eine neue historische Situation gelangt.“[68] Der Zusammenstoß zwischen Neuem und Altem führe zur Entwicklung von Märchen und der ‚Folklore', die Propp daher als „Mischling“ bezeichnete.[69]
6) Auch zu den **Mythen der sog. primitiven Völker** im Vorklassenzustand als unmittelbare Beweisquellen und mit den **Mythen der sog. Kulturstaaten des Altertums** als sekundäre Quellen setzte Propp die Märchen in Beziehung.[70] „Märchen der Primitiven“ seien in ihrer gesellschaftlichen Funktion Mythen, die als „Produktionen früherer Stadien der ökonomischen Entwicklung den Zusammenhang mit ihrer Produktionsbasis noch nicht verloren haben.“ Im europäischen Märchen lägen solche Elemente uminterpretiert vor.[71]
7) Da eine Handlung nicht unmittelbar durch wirtschaftliche Interessen, sondern durch ein bestimmtes Denken hervorgerufen wird, sollen auch **Formen des primitiven Denkens** die Märchenursprünge erklären.[72] Das Denken der ‚Primitiven' zeichne sich durch das Fehlen von Abstraktion aus und sei erkennbar in Handlungen und gesellschaftlichen Organisationsformen in der Folklore und in der Sprache. So herrsche ein anderes Verständnis von Raum, Zeit und Menge. Während solche Überlegungen in der geographisch-historischen Methode keine Rolle spielen, regte Propp an, neben den uns zwingend oder plausibel erscheinenden Erklärungen für Märchenmotive auch ein anders geartetes ‚primitives Denken' bei

---

66 Becker: Die weibliche Initiation 1990, S. 11. Sie nennt E.S. Hartland, Lang, McCullough, H. Naumann, Harrison, Lord Raglan. Propp bezieht sich nur auf Frazer und Gennep (neben „Übergangsriten“ auch Arnold van Gennep: Mythes et légendes d'Australie. Paris 1905). Dies.: Initiation. In: EM 7, 1993, Sp. 183-188.

67 Propp: Historische Wurzeln 1987, S. 24.

68 Ebd. S. 25. Propp berief sich auf Lenin und dessen „Einwicklung als Einheit der Gegensätze“ in: „Zur Frage der Dialektik“. Vgl. ebd. S. 23.

69 Propp: Spezifica fol'klora 1976, S. 28.

70 Propp: Historische Wurzeln 1987, S. 30. Begriff ‚Mythos' S. 26.

71 Ebd. S. 26-27.

72 Ebd. S. 31.

der Rekonstruktion der ‚historischen Wurzeln' anzusetzen.[73] Vielmehr ist hier eine „Reinterpretation der Kultur selbst" zu finden.[74] Bei Propp ist allerdings keine kritische Wertung des Materials zu erkennen. Wenn er russische und europäische Märchen mit Hilfe der Materialsammlungen ‚primitiver Völker' historisch verorten will, muss der Anteil der Erzählenden, der Aufzeichner/Sammler und Editoren im Tradierungsprozess berücksichtigt werden.

8) Während Riten, Mythen und Formen des gesellschaftlichen Denkens und der gesellschaftlichen Institutionen den Märchen vorausgehen und daher zu ihrer Erklärung herangezogen werden, nutzt Propp Sagen, Legenden und Bylinen sowie die Edda, das Mahabharata, die Ilias, die Odyssee und das Nibelungenlied zur Ursprungsklärung nicht.[75]

Anhand dieser Prämissen wollte Propp nicht konkrete Märchen auf ihre Wurzeln zurückführen, sondern das von ihm beschriebene ‚Zaubermärchen', eine Abstraktion. Unter den sozialen Institutionen, die für die Märchenmotive eine wichtige Quelle darstellen, haben der Komplex der Initiation und die Vorstellungen einer jenseitigen Welt eine Schlüsselstellung inne.

Initiationsriten beschreiben in der Ethnologie die „individuelle oder kollektive Einführung in eine neue Lebensphase (Erwachsensein, heiliges oder profanes Amt) oder Menschengruppe (Bund, Orden, Zunft)". Van Genneps systematische Untersuchung der ‚Übergangsriten' (1909) beschrieb für die „dramatischen Gestaltungen der bedrohlich empfundenen Zeitsprünge" die drei Phasen: 1. Loslösung vom alten Status, 2. Übergangszeit und 3. Einführung in den neuen Status, der Wiedergeburt oder Rehabilitation auf neuem Niveau.[76] Nach Propp stellt der „Zyklus der Initiation die **älteste Grundlage des Märchens"** dar. Für diesen Übergang von der Kindheit ins Erwachsenenleben fand er Übereinstimmungen mit folgenden Teilen des Zaubermärchens:

> Das Fortführen oder die Verjagung der Kinder in den Wald oder ihre Entführung durch einen Waldgeist, das Hüttchen, die Verschreibung, das Verprügeln der Helden durch die Hexe, das Abhacken eines Fingers, fingierte Zeichen des Todes, der Hexenofen, das Zerstückeln und Wiederbeleben, das Verschlingen und Ausspeien, die Gewinnung eines Zaubermittels oder Zauberhelfers, der Transvestis-

[73] Ebd. Es geht bei Propp um das Typenverständnis des 19. Jahrhunderts.

[74] Unwichtig sei dagegen eine „gelehrte Überinterpretation" symbolischer oder marxistischer Art. Vgl. Honko: The Real Propp 1989, S. 165.

[75] Propp: Historische Wurzeln 1987, S. 35.

[76] Streck: Initiation. In: Ders. (Hg.): Wörterbuch der Ethnologie 2000, S. 111-114, hier S. 111-112.

mus, der Waldlehrer und die schwierige Kunst. Die darauffolgende Phase bis zur Eheschließung und das Moment der Rückkehr spiegeln sich in den Motiven des großen Hauses wider, des gedeckten Tisches darin, der Jäger, der Räuber, des Schwesterchens, der Schönen im Sarge, der Schönen im wunderbaren Garten und Palast (Psyche), in den Motiven des Ungewaschenen, des Mannes auf der Hochzeit seiner Frau, der Frau auf der Hochzeit ihres Mannes, der verbotenen Kammer und einiger weiterer.

Der Komplex der **Todesvorstellungen**, der „die Behandlung der Sterbenden und Leichen sowie ritualisierte Formen der Trauer, des Totengedenkens und des Kontaktes mit Toten" umfasst[77], zeige dagegen Übereinstimmungen mit folgenden Zaubermärchenelementen:

> die Entführung von Mädchen durch Drachen, verschiedene Arten wunderbarer Geburt wie Rückkehr des Verstorbenen, Abreise mit eisernem Schuhwerk u.a., der Wald als Eingang in das andere Reich, der Geruch des Helden, das Besprengen der Türen des Hüttchens, die Bewirtung bei der Hexe, die Figur des Fährmanns und Führers, die weite Reise auf einem Adler, einem Pferd, einem Boot usw., der Kampf mit dem Bewacher des Eingangs, der den Ankömmling fressen will, das Wägen auf einer Waage, die Ankunft im anderen Zarenreich und alle ihre Begleitumstände.[78]

An Propps Überlegungen zu Struktur und Geschichte der Märchen knüpfte August Nitschke, geboren 1926, an. Der Mitbegründer der Historischen Anthropologie regte die historische Auswertung der traditionellen Märchen für die Geschichtswissenschaft an. Seine frühen Datierungen von Märchen konnten dagegen nicht unwidersprochen bleiben. Nach dem Vergleich von Indizien wie bildlichen Darstellungen, etwa der Höhlenmalerei, schien ihm die Datierung der Typen vom Treuen Johannes, Rapunzel u.a. in die Megalith-Kultur (Europa im 4./3. Jahrtausend v. Chr.) gerechtfertigt.[79] Die Grundlage seiner Methode liegt in der sog. Epochenforschung, wobei er davon ausging, dass „die Werke einer Epoche, soweit sie von einer Gesellschaftsschicht stammen, miteinander zusammenhängen."[80] Im Unterschied zu Propps stadialer Entwicklung geht Nitschke mit anderen davon aus, dass „epochale Welterfahrungen" eine Epoche prägen und primär eine veränderte Wahrnehmungsart für einen Epochenwechsel wesentlich ist.[81]

Die Überlegungen August Nitschkes und Vladimir Propps verfolgte Angelika-Benedicta Hirsch anhand der Zwerggestalten im Märchen. Nitschkes

---

77 Hauschild, Th.: Tod. In: Streck, B. (Hg.): Wörterbuch der Ethnologie. 2., erw. Aufl. Wuppertal 2000, S. 268-271, hier S. 268.
78 Propp: Historische Wurzeln 1987, S. 452, 451 (Zitate).
79 Vgl. Zusammenfassung und Kommentare in Lüthi: Märchen 2004, S. 79, 100-101.
80 Nitschke: Soziale Ordnungen im Spiegel der Märchen 1976/77, S. 22.
81 Hirsch: Märchen als Quelle für Religionsgeschichte? 1998, S. 65.

Strukturanalyse nutzte sie zur historischen Einordnung der traditionellen Märchen. Der religionsgeschichtliche Wert der Märchen lag für sie in der widergespiegelten ‚Volksreligion'.[82] Die in der Krisen- und Lebensberatung tätige Berliner Religionswissenschaftlerin verwies auf den Unterschied zwischen Ritualen und Märchen, da Erstere den praktischen Vollzug im realen Handeln zeigen, Letztere zwar oft wie ein Ritual aufgebaut sind und gemeinsame Symbole nutzten, aber in der Phantasie durchlebt werden. Märchen verarbeiteten die gleichen Krisensituationen wie Rituale und zeigten ihr Funktionieren und ihre Hilfestellungen.[83]

Propps Blick auf das „Wasser des Lebens" ATU 551

Das „Wasser des Lebens" ATU 551 zeigt beispielhaft einige Elemente, die nach Propp handlungsbestimmend für Zaubermärchen sind. Die zentrale Aufgabe in diesen Märchen ist eine **Suchaufgabe**: Der Held muss das Wasser des Lebens holen (Mot. H 1321.2). Sie wird doppelt motiviert: Einmal ist die Erfüllung der Aufgabe die Bedingung, die der König an seinen **Nachfolger im Königreich** stellt.[84] Zum anderen benötigt der Held als königlicher Nachfolger die **Heirat mit der Prinzessin**. Dazu muss sie erlöst werden, und er muss sich ihr gegenüber ‚kennzeichnen'. Dies geschieht, indem er ihr ein Merkmal oder Erkennungszeichen hinterlässt, z.B. einen Fetzen seines Kleiderstoffes oder einen Brief. So findet die Prinzessin den Helden, der oftmals auch der Vater ihres Kindes ist. Propp interpretierte die spätere „Markierung des Helden" durch die Königstochter, wenn er sie nach bewältigter Erlösung verlässt und sie ihm ein Erkennungszeichen gibt, wiederum im Zusammenhang mit Initiationsriten.[85]

Auch in der Negation wirkt die doppelte Motivation dieses Märchentyps: Nach der missglückten Heimkehr und dem Nichtbestehen des Tests durch den Vater ziehen in einigen Varianten des Erzähltyps der Held und seine Braut in ihr Reich.[86]

Das Wasser des Lebens und des Todes interpretierte Propp als **Zaubergegenstände** mit einer besonderen Stellung. Ihre Zauberkraft beruhe darauf, dass sie aus dem Reich des Todes geholt werden.

---

82 Ebd. S. 246.

83 Hirsch, Angelika-Benedicta: Märchen und Übergangsrituale. In: MSP 15 (2004) H. 2, S. 18-22, hier S. 18-19, Beispiel „Oll Rinkrank" (KHM 196). Dies.: An den Schwellen des Lebens. Warum wir Übergangsrituale brauchen. München 2004.

84 Dazu ebd. S. 384 „Die schwierigen Aufgaben".

85 Ebd. S. 378-383, 393-394. Af. 144.

86 Ebd. S. 395.

> Er [der Helfer] besprengte Ivan Zarensohn mit dem Wasser des Todes – sein Körper wuchs zusammen; er besprengte ihn mit dem Wasser des Lebens – Ivan Zarensohn stand auf.[87]

Diese Formel beschreibt das Wirken des magischen Wassers im Zaubermärchentyp ATU 551. Zur Erklärung nutzte Propp griechisches und babylonisches Material über Jenseitsvorstellungen. Danach scheint sich der Getötete in einem Schwebezustand zu befinden. Er lebt nicht mehr, ist aber noch nicht im Reich des Todes angekommen, also nicht endgültig tot. Nachdem also der Märchenheld tot aufgefunden wird, bewirke das Wasser des Todes, dass der Held aus dem Schwebezustand herauskomme und tatsächlich tot sei. Erst danach könne das Wasser des Lebens wirken.

Im Umkehrschluss belegt der Besitz des Wassers des Lebens und des Todes den **Aufenthalt des Helden im Jenseits**. Damit ist eine Voraussetzung zum Erreichen des Königtums nachgewiesen. Die Lebenswasser fließen in einem „anderen" Land, im russischen Märchen häufig im „dreimalzehnten" Zarenreich. Dort muss der Held seine schwierige Aufgabe lösen und das Wasser des Lebens holen. Wo auch immer dieses Land ist, unter Wasser, auf einem Berg, unter der Erde, voll wunderschöner Wiesen, bestückt mit Gärten und Bäumen, es ist fast menschenleer, aber in ihm stehen Paläste.[88] In einem Palast findet der Held auch das Wasser des Lebens. Es wird bewacht: Hexe und Drache als **Wächter** des anderen Reiches verwahren das Lebenswasser. Der Held als lebendes Wesen dringt in das Totenreich ein und raubt das Wasser, jugendspendende Äpfel oder andere Wunderdinge.[89]

Die Hexe begegnet uns im Märchentyp vom Wasser des Lebens in einer anderen Funktion als gewöhnlich. Sie ist einer der **Helfer** im Märchen, die eine funktionale Gruppe bilden. Potentielle Helfer, in Grimms KHM 97 einen Zwerg, trifft der Held gleich am Beginn seiner Suchwanderung. Nach erfolgter Prüfung weist der Helfer den Weg und gibt Ratschläge, mit deren Hilfe der Held seine schwierigen Aufgaben löst. Nach Propp beginnt die Geschichte der Helfer in der Jägerkultur, wo der Jüngling im Zusammenhang mit seiner Initiation seinen Helfer erhält. Die Hexe stand noch in Verbindung mit dem Initiationsritus, historisch parallel zum Schamanismus, zum Ahnenkult und zu Jenseitsvorstellungen.[90]

---

87 Af. 168. Nach Propp: Historische Wurzeln 1987, S. 245-246 (Zitat).

88 Propp: Historische Wurzeln 1987, S. 355-358.

89 Propp: Historische Wurzeln 1987, S. 246-248; Drache und Wasser S. 273, 320. Johns, A.: Baba Yaga: the ambiguous mother and witch of the Russian folktale. New York u.a. 2004.

90 Ebd. S. 231-237. Nach dem Sterben des Ritus blieb die Helferfigur erhalten und begann eine Entwicklung bis zu den Schutzengeln und christlichen Heiligen.

Bereits vor Propp suchten Forscher den Ursprung der Märchen in der Ur- und Frühgeschichte und wagten sich damit in historisch von den Märchenaufzeichnungen weit entfernte Zeiträume. Schon Saintyves sah Märchen als Reste alter Mythen an und selbst Jacob Grimm ging bis in germanische Frühzeiten zurück.[91] Neu ist bei Propp der grundsätzliche Ansatz, der auf Zaubermärchen gerichtet ist und auf einer morphologischen Analyse basiert. Ihm ist vorgeworfen worden, dass diese sehr allgemein gehalten ist, doch gerade diese Offenheit scheint sie noch immer aktuell zu halten. Sie wirkte anregend in der gesamten Erzählforschung und fand Erweiterungen und Fortsetzungen (vgl. Abschnitt 6.6).[92]

Bei der Erklärung des Ursprungs der Zaubermärchen als Gattung hatte Propp die künstlerische Tradierung nicht von Anfang an in Betracht gezogen. Löst sich das Erzählen vom Ritus und verliert das Märchen damit seine religiösen Funktionen, so wertete Propp dies positiv und nicht als Verderbnis. Das Märchen gehörte dann zum künstlerischen Schaffen.[93]

Kritisch ist dagegen Propps Quellenbasis. Er vergleicht Texte unterschiedlichster Herkunft und editorischer Praxis miteinander. Unter dem Primat der morphologischen Einheit ist dies für ihn kein Problem.

6.3 Form als Gattungseigenschaft

Anknüpfend an die Arbeiten von Parry (1928) und Lord (1960) sind die Vortragskunst der Erzählerpersönlichkeiten und die Formelhaftigkeit der Volkserzählungen gleichermaßen ins Blickfeld gerückt. Die orale Literatur ist von der traditionellen Technik einer formelhaften Improvisation getragen. Die ‚Kompetenz' des Erzählers beruht auch auf der Improvisationstechnik mit formelhaften Elementen.[94]

Feldforschungen, die ihre Aufmerksamkeit auf Kontext und Performanz einerseits und Strukturfragen der Märchen andererseits richteten, zeigten die Bedeutung von Formeln oder Versatzstücken, die mehr oder weniger direkt zum Text gehörten. Materialien zu Eingangsformeln (sowie Schlussformeln, mitunter auch als Gelenk in der Mitte der Erzählung) sind in sehr vielen Märchen Europas und Asiens zu finden. Ihre wichtigste Funktion ist das Herstellen von Kommunikation mit dem Publikum durch Kontaktformeln,

---

91 Saintyves: Les contes de Perrault et les récits parallèles 1923. Vgl. Peuckert, W.-E.: Sage und Märchen, Berlin/Bielefeld/München o.J., S. 69; BP Bd. 5, S. 257.

92 Fortsetzungen: Pauckstadt: Paradigmen der Erzähltheorie 1980. Vgl. Voigt, V.: Morphologie des Erzählgutes. In: EM 9, 1999, Sp. 921-932, hier Sp. 925-925.

93 Propp: Historische Wurzeln 1987, S. 458-459. Verderbnis nach Dorsey, G.A.: Traditions of the Skidi Pawnee. New York 1969 (zuerst Boston/New York 1904.)

94 Holbek, B.: Formelhaftigkeit, Formeltheorie. In: EM 4, 1984, Sp. 1416-1440.

die beiden Seiten vertraut sind, und das Hinführen der Hörer auf das Erzählte und das Erzählen. Der Erzählende gibt mit den Anfangs- und Schlussformeln eine Bewertung des Erzählten ab: Er versichert die Glaubwürdigkeit oder deutet Lügenhaftigkeit an. Das Märchen als künstlerische Mitteilung wird durch Eingangsformeln wie dem Auszug der Helden in ein Wunderland, das Einführen in ein ‚Märchenland', die sich bis zu kleinen Einleitungsmärchen wie den türkischen tekerlemes ausweiten können, bewertet. Mitunter nennt der Erzähler seinen Gewährsmann, aber stets bleibt der temporale und lokale Rahmen des Geschehens vage.[95]

Der dänische Philologe **Axel Olrik (1864-1917)** hat sich um die institutionelle Organisation der dänischen Folkloristik verdient gemacht, z.B. durch die Gründung des nationalen Archivs für dänische Volksüberlieferung 1904-05.[96] Er arbeitete auf denselben Wegen, die Max Lüthi weiter beschritt. **Epische Gesetze** hatte bereits M. Moe 1889 in einer Vorlesungsreihe dargestellt, auf die sich später Vertreter der geographisch-historischen Schule wie Aarne, K. Krohn und Olrik bezogen. Für die sog. Volksdichtung hatte er zuerst 1906 folgende Merkmale beschrieben:[97]

1. Übersichtlichkeit
Begrenzte Anzahl von Handlungsträgern, Schicksalsbestimmung durch einzelne Faktoren, gleichzeitiges Wirken im Nebeneinander dargestellt
2. Szenische Zweiheit
Allgemein handeln nur zwei Personen gleichzeitig
3. Schematisierung
Nur zur Entwicklung erforderliche Züge werden beschrieben
4. Wiederholung
Hervorhebung durch Wiederholung statt kunstvoll-detaillierter Schilderung, dazu gehört die sog. Gegensatzsteigerung (nach zwei Misserfolgen gelingt der dritte Versuch)
5. Handlungsgebundenheit
Eigenschaften von Personen und Dingen werden durch Handlungen ausgedrückt
6. Höhepunkt ist die plastische Hauptsituation
Starke Kontraste, statische Bilder
7. Logik ohne tatsächliche Wahrscheinlichkeit
Zentrale Kräfte entwickeln eine logische Handlung, unabhängig von den Wahrscheinlichkeiten des täglichen Lebens

---

95 Ranke, K.: Eingangsformel(n). In: EM 3, 1981, Sp. 1227-1244. Pop: Die Funktion der Anfangs- und Schlussformeln im rumänischen Märchen 1968, S. 321-326.

96 Weiteres Chesnutt, M.: Olrik, Axel. In: EM 10, 2002, Sp. 263-265, hier Sp. 264.

97 Holbek, B.: Epische Gesetze. In: EM 4 , 1984, Sp. 58-69, hier Sp. 63-65. Die Benennung von Merkmal 14 bezieht sich auf das Seemannssprachliche ‚achtern' in der Bedeutung ‚hinten'.

8. Einheit der Handlung
Jeder Zug führt folgerichtig zu weiteren Ereignissen; eine Folge epischer Einheiten entwickelt eine gemeinsame Idee
9. Einsträngigkeit
Die Handlungsfolge besteht aus einem Erzählfaden
10. Die Hauptperson steht im Mittelpunkt
Das Schicksal nur einer Person wird geschildert
11. Gegensatz, Polarität
Zwei gemeinsam erscheinende Personen bilden ein Gegensatzpaar; Entsprechung von Strafe und Verbrechen[98]
12. Zwillinge
Zwei Personen in einer Rolle sind schwächer als eine Person
13. Dreizahl
Dreierstrukturen bestimmen in Personengruppen, Handlungsepisoden, Aufzählungen
14. Achtergewicht
Das im Verlauf Wichtigste erscheint zuletzt
15. Eingangsgesetz
Vom „Einfachen zum Komplexeren, vom Ruhezustand zur Handlung, vom Gewöhnlichen zur Ungewöhnlichen" als allgemeine Abfolge
16. Abschluss
Die Handlung endet mit der Schilderung des weiteren Schicksals, der Entwicklung in der Landschaft, von Denkmälern, in Erinnerungen usw.

Diese Gesetzmäßigkeiten sind vor allem für Märchen anwendbar, wirken in Verknüpfung und zeigen so ihre Kohärenz.[99] So bezeichnete Lüthi die Dreizahl mit Achtergewicht als „das vornehmste Merkmal der Volksdichtung". Die dritte Wiederholung bringe statt der Steigerung eine Wende oder einen Kontrast: Von drei Brüdern missglückt es den beiden ersten, der Dritte hat Erfolg. Der Misserfolg ist quasi ein „obligater Vorläufer des Erfolgs".[100] Holbek wendete das Gesetz, dass sich der Charakter in Handlung ausspricht, auf den Erzähltyp ATU 551 „Wasser des Lebens" an: Der Held zieht aus, um das Heilmittel für seinen kranken Vater zu holen, kommt aber mit einer Frau zurück. Daher sei es ein Märchen über das Finden einer Frau und keine Suchwanderung nach einem wunderbaren Mittel.[101] Wenn sich in den traditionellen Märchen, die im 19. und 20. Jahrhundert aus der Mündlichkeit aufgezeichnet worden waren, diese Gesetze nachweisen lassen, so ist dies kein Zeichen für die ursprüngliche ‚Volkstümlichkeit' dieser Texte. Vielmehr

98 Röhrich: Märchen und Wirklichkeit 2001, S. 148-150.
99 Zusammenfassung Holbek, B.: Epische Gesetze. In: EM 4, 1984, Sp. 58-69, 64 (Zitat), 65.
100 Lüthi: Märchen 2004, S. 30.
101 Holbek: Interpretation of Fairy Tales 1987, S. 411.

verweist dieser Befund auf die Bearbeitung der Aufzeichnungen hin zu einem Bild von ‚Märchen'.[102]

Isidor Levin stellte die Häufigkeit von Erzählungen ins Zentrum seiner Untersuchung, einer „**quantifizierenden Korpusanalyse**": Nur Kartogramme und die Statistik des Gesamtbefunds als Häufigkeitsnachweis hält er für interpretierbar. Er führt Häufigkeitsnachweise für Geschlecht, Altersgruppe und Heimat der Erzähler, Art, Familienbezug und Rolle der *dramatis personae* sowie Vorhandensein bzw. Abwesenheit und Umfang von Anfangs- und Schlussformeln.[103]

Die computergestützte Analyse von Volkserzählungen hat sich vor allem in Osteuropa und im französischsprachigen Bereich etabliert. Sie ist bis zur Synthese von einfachen Märchen fortgeschritten, wobei Propp und Lévi-Strauss die strukturelle und Noam Chomsky die linguistische Grundlage stellten.[104] Wie Holbek einschätzt, handelt es sich bei diesen Versuchen nicht um Märcheninterpretationen im eigentlichen Sinn, sondern um besonders formalisierte Beschreibungen.[105]

6.4 Stilbeschreibung Max Lüthis

Der Literaturwissenschaftler Max Lüthi beeinflusste maßgeblich die formalkritische Diskussion zu den Märchen der Brüder Grimm im 20. Jahrhundert. Er entwickelte einen Begriffsapparat für diese Erzählungen, der zum Allgemeingut der Märchenbeschreibung wurde.

Zentral ist für Lüthi die Darstellungsart. Sie stützt sich auf die Analyse von Motiven und Motivfolgen sowie von Sequenzen wörtlicher Reden der handelnden Personen. Hier werden Ursachen für Reaktionen dargelegt. Häufig wird gar nicht begründet, warum etwas getan wird. Wie Propp bereits beschrieb, steht die Handlung an der sichtbaren Oberfläche.

Biographische Stationen im Leben Max Lüthis (1909-1991)

Nach seinem Studium der Germanistik, Geschichte und englischen Literaturwissenschaft in Bern, Lausanne, London und Berlin legte Lüthi 1935 die

---

102 Röhrich: Märchen und Wirklichkeit 2001, S. 174. Die Gesetze Olriks sind deutliches Zeichen für die spätere künstlerische Gestaltung eines Märchenstoffs, der dann die Glaubensperiode verlassen hat, Bsp. Basilikummädchen AT 879 bei Meraklis: Das Basilikummädchen 1970, S. 7.

103 Schenkowitz: Der Inhalt sowjetrussischer Vorlesestoffe 1976 wendete das Verfahren an.

104 Voigt, V.: Computertechnik und -analyse. In: EM 3, 1981, Sp. 111-123, hier Sp. 116, 123.

105 Holbek: Interpretation of Fairy Tales 1987, S. 382.

Gymnasiallehrerprüfung ab und arbeitete als Hauptlehrer für Deutsch an der Zürcher Töchterschule 1936-68. Schon 1943 wurde er mit der Arbeit „Die Gabe im Märchen und in der Sage: Ein Beitrag zur Wesenserfassung und Wesensscheidung der beiden Formen" in Bern bei Helmut de Boor promoviert. Die Professur für Europäische Volksliteratur an der Universität Zürich hatte er von 1968-79 inne. 1988 erhielt er den Märchenpreis der Märchen-Stiftung Walter Kahn.[106]

Lüthi wirkte nicht nur als Märchenforscher[107], sondern untersuchte auch Shakespeares Dramen (1957) mit Einzelinterpretationen, edierte 1970 den Sammelband „Volksliteratur und Hochliteratur" mit Aufsätzen zu Ballade, Sprichwort und dem Menschenbild des Märchens, war bis 1984 Mitherausgeber der EM, Autor von 30 Artikeln und verfasste Beiträge für die Neue Zürcher Zeitung.

Gattungsmerkmal ‚Stil'

Bereits in seiner Dissertation arbeitete Lüthi in einem Diskurs zum Märchen, der zuerst die Darstellungsart behandelt, die er als Stilanalyse bezeichnet. Er spricht darin von der Gabe als Objekt, das von Jenseitigen an Diesseitige und umgekehrt übergeben wird. Der Inhalt der Gabe kann sehr vielgestaltig sein: Dinge, nützliche Ratschläge oder auch schädigende Verwünschungen gehören dazu. Nach Lüthi ist die Gabe dem Märchen ‚formimmanent' – ein Phantasiestück in einer Phantasiesituation. In der Sage ist sie dagegen ‚formtranszendent' – sie tritt aus der Phantasie in die wirkliche Welt hinaus. Durch den Austausch von Gaben zwischen Diesseitigem und Jenseitigem wird die Qualität ihrer Beziehung charakterisiert. Erst nach einer Prüfung durch den Jenseitigen erhält der Diesseitige die Gabe. Erfüllt er die gestellte Aufgabe nicht angemessen, kann sie auch negativer Art sein. Der Erhalt der Gabe ist entscheidend für den Fortgang der Handlung.

Lüthi betrachtet das Märchen als Dichtung und damit als ein künstlerisches Werk: „Das Märchen..., eine reine Dichtung, kann nicht vom Volke geschaffen sein."[108] Die Sage dagegen erscheint ihm als primitives Gebilde, das seine ‚Heimat im Volk' habe.

Das Märchen ist nach Lüthi gekennzeichnet durch einen klaren Ablauf, durch Helligkeit und ein mit Leichtigkeit voranschreitendes profanes Geschehen. Angstfrei setzen sich die Helden und Heldinnen mit den für selbstverständlich hingenommenen Zauberwelten, mit Schönheit und Goldglanz

---

106 Schenda, R. : Lüthi, Max. In: EM 8, 1996, Sp. 1307-1313.

107 Werkverzeichnis Max Lüthi: Fabula 20 (1979), S. 277-284. Schmid-Weidmann: Bibliographie Max Lüthi 1992, S. 124-126. Näf: Max Lüthis wissenschaftlicher Nachlass 1995, S. 282-288.

108 Lüthi: Die Gabe im Märchen 1943, S. 142, zit. nach EM 8, 1996, Sp. 1311 not. 3.

auseinander. Sie erwarten glückliche Begegnungen und heitere Wendungen des Schicksals.[109]

Die Sage charakterisierte Lüthi[110] durch verfließende, düstere Umrisse und das bedrückende, ja bedrohende Walten numinoser Mächte: Die erschreckenden Einbrüche des Unheimlichen, Verstümmelungen und Blässe, Verstörung und Ergriffenheit lösen Angst und Not bei den Helden/Heldinnen aus.

An seine Überlegungen zum Thema ‚Gabe' anknüpfend, entwickelte Lüthi zuerst in „Das europäische Volksmärchen" 1947 seine sog. Stilanalyse. Er wertete die Arbeit als „das grundlegende Werk, als Stilanalyse eine Art Gegenstück zu Propps Strukturanalyse"[111]. Die dabei entwickelten Merkmale sind heute allgemein im Gebrauch, da sie häufig bei Märchen im Stil der KHM anzutreffen sind. Sie erlauben eine Unterscheidung zu Kunstmärchen. Zwar erklären sie Deutungsmöglichkeiten von Märchen, stehen aber auch in der Nähe zu Traum und moderner Literatur wie bei Kafka.

Lüthis Merkmale des Märchens

- Eindimensionalität
- Flächenhaftigkeit
- Isolation
- Abstrakte Stilisierung
- Unsichtbare Allverbundenheit
- Sublimation
- Welthaltigkeit

Die Merkmale des Märchens liegen für Lüthi nicht in den Motiven selbst, sondern in der Art ihrer Verwendung. Er beschrieb diese stilistischen Qualitäten anhand einer Grundform, die eine Konstruktion ist: Es gibt sie eigentlich nicht. Daher sind auch nicht alle seiner Merkmale in allen Märchen der KHM auf gleiche Weise aufzufinden.

„**Eindimensionalität**" des Märchens: Das Märchen „projiziert geistig Differenziertes auf eine einzige Linie und deutet die innere Ferne durch äußere Entfernung an."[112] Im Märchen kann der Held jedes Jenseitsreich erwandern. Die diesseitige steht neben der jenseitigen Welt. Daher ist auch eine Handlungsfolge, in der Rotkäppchen und der Wolf miteinander sprechen und handeln, kein darstellerisches Problem. Schneewittchen erwandert das Reich

---

109 Schenda, R.: Lüthi, Max. In: EM 8, 1996, Sp. 1307-1313, hier Sp. 1312-1313.

110 Ebd. Sp. 1313.

111 Lüthi: Das europäische Volksmärchen [11]2005, S. 3.

112 Ebd. S. 11-12.

der sieben Zwerge und die Prinzessin erhält unerwartet Besuch vom Frosch. „Der Märchendiesseitige hat nicht das Gefühl, im Jenseitigen einer anderen Dimension zu begegnen."[113]

„**Flächenhaftigkeit**" des Märchens: Nach Lüthi besteht keine räumliche, zeitliche, geistige und seelische Tiefengliederung. „Eigenschaften und Gefühle sprechen sich in Handlung aus – das heißt aber: sie werden auf dieselbe Fläche projiziert, wo sich auch alles andere abspielt."[114] Hinter den auftretenden Figuren stehen Körper und Dinge, Handlungen drücken Eigenschaften aus, Dinggaben symbolisieren Beziehungen. In den Figuren drücken sich verschiedene Verhaltensmöglichkeiten aus, geistige oder seelische Entfernung zeigt sich in äußeren Strecken. Gefühle und Eigenschaften werden nur genannt, wenn sie die Handlung beeinflussen. Die dargestellten Elemente erscheinen auf einer Fläche/Ebene, wodurch große Wirklichkeitsferne entsteht. Daher zeigt etwa das An-die-Wand-werfen im „Froschkönig" der Grimm-Märchen die tiefinnere Abneigung der Prinzessin gegen den Frosch.

„**Isolation**" gilt Lüthi als beherrschendes Merkmal des „abstrakten Stils": Der Märchenstil ist auch durch Wilhelm Worringers[115], Begriff der ‚**abstrakten Stilisierung**' beschreibbar. Die Elemente des Märchens sind mit festem Umriss doch sublimer Leichtigkeit gekennzeichnet. Mineralisches, Metallisches sowie alles Klare wird bevorzugt in der Darstellung von Dingen und Farben verwendet. Die Handlung schreitet rasch und entschieden fort, dabei herrscht keine Willkür; Form, Richtung und Gesetze (z.B. starre Formeln) sind genau bestimmt. Extreme sind beliebt, etwa der Kontrast zwischen Schönheit und Hässlichkeit zwischen Frosch und Prinzessin und die Bestrafung nicht konformen Verhaltens. Toleranz gehört demnach nicht in diese Darstellung.

Da die Personen keine Charaktere verkörpern, sondern nur in Form isolierter Typen auftreten, ist ein müheloses, elegantes Zusammenspiel aller Figuren und Abenteuer möglich. Die Episoden der Handlung sind verkap selt, es gibt kein Lernen, keine Erfahrungen, keine Bezüge untereinander. Diese „sichtbare Isolation" findet nach Lüthi ihren Ausgleich in einer „**unsichtbaren Allverbundenheit**": „Nur was nirgends verwurzelt, weder durch äußere Beziehung noch durch Bindung an das eigene Innere festgehalten ist, kann jederzeit beliebige Verbindungen eingehen und wieder lösen. Umgekehrt empfängt die Isolation ihren Sinn erst durch die allseitige Beziehungs-

113 Lüthi: Das europäische Volksmärchen [11]2005, S. 12.
114 Ebd. S. 15.
115 Worringer, Wilhelm: Abstraktion und Einfühlung. Leipzig/Weimar 1981.

fähigkeit, ohne sie müßten die äußerlich isolierten Elemente haltlos auseinanderflattern."[116]

Das Begriffspaar **Sublimation** und **Welthaltigkeit** führt diesen Gedanken weiter. In der Realität dunkle innerseelische Prozesse darstellende Vorgänge werden zu lichten Handlungsbildern sublimiert. Motive enthalten keine realistischen Schilderungen, sondern sind entwirklicht. Sublimation ermöglicht aber eine umfassende Darstellung und Abbildung der Welt. So entstehen klare schwerelose Bilder, die die Welt in ihrer Komplexität darstellen. Demgegenüber geht eine realistische Darstellung mit dem Verlust jener Universalität einher, die das Märchen bietet.

Lüthi versteht die Gattung Märchen als „dichterische Endform", die eine ‚innere Wahrheit' enthält und ‚ein echtes Welterlebnis Bild werden lässt'. Die Figuren sind frei beweglich und gehören der menschlich-diesseitigen Welt an.[117] So hat auch das Tierkind in „Hans mein Igel" (KHM 188) menschliche Eltern und kann aus seiner Tiergestalt erlöst werden. Das Volksmärchen vermittelt den Rezipienten damit die Sicherheit, in ‚sinnvollen Zusammenhängen' zu stehen.[118]

Die Darstellungsart der Märchen umriss Lüthi mit handlungsfreudig, rasch fortschreitend, scharfe Umrissformen (Schloss, Häuschen, Kästchen, Heim, Stab, Schwert, Messer, Tierhaar), Figuren (einzeln auftretend) und Requisiten knapp benennend und wenig schildernd. Diese Bestimmtheit und Klarheit fand er durch reine Farben (rot, weiß, schwarz, golden und silbern) und Linien, Metallisches und Mineralisches, Kontrast- und Extremdarstellungen sowie einer Formelhaftigkeit (neben Anfang und Schluss, Verse, direkte Rede) bei Aufgaben und Gaben, Verboten, Bedingungen, Tests sowie bei Lohn und Strafe repräsentiert. Das Märchen liebt die stilisierte und regelhaft variierte Wiederholung, zu der die Formel der Dreizahl und das Gesetz der Steigerung gehören.[119]

Lüthis Definition des Märchens bündelt seine Überlegungen und zeigt zugleich, dass es sich dabei um eine typologische Beschreibung handelt, die geographische und individuelle Eigenschaften außer Acht lässt:

> Das Märchen ist eine welthaltige Abenteuererzählung von raffender, sublimierender Stilgestalt. Mit irrealer Leichtigkeit isoliert und verbindet es seine Figuren. Schärfe der Linien, Klarheit der Formen und Farben vereinigt es mit entschiedenem Verzicht auf dogmatische Klärung der wirkenden Zusammenhänge. Klarheit und Geheimnis erfüllen es in einem.[120]

---

116 Lüthi: Das europäische Volksmärchen [11]2005, S. 49.
117 Ebd. S. 89.
118 Ebd. S. 86.
119 Lüthi: Märchen 2004, S. 29.
120 Lüthi: Das europäische Volksmärchen [11]2005, S. 77.

Lüthis Beschreibung des Märchenstils deutet Märchen in bildhafter Weise, bietet darüber hinaus aber auch einen Zugang zu ihrem symbolischen Verständnis. Einerseits zeigt er die Möglichkeiten eines solchen auf: So ist z.B. die Suche nach dem verlorenen Schlüssel ursprünglich sexuellen Inhalts, doch solche Symbole brauchen „weder sexuell verstanden noch unbewußt als Sexual- oder Liebessymbole erlebt zu werden." Andererseits warnt er vor jeder Einzeldeutung, denn diese „bedeutet Verarmung und geht am Wesentlichen vorbei." Sublimation bewirkt die Entkleidung vom Individuellen und stellt Abstand zu dem Entstehungsumfeld der Symbole her. „Unbewußtes und Unaussprechliches schafft sich in ihnen ein Bild." So hält Lüthi die Symbole im Märchen für verhüllend und offenbarend zugleich. Das Erleben der Märchenbilder durch den Hörer muss sich in die strenge Form der Märchen einfügen und erhält so „eine geistige Ordnung".[121]

Lüthi habe, so Holbek, sehr richtig erkannt: Erzähler/innen bevorzugen Vergleiche statt Metaphern. Trotzdem will er Lüthis Stilbeschreibung nicht ohne Kritik akzeptieren: Es gäbe keinen Raum, um soziale, historische und geographische Gegebenheiten und Unterscheidungen zwischen den Genres zu treffen. Lüthi unternehme nichts, um Märchen zu interpretieren, er beschreibe lediglich das Phänomen. Dabei verstehe er Zaubermärchen als Biografien einer Heldin oder eines Helden, während Holbek zeigen will, dass das vollentwickelte erwachsene Zaubermärchen Held und Heldin enthält.[122]

Quellen und Kritik

Lüthis Verdienste sind an verschiedenen Stellen gewürdigt worden.[123] Beinflusst wurde er von Axel Olrik, André Jolles' Theorie der sog. Einfachen Formen (vgl. Kapitel 2), den anthropologischen, psychologischen und mythologischen Theorien von Charlotte Bühler, A. Gehlen, C. G. Jung, Karl Kerényi oder Otto Rank, ohne dabei seine eigenen philologisch-phänomenologischen Positionen aufzugeben.

Bei Lüthi findet man keine konkrete quellenhistorische Einbettung von Texten. Sein Ziel bestand darin, 15 europäische Sprachregionen in seine Untersuchung einzubeziehen. Tatsächlich bevorzugte er aber Zitate von Märchen aus Deutschland, vom Balkan, aus dem Ostseeraum, aus Frankreich und Italien, aber nur selten aus Spanien. Die wichtigste Quellenbasis seiner Interpretationen ist die Reihe „Märchen der Weltliteratur". Es handelt sich hierbei um Editionen mit einer Texttreue, die den jeweiligen Entstehungszeiten zuzuordnen ist. Lüthi beschäftigte sich auch nicht mit der sozialhistori-

---

121 Lüthi: Das europäische Volksmärchen [11]2005, S. 87-89.

122 Holbek: Interpretation of Fairy Tales 1987, S. 325

123 Schenda, R.: Lüthi, Max. In: EM 8, 1996, Sp. 1307-1313.

schen Einbettung der Textkorpora oder mit Fragen der Performanz oder der Kontextforschung. Da ‚Feldforschung' in seinen Studien nicht vorkam, ist auch eine sozialpsychologische Annäherung an einzelne Erzähler und Erzählerinnen nicht bekannt. Eine eindeutige oder ‚bestimmte' Deutung (Stichwort ‚ahistorisch') eines ‚abstrakten' Märchens verfolgt Lüthi nicht, er glaubt an die Freiheit des Hörers, zu einer jeweils individuellen Anschauung der Märchensymbolik zu finden. In seiner Arbeitsweise sind damit deutliche Gemeinsamkeiten zu Propp zu finden: Beide haben ein Muster entworfen, das auf eine bestimmte Gruppe von Märchen zutrifft.

6.5 Der Text als Symbol und das Märchen als Medium

Die Literatur gerade zu Fragen des Symbolverständnisses bei Märchen ist sehr umfangreich. Insbesondere die Theorien Sigmund Freuds (1856-1939) und Carl Gustav Jungs (1875-1961) erfreuen sich nach wie vor lebhafter Rezeption.

Ein Bezug zu historischen Symboldeutungen könnte wissenschaftsgeschichtliche Parallelen aufweisen, denn schon die Romantiker mit ihrer „Idee vom Hieroglyphen- oder Symbolcharakter der Mythen" griffen in ihrem poetischen Ausdruck darauf zurück.[124] Eine deutliche Trennung zwischen Märchen und Mythos ist in den Arbeiten meist nicht zu erkennen. Der Zugang zu traditionellen Märchen erfolgte über die Deutung von Träumen und die Suche nach Inhalten des Unbewussten. Psychoanalytische Methoden sind ein Versuch, Motive und Märchen zu erklären. Die Interpretationen schließen damit an die mythologische Sinndeutung des 19. Jahrhunderts an, wo Mythen, Natur- und psychische Prozesse zur Aufschlüsselung herangezogen wurden.[125] Die Entstehung der Märchen erklären diese Forscher polygenetisch. Sie tradieren das romantische Paradigma.[126]

Zum psychoanalytischen Verständnis der Märchen

Freud betrachtete den „Volksschatz[e] an Mythen, Sagen und Märchen" als Teil der „völkerpsychologischen Bildungen". Die traditionellen Märchen dienen vorrangig der Erläuterung seiner Trauminterpretationen und seines theoretischen Systems. Insgesamt fand er, sie würden „den entstellten Überresten von Wunschphantasien ganzer Nationen, den Säkularträumen der

124 Pikulik: Die sogenannte Heidelberger Romantik 1987, S. 203.
125 Schwibbe: Volkskundliche Erzählforschung und (Tiefen-)Psychologie 2002, S. 264.
126 Pöge-Alder: ‚Märchen' 1994, S. 112, 114.

jungen Menschheit, entsprechen."[127] So beschreibt er Regeln für Verbindungen zwischen Träumen und populären Erzählstoffen der Märchen und Mythen:

> Die Beziehungen unserer typischen Träume zu den Märchen und anderen Dichtungsstoffen sind gewiß weder vereinzelte noch zufällige.[128]

Traum und Märchen verbindet demnach vor allem der Stoff, aber auch die Gliederung in Motive, die Freud als Symbole mit gleicher Sprache versteht. Diese Symbole hielt er für überindividuell. Vielmehr gelte, dass es „eine Eigentümlichkeit - wahrscheinlich unseres unbewußten Denkens ist, welches der Traumarbeit das Material zur Verdichtung, Verschiebung und Dramatisierung liefert".[129] Mit den zuletzt genannten Regeln benannte Freud seinen Zugang zum Symbolverständnis. Dazu gehört der sekundäre Prozess der Traumarbeit, die den latenten Trauminhalt in einen manifesten Trauminhalt wandelt. Er betrachtete die Symbole als „eine alte, aber untergegangene Ausdrucksweise", die sich in den unterschiedlichen Quellen in verschiedener Weise erhalten habe.[130] Inhalt der Symbole seien die aufgrund der inneren Zensur des Über-Ichs verdrängten Triebe und Wünsche, nach Freud vor allem jene sexuellen Inhalts. So interpretiert er vorrangig sexualsymbolisch. Das symbolisch-bildhafte Denken hielt Freud für den unbewussten Vorgängen nahe stehend, für ein unvollständiges Bewusstwerden, das onto- und phylogenetisch älter sei als das abstrakte Denken.[131]

Freud wies das Unbewusste empirisch nach. Es enthält seiner Meinung nach hauptsächlich verdrängte infantile Inzestwünsche. Die Therapie besteht in der Bewusstmachung der unangenehmen Inhalte und in der Auseinandersetzung mit ihnen.[132] So bietet auch die Interpretation der Märchen vor allem eine Suche nach Bewusstseinsinhalten, die gesellschaftlich und/oder persönlich notwendig verdrängt worden sind.

Nach Freud sind es vor allem die Träume, die im Zusammenhang mit unerfüllten Wünschen stehen. Die Darstellung ihrer Erfüllung würde auch im Verlauf eines Umwandlungsprozesses Märchen entstehen lassen.[133] Statt

---

[127] Freud: Der Dichter und das Phantasieren 1977, S. 178.

[128] Freud: Traumdeutung. In: ders.: Studienausgabe. Bd. II, 1977, S. 251.

[129] Freud, S.: Über den Traum (1911). In: Essays. Hg. v. Dietrich Simon, Bd. I, Berlin 1988, S. 53-108, hier S. 107.

[130] Freud, S.: Vorlesungen zur Einführung in die Psychoanalyse (10. Die Symbolik im Traum). In: Essays. Hg. v. Dietrich Simon, Bd. II, Berlin 1988, S. 226-252, hier S. 247.

[131] Freud, S.: Das Ich und das Es. In: ders.: Psychologie des Unbewußten, Studienausgabe, Bd. III, Frankfurt a.M. 1975, S. 273-330, hier S. 290.

[132] Vgl. Isler: Lumen Naturae 2000, S. 15 nach Freud: Vorlesungen zur Einführung in die Psychoanalyse. GW 11, Frankfurt a.M. [5]1969, S. 451, 453. Vgl. ders.: Der Witz und seine Beziehung zum Unbewußten (1905). Frankfurt a.M. 1966.

[133] Freud: Traumdeutung 1977, S. 251. Vgl. Groeben: Literaturpsychologie 1992, S. 392.

der Kindheitserinnerung nenne der Patient Lieblingsmärchen, die, als Deckerinnerung interpretiert, vor allem Aufschluss über verdrängte Wünsche aus der Kindheit geben. Beispielsweise träumte eine Patientin von dem Besuch eines Männleins mit roter Nase, weißen Haaren und Glatze, dessen Beschreibung sie auf ihren Schwiegervater bezog. Der Traum stand nach Freuds Meinung in Beziehung zu „Rumpelstilzchen" (KHM 55). Seine Bedeutung wurde auf die mehrmonatige Abwesenheit des Ehemannes bezogen, der seine Rolle im ehelichen Bett wieder einnehmen sollte. Nach Freud sei die tieferliegende Deutung rein sexuellen Inhalts. Das Zimmer in ihr, die Vagina, erscheint im Traum umgekehrt. Der kleine Mann, der sich komisch benimmt, stehe für den Penis, die enge Tür und steile Treppe bestätige die Auffassung einer Koitusdarstellung. Das durchscheinende graue Gewand schien Freud ein Kondom zur Kinderverhütung darzustellen. Bemerkenswert ist Freuds Vorstellung von der Gegensatzbeziehung zwischen den Tageserlebnissen, die als Reste im Traum erscheinen, und dem geträumten Märchenstoff, hier „Rumpelstilzchen". Der Mann im Traum brachte das zweite Kind, Rumpelstilzchen wollte es nehmen.[134]

Vor allem Freuds „Traumdeutung" (1900) wurde schnell rezipiert, so von dem Literaturhistoriker Friedrich von der Leyen (1873-1966) in „Traum und Märchen" (1901). Von der Leyen kam zu dem Schluss, dass man nur wenig Motive mit einem Ursprung „nur in diesem Leben" findet. Suchen wollte er „in den Erfahrungen und Betrachtungen des Tages, im Schlafe der Nacht, in der Phantasie des Traumes. Keinem Volk war ursprünglich mehr gegeben als diese wenigen Motive, überdies waren es überall die gleichen. Aber jedes Volk schaltete auf seine Weise mit dem ererbten Gut."[135]

Die extreme sexualsymbolische Deutungstendenz und die Gleichsetzung zwischen Traum und Märchen, die Freud selbst in diesem Maße nicht darstellte, die aber von einigen seiner Schüler betrieben wurde, hat die Methode gründlich diskreditiert.[136] Symboldeutung als Interpretation des Einzelfalls hatte danach Konjunktur. Friedel Lenz schrieb eine „Bildsprache der Märchen" mit einer Symbolübersicht.[137]

An Freuds Symboldeutung knüpft auch Erich Fromm (1900-1980) in seinem auflagenstarken Buch „Märchen, Mythen, Träume" an, in dem er eine vergessene Sprache zu rekonstruieren glaubt, die er durch „Intensität und Assoziation" gekennzeichnet sieht und die sich deutlich von der Alltagssprache abhebt. Er hält diese Sprache für universal und in allen Kulturen zeitunabhängig übereinstimmend. Die übereinstimmenden Symbole der

---

134 Freud: Märchenstoffe in Träumen ^{4}1967, S. 2-5.

135 Leyen: Traum und Märchen 1969, S. 30, 33.

136 Vgl. z.B. Arbeiten von Riklin und Abraham.

137 Lenz: Bildsprache der Märchen ^{5}1984.

Völker begründet er mit den übereinstimmenden sinnlichen und emotionalen Grunderfahrungen der Menschen. Fromm widmet sich zur Illustration der Anschauungen Freuds dem „Rotkäppchen" (KHM 26, ATU 333), das er als Variation des männlich-weiblichen Konflikts ansieht. Die Motive werden der Sexualsymbolik in schematischer Weise zugeordnet, so wird das „Käppchen von rotem Sammet" des geschlechtsreifen Mädchens als Sinnbild der Menstruation und die Warnung, nicht vom Wege abzugehen und die Flasche nicht zu zerbrechen, als Warnung vor den sexuellen Gefahren und dem Verlust der Jungfräulichkeit verstanden.[138] Gegen diesen „handfesten Bluff" dieser „handstreichartigen Deutung" wurde eingewendet, dass nach den Textangaben das Kind eher im vorpubertären Alter steht, und Gespräche mit Patienten ergaben, dass die Menstruation nicht mit dem roten Käppchen in Verbindung gebracht wird.[139] Allerdings ist in Perraults „Chaperon rouge" diese Intention deutlich gegeben.

Die an der Universität Zürich wirkende Psychoanalytikerin und Psychotherapeutin Brigitte Boothe beschrieb das psychoanalytische Schlüsselkonzept der Wunscherfüllung „in Gestalt eines narrativen Genres zur Kulturpraxis" im Grimm-Märchen.[140] In einer herausragenden Empathieleistung hätten die Grimms der „naiven Moral"[141] des Menschen eine „vollendete Ausdrucksform" erstellt, auch wenn die naive Moral und das reale Leben nicht in allen Märchen dargestellt wird. Vielmehr bestehe die Empathieleistung der Grimms in der „kunstvollen Inszenierung von Kinderlogik": „Das Ergebnis ist ein in der Dramaturgie des Textes gebannter, programmatischer Entwurf des Kindlichen, der sich als inszenierte Naivität selbst feiert." „Diese inszenierte Kindlichkeit ist die Entfaltung einer Wunschlogik." So sei das Märchen „als Spiel mit Wunscherfüllungsprämie gestaltet". Märchen dieser Art aus der Grimmschen Sammlung bestünden im Sinne des Wunderbaren aus einer Spielsequenz, „die ein wunscherfüllendes Ergebnis hat, das im Kontext der Erzähldynamik als Erfolg, Auszeichnung oder Glück profiliert werden kann" und „das einem Sympathieträger oder einer Imponiergestalt zuteil wird."[142]

Formal unterscheidet Brigitte Boothe für alle Grimm-Märchen Wunscherfüllungsszenarien mit je einer charakteristischen Spielsequenz:[143]

138 Fromm: Märchen, Mythen, Träume 1957, S. 9, 22, 221.
139 Ritz: Die Geschichte vom Rotkäppchen 1997, S. 44.
140 Boothe: Wie kommt man ans Ziel seiner Wünsche? 2002, S. 135.
141 Vgl. Jolles: Einfache Formen 1930, ^{6}1982.
142 Boothe: Wie kommt man ans Ziel seiner Wünsche? 2002, S. 139-141.
143 Ebd. S. 142-144.

I) Das ewige Kind – „Daumesdick" KHM 37
II) Die phallische Imponiergestalt – „Der junge Riese" KHM 90
III) Weibliche Selbstgenügsamkeit – „Die Sterntaler" KHM 153
IV) Weibliches Gemeinschaftsglück – „Rotkäppchen" KHM 26
Va) Loyale Genossen – „Die zwei Brüder" KHM 60
Vb) Loyale Genossen – „Hänsel und Gretel" KHM 15, „Brüderchen und Schwesterchen" KHM 11
Vc) Loyale Genossen – „Die zwölf Brüder" KHM 9
VI) Weiblicher Triumph über weibliche Dominanz – „Aschenputtel" KHM 21
VII) Die Gefahr bringende Frau wird für den Mann zur loyalen Liebespartnerin – „König Drosselbart" KHM 52

Neben den männlichen oder weiblichen Liebesthemen als Hauptanliegen zeigt die Übersicht, dass die Loyalität als Begleitmotiv wesentlich ist. Die Märchenthemen seien also Wunsch-Dramaturgien wie aus psychoanalytischen Denkzusammenhängen bekannt. Konkret nennt Brigitte Boothe in Anlehnung an Freuds „Der Dichter und das Phantasieren" (1908) ödipale Wünsche, Autonomiewünsche, phallisch-narzisstische und narzisstisch-regressive Wünsche. Die Märchenform biete ihre Artikulation im dynamischen Prozess bis zum Erfüllungsgipfel und ihre Sozialisation „gleichsam als Kulturpraxis des Wünschens".

Das Konzept der Naturpoesie der romantischen Strömung findet Boothe aktuell, wenn man mit Freudschen Konzepten als Grundform des Poetischen davon ausgeht, dass jedes Individuum Wünsche kreativ generiert, sich an ihnen orientiert und damit sein Seelenleben gestaltet. Die Grimmsche Empathieleistung bestehe in der Sozialisation der Wunschdramaturgie.[144] Im Märchen werde die Lebenspraxis und Realität nur anverwandelt. Seine Wunschdramaturgie behandle „die Stimmigkeit" erfüllender Selbst- und Objekt-Beziehungen.[145] Daher thematisiert die psychoanalytische Praxis Wünsche. Mit Hilfe der Märchen könne man diese Wunschwelt zum Schweben bringen. Ein weiterer positiver Aspekt der Gattung Grimm sei ihre Gemeinschaft der Lebensfreude, die sie als narrative Form schaffen. Sprecher und Hörer spielen durch, wie Liebesglück errungen, wie mit Stärke imponiert, wie das Glück unbedingter Loyalität erfahren und wie ein lästiger Dritter abgeschüttelt werden kann. Die Erzählgemeinschaft interpretiert Boothe als „Gemeinschaft des Wunsch-Spiels", als Durchspielen des Lebens aus der Perspektive des Wunderbaren.[146]

---

144 Boothe: Wie kommt man ans Ziel seiner Wünsche? 2002, S. 147.
145 Ebd. S. 149.
146 Ebd. S. 150-151.

Dieser Versuch orientiert sich an Gesamttexten der Gattung Grimm und bezieht die Erzählsituation in die Interpretation der Märchen ein. Damit ist der von Freud thematisierte Aspekt der Wunscherfüllung erneut im Fokus und zeigt seine Einbindung in die psychologische Forschung.

Märchen als Manifestation von Reifungswegen

Carl Gustav Jung (1875-1961) ging neben dem persönlichen Unbewussten von der Existenz eines unbestimmbar umfassenden Bereichs des Unpersönlichen und Allgemeinmenschlichen aus, von dem er als kollektiv Unbewusstes oder Objektiv-Psychisches sprach. Das kollektive Unbewusste betrachtete er als autonome Naturgrundlage aller psychischen Funktionen überhaupt und hielt es damit für den Ursprung des Bewusstseins.[147] Auf ein sog. unpersönliches, kollektives Unbewusstes schloss Jung als Schüler Freuds aufgrund seiner psychiatrischen und psychotherapeutischen Erfahrungen.

Die Vielfältigkeit der Traummotive stellte für ihn die „Manifestation eines bestimmten unbewußten Vorgangs" dar.[148] Die wichtigsten Manifestationen der unbewussten Psyche lagen für Jung in den Phantasien und Träumen. Deren Bilder (Situationen und Handlungsabläufe) eröffneten ihm einen indirekten Einblick in psychische Vorgänge. Jung fiel auf, dass Träumer häufig mythologische Bilder erzählen, auch wenn eine Herleitung aus tradierten Kenntnissen nicht möglich ist. Diese Motive lassen sich nach Ähnlichkeiten klassifizieren, d.h. bestimmten Typen zuordnen. Das autochthone Auftreten der Mythologeme und die Möglichkeit ihrer Typisierung brachten Jung zur Annahme „mythenbildender" Strukturelemente der unbewussten Psyche, eines spezifisch menschlich strukturierten und vererbten Unbewussten.[149]

Hier spielen die Archetypen als Grundbausteine des ‚kollektiven Unbewussten' eine konstituierende Rolle. Sie sind die Strukturelemente, die keine inhaltlich bestimmten Bilder oder inhaltlich vererbten Vorstellungen, sondern formale, anordnende Faktoren bereitstellen. Zu den psychologischen Aspekten des Mutterarchetypus sprach Jung von einem an sich leeren, formalen Element, „das nichts anderes ist als eine ‚facultas praeformandi', eine a priori gegebene Möglichkeit der Vorstellungsform".[150]

Für Jung stellten sich die Strukturtypen der Mythen und Märchen als ‚Verwandte' der Archetypen dar. Sie manifestieren Vorgänge im kollektiven Unbewussten, unabhängig ob sie autochthon neu auftreten oder länger tra-

---

147 Vgl. Isler: Lumen Naturae 2000, S. 15: Jung: Das Grundproblem der gegenwärtigen Psychologie GW 8, § 681.

148 Giehrl: Volksmärchen und Tiefenpsychologie 1970, S. 15.

149 Nach Isler: Lumen Naturae 2000, S. 16.

150 Vgl. ebd. S. 17.

diert worden sind. Mit der Dauer der Tradierung und der bewussten Gestaltung würde der Anteil des Bewusstseins an diesen Motiven besonders dort wachsen, wo viele Generationen mitgestalteten, wie etwa beim christlichen Glauben.[151]

Diese Motivübereinstimmungen und Gemeinsamkeiten der Vorstellungsbilder erklärte Jung mit dem ‚Unbewußten':

> Es gibt in jedem Einzelnen, außer den persönlichen Reminiszenzen, die großen ‚urtümlichen' Bilder [...], d.h. die vererbten Möglichkeiten menschlicher Vorstellung, wie es von jeher war. Die Tatsache dieser Vererbung erklärt das eigentlich sonderbare Phänomen, daß gewisse Sagenstoffe auf der ganzen Erde in identischen Formen sich wiederholen.[152]

Die motivischen Parallelen in Märchen wie in Träumen sind durch die Archetypen vorgeprägt, die die Kollektivpsyche bestimmen (vgl. die Elementargedanken Bastians in Abschnitt 3.3). Bestimmte ‚Reizmomente' wirkten aktivierend,[153] so dass Bilderfolgen und Märchen entstehen.

Im Unterschied zu Jung hatte Freud angenommen, dass eine allmähliche Verwandlung von häufigen und generationsweise erlebten Dingen des Ich in Elemente des Es übergehen und in diesem Sinne ‚vererbt' werden können. Die persönlichen Erlebnisse großer Menschengruppen könnten im historischen Verlauf das Bewusstsein der Menschengruppe strukturieren.

Tiefenpsychologische Deutung orientiert in diesem Sinne nicht am historischen Entwicklungsprozess, sondern synchron an den konstituierenden Bestandteilen. Jungs Vorstellungen unterstützen eher eine personale Interpretation der Märchen. Allgemein wird dabei vor allem auf das Prinzip der Reifung einer Persönlichkeit rekurriert.

Für die Traumdeutung hatte C. G. Jung subjektstufige und objektstufige Deutung unterschieden. Subjektstufig interpretiert, stellen alle Elemente eines Traumes „in bildhafter Form Anteile, Kräfte und Dynamismen des Träumers und seines Unbewussten dar". Im kollektiv-archetypischen Material, zu dem auch Märchen gehören, können „dann die Personae dramatis als Aspekte und Kräfte des Protagonisten der Handlung verstanden werden, mit dem sich der einzelne psychologisch identifiziert."[154] Dem folgend sind die jeweiligen Märchenfiguren eines Textes als Anteile der Märchen erzäh-

---

151 Vgl. Isler: Lumen Naturae 2000, S. 17.

152 Jung: Über die Psychologie des Unbewußten (1916) 1966, S. 74, zit. n. Grummes: Die Bedeutung für die Psychoanalyse. In: Die Psychologie des 20. Jahrhunderts 1976. Auch Jung: Über psychische Energetik und das Wesen der Träume. Zürich 1948, S. 196, 168, zit. n. Giehrl: Volksmärchen und Tiefenpsychologie 1970, S. 16.

153 Franz: Bei der schwarzen Frau 1955, S. 4.

154 Adam, K.-U.: Deutung auf der Subjektstufe. In: Wörterbuch der Analytischen Psychologie. Hg. v. Lutz u. Anette Müller. Düsseldorf/Zürich 2003, S. 396-397.

lenden Person aufzufassen. Wenn eine Patientin das Märchen von Hänsel und Gretel erzählt, kann sie sich mit Gretel identifizieren und ebenso Eigenschaften von Hänsel und Hexe in sich finden. Objektstufiges Verständnis bedeutet, dass der Erzähler/die Erzählerin Eigenschaften ihres Bruders, ihrer Mutter oder Stiefmutter und ihres Vaters erzählt, das erzählte Geschehen also auf „reale Objekte der Außenwelt des Träumers" bezieht, „die in seinem [ihrem] Leben tatsächlich vorkommen."[155] Im modernen psychoanalytischen Verständnis nach Jung kann der Erzählende auch seine Beziehung zu seinem Psychoanalytiker oder seiner Psychoanalytikerin beschreiben, die er/sie beispielsweise als Hexe oder Hänsel erlebt. Man spricht dann von Übertragungsdeutung.[156]

Jungs Schülerin Marie-Louise von Franz (1915-1998), die seit 1933 mit ihm zusammenarbeitete, gliederte die Mythen und Märchen in Mythologeme, kleine, verhältnismäßig selbständige Einheiten. Deren Wurzeln waren a) Inhalte des kollektiven Bewusstseins wie dominierende religiöse Anschauungen und allgemein akzeptierte Weltanschauungen, b) Inhalte des Unbewussten wie Symbole, die zu den bewusst akzeptierten sozialen und religiösen Symbolen im Ausgleich stehen, c) Inhalte aus der schöpferischen Tätigkeit des Unbewussten, d) unbewusste Reaktionen aus physischen und psychischen Umweltbedingungen wie Völkerwanderungen, Einflüsse fremder Kulturen und daraus folgende Überlagerungen.[157] Diese Merkmale sollten mit ihrer Orientierung auf den Inhalt auch eine Datierung und Lokalisierung der Mythologeme ermöglichen.[158] Man kann von Franz in die erste Interpretationsgeneration stellen, da es vor allem um die Darstellung archetypischer Muster mit Hilfe der Märchen ging.[159]

Von Franz' Märcheninterpretation bildete die Grundlage des Monumentalwerks „Symbolik des Märchens" (zuerst 1952), dessen Gerüst und Ausarbeitung durch die Märchenkennerin Hedwig von Beit (1896-1973) erfolgte. Im Unterschied zu anderen Symbolinterpretationen stellte von Beit die Gesamtabläufe der Märchen aus der Grimm-Sammlung und aus der Reihe „Märchen der Weltliteratur" zusammen. Wegen seines umfangreichen Registerbands wird das Werk gern als Nachschlagewerk und als Äußerung einer Meinung der Jung-Schule genutzt.[160]

---

155 Ders.: Deutung auf der Objektstufe. In: Wörterbuch der Analytischen Psychologie. Hg. v. Lutz u. Anette Müller. Düsseldorf/Zürich 2003, S. 304.

156 Gespräch mit Psychiater, Neurologen und Psychotherapeut Stephan Alder, Potsdam 22.5.06.

157 Franz: Bei der schwarzen Frau 1955, S. 4, 5.

158 Ebd. S. 5.

159 Asper: Das Märchen in der Psychotherapie 2001, S. 8.

160 Beit: Symbolik des Märchens [7]1986. Lüthi, M.: Beit, Hedwig von. In: EM 2, 1979, Sp. 68-71.

Die Bedeutungsaufladung der Märchenelemente erfolgt mit der sog. Amplifikation. „Durch Beibringung anderer Symboldeutungen" reichert der Interpretierende ein Symbol mit Inhalten an und hebt so archetypische Zusammenhänge heraus.[161] Bei von Beit und von Franz werden zu diesem Zweck verschiedene Glaubensvorstellungen und andere Kulturelemente herangezogen, assoziativ und relativ willkürlich.[162] Eine andere Möglichkeit ist nach Asper die Amplifikation durch psychische Tatsachen und Erfahrungen. Sie gehören zur Märchendeutung der nachfolgenden Generation, in der eine größere Nähe zur therapeutischen Praxis und dem tatsächlichen Leben herrschen.[163] Hier sind auch die Bücher von Verena Kast zu nennen.[164]

Für den Berliner Arzt und Psychologen Hans Dieckmann (1921-2005), wie schon für Jung, waren Märchen Geschichten, „die das kollektive Unbewußte der Menschheit seit vielen tausend Jahren immer wieder neu hervorbringt." Mythos, Märchen und Traum als universale Phänomene mit ihrer allgemeingültigen Sprache der Mythologeme sollten über das Verständnis ihrer Symbolik bei seelisch Kranken erschlossen werden, die im Reifungsprozess oder in unlösbaren Problemen stehen geblieben sind.[165] Dieckmann entwickelte etwa 1990 eine eigene Auffassung von der Gliederung der Seele in Teilbereiche. Dieses Konzept dient dem symbolischen Verständnis des Märchens.[166]

Das Märchen als Medium in der Psychotherapie

Lutz Röhrich kritisierte 1973 die anscheinende Beliebigkeit und intentional bestimmte Richtung der Interpretationsversuche: „wer gerade schüttelte, bekam die Perspektive, die er gerade suchte und gebrauchen konnte, in der Regel sogar ohne die vorhergehenden Kombinationen überhaupt zu kennen. So konnte sich das Märchen im Grunde jeder Interpretation öffnen. Bevor psychologische Interpretationen im Volksmärchen den Ausdruck menschlicher Seelenprobleme nachzeichnen und prinzipiell vor jeder wie immer gearteten Deutung muss aber die Klärung der Fakten stehen."[167]

Bengt Holbek kritisiert den fehlenden Kontext zahlreicher Symbolinterpretationen. Gerade Autoren der Jungschen Schule mahnen diesen ebenfalls an. Symbole sind polyvalent, da ihre Bedeutung eher verwandt

---

161 Asper: Das Märchen in der Psychotherapie 2001, S. 8.

162 Vgl. Lüthi, M.: Beit, Hedwig von. In: EM 2, 1979, Sp. 68-71, hier Sp. 69.

163 Asper: Das Märchen in der Psychotherapie 2001, S. 8.

164 Kast: Liebe im Märchen 2001, weitere im Literaturverzeichnis.

165 Dieckmann: Gelebte Märchen 1978, S. 13.

166 Tierbrautmärchen unter dem Reifungsaspekt beider Partner: Pöge-Alder: Die Tierbraut im Märchen. Die Persönlichkeitsentwicklung nach der Hochzeit 2000, S. 61-71.

167 Röhrich: Rumpelstilzchen 1973, S. 596.

denn gegenseitig entgegengesetzt ist.[168] Aus dieser Sicht kristallisierte sich die Einsicht, dass Märchen in den unterschiedlichen Therapieformen als ein Medium genutzt werden können. In dieser Intention führte 1998 die EMG mit Unterstützung der Märchen-Stiftung Walter Kahn die Tagung „Märchen als Medium in der Psychotherapie" durch. Mit dieser Begriffswahl grenzte man sich von populären, psychologisierenden Märchendeutungen ab. Dagegen ging es um die Anwendung der Märchen in der Psychotherapie mit ihren Methoden der klassischen Psychoanalyse in der Folge Sigmund Freuds, der Analytischen Psychologie der Schule Carl Gustav Jungs, der Individualpsychologie nach Alfred Adler und andere analytische Therapieformen. Die Nähe zum Märchen ergibt sich aus der krisenauslösenden Erfahrung des Helden, durch die eine Wandlung bewirkt und zu einem neuen Status geführt wird. Das Märchen wird als Initiationsmuster (wie schon bei Propp) interpretiert.

Stellvertretend für viele Stimmen sagt die Jungianische Psychotherapeutin Kathrin Asper, dass ihr besonders Zaubermärchen wichtig sind, da hier der Weg aus der Krise heraus zu einem positiven Ende geführt wird. Diese Geschichten zeigen die Aufgaben und Hilfen mit verschiedenen Figuren (Menschen, Tieren und Bäumen). Sie wertet diese als typisch menschliche Elemente, die abstrakt geschildert sind. Märchen können daher als archetypische Geschichte verstanden werden. Die Archetypen können sich in verschiedenen Varianten ausdrücken. Beispielsweise verdeutlicht nach Asper das Grimmsche Märchen „Einäuglein, Zweiäuglein, Dreiäuglein" (KHM 130), wie das ‚Ich' lernt, sich von verschiedenen Seiten zu unterscheiden, in diesem Fall das Zweiäuglein von Mutter und Schwestern. Diese Interpretationsweise nennt die Jungsche Schule subjektstufig: Damit gelten die „Figuren des Märchens als Aspekte oder Seiten der Heldin oder des Helden". Im Unterschied dazu berücksichtigt die objektstufige Deutung, dass „die Figuren andere – Objekte – sind in Bezug auf die Heldin oder den Helden." Beispielsweise interpretiert Kathrin Asper die Familiensituation vom Märchenbeginn als Kindheitssituation eines Menschen objektstufig. Mit der Ausbildung der verschiedenen Komplexe (z.B. Vater- und Mutterkomplex) wird der weitere Verlauf des Märchens subjektstufig gedeutet.

Märchen bilden hier eine Folie zum Verstehen psychologischer Theorien und können einen menschlichen Lebensweg sprachlich bebildern. Kathrin Asper spricht vom „Märchengebrauch", da sie die Märchen nutzt, um psychodynamische Prozesse zu erhellen.[169] Diese Einsichten berichten über den

---

[168] Holbek: Interpretation of Fairy Tales 1987, S. 210-211.

[169] Asper: Das Märchen in der Psychotherapie 2001, S. 8.

Analysanden/die Analysandin und über den Therapeuten; es liegt damit eine Interpretation von einer Version des Märchens vor.

Genutzt werden Märchen auch in der **Kinderpsychotherapie**, wo wenig Träume erzählt werden und Patienten nicht verstehen, dass sie krank sein sollen. Hier sind das Spiel des Kindes, seine Zeichnungen und seine Märchen ein Weg, in die unbewussten Schichten der Seele (Freud) bzw. zum Schatten der Seele (Jung) vorzudringen. Die eindrucksvolle Wirksamkeit der Märchen beruht nach Meinung des Kinderpsychiaters Johannes Wilkes auf ihren „fortlaufend lebendigen Bildern von eindrucksvoller Kraft und Klarheit" und der klaren und anschaulichen Sprache, die nicht interpretativ ist. Die Märchen stellen eine zentrale Konfliktsituation kurz und klar dar. Ein, maximal zwei Helden erleichtern die Identifikation. Personen haben einen deutlich festgelegten, polaren, eindeutig gewerteten Charakter. So ist auch die kindliche Orientierung gewährleistet.[170]

Der direkte Einsatz der Märchen in der Kinderpsychotherapie ist nach Wilkes nicht an eine therapeutische Schule gebunden. Zu nennen ist beispielsweise die Individualpsychologie Alfred Adlers (1870-1937), der den Menschen mit seinem Streben nach sozialer Anerkennung und aus der Kompensation seiner Minderwertigkeitskomplexe heraus verstehen will. Auch für die Verhaltenstherapie stellen Märchen Mittel bereit, die beim sog. Lernen am Modell genutzt werden. Andere Richtungen, die Märchen in ihrer Arbeit nutzen, sind das Psychodrama mit der schauspielerischen Darstellung von Konflikten und die anthropologische Medizin, die psychische Krankheiten als Sonderform menschlichen Lebens verstehen und den Patienten in seiner Entwicklung begleiten will.[171]

Andere Felder, bei denen Märchen als Medium genutzt werden, sind das Malen nach Märchen, das sowohl bei verhaltensauffälligen als auch bei unbelasteten Kindern, bei Jugendlichen und Erwachsenen eingesetzt werden kann und dabei einen entwicklungsfördernden Weg der Selbsterkenntnis bietet.[172]

Märchen in der Pädagogik

Ein wesentlicher Teil der Märchenpflege betrifft die **Märchenpädagogik für Erwachsene und Kinder**. Märchen zeigen lebensnahe Problemfelder der Umwelt und reflektieren Wirklichkeitsbezüge.[173] So werden diese Erzählun-

---

170 Wilkes: Über den Einsatz und die Wirkung von Märchen 2001, S. 9-10.

171 Ebd. S. 11.

172 Overdick: Malen nach Märchen 2001, S. 22.

173 Pointner: Umweltschutz und Märchen 2000. Die Rezension von H. Zitzlsperger in MSP 12 (2001) H. 1, S. 34 hebt lobend die erprobten Unterrichtsmodelle hervor.

gen auch in der Pädagogik als ein Medium genutzt. Von ihrer Orientierung am Handeln der Helden geht die Aufforderung zur Nachahmung aus. Insgesamt gelten Märchen damit als probates Medium im schulischen Geschehen.[174] Das betrifft auch die Förderpädagogik.[175] Sinnvollen Einsatz finden Märchen außerdem in der Sucht- und Gewaltprävention.[176]

Für den Vor- und Grundschulbereich entwickelten z.B. die Erzählerinnen Felicitas Betz und Brigitta Schieder zahlreiche Anregungen, die auch von Erzählenden in diesem Publikumsfeld angewendet werden.[177]

Nach 1945 hatten die alliierten Siegermächte zuerst Vorbehalte auch gegen die Grimmschen Märchen vorgebracht. Die britische Militärregierung machte nach 1945 die grausamen KHM für die Greuel der Nazis mitverantwortlich. Die Grimmschen Märchen galten als psychologische Voraussetzungen für das Terrorregime.[178] In der späteren DDR war mit dem Hinweis auf die ,Volkskultur' sowjetischer Völker als ,nationales Erbe' und dank der wissenschaftlichen Bemühungen Wolfgang Steinitz' die Ablehnung der Märchen schnell einer Annäherung gewichen.[179]

Die 1968-Bewegung thematisierte die Fragen[180], die in der Geschichte der Märchenforschung häufig genannt werden[181], wenn es darum ging, ob und welche ,Volksmärchen' für Kinder geeignet seien:

---

174 Bergmann: Erziehung zur Verantwortlichkeit 1994 (auch zur Waldorfpädagogik). Besonders die Arbeiten von Zitzlsperger. Watzke, O. et al.: Märchen in Stundenbildern. Unterrichtsvorschläge mit illustrierten Text- und Arbeitsblättern als Kopiervorlagen. 3.-4. Jahrgangsstufe. Donauwörth. 2002. Historisch interessant ist Woeller: Märchen oder Sage? 1961, S. 393-399.

175 Beller, M.: Von der Stoffgeschichte zur Thematologie. Ein Beitrag zur kompensatorischen Methodenlehre. In: Arcadia 5 (1970), S. 1-38, bes. S. 21. Lüthi, M.: Gebrechliche und Behinderte im Volksmärchen. In: Pro infirmis, H 12. Zürich 1966, S. 360. Uther: Behinderte in populären Erzählungen 1981. Worm, H.-L.: Märchen im Religionsunterricht der Schule für Lernbehinderte? In: Sonderschulmagazin 12 (1990) H. 1, S. 8.

176 Grün, K.: Volksmärchen, Konfliktlöser auf der Gefühlsebene. Ein Beitrag zur Suchtprävention in der Grundschule. In: Pädagogische Welt 50 (1996), S.117-121. Hilty: Rotkäppchens Schwester 1996. Keller: Zaubermärchen in der Suchtprävention 1997.

177 Z.B. Schieder: Mit Märchen durchs Jahr 2003. Betz: Märchen als Schlüssel zur Welt [7]1993 u.a.

178 Bastian: Die „Kinder- und Hausmärchen" der Brüder Grimm in der literaturpädagogischen Diskussion des 19. und 20. Jahrhunderts 1981, S. 186-187.

179 Zur Märchenforschung in der DDR: Pöge-Alder: ,Märchen' 1994, Kap. 5. Zur Rolle der Märchen in der DDR: Märchen und Religion 1990, S. 8-9.

180 Psaar/Klein: Wer hat Angst vor der bösen Geiß? 1976. Gmelin: Böses kommt aus Kinderbüchern 1972.

181 Z.B. Korn, I.: Zum deutschen Volksmärchen. Eine Anregung zur Diskussion. In: Der Bibliothekar (1952), H. 7/8, S. 437-452, hier S. 438-439. Dies.: Märchen für die Jüngsten 1955, S. 10.

1. Man glaubte, in den Texten veraltete Ideen, Verhaltensweisen und Gesellschaftsstrukturen zu erkennen, die nicht vermittelt werden sollen.
2. Das Fantastische und Numinose der Märchen galt als problematisch.
3. Die grausamen Märchenelemente wie die Strafen wurden als unmenschlich angesehen und sollten daher nicht mehr weitergegeben werden.

Dieter Richter und Johannes Merkel knüpften hier an und untersuchten Rolle und Funktion der Märchen in sozial-historischer Dimension. Als ein Markstein der Renaissance traditioneller Märchen gilt Bruno Bettelheims „Kinder brauchen Märchen" (zuerst 1975), in dem er Märchen im Bezug zur Arbeit mit gestörten Kindern darstellt und ihre Symbole mit Freudscher Interpretation deutet. Seit den 1980er Jahren machte sich der spürbare Märchenboom auch in die Märchenpädagogik bemerkbar.

Die Frage, welche der traditionellen Märchen tatsächlich Kindermärchen seien, beantwortet Holbek mittels seiner Strukturanalyse von Zaubermärchen (vgl. Abschnitt 6.6). Typisch sei, dass Kindermärchen enden, nachdem die Heldin/der Held getestet wurde: Die Kinder werden schrecklichen Monstern ausgesetzt. Sie enthalten aber nicht die Dimensionen der sexuellen und sozialen Oppositionen. Ohne Hochzeit endet ATU 563 („The Table, the Donkey and the Stick", „Tischchendeckdich, Goldesel und Knüppel aus dem Sack" KHM 36). Dagegen sind wie etwa in ATU 480 („The Kind and the Unkind Girl", „Frau Holle" KHM 24) moralische und didaktische Aspekte in den ersten Märchenabschnitten betont.[182] Die Figurenrollen der Kindermärchen sind einfach, ähnlich denen der Heldenmythen, denn neben dem Helden gibt es nur noch die Eltern und ihre Stellvertreter. Kindliche Erzähltypen sind ATU 328 („The Boy Steals the Ogre's Treasure") und ATU 513 („The Extraordinary Companions", ATU 513 A „Sechse kommen durch die ganze Welt" KHM 71): Sie sind ‚Einhelden'-Märchen.[183]

Für Kindermärchen typisch sei nach Holbek das Verletzen von Verhaltensregeln, wie zum Verlassen des Hauses, nicht mit Fremden zu sprechen usw. Kinder testen diese, wenn sie auf sich selbst gestellt sind. Wie zu erwarten, vergessen der Junge bzw. das Mädchen die Verbote, Neugier überkommt den Helden/die Heldin. Konsequent werden die negativen Folgen erzählt.[184]

Holbek bestätigt den allgemeinen Konsens, dass mündlich tradierte Märchen früher nicht primär für Kinder, sondern für Erwachsene erzählt wurden. Kinder hörten einige Zaubermärchen, Tier- und Kettenmärchen, bilde-

---

182 Holbek: Interpretation of Fairy Tales 1987, S. 422.
183 Ebd. S. 422.
184 Ebd. S. 414.

ten jedoch keine kulturell unterschiedene Gruppe, für die extra Texte ‚zurechtgemacht' wurden.[185]

Wie Befragungen gezeigt haben, bevorzugen heutige Erzähler/innen oft das Erzählen vor Erwachsenen, da sie es meist für anspruchsvoller halten. Danach jedoch bilden Veranstaltungen für Familien den größten Anteil. Die nächstgrößeren Gruppen, die Märchen hören wollen, sind Schul- und Kindergartenkinder, Senioren, gefolgt von Jugendlichen. Von einigen Autoren wird ein sog. **Märchenalter** diskutiert.[186]

Der besondere Wert von Märchen als Unterrichtsmaterial für Kinder ist häufig belegt worden: Die kognitive Entwicklung, das psychomotorische und soziale Lernen ist anhand von Märchen fächerübergreifend besonders nachhaltig.[187] Das Erzählen wirkt dabei als zentrales Medium. Die sinnstiftenden Bilder des Märchens werden durch Blickkontakt, Gestik, Mimik und unmittelbare Ausstrahlung der Erzählerin/des Erzählers vermittelt. Diese nehmen die Reaktionen der Kinder in Blicken, Gesten und Worten auf. Die so entstehende Erzählgemeinschaft trägt auch die negativen Emotionen der traditionellen Märchen.[188]

Das mündliche Erzählen als freier Vortrag eines künstlerisch gestalteten Textes ist auch Teil der didaktischen Diskussion, die die kognitive Leistung und das Selbstbewusstsein der jungen Erzähler/innen fördert.[189] Vom Tisch sind damit Befürchtungen zu den negativen Folgen der sog. Grausamkeit in Märchen, die die Diskussionen in den 1960er Jahren bestimmten.[190] Stattdessen wird das Erzählenlernen betont.[191] Diese Bemühungen gegen die Sprachlosigkeit sollen den visuellen Medien entgegenstehen und das Hören entwickeln. Erzählen ist in diesem Verständnis nicht Unterhaltung, sondern die Vermittlung von Sinnstrukturen durch einen gewählten Stoff. Innere Welten werden angeregt und eigene Normen ausgeformt. Das Märchenhören belebt innere Bilder, die die Phantasie nähren. Das gute Märchenende unterstützt eine positive Lebenshaltung.

---

185 Holbek: Interpretation of Fairy Tales 1987, S. 405.

186 Betz: Märchen als Schlüssel [7]1977. Knoch: Praxisbuch Märchen 2001. Bühler: Das Märchen [4]1958, S. 19-24. Allgemein im Alter zwischen 4 bis 12-13 Jahren. Vgl. Lehrpläne der Schulen. Befragungen im Zusammenhang mit Pöge-Alder: Erzählerlexikon 2000.

187 Zitzlsperger: Ganzheitliches Lernen 1993, S. 49.

188 Vgl. ebd. S. 141-142. Wilkes: Über den Einsatz und die Wirkung von Märchen 2001.

189 Vgl. Franz, K.: Dichtung auswendig lernen? Anmerkungen zu einer strittigen Kategorie des Deutschunterrichts. In: Grundschulmagazin 1995, H. 4, S. 37–40.

190 Scherf: Die Herausforderung des Dämons 1987.

191 Janning: Märchenerzählen: Läßt es sich lernen 1983. Ders.: Textgebundenes Erzählen 1995. Ders.: Zur Choreographie 2002. Mönckeberg: Der Klangleib der Dichtung 1981 (Erzählregeln). Betz: Was ist die Lemniskate? 1995.

6.6 Holbeks Synthese und Neuansatz

Biographische Notizen zu Bengt Holbek (1933-1992)

Nach dem Studium der dänischen und lateinischen Philologie und Folkloristik bei Laurits Bødker (1915-1982) arbeitete Bengt Holbek zwischen 1962 und 1970 als Archivar der Dansk Folkemindesamling. Seit 1970 lehrte er am Institut for Folkemindevidenskab (ab 1988 Institut for Folkloristik) der Universität Kopenhagen. Seine Arbeiten zur volkskundlichen Erzählforschung beschäftigten sich mit der Fabelforschung, dem Sprichwort, Rätsel, Fabelwesen und der jütländischen Aufzeichnungs- und Überlieferungsgeschichte. [192]

Seine Dissertation „Interpretation of Fairy Tales" 1987 (=FFC 239) bündelte vorangegangene Themenuntersuchungen (strukturalistische und psychologische Interpretationen, Studien zu Überlieferungsträgern und zur Relevanz der Folkloristik heute). Nach dem Erscheinen dieser Schrift wurde er Mitglied im Herausgeberkollegium der FFC. [193]

Zur Interpretation der Märchen nach Holbek

Gegenstand von Holbeks Hauptwerk ist eine Auswahl der Materialien des bedeutendsten dänischen Volksschullehrers, Sammlers und Herausgebers Evald Tang Kristensen (1843-1929), die dieser zwischen 1868 und 1908 von etwa 6500 Gewährpersonen zusammengetragen hatte. Die Kollektion besteht neben anderen Gattungen aus etwa 2700 Märchen und 25000 Sagen. Die Aufzeichnungen entstanden während des Erzählens, wozu er eine eigene Kurzschrift entwickelte. Durch ständigen Austausch erst mit Grundtvig und nach dessen Tode 1883 mit Olrik blieb er mit der zeitgenössischen Forschung im Kontakt, achtete daher auf wortgetreue und variantenreiche Aufzeichnungen, den sozialen Kontext und die Erzählerpersönlichkeiten. So ist die hohe Qualität des Materials zu begründen, das allerdings meist in organisierten Erzählsituationen vorgetragen wurde.[194]

Holbek legte mit der Untersuchung der gesammelten Märchen eine exemplarische Studie zur Märchenanalyse vor, in deren Mittelpunkt ähnlich der Prämissen bei Propp Zaubermärchen oder ‚Eigentliche Märchen'[195] ste-

---

[192] Vgl. Holzapfel, O.: Holbek, Bengt Knud. In: EM 6, 1990, Sp.1173-1175.

[193] Honko, L.: Bengt Holbek (1933-1992). In: FF Network 6 (March 1993) http://folklorefellows.fi/netw/ffn6/bholbek.html.

[194] Kofold, E.M.: Kristensen, Evald Tang. In: EM 8, 1996, Sp. 468-471, hier Sp. 469.

[195] Holbek: Interpretation of Fairy Tales 1987, S. 404: „tales which end with a wedding or with the triumph of the couple who were cast out earlier in the tale because their marriage was a

hen. Bei seiner Analyse der Märchen ging Holbek nach der Schichtzugehörigkeit der Erzähler vor, wozu er deren sozialen und ökonomischen Verhältnisse genauer betrachtete. Aus der Oberschicht, der ‚Elite', zu der Gutsbesitzer, Richter, Priester und Offiziere gehörten, entstammte nur ein Erzähler. Der Großteil gehörte zum sog. Landproletariat, einer Mittelschicht aus Bauern auf Pachtfeldern, Kleinhäuslern, Kleinbauern, Handwerkern, Knechten, Mägden und Austragshäuslern. In der Auseinandersetzung, ob die Überlieferung von Märchen eher durch die ‚Elite' oder das ‚Volk' stattgefunden hatte, positionierte Holbek sich näher am ‚Volk'.[196] Die Erzähler wählten ihr Material selbst aus – ihren individuellen Neigungen folgend. Die Überlieferung zwischen den Generationen habe eher unbewusst stattgefunden.[197]

Nach Holbeks Interpretation entsteht das ‚Zaubermärchen' dort, wo die Mythe in den höheren Klassen einen ‚offiziellen' Charakter erhielt und in den unteren Klassen eine ‚private' Prägung annahm. Daher enthalten diese Märchen mythische Elemente und Spuren mythischer Konzepte, die aber individualisiert verarbeitet sind und insgesamt keinem Interesse „am Wohlergehen der Gesellschaft in ihrer Gesamtheit" folgen.[198]

Das geringe Vorhandensein von Märchen im Grimm-Stil in der Zeit vor Grimm verstand Holbek als Indikator, dass in schreib- und lesekundigen Kreisen der Gesellschaft, den höheren Schichten, die Zaubermärchen nicht geschätzt wurden, da er doch davon ausging, dass sie überall erzählt wurden.[199]

Die signifikante Textsymbolik führte ihn gemeinsam mit der o.g. sozioökonomischen Analyse zum Verständnis des Zaubermärchens als „eines spezialisierten Diskurses realer psychologischer und sozialer Probleme einer ländlichen Erzählgemeinschaft, die der untersten Schicht einer sozial gegliederten Gesellschaft angehört."[200] Dabei mahnte Holbek, bei der Märcheninterpretation auf die Resultate der Märchenhandlung zu achten, nicht auf Motivationen oder Gründe.[201] Er betonte auch das Prinzip, nach dem das Ganze die Teile erklärt. Wunderelemente müssen aus dem Gesamtkontext erklärt werden. Sie entstehen entsprechend bestimmter Regeln, die im Pat-

---

misalliance." Vgl. auch den Begriff bei Berendsohn: Grundformen volkstümlicher Erzählerkunst 1921, S. 31-61 zu ‚Eigentlichen Märchen'.

196 Holbek: Interpretation of Fairy Tales 1987, S. 49-87.

197 Holbek: Eine neue Methode zur Interpretation von Zaubermärchen 1980, S. 75-76.

198 Holbek: Interpretation of Fairy Tales 1987, S. 603-606. Ders.: On the Comparative Method in Folklore Research. Turku 1992. Ders.: On the Borderline between Legend and Tale. The Story of the Old Hoburg Man in Danish Folklore. In: Arv 47 (1991), S. 179-191.

199 Holbek: Interpretation of Fairy Tales 1987, S. 151 „considering that they must have been regularly told almost everywhere." Auch S. 250-252.

200 Holzapfel, O.: Holbek, Bengt Knud. In: EM 6, 1990, Sp. 1173-1175, hier Sp. 1174.

201 Holbek: Interpretation of Fairy Tales 1987, S. 421.

tern selbst funktionieren. Diese Behauptung erklärt, warum er ablehnt, dass das Wunderbare als Vermächtnis früherer kultureller Stadien aufgefasst und eine allgemeine Symbolsprache gesucht wird. Einige Symbolwerte sind auch woanders zu finden und werden im Märchen aufgenommen, weil sie in die Gesetze der Zaubermärchen passen.[202]

Holbek verglich Anfang und Schluss der Zaubermärchen und stellte fest, dass mit der Hochzeit die Konflikte des Helden oder der Heldin (Abhängigkeit, Missbrauch, fehlende Anerkennung, Armut, Einflusslosigkeit) gelöst sind. Sie lassen sich drei grundsätzlichen Kategorien zuordnen:

1. Generationenkonflikt: Alt - Jung
2. Konflikt der Geschlechter: Männlich - Weiblich
3. Konflikt des Sozialstatus: ‚Hoch' - ‚Tief' und ‚Arm' - ‚Reich'

So erkläre sich die zentrale Position der Hochzeit, die in 90 % aller Märchentypen zwischen ATU 300-745A das Ende der Handlung bildet und auch in ATU 850-999 wesentlich ist.[203]

Holbek zeigt auf, dass diese Krisen wirkliche oder mögliche Ereignisse in der Erzählgemeinschaft spiegeln. Es sind sensible, sogar schmerzliche und unangenehme, dabei offensichtlich aktuelle Dinge, über die nicht einfach gesprochen werden kann. Die Geschichten lösen, so Holbek, das Problem, indem sie es in einer anscheinend völlig fiktiven Welt mit einer Verkleidung aller Teilnehmer darstellen. Nur der Konflikt selbst erscheint unverschleiert.[204]

Eine feste Verbindung mit der kulturellen Realität, die dänische Erzähler kennen, fand Holbek auch in der sequentiellen Reihenfolge: erst wenn ein junger Mann auf dem sicheren Weg seiner geistigen und ökonomischen Unabhängigkeit war, konnte er ein Mädchen heiraten. Dazu musste er von ihren Eltern akzeptiert werden und die Einwilligung zur Hochzeit erhalten.[205]

Zur Formanalyse Holbeks

Holbek entwickelte für Zaubermärchen bzw. ‚Eigentliche Märchen' ein syntagmatisches und ein paradigmatisches Modell zur Handlungs- und Themenbeschreibung. Er betonte, dass er Propps Prinzipien stets auf das Zaubermärchen als Ganzes aus der Sicht der Erzählerpersönlichkeiten

202 Holbek: Interpretation of Fairy Tales 1987, S. 411.

203 Ebd. S. 410, ausführlicher S. 418.

204 Ebd. S. 418.

205 Ebd. S. 418. In Märchen in der weiblichen Form beginne der wirkliche Kampf erst nach der Hochzeit, da die Heldin dann von der Schwiegermutter und anderen Gegenspielern angegriffen wird.

anwenden wollte.[206] Während Holbek das syntagmatische Modell der Zaubermärchen in fünf größere Abschnitte gliedert, die er ‚move' nennt, was auch als ‚Zug' zu verstehen ist, besteht sein **paradigmatisches Modell** aus einem System von Figurenrollen (*tale roles*), die in der Analyse alle vertreten sein müssen.[207] Sie sind nach den drei Grundkonflikten (sozialer Status, Alter und Geschlecht) - nicht nach ihrer Funktion in der Handlung wie bei Propp - in Oppositionspaaren definiert und erhalten, wie in Propps Theorie, ihre Ausprägung zum Charakter erst im konkreten Text.
So ergeben sich acht Figurenrollen:[208]

arme jugendliche Frau - armer jugendlicher Mann
reiche jugendliche Frau - reicher jugendlicher Mann
arme erwachsene Frau - armer erwachsener Mann
reiche erwachsene Frau - reicher erwachsener Mann

Wie bei Berendsohn[209] definiert Holbek eine weibliche und eine männliche Märchenform nach den zwei Hauptfiguren: Held und Heldin. Einer von beiden wird der aktivere Teil in der Einleitung und den zentralen Zügen sein.[210] Die **weibliche Form** wird von einer Heldin bestimmt, die den aktiveren Teil in den Abschnitten übernimmt. Die zwei Hauptcharaktere sind die niedrig geborene junge Frau und der hochgeborene junge Mann. In Märchen, in denen der Held in diesen Abschnitten (‚moves') den aktiveren Teil spielt, wohingegen die Heldin passiv ist (verzaubert, in ein Tier verwandelt, eingesperrt usw.), bestimmt er als die **männliche Form**. Es sind Zaubermärchen mit männlicher Geschlechterrolle. In dieser Form sind die zwei Hauptcharaktere der niedrig geborene junge Mann und die hochgeborene junge Frau.[211]

---

206 Ebd. S. 410. Diese Modelle werden im Folgenden nur kurz skizziert.

207 In Anlehnung an Kongräs Maranda/Maranda: Structural Models in Folklore and Transformational Essays 1971. Das paradigmatische Modell folgt den Regeln: die acht Figurenrollen müssen im Zaubermärchen auftreten und jeder Hauptcharakter muss einer Rolle zugeordnet werden, jede Figurenrolle kann verdoppelt, verdreifacht oder in der Bedeutung gespalten (Trennung in ‚gut' - ‚böse'; ‚stark' - ‚schwach') als unabhängige Figur anzutreffen sein. Ein Charakter kann auch zwischen den Figurenrollen wechseln oder sterben. Holbek: Interpretation of Fairy Tales 1987, S. 347-348, 416-417.

208 Die Kategorien ‚arm' und ‚reich' beinhalten vor allem eine Aussage über den sozialen Status, im Original ‚high' and ‚low'. Zu Holbek: Interpretation of Fairy Tales 1987, S. 417.

209 Berendsohn: Grundformen volkstümlicher Erzählerkunst 1921, S. 38-61.

210 Ich übersetze Holbeks Begriff ‚move' mit ‚Abschnitt', möglich wäre auch ‚Zug', um die Bewegung der Abschnitte anzudeuten; dieser Begriff ist jedoch inhaltlich im Sinne von Motivteil besetzt.

211 Holbek: Interpretation of Fairy Tales 1987, S. 161, 417. Vgl. Berendsohn: Grundformen volkstümlicher Erzählerkunst 1921, S. 39.

Der Erzähltyp „Wasser des Lebens" ATU 551 wird von Holbek den männlichen Märchenformen zugeordnet. Er trägt von beiden Formen ausgeprägte Anteile: Der jüngste Sohn zieht wie die Brüder aus, um das Lebenswasser zu holen, ist erfolgreich und hat die Prinzessin geschwängert. Die Prinzessin wiederum zieht aus, um den Vater ihres Kindes zu finden und damit zu befreien. Diese inhaltlich doppelten Anknüpfungsmöglichkeiten für die Geschlechter bestätigen sich darin, dass der Erzähltyp von vier männlichen und vier weiblichen Informanten erzählt wurde.[212]

Für die Interpretation mahnt Holbek, auf die Resultate der Märchenhandlung zu achten, nicht auf Motivationen oder Gründe![213]

Das Erzählmuster (*narrative pattern*) des Zaubermärchens kennt, so Holbek, zwei Hauptcharaktere, das junge Paar, das einander findet, was in der Hochzeit bestätigt wird. Sie beginnen ihren Weg jeweils an unterschiedlichen Startpositionen, von denen meist nur eine jeweils ausgearbeitet ist.[214] Auch im „Wasser des Lebens" ATU 551 hat die Prinzessin keine Geschichte. Warum sie im Schloss beim Lebenswasser zu finden ist, deutet sich nur an, wenn sie sagt, dass der Held sie erlöst habe. Es wird auch nicht erzählt, woher die Prinzessin ihre Macht besitzt; diese Schenker-Sequenz fehlt, was für Holbek typisch für die weibliche Märchenform ist. So auch in ATU 313 Magic Flight (Forgotten Fiancée), wo die Geschichte des Jungen erzählt, nicht aber erklärt wird, woher die Heldin ihre magischen Fähigkeiten erhielt. Der Protagonist von ATU 313 ist das Mädchen, entgegen anderer Interpretationen, wie etwa bei Olrik und Lüthi.[215]

Nach Holbek ist das erste Thema des Erzählmusters, der Konflikt zwischen den Generationen, vom sozialen Status unabhängig. So auch im „Wasser des Lebens", wo der Vater die Söhne aussendet. Die Prüfung des Schenkers bezieht sich auf innere Qualitäten und erhebt diesen jungen Menschen auf das Niveau des Erwachsenen, so dass die Eltern oftmals gar nicht mehr auftreten.[216]

Die in dieser Prüfung durch die ältere Generation vergebenen Geschenke ermöglichen dem Protagonisten den Zugang zu seinem zukünftigen Partner. In ihrer Erzählfunktion gesehen, erhöhen diese Gaben oder auch die Tierhelfer die Macht des Helden. Sie sind nach Holbek als symbolischer Ausdruck seiner inneren Qualitäten zu verstehen und Indikator für eine

212 Holbek: Interpretation of Fairy Tales 1987, S. 163.

213 Ebd. S. 421.

214 Ebd. S. 419.

215 Ebd. S. 327 und 419.

216 Ebd. S. 419. Die Eltern sterben oder erleben seinen Triumph als seine Gäste oder der Sohn kehrt nach Hause in seinen alten Kleidern zurück und schockiert die Eltern mit seiner Gestalt (ATU 935 Die Heimkehr des Verschwenders).

zukünftige Brautgewinnung, weshalb Holbek sie auch als phallische Symbole verstehen will (Schwert, Gewehr, Flöte, Keule).[217]

In weiblichen Erzählformen fehlt oftmals diese Initiation in die Erwachsenenrolle, ansonsten ist sie nicht gefährlich, sondern ein Dienst z.B. für eine Hexe bzw. ein Nachweis für die Kompetenz ihrer Rolle in der traditionellen Landgemeinschaft. Das Geschenk steht wiederum meist in Beziehung zur Geschlechterrolle: Schuhe, Kleider, Spinn- und Web-Geräte.[218]

Aufgrund dieser Befunde meinte Holbek, dass er Propps Theorie, nach der das Zaubermärchen auf Initiationsriten beruht, zumindest in einer Hinsicht zustimmen würde: Sie sind keine Spuren oder Relikte, sondern Tests als notwendige Märchenbestandteile im ersten Abschnitt des Märchens, die zu Initiationsriten gehören, da die Qualitäten des jungen Mannes von der älteren Generation gemessen werden.[219] Die daraus abzuleitende Aktualität der tradierten Inhalte und Formen für die Erzählgemeinschaft ist ein Aspekt der Märchentheoriebildung, die die Tradierung erklärt: So lange sich die Inhalte für die Erzählgemeinschaft als relevant erweisen, so lange werden sie erzählt und gelernt. Mit dem Wandel der Erzählkultur lösten sich die traditionellen Erzählgemeinschaften, und bis heute haben sich neue Strukturen etabliert, die andere, aber auch traditionelle Inhalte weiter bedienen. Reifung und Prüfung sind auch heute relevant.

Während die **paradigmatischen Beziehungen** im Zaubermärchen durch die Themen **Altersgruppe, Sozialstatus und Geschlecht** für die Figurenrollen zusammengefasst sind, verbinden die **syntagmatischen Beziehungen** die Teile untereinander in fünf Abschnitten. Es wird hier in chronologischer Reihenfolge für maskuline Märchen zusammengefasst:[220]

Abschnitt I und II stehen in enger Verbindung und sind thematisch durch den Gegensatz von ‚jung' und ‚erwachsen' verbunden. Holbek lehnte sich in der Erklärung dieser Abschnitte eng an Propps Funktionen an (vgl. Abschnitt 6.2). Die Einleitung umfasst demnach die Funktionen 1-8 und beantwortet die Frage, wie es zum Auszug des Helden kommt. Drei Arten von Einleitungen ergeben sich aus jeweils einem Paar von Funktionen (Funktion 2 und 3: Verbot und Übertretung; 4 und 5: Erkundigung des Gegenspielers

---

217 Holbek: Interpretation of Fairy Tales 1987, S. 420.

218 Ebd. S. 420-421.

219 Ebd. S. 422: „... they are relevant to the storytelling communities in their own time. There is no reason to think that these elements are remembered because they are heirlooms ‚handed down' from a hoary past, since all of them can be related to the present. They may of course be old as regards form, but they are still throbbing with life."

220 Holbek stellt dies in Anlehnung an Propp ebenfalls für feminine Märchen dar, beginnt aber mit Abschnitt 5. Holbek: Interpretation of Fairy Tales 1987, S. 411-413. Wegen des Beispiels ATU 551 hier nicht dargestellt.

und Verrat; 6 und 7: Betrugsmanöver des Gegenspielers und Mithilfe). Diese Sequenzen bilden morphologisch das Gegengewicht zur Szene des Schenkers in Abschnitt II mit Funktion 12: Test des Helden, Funktion 13: Reaktion des Helden auf den Schenker und Funktion 14: Empfang des Zaubermittels.

Abschnitt II beantwortet die Frage, warum der Held die Prinzessin erlösen konnte, wenn es keinem anderen gelang; hier wird vom Test erzählt, den der Held bestehen muss, wenn er das Elternhaus verlässt. Ein Mitglied bzw. Vertreter der älteren Generation prüft und überreicht für den würdig bestandenen Test das Zaubermittel bzw. Anleitungen, wie es zu erlangen ist, Informationen zum Weg u.a. Die gezeigten inneren Qualitäten des Helden (Freundlichkeit, Auskunftsbereitschaft, Hilfsbereitschaft) werden in Magisches gewandelt, das ihn in die Lage versetzt, die Prinzessin zu erlösen, ihre Liebe zu gewinnen und das gesuchte Objekt zu bringen. Letztlich werden hier die Voraussetzungen für die Hochzeit geschaffen, die die errungene Reife in Bezug auf die Altersgruppe (Erwachsensein) und den Sozialstatus (ökonomisch, sozial unabhängig) verkörpert.[221]

In **Abschnitt III** etabliert sich nach Holbeks Auffassung die Liebesbeziehung zwischen den beiden Protagonisten. Nur weil hier ein Bund geschlossen wurde, nicht wegen des Kampfes, findet die Hochzeit in Abschnitt V statt. Thematisch geht es hier um das Treffen der biologischen Geschlechter. Erwähnt wird, dass heimliche Verabredungen stattfinden, in denen sich die Liebenden näher kennen lernen. Letztlich müsse sich hier die Frau entscheiden, mit wem sie sich dauerhaft verbinden will, dem Vater oder dem Liebhaber. In dieser Perspektive erscheinen zahlreiche Symbole des Abschnitts sexuell aufgeladen. Kompakt ist dabei der Glasberg wie in ATU 530 als Symbol der Entfernung zwischen Geschlecht, Altersgruppe und Sozialstatus. Der Held nutzt seine magischen Gegenstände (Schwert, Stock, Flöte). In ATU 551 gelangt der Held in einen magischen Garten und schläft mit der Prinzessin, hinterlässt seinen Namen bzw. ein Erkennungszeichen von sich. Die zukünftige Braut versteckt und instruiert den Helden.[222]

Die Probleme der heimlichen Liebesbeziehung werden meist nicht vom Helden, sondern von seinem Partner vorausgesehen. So verlässt die Prinzessin den schlafenden Helden und den Kampfplatz nach bestandenem Drachenkampf mit dem falschen Helden, denn sie kann den tatsächlichen Bräutigam noch nicht nach Hause bringen. Sie ist nicht bereit für das Aufeinanderprallen der Vorstellungen ihrer Eltern und des Helden. Daher schiebt sie die Hochzeit hinaus, nach Holbek ein Anlass für neues Unglück.[223]

---

221 Holbek: Interpretation of Fairy Tales 1987, S. 413-414.

222 Ebd. S. 414-426. Die phallischen Interpretation durch Holbek wurde oben bereits erwähnt.

223 Ebd. S. 427-428.

Der nun beginnende **Abschnitt IV** thematisiert das Streben des Helden nach Anerkennung im Sozialstatus. Die Liebesbeziehung, etabliert in Abschnitt III, wurde bekannt, aber nicht akzeptiert. Die dabei agierenden Gegenspieler wie der falsche Held, die Schwiegereltern oder die Geschwister sind Figuren aus dem wirklichen Leben, hatten doch Söhne und Töchter reicher Gesellschaftskreise nicht bestimmen können, wen sie heiraten wollten. In dieser Situation treten Helfer auf, meist aus dem eigenen Hause, wie der Jäger in ATU 551. Findet eine erneute Suchwanderung statt, könne diese als Ausdruck der Überwindung des enormen sozialen Abstandes dienen, in Apuleius' „Amor und Psyche" gar des Abstandes zwischen Göttern und Sterblichen. Die Verpflichtung, den Abstand zu überwinden, liege nach Holbek beim Niedriggeborenen. Die Tabuverletzung oder Übertretung eines Verbots in Abschnitt III erscheint notwendig, da der niedriggeborene Held sonst in der heimlichen Liebesbeziehung geblieben wäre.[224]

Wie dieser unbefriedigende Zustand beendet und überwunden wird, erzählt Abschnitt IV, mündend in **Abschnitt V**, wo die tatsächlichen Fähigkeiten und inneren Qualitäten des Helden nach einem Test bekannt werden. Dies geschieht oft im Rahmen einer Konfrontation zwischen ihm und dem falschen Helden. In ATU 551 „Wasser des Lebens" reiten die Brüder des Helden neben der goldenen Straße – der Jüngste denkt nur an die Prinzessin, so dass er geraden Wegs zu ihr in ein offenes Tor reitet und anerkannt wird. In diesem Teil des Märchens wird die Prinzessin aktiv[225], denn sie stellt die Aufgaben und Bedingungen oder hilft dem Helden, die Aufgaben des Vaters zu lösen. Die letzte Hürde ist genommen und die Eltern müssen den Helden akzeptieren, wollen sie nicht herabgesetzt werden. Bekämpften sie vorher ihr Schicksal, so ist nun die Entscheidung gefallen. Daher sind die Auseinandersetzungen wegen des Sozialstatus und zwischen den Generationen die Themen dieses letzten Abschnitts. Die schmerzlichen Konflikte lassen die Herrlichkeit der harmonischen Lösung am Ende umso deutlicher erkennen. Held und Heldin wechselten im paradigmatischen Sinne ihre Positionen: Er kam zerlumpt aus niedrigem Niveau und ist nun hoch gewertet; sie war folgsame Tochter und wurde zur unabhängigen Person.[226]

So wird besonders in den Abschnitten V und III deutlich, dass Zaubermärchen keine Ein-Helden-Geschichten sind. Holbek glaubt eher, dass Zaubermärchen als gut organisierte, über die Zeiten getestete poetische Ideen den Rahmen für gemeinsames Tagträumen bereitstellen, ein Rahmen für gemischte Gruppen von Figuren, die eine Projektion für beide Geschlechter begünstigen, denn ein Märchen kann unterschiedlich vorgetragen werden, je

224 Holbek: Interpretation of Fairy Tales 1987, S. 428-431.

225 Vgl. Horn: Der aktive und der passive Märchenheld 1983.

226 Holbek: Interpretation of Fairy Tales 1987, S. 412, 431-432.

nachdem ob ein Mann oder eine Frau erzählt. Beispielsweise berichtet eine Erzählerin in ATU 551 „Wasser des Lebens", wie das vom Helden geschwängerte Mädchen mit ihrem Sohn und einer Armee kommt und das Schloss des Helden belagert, während er in einer Schlangengrube liegt. Die Erzählerin kennt das Schicksal, von einem Bauernsohn oder Gutsherrn schwanger zu werden. Sie wird das Thema entwickeln, wo ein männlicher Erzähler es auslässt. So seien typische Varianten von weiblichen und männlichen Erzählern in den Archiven häufig.[227]

Holbeks Symbolinterpretation

Nach Holbeks Erkenntnissen beziehen sich die Symbole auf die tatsächliche Welt, die von den Erzählern und ihrem Publikum gekannt wird und durch das Märchen gestaltet werden soll. Dabei erklärten ‚Zauber'-Elemente nichts, wiesen aber auf die hervorgerufene Reaktion. „Symbolische Elemente in den Märchen überbringen emotionale Ausdrücke von Wesen, Phänomenen und Ereignissen in der tatsächlichen Welt, die in Form fiktionaler narrativer Sequenzen organisiert sind, die es dem Erzähler erlauben, von Problemen, Hoffnungen und Idealen der Gemeinschaft zu sprechen."[228]

Zur Umwandlung der Emotionen in Symbole stellte Holbek Regeln auf:[229]

1. Spaltung/Aufteilung (split): Charaktere spalten ihre konflikthaften Anteile auf verschiedene Figuren im Märchen auf. Ihre Identität zeigt sich, da sie dieselbe Figurenrolle einnehmen und nicht interagieren. So entstehen ein guter und ein böser Charakter oder ein aktiver und ein passiver oder ein spiritueller und ein körperlicher Anteil.

Nach Holbek repräsentieren die zauberischen, wunderbaren Figuren Aspekte realer Personen. Sie entstünden durch die Erzähltechnik der Figurenteilung, wo beispielsweise das übernatürliche Wesen und der Vater der Prinzessin dieselbe Rolle des reichen erwachsenen Mannes ausfüllen. Diese

227 Holbek: Interpretation of Fairy Tales 1987, S. 412, 434.

228 Ebd. S. 434-435: „The symbolic elements of fairy tales convey emotional impressions of beings, phenomena and events in the real world, organized in the form of fictional narrative sequences which allow the narrator to speak of problems, hopes and ideals of the community."

229 Sie liegen hinter Olriks Epischen Gesetzen und hinter Lüthis Stiltendenzen (die Beschreibung der epischen Organisation des Erzählmaterials); einige sind identisch mit dem Mechanismus der Formation von Träumen und Mythen wie von Freud und Rank beschrieben, obwohl sie anders formuliert werden müssen, wenn sie auf Zaubermärchen übertragen werden. Ebd. S. 435.

zwei Figuren sind dann unterschiedliche Verkörperungen (mit und ohne Maske) desselben Charakters.[230]

Allgemein teilt Holbek folgende Regulationen zur Spaltung mit: Die guten und bösen Eigenschaften eines Charakters seien an der Jung-Alt-Achse des paradigmatischen Modells abzulesen. Die Spaltung in geistige und körperliche Aspekte stehe im Zusammenhang mit der sexuellen Reifung, die sich bei den Partnern in unterschiedlicher Geschwindigkeit vollzieht. Hier werde vor allem die männlich-weibliche Achse sowie die Tier-Mensch-Verwandlung genutzt. Bei der Spaltung in aktive und passive Aspekte agiere der Held als Helfer.[231]

2. Spezifizierung/Detaillierung (particularization): Aspekte von Personen, Phänomenen, Ereignissen stellen sich im Märchen als unabhängige symbolische Elemente dar, nicht im Verhältnis einer Dichotomie. Holbek verdeutlicht dieses Interpretationsprinzip durch Beispiele, wie das Wasser, das als weibliches Prinzip Mädchen häufig in ihrem geschlechtlichen Aspekt andeute, und den Tauchenden, Drachen, Fisch oder ein anderes phallisches Symbol, das den Jungen repräsentiere. Anhand von ATU 707 aus Tausendundeiner Nacht zeigt er das Prinzip an einer Reifungsgeschichte: Das Erklimmen des Berges als Entwicklungs- und Wachstumssymbol, die Versteinerung als Arrest zur weiteren beliebigen Entwicklung für den jungen Menschen.[232]

3. Projektion: Nach Holbek werden Gefühle und Reaktionen im Kopf des Protagonisten als ein Phänomen abgebildet, das in der umgebenden Welt erscheint. Der Held/die Heldin erscheinen nicht als Urheber ihres eigenen Unglücks, die Eltern sind es (häufig Abschnitt I): Der Held ist unreif – der Partner ist ein Tier; das Mädchen begehrt nicht den Vater – er begehrt sie (ATU 706); der Held fühlt sich nicht einsam – das Schloss ist verlassen.[233]

Im psychologischen Sinne beinhaltet die folgende Regel einen Sonderfall der Projektion: Mit **4. Externalisation** beschrieb Holbek, dass Attribute oder Handlungen innere Qualitäten ausdrücken. Die Regeln 3 und 4 bewirken die Objektivität im Märchen. Wie im künstlerischen Experiment werden die tatsächlich vorhandenen Emotionen von den betroffenen Figuren getrennt. Wichtig wird dies vor allem im Test des ersten Abschnitts, dessen Ergebnis in Abschnitt II durch Geschenke ausgedrückt wird; das Wort ‚magisch' verliert dann seine besondere Bedeutung und müsste in Anführungsstriche gesetzt werden. Diese Regel gelte auch für Situationen, die wie der magische Schlaf der Prinzessin oder eine Versteinerung nach Verbotsübertretung

230 Holbek: Interpretation of Fairy Tales 1987, S. 418-419.

231 Ebd. S. 436-437.

232 Ebd. S. 438-439.

233 Ebd. S. 440-441.

durch Externalistation entstehen, als Ausdruck der hilflosen Situation von Held/Heldin unter der Dominanz ihrer Eltern.[234]

5. Übertreibung (Hyperbole): Die Intensität der Gefühle wird nach Holbek durch eine Übertreibung der Phänomene ausgedrückt, die das Gefühl hervorrufen. So erscheint der Gegenspieler nicht nur groß, sondern als Gigant, ein altes Weib ist nicht einfach alt, sondern leicht und dünn wie eine Feder. Max Lüthi beschrieb die Ursachen des Prinzips mit der Neigung der traditionellen Kunst zu Drastik, zum Spiel und mit Bezug auf die Alltagselemente als Zusammenspiel von Klarheit und Maß, stellt aber auch die „Kontrastierung eines Extrems durch das entgegenstehende" (Dichotomie) dar.[235] In diesem Sinne versteht Holbek die ‚magischen' Geschenke als übertreibenden Ausdruck von Spielraum und Machtbereich der Erwachsenen. Sie fallen nach Benutzung dem Vergessen anheim. Übertreibung sei ein Kunstgriff zum Klarstellen des Ideals, bei dem Details und Modifikationen weder gebraucht noch gewollt sind.[236]

6. Quantifikation: Im Märchen wird Qualität durch Quantität ausgedrückt: Wie Olrik im Dreizahlgesetz darstellte, ist das besondere Wesen, Phänomen oder Ereignis in unserer Kultur durch die Zahl Drei vervielfacht. Reisen finden durch 9 x 9 Zarenreiche statt; die Zahl der Köpfe im Drachenkampf nimmt rasant zu und steigert so die Fürchterlichkeit für den Helden. Insgesamt führte die striktere Organisation der Zaubermärchen zu relativ fixierten Wiederholungen.[237]

7. Zusammenziehung (Contraction): Entwicklungen im Märchen sind zwar ausgedehnt in Zeit und Raum, erscheinen aber als augenblickliche Veränderungen meist in drei Abschnitten zusammengezogen: Langer Wandel, erschöpfende Reise, endlose Routinearbeit. Graduelle Übergänge, typisch in der allgemeinen Lebenswelt, werden in Zaubermärchen nie beschrieben.[238]

Für alle diese Prinzipien beschrieb Holbek als grundsätzliche Regel, dass wichtige Ereignisse und Wesen dargestellt werden, so wie sie auf unseren Geist wirken, allerdings in der Art des Zauberischen. Durch diese Darstellungstechnik entstehe der besonders distanzierte Eindruck der Märchen. Für Holbek entspricht dies dem Ziel, die emotionalen und gemeinschaftlichen

---

[234] Holbek: Interpretation of Fairy Tales 1987, S. 442.

[235] Lüthi, M.: Extreme. In: EM 4, 1984, Sp. 710-720, Zitat Sp. 718. Wollenweber, B.: Dichotomie. In: EM 3, 1981, Sp. 607-610.

[236] Holbek: Interpretation of Fairy Tales 1987, S. 442-443.

[237] Ebd. S. 443.

[238] Ebd. S. 444-445.

Probleme nicht offen auszutragen, sondern stellvertretend durchzuarbeiten.[239]

Holbek verweist ausdrücklich darauf, alle Elemente und Symbole in situ, in ihrer natürlichen Lage zu verstehen, so dass die Symbolik ein kohärentes Ganzes bildet. Männliche Märchenformen, wie z.B. auch ATU 550, seien von ritterlichen Abbildern beherrscht, und so trete auch der Held mit Schwert oder Speer auf. Der Held ist dann kein Hirte mit Flöte, wie in ATU 570. So muss auch bei Heranziehung des phallischen Aspekts die innere Stimmigkeit im Märchenganzen bestehen.[240]

Im Gleichklang mit Erich Fromms Meinung, dass Märchen eine vergessene Sprache sprechen würden, die es wieder zu erlernen gelte[241], verstand auch Holbek einige Symbole im sexuellen Sinne, die vielleicht universal seien, wie es auch Freud und seine Schüler für Träume beschrieben und Riklin, Rank und Bettelheim auf Märchen anwendeten. Holbek kritisierte jedoch, dass alle denkbaren Symbole mit sexuellen Fragen identifiziert werden. So werden komplexe Sequenzen des Zaubermärchens in simplere z.B. die des Ödipuskomplexes gezwängt und andere Inhalte der Märchen nicht betrachtet. Symbole stehen immer im Kontext und sind nicht unveränderlich. Auch die Bewertung von Konflikten kann sich zwischen den Erzählgemeinschaften unterscheiden und muss nicht für die ganze Menschheit gelten. So kann der Generationenkonflikt, der soziale Charakter oder die Opposition zwischen Abhängigkeit und Unabhängigkeit deutlicher gestaltet werden.[242]

Holbek liefert eine beeindruckende Analyse der Zaubermärchen, die zum Standard avanciert ist. Seine Anleitung zum Verständnis der Motive als Symbole in der Tradition von Freud ist um die neueren Entwicklungen in der Psychoanalyse und Psychotherapie zu erweitern. Die historischen Forschungen der beteiligten Wissenschaftsdisziplinen erarbeiteten komplexe Bedeutungshintergründe, die ebenfalls einzubeziehen sind.

---

239 Holbek: Interpretation of Fairy Tales 1987, S. 445.

240 Ebd. S. 447.

241 Fromm: Märchen, Mythen, Träume 1957 u.ö.

242 Holbek: Interpretation of Fairy Tales 1987, S. 446.

6.7 Gender und Genderlect in der Märchenforschung

Die Begriffe *Sex*, *Gender* und *Genderlect* in der Erzählforschung sind Begriffsübernahmen aus dem Englischen. ‚Sex' bezeichnet das biologische Geschlecht. ‚Gender' umfasst dagegen alle sozialen Fragen und gesellschaftlichen Bedingtheiten der Weiblichkeit bzw. Männlichkeit und ist das Resultat von Zuschreibungsprozessen. Daher ist auch der Begriff ‚Geschlechterrollen' bezeichnend und „erst durch ein höchst elaboriertes semiotisches System erkennbar."[243]

In der Frage des ‚Genderlects' geht es um den Einfluss der soziokulturell bedingten Geschlechterrollen auf das Erzählen und das Erzählte, der durch sprachliche und metasprachliche Merkmale heraustritt. In ersten Arbeiten waren sog. Männer- und Frauenmärchen untersucht worden, die sich aufgrund der **Handlungsträger** definierten.[244] Den Terminus technicus ‚Frauenmärchen' nutze 1935 Brachetti für von Frauen erzählte Märchen in der Spinnstube. Eine gewisse Rollenverteilung unter den Geschlechtern wegen des unterschiedlichen Status in Familie und Beruf habe dazu geführt, dass das Erzählen in den traditionellen Erzählgemeinschaften des klassischen Märchens (Europa, Asien und beeinflusste Gebiete) als männliche Beschäftigung gilt.[245] Für Differenzierungen der Vorstellungen, welchem Geschlecht die Funktion des Erzählenden in der Gemeinschaft zukommt, weist K. Roth auf vier Faktoren hin: Kulturraum, Sozialschicht, bevorzugte Erzählgattungen und Erzählgelegenheiten,[246] die durch persönliche Eignung zu ergänzen sind. Insgesamt beinhaltet der Begriff ‚Frauenmärchen' „ein unfestes, zeit- oder ortsbedingt veränderliches Konzept."[247] Der Komplementärbegriff ‚Männermärchen' ist weit weniger gebräuchlich, aber ebenso konzeptionell offen. Inhaltlich bezeichnet er von Männern bzw. für Männer erzählte Märchen, die durch Handlungsträger, deren distinguierende Eigenschaften, einem spezifischen inhaltlichen Verlauf sowie Stil und Form der Darstellung bestimmt sind.[248] Beispielsweise unterscheiden sich die Repertoires der 51 Erzählerinnen und der 76 Erzähler in Holbeks Interpretation deutlich: Männer erzählten Märchen, in denen der arme Bursche es zur Hochzeit mit der Prinzessin bringt, die Frauen erzählten in gleicher Häufigkeit von jungen

---

243 Bottigheimer, R.B.: Männlich – Weiblich: Sexualität und Geschlechterrollen. In: Männlich – Weiblich. Hg. v. Chr. Köhle-Hezinger. Münster 1999, S. 59-65, hier S. 60.

244 Vgl. Holbeks männliche und weibliche Form. Cardigos: Female model, male worldview. In: Petzoldt: Folk Narrative and World View 1996, 133-144.

245 Dégh, L.: Frauenmärchen. In: EM 5, 1987, Sp. 211-220, hier Sp. 211-212. Brachetti, M.: Studien zur Lebensform des deutschen Volksmärchens. Bühl 1935.

246 Roth, K.: Mann. In: EM 9, 1999, Sp. 144-162, hier Sp. 156.

247 Dégh, L.: Frauenmärchen. In: EM 5, 1987, Sp. 211-220, hier Sp. 218.

248 Wehse, R.: Männermärchen. In: EM 9, 1999, Sp. 222-230, hier Sp. 223.

Frauen oder Männern, die ihr Glück finden. Die Ursache liege in den unterschiedlichen Erzählkreisen: Männer erzählten für ein männliches Publikum auswärts, Frauen erzählten meist im häuslichen Kreis.[249] Auch alltägliche Kommunikationsverfahren, der Erzählstil, die erzählerische Verarbeitung von eigenen Erfahrungen und der eigene Entwurf von Lebensgeschichte und Lebensperspektive gestalten sich geschlechtsspezifisch.[250] Insgesamt zeigt auch das Konzept von Holbek die komplementäre Genderspezifik.

Fragen für den Kontext von Erzählungen und ein inhaltliches Gesamtarrangement:

I. Textimmanent:
a) Welche Rolle erhalten Mann und Frau in der Handlung jeweils zugewiesen? Wie wird sie gewertet?
b) Wie unterscheiden sich die Handlungsträger? (distinguierende Eigenschaften, spezifischer inhaltlicher Verlauf, Darstellungsstil und -form)
c) Wer ist dominante/r Held/Heldin in welchem Abschnitt?
d) Wie verändert sich die Situation von arm-reich (sozial niedrig-hoch), jung-erwachsen?

II. Kontextorientiert:
a) Wer spricht? Erzähler oder Erzählerin? Einfluss der soziokulturell bedingten Geschlechterrollen auf das Erzählen (Kulturraum, Sozialschicht, bevorzugte Erzählgattungen (Gesamtrepertoire) und Erzählgelegenheiten, persönliche Eignung)?
b) Für wen und unter welchen Umständen wird welches Märchen erzählt?
c) Wer sammelte an welchem Ort und unter welchen Umständen?
d) Wer edierte mit welcher Intention?
e) Welche Aussagen werden zum Rollenverhalten getroffen? (z.B. Moral, Tugend in den Zwischentexten, Einleitungs- und Schlussformeln; der Einfluss der soziokulturell bedingten Geschlechterrollen auf das Erzählte)
f) In welcher historischen und aktuellen Tradition stehen diese?

III. Wie verändern sich die Faktoren in den Versionen eines Erzähltyps?

In den 80er und 90er Jahren wurden **Spuren matriarchaler Kultur** in den Märchen aufgezeigt.[251] Die Kontextforschung brachte gemeinsam mit der Performanzforschung neue Erkenntnisse: **Inhalt und Textwahl werden durch Sammler, Aufzeichner und Herausgeber bestimmt**, die die Funktion eines „Gender-Filters" einnehmen.[252] Die Geschlechtszugehörigkeit des **Pub-**

249 Holbek: Interpretation of Fairy Tales 1987, S. 405. Siehe Kapitel 6.6.
250 Roth, K.: Mann. In: EM 9, 1999, Sp.144-162, hier Sp. 157.
251 Wagner-Hasel, B.: Matriarchat. In: EM 9, 1999, Sp. 407-415.
252 Wienker-Piepho: Genderlect 1999, S. 228. Bsp.: Klintberg: Die Frau, die keine Kinder 1986.

likums wirkt auf das Erzählen und das Erzählte.[253] Über historische Kontexte des Erzählens liegen allerdings kaum Materialien vor, so dass indirekte und entlegene Quellen herangezogen werden müssen,[254] so etwa Reiseberichte, Romane, Autobiografien und Illustrationen[255]. Die Erzählerforschung[256] erbrachte wichtige Miniaturbeschreibungen, allerdings blieb der Aspekt von Geschlechterrollen und ihr Zusammenspiel mit Repertoire, Publikum und Forscher wenig im Fokus. Die Monografien über Erzählerinnen sind meist von Männern erstellt worden.[257]

Genrezuordnungen ergaben regional unterschiedliche Befunde, allgemein aber, dass Frauen Zauber-, Novellenmärchen, Tiergeschichten und Legenden bevorzugen; man wies ihnen auch Klatsch und Gerücht zu. Männer erzählten vor allem kurze erotische und satirische Schwänke, Anekdoten und Witze. El-Shamy berichtete, dass in Ägypten Märchen als ‚Weibergerede' und Männer als Erzähler klassisch-religiöser Erzählungen gelten. Internationale ‚Jokelore' analysierte das Gelächter der Geschlechter – meist auf einseitige Kosten.[258] In die weiblichen Sphären der Usbekinnen wurde G. Keller erstmals eingelassen, wo sie die Märchen aufzeichnen konnte, die nur für Frauen von Frauen bestimmt waren.[259] Wie in diesem Fall so wurde herausgestellt, dass sich der Ort zum Erzählen (häuslich-privat versus öffentlich) auch auf Performanz, Repertoire, Reputation usw. auswirkt.[260]

Hinsichtlich Mündlichkeit und Schriftlichkeit stellte man allgemein fest, dass die Frauen besonders in ländlichen Regionen aufgrund geringerer Bildungschancen länger im Status der Oralität verblieben, wodurch ein veränderter Blick auf die Welt zu begründen sei.[261] Zur Beeinflussung der Denkweise belegten Arbeiten z.B., dass illiterate Frauen andere Themen wählten, andere Heldengestalten nutzten und ihrem vertrauten Idiom anhingen.[262] Zwar berichteten Sammler immer wieder von einer überwiegenden Zahl männlicher Erzähler (Holbek, Cammann, Uffer, Neumann). Linda Déghs Erzählerin Zsuzsanna Palkó hatte ihr Repertoire von ihrem Vater und Bru-

253 Dégh, L.: Frauenmärchen. In: EM 5, 1987, Sp. 211-220, hier Sp. 212-213. Bacchilega: Postmodern Fairy Tales 1997.

254 Wienker-Piepho: Genderlect 1999, S. 226.

255 Diederichs: Märchenfrau, Märchengroßmütter. In: ders.: Who's who 1995, S. 218-219.

256 Dégh, L.: Erzählen, Erzähler. In: EM 4, 1984, Sp. 315–342, hier Sp. 332-333 zur Rollenverteilung Männer/Frauen.

257 Wienker-Piepho: Genderlect 1999, S. 226.

258 Ebd. S. 227. Dégh, L.: Erzählen, Erzähler. In: EM 4, 1984, Sp. 315–342, hier Sp. 332. Köhler-Zülch: Der politische Witz und seine erzählforscherischen Implikationen 1995, S. 71-85.

259 Keller: Märchen aus Samarkand: Feldforschung an der Seidenstraße 2004.

260 Köhler-Zülch/Shojaei-Kawan: Schneewittchen hat viele Schwestern 1988, S. 13-17.

261 Wienker-Piepho: Genderlect 1999, S. 227.

262 Wienker-Piepho: „Je gelehrter, desto verkehrter" 2000.

der gelernt. In ihrem Repertoire aus 16 Geschichten mit weiblichen und 22 Geschichten mit männlichen Protagonisten ist daher keine besondere Vorliebe für Märchen im Frauenbild des 19. Jahrhunderts zu erkennen.[263]

Möglicherweise ist das Phänomen, dass heute überwiegend Frauen als Erzählerinnen auftreten, wie Holbek meinte, mit der Industrialisierung und Urbanisierung verbunden, die die Erzählanlässe fortbrechen ließen und Männer auf das Arbeiten außer Haus bestimmten. Frauen aber, die länger in traditionellen Verhältnissen bleiben, haben die Erzählfunktion der Männer eingenommen.[264] Oder aber, wie der usbekische Befund erneut nahe legt, sind Sammler nicht in die Frauenbereiche des Erzählens vorgedrungen.[265] Neumann bestätigte, dass die volkstümliche Erzählüberlieferung in Nordostdeutschland männlich geprägt ist, da „aufgrund der traditionellen Rollenverteilung der Geschlechter in den ‚unteren Volksklassen' die Arbeits- und ‚Freizeit'-Gestaltung der Männer größere und vielfältigere Möglichkeiten des geistigen Austauschs bot. [...] Dabei nutzten beide Geschlechter die gleichen Gattungen als Erzählformen und Medien versteckter oder offener Selbstaussage, wählten jedoch aus dem überlieferten Erzählrepertoire geschlechtsspezifisch differenziert das aus, was dem eigenen Denk- und Gefühlsmuster beziehungsweise Aussagewollen nahekam." Einen Blick auf weitere Forschung eröffnet seine Feststellung, dass sich diese Tendenzen auch in der schriftlichen Autobiografik und in mündlichen Erinnerungsberichten fortsetzen.[266]

Auch heute sind die öffentlichen Erzähler vor allem Frauen (über 80 %). Diese Situation Ende der 1990er Jahre hatte ihre Ursache einmal in der Situation von Frauen in der sog. zweiten Lebenshälfte, die nach der Arbeitsphase in Familie und Haus ein neues Aufgabengebiet suchen, zum anderen in den häufigen Sozialberufen von Frauen, die ihnen bereits während der Berufszeit den Kontakt mit dem Märchenerzählen boten. Die Frauen müssen nicht immer für den gesamten Lebensunterhalt sorgen und beabsichtigen dies auch nicht mit dem Erzählen zu leisten. Jüngere Männer und natürlich auch jüngere Frauen haben eher das Bedürfnis, aus dem Märchenerzählen den Broterwerb zu bestreiten.

Nicht nur die Erzähler, auch die Märcheninhalte selbst sind Gegenstand der Gender-Forschung geworden. Ruth B. Bottigheimer analysierte die Grimmschen Märchen bezüglich der Geschlechterrollen. Dabei zeigte sie,

---

263 Dégh, L.: Frauenmärchen. In: EM 5, 1987, Sp. 211-220, hier Sp. 216. Dies.: Märchen, Erzähler und Erzählgemeinschaft 1962, S. 190-194.

264 Holbek: Interpretation of Fairy Tales 1987, S. 156-157.

265 Wehse, R.: Männermärchen. In: EM 9, 1999, Sp. 222-230, hier Sp. 224. Köhler-Zülch: Ostholsteins Erzählerinnen 1991, S. 94-118.

266 Neumann: Geschlechtsspezifische Züge 1999, S. 255.

dass das Verstummen der Frauen nach Wilhelm Grimms Märchenbearbeitungen erfolgte, beispielsweise die Antworten der jüngsten Prinzessin im „Froschkönig" nur noch beschrieben werden und bei „Rapunzel" überwiegend Hexe und Prinz reden, so dass es einen geschlechtsspezifischen durch die Märchenerzähler gestalteten Unterschied gibt. So auch beim Auferlegen des Sprachverlusts im Zusammenhang mit Machtausübung, dessen Ziel etwa für das Marienkind darin besteht, seinen Willen zu brechen. Positive weibliche Gestalten mit Macht wurden aber der Sprache nicht beraubt.[267] In ihrer umfassenden Studie von 1987 ging Bottigheimer auch auf die Verwurzelung der Frauen- bzw. Männervorstellung in der europäischen Kultur des 19. Jahrhunderts ein. Eine bestimmte Tat wurde von einem Mädchen begangen negativ bewertet, von einem Jungen ausgeführt dagegen als brav bezeichnet.[268]

Ihr Blick auf die Erzählsammlungen vor 1700 aus Italien, Frankreich, England und Deutschland ergab weitere Befunde. Seit 1700 treten die Folgen des Geschlechtsverkehrs, die neunmonatige Schwangerschaft und damit insbesondere der Verlust an persönlicher und ökonomischer Selbständigkeit in den Erzählsammlungen auf. Die modernen Geschlechterrollen, so die These Bottigheimers, beruhen darauf, dass Frauen zwischen 1550 und 1700 die Beherrschung ihrer Fertilität verloren. Sie fand, dass in den Texten vor 1550 die Geschlechterrollen der Frauen frei von den Folgen des Geschlechtsverkehrs waren. Nicht die Schwangerschaften, sondern die Freuden der körperlichen Liebe werden in Boccaccios Geschichten, ab 1472 auch in deutscher Übersetzung, lebhaft berichtet. Schon im „Pentamerone" des Basile (1634-36) hat sich die Situation verändert: Zur Schwangerschaft kommt es schnell und darüber wird auch berichtet.[269] Triebkräfte in diesem Veränderungsprozess waren die protestantische Reformation und die Gegenreformation, aber auch die Folgen der Hexenverfolgungen, der Hebammenentwicklung und des männlichen Arztwesens werden dafür verantwortlich gemacht.[270]

In dieser kurzen Zusammenfassung wird deutlich, dass die Märchenforschung als Teil der Erzählforschung in der Bearbeitung der Gender-Fragen ausgewiesenes Handwerkszeug bereitstellen kann: Sie dekonstruiert das Erzählte und das Erzählen im synchronen und diachronen Zusammenhang. ‚Männlich' und ‚weiblich' bezeichnen dabei nicht Gegensätze, sondern Komplementärbegriffe. So werden nicht nur die Handlungsträger eingeord-

---

267 Bottigheimer: „Still Gretel!" 1986, S. 48.

268 Bottigheimer: Grimms' Bad Girls and Bold Boys 1987.

269 Bottigheimer, Ruth B.: Männlich – Weiblich: Sexualität und Geschlechterrollen. In: Männlich – Weiblich. Hg. v. Chr. Köhle-Hezinger. Münster 1999, S. 59-65. Dies.: Fertility Control and the Birth of the Modern European Fairy-Tale Heroine 2000.

270 Ehrenreich/English: Witches, Midwives and Nurses 1973.

net, sondern auch das Rezeptions- und Performanzgeschehen wird mit einbezogen. Aufgrund der Offenheit in der Materialbearbeitung ist es möglich, auch Details aus anderen Texten und historischen Belegen aufzunehmen. Das Ziel bleibt dabei, einen Gesamtzusammenhang des Genderlects im alltäglichen Erzählen darzustellen, bei dem sog. populäre Erzählstoffe besonders aussagekräftige Ergebnisse für die Erzählforschung erbringen.

Aufgaben

1. Analysieren Sie das Grimmsche Märchen „Das tapfere Schneiderlein“ (KHM 20) mit den Möglichkeiten der Proppschen Strukturuntersuchung. Welche Aussagen können Sie bezüglich der Gattungszugehörigkeit daraus schließen?
2. Analysieren Sie nach den Vorgaben von Holbek das Grimmsche „Wasser des Lebens“.
3. Welche Gattungsmerkmale hat Ihr Lieblingsmärchen und wie würden Sie es interpretieren?

7 Literatur zur Märchenforschung

7.1 Abkürzungen

AaTh	Aarne, Antti/Thompson, Stith: The Types of the Folktale. A Classification and Bibliography. Second Revision (=FFC 184) Helsinki [4]1987. 1. Aufl. engl. (FFC 74) erschien 1928. Das erste Verzeichnis von Aarne erschien 1910.
Af.	Afanas'ev, Aleksandr Nikolaevič: Narodnye russkie skazki v trech tomach. Podgotovka teksta, predislovie i primečanija V. Ja. Proppa (Russische Volksmärchen in drei Bänden, hg. m. Vorwort und Anmerkungen von V. Ja. Propp). Moskva 1957. Deutsche Ausgabe: Afanas'ev, Aleksandr N. (Hg.): Russische Volksmärchen, übertragen von Swetlana Geier. München 1989.
ATU	Uther, Hans-Jörg: The Types of International Folktales. 3 Bde. Helsinki 2004 (=FFC 284, 285, 286).
BP	Bolte, Johannes/Polívka, Georg: Anmerkungen zu den „Kinder- und Hausmärchen" der Brüder Grimm. 5 Bde. Leipzig 1913-1932, Neudruck Hildesheim 1963.
DVjs	Deutsche Vierteljahresschrit für Literaturwissenschaft und Geistesgeschichte. Hg. v. Paul Kluckhohn und Erich Rothacker. Halle, Tübingen, seit 1994 Stuttgart/Weimar.
EM	Enzyklopädie des Märchens. Handwörterbuch zur historischen und vergleichenden Erzählforschung. Hg. v. Kurt Ranke, folgend v. Rolf Wilhelm Brednich u.a., Bd.1 ff., Berlin/New York 1977ff. Stichworte, Register, Bibliothek unter http://wwwuser. gwdg.de/~enzmaer/online-katalog-dt.html
EMG	Europäische Märchengesellschaft e.V., Sitz Rheine, gegründet 1956, Kongressbeiträge in der Schriftenreihe der EMG als „Forschungsbeiträge aus der Welt der Märchen" veröffentlicht (hier als EMG).
Etym. Wb	Pfeifer, Wolfgang (Hg.): Etymologisches Wörterbuch des Deutschen. 2 Bde., 2., erw. Aufl. Berlin 1993.
FB	Fragebogen: Die von Kathrin Pöge-Alder ausgeschickten Fragebögen wurden nach einer Verschlüsselung nummeriert.
FFC	Folklore Fellows Communications, Helsinki 1907ff.
Grimm DWb	Grimm, Jacob und Wilhelm: Deutsches Wörterbuch. Bde. 1-33. Gütersloh 1991 (Nachdruck der Erstausgabe 1854-1971).
HDA	Handwörterbuch des deutschen Aberglaubens. Hg. v. Hanns Bächtold-Stäubli. 10 Bde. Berlin/Leipzig 1927-1942, Berlin/New York [3]2000.
HDM	Handwörterbuch des deutschen Märchens. Hg. v. Lutz Mackensen unter Mitwirkung von Johannes Bolte, 2 Bde. Berlin 1930-40.
Jb	Jahrbuch

JbVK	Jb für Volkskunde und Kulturgeschichte. Hg. v. Zentralinstitut für Geschichte der Akademie der Wissenschaften der DDR, Wissenschaftsbereich Kulturgeschichte Volkskunde. Berlin 1974ff. bis 1969 u. d. T. Deutsches Jb für Volkskunde.
Jh.	Jahrhundert
KHM	„Kinder- und Hausmärchen" der Brüder Grimm. Hg. von Hans-Jörg Uther. 4 Bde. München 1996 (MDW). (mit Register, Anmerkungen) Hg. von Heinz Rölleke mit einem Anhang sämtlicher, nicht in allen Auflagen veröffentlicher Märchen. Ausgabe letzter Hand, Stuttgart 1997 (zuerst 1980, 3 Bde.).
KHM 1996	Kinder- und Hausmärchen, gesammelt durch die Brüder Grimm. Vergrößerter Nachdruck der zweibändigen Erstausgabe 1812 und 1815 nach dem Handexemplar des Brüder Grimm Museums Kassel mit sämtlichen handschriftlichen Korrekturen und Nachträgen der Brüder Grimm sowie einem Erg.-Heft. Hg. v. Ulrike Marquardt u. Heinz Rölleke. Göttingen 1986, Nachdruck 1996.
KHM 1819	Rölleke, Heinz (Hg.): Kinder- und Hausmärchen der Brüder Grimm. Nach d. 2. Aufl. 1819 textkrit. rev. mit Biographie der Märchen. 2 Bde. Köln 1982. Uther, Hans-Jörg (Hg.): Kinder- und Haus-Märchen. Gesammelt durch die Brüder Grimm. Nach der 2. Aufl. 1819. Mit Wörterverzeichnis, Typen- und Motivkonkordanz, Literaturverzeichnis, Registern. 3 Bde. Hildesheim u.a. 2004.
KLL	Kindlers Neues Literatur-Lexikon. Hg. v. Walter Jens. 20 Bde. München 1988-92.
MDW	Die Märchen der Weltliteratur (ab 1904 Jena, ab 1949 Düsseldorf/Köln, ab 1982 Köln, ab 1988 München, jetzt im Hugendubel Verlag)
Mot.	Thompson, Stith: Motiv-Index of Folk-Literature. 6 Bde. Kopenhagen ^{2}1955-58 u.ö.
MSP	Märchenspiegel. Zeitschrift für internationale Märchenforschung und Märchenpflege. Hg. v. d. Märchen-Stiftung Walter Kahn; seit 1990 vierteljährlich erscheinend.
SF	Studia Fennica
SWS	Johann Gottfried Herder – Sämtliche Werke. Hg. v. Bernhard Suphan. 33 Bde. Berlin ^{3}1913, Nachdruck Hildesheim u.a. 1994.
DSL	Karl Friedrich Wilhelm Wander: Deutsches Sprichwörter-Lexikon. Ein Hausschatz für das deutsche Volk. 5 Bde. 1867-80, Nachdruck Darmstadt 1977.
ZfVK	Zeitschrift des Vereins für Volkskunde, ab 1930 u. d. T. Zeitschrift für Volkskunde

7.2 Ausgewählte Forschungsliteratur

Aarne, Antti: Leitfaden der vergleichenden Märchenforschung. Hamina 1913 (=FFC 13).

Abraham, Karl: Traum und Mythos, eine Studie zur Völkerpsychologie (1909). In: Märchenforschung und Tiefenpsychologie. Darmstadt ²1972, S. 44-48.

Akidil, Inci: Formelhafte Wendungen in deutschen und türkischen Volksmärchen. Diss. Marburg 1968.

Anderson, Walter: Geographisch-historische Methode. In: HDM Bd. 2, 1934/40, S. 508-522.

Anderson, Walter: Zu Albert Wesselski's Angriffen auf die finnisch-folkloristische Arbeitsmethode. Tartu 1935.

Apo, Satu: Die finnische Märchentradition. In: Märchen und Märchenforschung in Europa. Frankfurt a.M. 1993, S. 80-87.

Apo, Satu: The narrative world of Finnish Fairy Tales. Helsinki 1997 (=FFC 256).

Asadowskij (Azadovskij), Mark: Eine sibirische Märchenerzählerin. Helsinki 1926 (=FFC 68).

Asper, Kathrin: Das Märchen in der Psychotherapie. In: MSP 12 (2001) H. 1, S. 4-9.

Bacchilega, Cristina: Postmodern Fairy Tales. Gender and Narrative Strategies. Philadelphia 1997.

Badura-Simonides, Dorota: Baśń i Podanie Górnośląskie. Katowice 1961. (Zusammenfassung S. 70f.)

Balmer-Aebi, Marie Anna (Hg.): Bibel und Märchen. Winterthur 2001.

Bastian, Adolf: Der Mensch in der Geschichte. Zur Begründung einer psychologischen Weltanschauung. Leipzig 1860.

Bastian, Adolf: Die Vorgeschichte der Ethnologie. Berlin 1881.

Bastian, Ulrike: Die „Kinder- und Hausmärchen" der Brüder Grimm in der literaturpädagogischen Diskussion des 19. und 20. Jahrhunderts. Frankfurt a.M. 1981 (=Studien zur Kinder- und Jugendmedien-Forschung 8).

Bauman, Richard: Story, performance, and event: contextual studies of oral narrative. Cambridge u.a. 1986 (=Cambridge studies in oral and literate culture 10).

Bauman, Richard: Verbal Art as Performance. Rowley 1977.

Bausinger, Hermann: ‚Historisierende' Tendenzen im deutschen Märchen seit der Romantik. Requisitverschiebung und Requisiterstarrung. In: Wirkendes Wort 10 (1960) H. 5, S. 279-286.

Bausinger, Hermann: Formen der ‚Volkspoesie'. Berlin ²1980 (zuerst 1968).

Bausinger, Hermann: Märchen, Phantasie und Wirklichkeit. Frankfurt a.M. 1987.

Bausinger, Hermann: Volkskunde. Berlin u.a. 1971.

Bausinger, Hermann: Wege zur Erforschung trivialer Literatur. In: Studien zur Trivialliteratur. Hg. v. Heinz Otto Burger. Frankfurt a.M. 1968, S. 1-33.

Becker, Ricarda: Die weibliche Initiation im ostslawischen Zaubermärchen. Ein Beitrag zur Funktion und Symbolik des weiblichen Aspekts im Märchen unter besonderer Berücksichtigung der Figur der Baba-Jaga. Berlin 1990 (=Veröffentlichungen der Abteilung für Slavistische Sprachen und Literaturen des Osteuropa Instituts, FU Berlin, Slavistische Veröffentlichungen 71).

Beit, Hedwig von: Das Märchen: sein Ort in der geistigen Entwicklung. Bern 1965.

Beit, Hedwig von: Symbolik des Märchens. Versuch einer Deutung. 3 Bde. Bern/München ⁷1986.

Berendsohn, Walter A.: Grundformen volkstümlicher Erzählerkunst in den Kinder- und Hausmärchen der Gebrüder Grimm. Ein stilkritischer Versuch. 2., erw. Aufl. Vaduz 1993 (zuerst 1921).

Bergmann, Ingrid: Erziehung zur Verantwortlichkeit durch die Zaubermärchen der Brüder Grimm unter besonderer Berücksichtigung der Sinnkategorie V. E. Frankls. Frankfurt a.M. 1994.
Bettelheim, Bruno: Kinder brauchen Märchen. Stuttgart 1977 (engl. zuerst 1975).
Betz, Felicitas: Märchen als Schlüssel zur Welt. Eine Auswahl für Kinder im Vorschulalter. Handreichung für Erzieher. Lahr [7]1993.
Betz, Otto: Märchen als Weggeleit. Würzburg 1998.
Bîrlea, Ovidiu: Über das Sammeln volkstümlichen Prosagutes in Rumänien [1970]. In: Wege der Märchenforschung. Hg. v. Felix Karlinger. Darmstadt [2]1985, S. 445-466.
Bluhm, Lothar/Rölleke, Heinz: „Redensarten des Volks, auf die ich immer horche": Märchen - Sprichwort - Redensart; zur volkspoetologischen Ausgestaltung der Kinder- und Hausmärchen der Brüder Grimm. Neue Ausgabe. Stuttgart/Leipzig 1997.
Bluhm, Lothar: Grimm-Philologie. Beiträge zur Märchenforschung und Wissenschaftsgeschichte. Hildesheim 1995.
Bluhm, Lothar: Neuer Streit um die „Alte Marie"? Kritische Bemerkungen zum Versuch einer sozialgeschichtlichen Remythisierung der KHM. In: Wirkendes Wort 2 (1989), S. 180-198.
Bogatyrev, P./ Jakobson, Roman: Die Folklore als besondere Form des Schaffens. In: Heinz Blumensath (Hg.): Strukturalismus in der Literaturwissenschaft. Köln 1972, S. 13-24.
Boothe, Brigitte (Hg.): Wie kommt man ans Ziel seiner Wünsche? Modelle des Glücks in Märchentexten. Gießen 2002.
Bottigheimer, Ruth B.: „Still Gretel!" Verstummte Frauen in Grimms „Kinder- und Hausmärchen". In: Akten des VII. internationalen Germanisten-Kongresses Göttingen 1985. Tübingen 1986, S. 43-53 (=Kontroversen, alte und neue 6).
Bottigheimer, Ruth B.: Fairy Godfather. Straparola, Venice, and the Fairy Tale Tradition. Philadelphia 2002.
Bottigheimer, Ruth B.: Fertility Control and the Birth of the Modern European Fairy-Tale Heroine. In: Marvels and Tales 14.1 (2000), S. 64-79.
Bottigheimer, Ruth B.: France's First Fairy Tales: The Restoration and Rise Narratives of Les facetieuses nuictz du Seigneur Francois Straparole. In: Marvels and Tales 19.1 (2005), S. 17-31.
Bottigheimer, Ruth B.: Grimms' Bad Girls and Bold Boys. The Moral and Social Vision of the Tales. New Haven/London 1987.
Brednich, Rolf Wilhelm: Volkserzählungen und der Glaube von den Schicksalsfrauen. Helsinki 1964 (=FFC 193).
Brednich, Rolf Wilhelm: Zur Anwendung der biographischen Methode in der volkskundlichen Forschung. In: Jb für ostdeutsche Volkskunde 22 (1979), S. 279-329.
Breymayer, Reinhard: Vladimir Jakovlevič Propp (1895-1970) - Leben, Wirken und Bedeutsamkeit. In: Linguistika Biblica 15/16 (1972), S. 36-66.
Brückner, Wolfgang (Hg.): Volkserzählung und Reformation. Ein Handbuch zur Tradierung und Funktion von Erzählstoffen und Erzählliteratur im Protestantismus. Berlin 1974.
Brunvand, Jan Herold: Encyclopedia of urban legends. New York/London 2001.
Bühler, Charlotte: Das Märchen und die Phantasie des Kindes. München [4]1958.
Cammann, Alfred: Aus der Welt der Erzähler: mit rußland- und rumäniendeutschen Berichten und Geschichten. Marburg 1987 (=Schriftenreihe der Kommission für Ostdeutsche Volkskunde in der Deutschen Gesellschaft für Volkskunde e.V. 38).
Cammann, Alfred: Märchen, Lieder, Leben in Autobiographie und Briefen der Rußlanddeutschen Ida Prieb. Marburg 1991 (=Schriftenreihe der Kommission für Ostdeutsche Volkskunde in der Deutschen Gesellschaft für Volkskunde e.V. 54).
Cardigos, Isabel: Female model, male worldview: an analysis of two Portugese fairy tales. In: Petzoldt, Leander (Hg.): Folk Narrative and World View. Vorträge des 10. Kongresses der

Internationalen Gesellschaft für Volkserzählungsforschung (ISFNR) Innsbruck 1992, Teil I. Frankfurt a.M. 1996, S. 133-144 (=Beiträge zur Europäischen Ethnologie und Folklore 7).
Christiansen, Reidar Thoralf: The Tale of the Two Travellers or The Blinded Man. Hamina 1916 (=FFC 24).
Čičerov, Vladimir: Russische Volksdichtung. Berlin 1968.
Clausen-Stolzenburg, Maren: Märchen und mittelalterliche Literaturtradition. Heidelberg 1995.
Cocchiara, Guiseppe: Auf den Spuren Benfeys (1954). In: Wege der Märchenforschung. Hg. v. Felix Karlinger. Darmstadt [2]1985, S. 254-272.
Dégh, Linda: Is the Study of Tale Performance Suspect of Aggressive Nationalism? A Comment. In: Journal of American Folklore (1980) H. 93, S. 324–327.
Dégh, Linda: Märchen, Erzähler und Erzählgemeinschaft. Dargestellt an der ungarischen Volksüberlieferung. Berlin 1962.
Denecke, Ludwig: Jacob Grimm und sein Bruder Wilhelm. Stuttgart 1971.
Dickerhoff, Heinrich: Seelenverwandtschaft - wie Märchen und Religion sich wechselseitig erschließen. In: MSP 15 (2004) H. 1, S. 20-23.
Dieckmann, Hans: Gelebte Märchen. Lieblingsmärchen der Kindheit. Krummwisch 2001.
Dieckmann, Hans: Komplexe. Diagnostik und Therapie in der analytischen Psychologie. Berlin u.a. 1991.
Diederichs, Ulf: Who's who im Märchen. München 1995.
Drascek, Daniel: „SimsalaGrimm". Zur Adaption und Modernisierung der Märchenwelt. In: Schweizerisches Archiv für Volkskunde 97 (2001), S. 70-89.
Drewermann, Eugen/Neuhaus, Ingrid: Das Mädchen ohne Hände. Olten [6]1985 (1. Aufl. 1981).
Dundes, Alan, Cindarella. A folklore casebook. New York 1982.
Ebel, Else (Hg.): Jacob Grimms Deutsche Altertumskunde. Göttingen 1974. (=Arbeiten aus d. Niedersächs. Staats- und Universitätsbibliothek, Göttingen 12).
Ehrenreich, Barbara/English, Deirdre: Witches, Midwives and Nurses. A History of Women Healers. Old Westbury 1973.
Ehrenreich, Paul: Die Sonne im Mythos. Mit einem Bild. Aus den hinterlassenen Papieren. Hg. v. Ernst Siecke. Leipzig 1915 (=Mythologische Bibliothek 8,1).
Eliade, Mircea: Das Heilige und das Profane. Vom Wesen des Religiösen. Hamburg 1957.
Fehling, Detlev: Erysichthon oder das Märchen von der mündlichen Überlieferung. In: Rheinisches Museum für Philologie 115 (1972), S. 173-196.
Fiedermutz-Laun, Annemarie: Der kulturhistorische Gedanke bei Adolf Bastian. Systematisierung und Darstellung der Theorie und Methode mit dem Versuch einer Bewertung des kulturhistorischen Gehalts auf dieser Grundlage. Wiesbaden 1970.
Fischer, Helmut: Erzählen - Schreiben - Deuten. Beiträge zur Erzählforschung. Münster u.a. 2001 (=Bonner kleine Reihe zur Alltagskultur 6).
Fischer-Lichte, Erika/Horn, Christian/Umathum, Sandra/Warstat, Matthias: Theatralität als Modell in den Kulturwissenschaften. Tübingen/Basel 2004 (=Theatralität 6).
Forke, Alfred: Die indischen Märchen und ihre Bedeutung für die vergleichende Märchenforschung. Berlin 1911.
Franz, Kurt/Kahn, Walter (Hg.): Märchen - Kinder - Medien. Beiträge zur medialen Adaption von Märchen und zum didaktischen Umgang. Baltmannsweiler 2000 (=Schriftenreihe d. Dt. Akademie für Kinder- und Jugendliteratur Volkach e.V. 25).
Franz, Marie-Louise von: Bei der schwarzen Frau. In: Studien zur analytischen Psychologie C.G. Jungs. Hg. v. Kurt Binswanger und Mircea Eliade, Bd. II. Zürich 1955.
Franz, Marie-Louise von: Das Weibliche im Märchen. Fellbach-Oeffingen [10]1991.
Franz, Marie-Louise von: Psychologische Märcheninterpretation. Eine Einführung. München 1989.

Frazer, James George: Der goldene Zweig. Das Geheimnis von Glauben und Sitten der Völker, Leipzig 1928. Dt. gekürzte Erstausgabe; engl Orig.: The golden Bough: A study in Magic and religion. 2 Bde. 1890, letzte Ausg.: 12 Bde., 1911.

Frenzel, Elisabeth: Motive der Weltliteratur. Ein Lexikon dichtungsgeschichtlicher Längsschnitte. 4, überarb. Aufl. Stuttgart 1992.

Freud, Sigmund: Der Dichter und das Phantasieren. Studienausgabe Bd. 10, Frankfurt a.M. 1977, S. 169-179.

Freud, Sigmund: Märchenstoffe in Träumen. In: ders.: Gesammelte Werke, Bd. 10, Frankfurt a.M. 41967, S. 2-10.

Freud, Sigmund: Traumdeutung. Studienausgabe Bd. 2, Frankfurt a.M. 1977. (Leipzig/Wien 1900, russ. Übersetzung: Psychological Studies. Poet and Fantasy, Moscow 1912.)

Fromm, Erich: Märchen, Mythen, Träume. Eine Einführung in das Verständnis einer vergessenen Sprache. Konstanz 1957 (orig. 1951).

Funke, Ulrich: Enthalten die deutschen Märchen Reste der germanischen Mythologie? Eine kritische Darstellung der von der Schule Grimms vertretenen Anschauung. Bonn/Düren-Rhld. 1932.

Gehrts, Heino: Von der Wirklichkeit der Märchen. Regensburg 1992.

Geldern-Egmond, Irene: Märchen und Behinderung. Ein Beitrag zur Resilienzforschung bei Kindern und Jugendlichen mit Lernbehinderungen. Baltmannsweiler 2000.

Gennep, Arnold van: Übergangsriten. Frankfurt a.M. 1987 (zuerst 1909).

Giehrl, Hans E.: Volksmärchen und Tiefenpsychologie. München 1970.

Gilet, Peter: Vladimir Propp and the Universal Folktale. Recommissioning an Old Paradigm – Story as Initiation. New York u.a. 1999.

Ginschel, Gunhild: Der junge Jacob Grimm 1805-1819. 2., erw. Aufl., Berlin 1989.

Gmelin, Otto: Böses kommt aus Kinderbüchern. Die verpaßten Möglichkeiten kindlicher Bewußtseinsbildung. München 1972.

Gobrecht, Barbara: Hier und dort, vorher und nachher: Wie heutige Erzählende deutsche Märchen für ein Schweizer Zielpublikum „zurechtmachen“: Erzählen zwischen Deutschland und der Schweiz. In: Wienker-Piepho, Sabine/Roth, Klaus (Hg.): Erzählen zwischen den Kulturen. Münster u.a. 2004, S. 187-197.

Görög, Veronika: The New Professional Storyteller in France. In: Storytelling in contemporary societies. Hg. v. Lutz Röhrich u. Sabine Wienker-Piepho. Tübingen 1990, S. 173-183 (=Script Oralia 22).

Grätz, Manfred: Das Märchen in der deutschen Aufklärung. Vom Feenmärchen zum Volksmärchen. Stuttgart 1988.

Grimm, Jacob und Wilhelm: Briefwechsel zwischen Jacob und Wilhelm Grimm. Hg. v. Heinz Rölleke. Stuttgart 2001.

Grimm, Jacob und Wilhelm: Vorrede zum ersten Band. In: dies.: Deutsche Sagen. Berlin 21984, S. 9-21.

Grimm, Jacob: Deutsche Mythologie. Göttingen 31854.

Grimm, Jacob: Gedanken wie sich die sagen zur poesie und geschichte verhalten. In: ders.: Kleinere Schriften. Bd. 1. Hildesheim 1965, S. 399-403.

Grimm, Jacob: Kleinere Schriften. 8 Bde. (1864-1890) Hildesheim 1965-66.

Grimm, Wilhelm: Kleinere Schriften. Hg. v. Gustav Ludwig Hinrichs. 4 Bde. Berlin 1881-1883, 1887.

Grimm, Wilhelm: Vorrede zum ersten Band (1812). In: ders.: Kleinere Schriften. Berlin 1881. Bd. 1, S. 320-328.

Grimm, Wilhelm: Vorrede zum zweiten Band (1815). In: ders.: Kleinere Schriften. Berlin 1881. Bd. 1, S. 328-332.

Grimm, Wilhelm: Vorrede. In: Kinder- und Hausmärchen. Hg. v. Jacob und Wilhelm Grimm. Göttingen 1850, S. IX-LXXII.

Grudde, Hertha: Wie ich meine „Plattdeutschen Märchen aus Ostpreußen" aufschrieb. Helsinki 1932 (=FFC 102).
Grummes, Ulrich: Die Bedeutung des Märchens für die Psychoanalyse. In: Die Psychologie des 20. Jahrhunderts. Bd. 2. Hg. v. Dieter Eicke. Zürich 1976, S. 564-581.
Gunkel, Hermann: Das Märchen im Alten Testament. Frankfurt a.M. 1987 (zuerst 1917).
Gutwald, Thomas: Schwank und Artushof. Frankfurt a.M. u.a. 2000.
Haase, Donald (Hg.): The Reception of Grimm's Fairy Tales. Responses, Reactions, Revisions. Detroit 1993.
Haggarty, Ben: Seek out the voice of the critic. London 1996.
Hartland, Edwin Sidney: The Art of Story-Telling. London 1891.
Haubrichs, Wolfgang (Hg.): Erzählforschung: Theorien, Modelle und Methoden der Narrativik. 2 Bde. Göttingen 1976, 1977 (mit Auswahlbibliographie) (=LiLi Beiheft 4 und 6).
Heidenreich, Bernd/Grothe, Ewald (Hg.): Kultur und Politik - Die Grimms. Frankfurt a.M. 2003.
Heindrich, Ursula: Es war einmal - es wird eines Tages sein. Zur Aktualität der Volksmärchen. Baltmannsweiler 2001.
Heindrichs, Ursula: Vom Königsweg des Menschen im Märchen. In: Als es noch Könige gab 2001, S. 302-316.
Henderson, Cary: Kultur, Politik und Literatur bei Albert Wesselski. In: Fabula 37 (1996) H. 3/4, S. 216-229.
Henßen, Gottfried: Stand und Aufgaben der deutschen Erzählforschung. In: Volkskundliche Beiträge. Festschrift Richard Wossidlo. Neumünster 1939, S. 133-137.
Henßen, Gottfried: Überlieferung und Persönlichkeit. Erzählungen und Lieder des Egbert Gerrits. Münster 1951.
Herder, Johann Gottfried: Adrastea 2 (1881), 3. Stück. In: SWS Bd. 23, Berlin 1885, S. 287-289.
Herder, Johann Gottfried: Auszug aus einem Briefwechsel über Ossian und die Lieder alter Völker. In: SWS Bd. 5, Berlin 1891.
Herder, Johann Gottfried: Von der Ähnlichkeit der mittlern englischen und deutschen Dichtkunst. In: SWS Bd. 9, Berlin 1893, S. 522-535.
Herranen, Gun: The maiden without hands (AT 706), Two Tellers - two versions. In: D'un conte … à l'autre. Hg. v. Veronika Görög-Karady und Michèle Chiche. Paris 1990, S. 105-115.
Hetman, Frederik: Die Freuden der Fantasy: von Tolkien bis Ende. Frankfurt a.M. u.a. 1984.
Hiiemäe, Mall: Richard Viidalepp: A Folklorist with an Ethnological Inclination. In: Studies in Estonian Folkloristics and Ethnology. A Reader and Reflexive History. Ed. by Kristin Kuutma and Tiiu Jaago. Tartu 2005, S. 243-258.
Hilty, Elisa: Rotkäppchens Schwester: elf Märchen zur Suchtprävention. Gümligen 1996.
Hirsch, Angelika-Benedicta: Märchen als Quelle für Religionsgeschichte? Ein neuer Versuch der Auseinandersetzung mit den alten Problemen der Kontinuität oraler Tradition und der Datierung von Märchen. Frankfurt a.M. 1998.
Hofe, Gerhard vom: Der Volksgedanke in der Heidelberger Romantik und seine ideengeschichtlichen Voraussetzungen in der deutschen Literatur seit Herder. In: Heidelberg im säkularen Umbruch. Hg. v. Friedrich Strack. Stuttgart 1987, S. 225-251.
Holbek, Bengt: Betrachtungen zum Begriff ‚Lieblingsmärchen'. In: Uther, Hans-Jörg (Hg.): Märchen in unserer Zeit. München 1990, S. 149-158.
Holbek, Bengt: Eine neue Methode zur Interpretation von Zaubermärchen. In: JbVK N.F. 8 (1980), S.74-79.
Holbek, Bengt: Interpretation of Fairy Tales. Danish Folklore in a European Perspective. Helsinki 1987 (=FFC 239).
Holbek, Bengt: On the Borderline between Legend and Tale. The Story of the Old Hoburg Man in Danish Folklore. In: Arv 47 (1991) S. 179-191.

Holbek, Bengt: On the Comparative Method in Folklore Research. Turku 1992.
Homo narrans. Studien zur populären Erzählkultur. Festschrift für Siegfried Neumann. Hg. v. Christoph Schmitt, Münster 1999.
Honko, Lauri: The Real Propp. In: SF 33 (Studies in Oral Narrative), Helsinki 1989, S. 161-175.
Honko, Lauri: Zielsetzung und Methoden der finnischen Erzählforschung. In: Fabula 26 (1985), S. 318-335.
Horn, Katalin: Der aktive und der passive Märchenheld. Basel 1983 (=Schweizerische Gesellschaft für Volkskunde. Beiträge zur Volkskunde 5).
Horn, Katalin: Selbsterfahrung mit Märchen. Ein Beitrag zu den Funktionen und zum Gebrauch des Märchens in unseren Tagen. In: Fabula 37 (1996) H. 3/4, S. 230-240.
Horn, Katalin: Über das Weiterleben der Märchen in unserer Zeit. In: Die Volksmärchen in unserer Kultur: Berichte über Bedeutung und Weiterleben der Märchen. Hg. v. der Märchen-Stiftung Walter Kahn, Frankfurt a.M. 1993, S. 25–71.
Hose, Susanne: Sorbisches Sprichwörterlexikon. Bautzen 1996.
Hunger, Ulrich: Romantische Germanistik und Textphilologie: Konzepte zur Erforschung mittelalterlicher Literatur zu Beginn des 19.Jahrhunderts. In: DVjS, Sonderheft 1987, S. 42-68.
Isler, Gotthilf: Lumen Naturae. Zum religiösen Sinn von Alpensagen. Vorträge und Aufsätze. Küsnacht 2000.
Jacoby, Mario/Kast, Verena/Riedel, Ingrid: Das Böse im Märchen. Freiburg i.B. 1994.
Janning, Jürgen: Märchenerzählen: Läßt es sich lernen - kann man es lehren? In: Märchenerzähler - Erzählgemeinschaft. Kassel 1983, S. 126-140.
Janning, Jürgen: Textgebundenes Erzählen als sprachliche Sensibilisierung zum freien Erzählen. In: MSP 6 (1995) Jahresheft, S. 56–59.
Janning, Jürgen: Zur Choreographie rhythmischen Erzählens. In: MSP 13 (2002) H. 2, S. 9-12.
Jeske, Hannelore: Sammler und Sammlungen von Volkserzählungen in Schleswig-Holstein. Diss. Neumünster 2002.
Jessen, Jens: Das Recht in den Kinder- und Hausmärchen. Diss. Kiel 1979.
Jolles, André: Einfache Formen (Legende, Sage, Mythen, Rätsel, Spruch, Kasus, Memorabile, Märchen, Witz). Tübingen ^{6}1982 (zuerst 1930).
Jung, Simone: Der aktuelle Stand der französischen Märchenforschung. Schriftliche Hausarbeit im Rahmen der Ersten Staatsprüfung. Köln: Romanisches Seminar 1999.
Kahlo, Gerhard: Die Wahrheit des Märchens. Grundsätzliche Betrachtung. Halle a.d.S. 1954.
Kahlo, Gerhard: Elementargedanken im Märchen. In: HDM Bd. 1, 1930/33, S. 519-524.
Kaivola-Bregenhøj, Annikki: Narrative and Narrating. Variation in Juho Oksanen's Storytelling. Helsinki 1996 (=FFC 261).
Karlinger, Felix: Auf Märchensuche im Balkan. Köln 1987.
Karlinger, Felix: Geschichte des Märchens im deutschen Sprachraum. 2., erw. Aufl. Darmstadt 1988.
Karlinger, Felix: Legendenforschung. Aufgaben und Ergebnisse. Darmstadt 1986.
Karlinger, Felix: Wege der Märchenforschung. Darmstadt ^{2}1985.
Kast, Verena: Die Dynamik der Symbole. Grundlagen der Jungschen Psychotherapie. München ^{3}1999.
Kast, Verena: Märchen als Therapie. München 1989.
Kaukonen, Väinö: Jacob Grimm und das Kalevala-Epos. In: Fraenger, Wilhelm/Steinitz, Wolfgang (Hg.): Jacob Grimm zur 100. Wiederkehr seines Todestages. Berlin 1963, S. 229-239.
Kayser, Wolgang: Das sprachliche Kunstwerk. Eine Einführung in die Literaturwissenschaft. Tübingen/Basel ^{20}1992.
Keller, Gabriele: Zaubermärchen in der Suchtprävention der Schulen. Ein Pilotprojekt der Drogenhilfe Köln. In: MSP 8 (1997) H. 3, S. 86-87.

Kellner, Beate: Grimms Mythen. Studien zum Mythosbegriff und seiner Anwendung in Jacob Grimms Deutscher Mythologie. Frankfurt a.M. u.a. 1994.
Kleinhans, Elfriede: Märchen helfen leben. Frankfurt a.M. 1999.
Klímová, Dagmar: Versuch einer Klassifikation des lebendigen Sagenerzählens. In: Fabula 9 (1967), S. 244-253.
Klintberg, Bengt af: Die Frau, die keine Kinder wollte. Moralvorstellungen in einem nordischen Volksmärchen (AaTh 755). In: Fabula 27 (1986), S. 237-264.
Knoch, Linde: Praxisbuch Märchen. Verstehen - Deuten - Umsetzen. Gütersloh 2001.
Köhle-Hezinger, Christel (Hg.): Männlich - Weiblich. Zur Bedeutung der Kategorie Geschlecht in der Kultur. 31. Kongress der Deutschen Gesellschaft für Volkskunde. Marburg 1997. Münster 1999.
Köhler, Reinhold: Aufsätze über Märchen und Volkslieder. Aus seinem schriftlichen Nachlaß, hg. v. Johannes Bolte u. Erich Schmidt. Berlin 1894.
Köhler-Zülch, Ines: Der politische Witz und seine erzählforscherischen Implikationen. In: Lipp, Carola (Hg.) Medien popularer Kultur. Erzählung, Bild und Objekt in der volkskundlichen Forschung. Rolf Wilhelm Brednich zum 60. Geburtstag. Frankfurt a.M. u.a. 1995, S. 71-85.
Köhler-Zülch, Ines: Ludwig Denecke (1905-1996). In: Fabula 38 (1997) H. 1/2, S. 125-128.
Köhler-Zülch, Ines: Ostholsteins Erzählerinnen in der Sammlung Wilhelm Wisser. Ihre Texte - seine Berichte. In: Fabula 32 (1991), S. 94-118.
Köhler-Zülch, Ines: Who are the Tellers? In: Fabula 38 (1997) H.3/4, S.199-209.
Kölbl, Andrea: „Liebesmärchen" aus der Traumfabrik. Gattungsspezifische Filmuntersuchungen. Diss. Jena 2005.
Kongräs Maranda, Elli/Maranda, Pierre: Structural Models in Folklore and Tranformational Essays. The Hague/Paris 1971 (=Approaches to Semiotics 10).
Korn, Ilse: Märchen für die Jüngsten. Eine Märchensammlung für die Hand der Kindergärtnerin und der Eltern. Berlin 1955.
Korompay, Bertalan: Zur Finnischen Methode. Gedanken eines Zeitgenossen. Helsinki 1978.
Krohn, Kaarle: Bär (Wolf) und Fuchs. Eine nordische Tiermärchenkette. In: Journal de la Société finno-ougrienne [=JSFO] 6 (1889), S. 1-132.
Krohn, Kaarle: Die folkloristische Arbeitsmethode. Oslo 1926. Engl.: Folklore Methodology. Formulated by Julius Krohn and expanded by Nordic researchers. Austin/London 1971 (=Publications of the American Folklore Society 21).
Krohn, Kaarle: Übersicht über einige Resultate der Märchenforschung. Helsinki 1931 (=FFC 96).
Kuptz-Klimpel, Annette: Lieblingsmärchen. In: Wörterbuch der Analytischen Psychologie. Hg. v. Lutz und Anette Müller. Düsseldorf/Zürich 2003, S. 258-259.
Kutter, Uli: „Ich kündige!" Zeugnisse von Wünschen und Ängsten am Arbeitsplatz; eine Bestandsaufnahme. Marburg 1982.
Kuusi, Matti: Regen bei Sonnenschein. Zur Weltgeschichte einer Redensart. Helsinki 1957 (=FFC 171).
Lachmann, Renate: Die Propp-Nachfolge in der sowjetischen Forschung. In: Erzählforschung 3: Theorien, Modelle und Methoden der Narrativik. Hg. v. Wolfgang Haubrichs. Göttingen 1976, S. 46-70 (=Zeitschrift für Literaturwissenschaft und Linguistik, Beiheft 8).
Laeverenz, Judith: Märchen und Recht. Eine Darstellung verschiedener Ansätze zur Erfassung des rechtlichen Gehalts der Märchen. Diss. Frankfurt a.M./Bern/Wien 2001.
Laiblin, Wilhelm (Hg.): Märchenforschung und Tiefenpsychologie. Darmstadt ^{2}1972.
Lang, Andrew: Custom and myth. New York/Bombay 1904.
Lang, Andrew: Myth, ritual and religion. 2 Bde. 4., erw. Aufl. New York/Bombay 1906 (zuerst 1886.)
Lauer, Bernhard: Dorothea Viehmann und die Brüder Grimm. Märchen und Wirklichkeit. In: MSP 9 (1998) H. 2, S. 36-42.

Lecouteux, Claude: Die Volkserzählung als Bewahrerin früherer Glaubensvorstellungen. Felix Karlinger zum 74. Geburtstag. In: Fabula 37 (1996) H. 3/4, S. 193-215.

Lehmann, Albrecht: Erzählen zwischen den Generationen. Über historische Dimensionen des Erzählens in der Bundesrepublik Deutschland. In: Fabula 30 (1989) H. 1/2, 1-25.

Lehmann, Albrecht: Erzählstruktur und Lebenslauf. Autobiographische Untersuchungen. Frankfurt a.M./New York 1983.

Leitzmann, Albert (Hg.): Briefe der Brüder Grimm. Gesammelt von Hans Gürtler. Jena 1923.

Lempicki, Sigmund von: Geschichte der deutschen Literaturwissenschaft bis zum Ende des 18. Jahrhunderts. 2., erw. Aufl, Göttingen 1968.

Lenz, Friedel: Bildsprache der Märchen. Stuttgart ^{5}1984 (zuerst 1971).

Levin, Isidor: Vladimir Propp. An evaluation on his seventieth birthday. In: Journal of the Folklore Institute, Bloomington, Fnd. 1967, S. 32-49.

Lévi-Strauss, Claude: Das wilde Denken. Frankfurt a.M. 1973.

Lévi-Strauss, Claude: Die Struktur und die Form. Reflexionen über ein Werk von Vladimir Propp. In: Propp, Vladimir: Morphologie des Märchens. Frankfurt a.M. 1975, S. 181-213.

Leyen, Friedrich von der: Das deutsche Märchen. Düsseldorf/Köln 1964.

Leyen, Friedrich von der: Das Märchen. Ein Versuch. 4., ern. Aufl. Heidelberg 1958 (zuerst 1911).

Leyen, Friedrich von der: Die deutschen Märchen und die Brüder Grimm. Düsseldorf 1964.

Leyen, Friedrich von der: Die Welt der Märchen. 2 Bde. Düsseldorf 1953/54.

Leyen, Friedrich von der: Traum und Märchen. In: Märchenforschung und Tiefenpsychologie, Hg. v. Wilhelm Laiblin. Darmstadt ^{2}1972, S. 1-12.

Lips, Julius Ernst: Vom Ursprung der Dinge. Eine Kulturgeschichte des Menschen. Leipzig 1951 (Engl. Orig.: The origin of things).

Lo Nigro, Sebastiano: Die Formen erzählender Volksliteratur. In: Wege der Märchenforschung. Hg. v. Felix Karlinger. Darmstadt ^{2}1985, S. 372-393.

Lox, Harlinda/Schelstraete, Inge: Stimmen aus dem Volk? Volks- und Kunstdichtung bei Johann Karl August Musäus und Gottfried August Bürger. Gent 1990 (=Studia Germanica Gandensia 25).

Lucke, Hans: Der Einfluß der Brüder Grimm auf die Märchensammler des 19. Jahrhunderts. Diss. Greifswald 1933.

Lütge, Jessica: Liebe, Partnerschaft und Erlösung in den Kinder- und Hausmärchen der Brüder Grimm. Diss. Marburg 2001.

Lüthi, Max: Das europäische Volksmärchen. Form und Wesen. Tübingen/Basel ^{11}2005 (zuerst 1947).

Lüthi, Max: Die Gabe im Märchen und in der Sage: Ein Beitrag zur Wesenserfassung und Wesensscheidung der beiden Formen. Bern 1943 (zugl. Diss.).

Lüthi, Max: Märchen. 10., aktualisierte Aufl., bearbeitet v. Heinz Rölleke. Stuttgart 2004 (zuerst 1962).

Lüthi, Max: Strukturalistische Märchenforschung. In: ders.: Das europäische Volksmärchen. Tübingen/Basel ^{11}2005, S. 115-121.

Lüthi, Max: Volksmärchen und Volkssage. Zwei Grundformen erzählender Dichtung. Tübingen ^{3}1975.

Mackensen, Lutz: Der singende Knochen. Ein Beitrag zur vergleichenden Märchenforschung. Helsinki 1923 (=FFC 49).

Maennersdoerfer, Maria Christa: Märchen und Mythen von Tieren. Aachen 1994.

Malinowski, Bronislaw: Myth in Primitive Psychology (1926). In: Malinowski and the work of myth. Selected and introduced by Ivan Strenski. Princeton 1992.

Mannhardt, Wilhelm: Die Götter der deutschen und nordischen Völker. Eine Darstellung. Berlin 1860.

Mannhardt, Wilhelm: Germanische Mythen. Berlin 1858.

Mannhardt, Wilhelm: Mythologische Forschungen. Aus dem Nachlasse, hg. v. Hermann Patzig, mit Vorreden v. K. Müllenhoff u. W. Scherer. Straßburg/London 1884 (=Quellen und Forschungen 51).

Mannhardt, Wilhelm: Wald- und Feldkulte. 2 Bde. Darmstadt 1963 (Nachdruck ²1905, zuerst 1875/78).

Märchen und Märchenforschung in Europa. Ein Handbuch. Hg. im Auftrag d. Märchen-Stiftung Walter Kahn v. Diether Röth u. Walter Kahn. Frankfurt a.M. 1993.

Märchen und Religion. Interview mit Dr. Peter Heidrich. In: Flensburger Hefte (1990) H. 30, S. 7-20.

Martin, Laura: Benedikte Nauberts Neue Volksmärchen der Deutschen: Strukturen des Wandels. Würzburg 2006.

Marzolph, Ulrich: Die Typologie des persischen Volksmärchens. Beirut/Wiesbaden 1984. Diss. Köln 1981 (=Beiruter Texte und Studien 31).

Mayer, Mathias/Tismar, Jens: Kunstmärchen. 3., völlig neu bearb. Aufl. Stuttgart/Weimar 1997 (=Sammlung Metzler 155).

Meletinskij, Eleasar: Zur strukturell-typologischen Erforschung des Volksmärchens. In: Propp, Vladimir: Morphologie des Märchens. Frankfurt a.M. 1975, S. 241-276.

Meraklis, Michael: Das Basilikummädchen, eine Volksnovelle (AT 879). Göttingen 1970.

Mieder, Wolfgang: „Findet, so werdet ihr suchen." Die Brüder Grimm und das Sprichwort. Bern 1986.

Mieder, Wolfgang: Deutsche Redensarten, Sprichwörter und Zitate. Studien zu ihrer Herkunft, Überlieferung und Verwendung. Wien 1995.

Möckel, Margarete: Mit Märchen leben. Waldenburg/Erlangen 2004.

Moericke, Helga: Die Märchenbaronin. Elsa Sophia von Kamphoevener. Zürich/Dortmund 1995.

Mölk, Ulrich: Das Dilemma der literarischen Motivforschung und die europäische Bedeutungsgeschichte von ‚Motiv'. In: Romanistisches Jb 42 (1991), S. 91-120.

Mönckeberg, Vilma: Der Klangleib der Dichtung. Ebenhausen 1981.

Moser, Dietz-Rüdiger: Märchen als Paraphrasen biblischer Geschichten. Anmerkuingen zu einigen Kinder- und Hausmärchen der Brüder Grimm. In: MSP 15 (2004) H. 1, S. 3-8.

Moser, Dietz-Rüdiger: Theorie und Methodenprobleme der Märchenforschung. In: Jb für Volkskunde 3 (1980), S. 47-64.

Moser-Rath, Elfriede: Predigtmärlein der Barockzeit. Exempel, Sage, Schwank und Fabel in geistlichen Quellen des oberdeutschen Raumes. Berlin 1964.

Müllenhoff, Karl: Die deutsche Philologie, die Schule und die klassische Philologie. In: Eine Wissenschaft etabliert sich. Hg. v. Johannes Janota. Tübingen 1980, S. 277-303.

Müller-Salget, Klaus: Erzählungen für das Volk. Evangelische Pfarrer als Volksschriftsteller im Deutschland des 19. Jahrhunderts. Berlin 1984.

Murphy, G. Ronald: The Owl, the Raven and the Dove. The Religious Meaning of the Grimms' Magic Fairy Tales. Oxford 2000.

Näf, Regula: Max Lüthis wissenschaftlicher Nachlass im Universitätsarchiv Zürich. In: Fabula 36 (1995), S. 282-288.

Neuhaus, Stefan: Märchen. Tübingen/Basel 2005.

Neumann, Siegfried: Das Wossidlo-Archiv. Rostock 1994.

Neumann, Siegfried: Der mecklenburgische Volksschwank. Sein sozialer Gehalt und seine soziale Funktion. Berlin 1964.

Neumann, Siegfried: Ein mecklenburgischer Volkserzähler. Die Geschichten des August Rust. Berlin ⁵1979 (zuerst 1968).

Neumann, Siegfried: Eine mecklenburgische Märchenfrau. Bertha Peters erzählt Märchen, Schwänke und Geschichten. Berlin 1974.

Neumann, Siegfried: Erlebnis Alltag. Beobachtungen zur Volkserzählung in der Gegenwart. In: The 8th Congress for the International Society for Folk Narrative Research. Hg. v. Reimund Kvideland and Torunn Selberg. Bergen 1984, Bd. 2, S. 97-106.

Neumann, Siegfried: Geschlechtsspezifische Züge in der erzählerischen Selbstdarstellung ‚einfacher Leute' des 20. Jahrhunderts. In: Männlich – Weiblich. Hg. v. Christel Köhle-Hezinger. Münster 1999, S. 246-255.

Neumann, Siegfried: Lebendiges Erzählen in der Gegenwart. Befunde und Probleme. In: Probleme und Methoden volkskundlicher Gegenwartsforschung. Vorträge und Diskussionen einer internationalen Arbeitstagung in Bad Saarow. Hg. v. Paul Nedo und Wolfgang Jacobeit. Berlin 1969, S. 157-167.

Neumann, Siegfried: Volkserzähler unserer Tage in Mecklenburg. Bemerkungen zur Erzählerforschung in der Gegenwart. In: Deutsches Jb für Volkskunde 14 (1968), S. 31-49.

Nitschke, August: Soziale Ordnungen im Spiegel der Märchen. 2 Bde. Stuttgart 1976/77.

Obenauer, Karl Justus: Das Märchen. Dichtung und Deutung. Frankfurt a.M. 1959.

Olrik, Axel: Epische Gesetze der Volksdichtung. In: Zeitschrift für deutsches Altertum 51 (1909), S. 1-12.

Ortutay, Gyula: Folk-Life Study in Hungary. In: ders.: Hungarian Folklore. Essays. Budapest 1972, S. 15-63.

Ortutay, Gyula: Mihály Fedics Related Tales. In: ders.: Hungarian Folklore. Essays, Budapest 1972, S. 225–285.

Overdick, Wilhelm: Malen nach Märchen. In: MSP 12 (2001) H. 1, S. 13-22.

Pauckstadt, Bernhard: Paradigmen der Erzähltheorie: Ein methodengeschichtlicher Forschungsbericht mit einer Einführung in Schemakonstitution und Moral des Märchenerzählens. Freiburg 1980.

Pentikäinen, Juha: Grenzprobleme zwischen Memorat und Sage. In: Temenos 6 (1970), S. 89-118.

Pentikäinen, Juha: Oral Repertoire and World View. An Anthropological Study of Marina Takalo's Life History. Helsinki 1978 (=FFC 219).

Pesch, Helmut W.: Fantasy: Theorie und Geschichte einer literarischen Gattung. Diss. Köln 1982.

Petzoldt, Leander: Einführung in die Sagenforschung. Konstanz 1999.

Peuckert, Will-Erich: Deutsches Volkstum in Märchen und Sage, Schwank und Rätsel. Berlin 1938.

Pikulik, Lothar: Die sogenannte Heidelberger Romantik. Tendenzen, Grenzen, Widersprüche. Mit einem Epilog über das Nachleben der Romantik heute. In: Heidelberg im säkularen Umbruch. Hg. v. Friedrich Strack. Stuttgart 1987, S. 190-215.

Pöge-Alder, Kathrin: ‚Märchen' als mündlich tradierte Erzählungen des ‚Volkes'? Zur Wissenschaftsgeschichte der Entstehungs- und Verbreitungstheorien von ‚Volksmärchen' von den Brüdern Grimm bis zur Märchenforschung in der DDR. Frankfurt a.M. u.a. 1994.

Pöge-Alder, Kathrin: Afrikanisches Erzählen in Deutschland. Zwischen Folklorismus, Fakelore und Authentizität. In: Wienker-Piepho, Sabine/Roth, Klaus (Hg.): Erzählen zwischen den Kulturen. Münster u.a. 2004, S. 199-216.

Pöge-Alder, Kathrin: Albert Wesselski and the History of Fairy Tales. In: Marvels and Tales. 21.1 (2007) im Druck.

Pöge-Alder, Kathrin: Die Mythologische Schule in der Märchen- und Erzählforschung. In: MSP 9 (1998) H. 3, S. 79-83.

Pöge-Alder, Kathrin: Die Tierbraut im Märchen. Die Persönlichkeitsentwicklung nach der Hochzeit. In: Volkmann, Helga/Freund, Ulrich (Hg.): Der Froschkönig und andere Erlösungsbedürftige. Baltmannsweiler 2000, S. 61-71.

Pöge-Alder, Kathrin: Erzählen. In: Kinder- und Jugendliteratur. Ein Lexikon. Hg. v. Kurt Franz, Günter Lange und Franz-Josef Payrhuber. Meitingen 2002, Teil 7, S. 1-27.

Pöge-Alder, Kathrin: Erzählerlexikon. Deutschland. Österreich. Schweiz. Marburg 2000.
Pöge-Alder, Kathrin: Lehren fürs Leben. Märchen und populäre Erzählstoffe in Lesebüchern von 1870-1990. Zur Ausstellung des Kinder- und Jugendwettbewerbs 2003 im Schulmuseum - Werkstatt für Schulgeschichte. Leipzig 2003.
Pöge-Alder, Kathrin: Märchen aus dem Volk - Märchen für das Volk? Bechsteins Märchen im Kontext der Erzählforschung. In: Richter, Karin/Schlundt, Rainer (Hg.): Lebendige Märchen- und Sagenwelt. Baltmannsweiler 2003, S. 32-53.
Pöge-Alder: Richard Wossidlo im Umgang mit seinen Erzählern. Das Beispiel Nehls. In: Homo narrans. Münster 1999, S. 325-344.
Pointner, Alfred: Umweltschutz und Märchen. Baltmannsweiler 2000.
Pop, Mihai: Der formelhafte Charakter der Volksdichtung. In: Deutsches Jb für Volkskunde 14 (1968), S. 1-15.
Pop, Mihai: Die Funktion der Anfangs- und Schlussformeln im rumänischen Märchen. In: Volksüberlieferung. Festschrift für Kurt Ranke zur Vollendung des 60. Lebensjahres. Hg. v. Fritz Harkort, Karel C. Peeters, Robert Wildhaber. Göttingen 1968, S. 321-326.
Poser, Therese: Das Volksmärchen. München 1980.
Propp, Vladimir Jacovlevič: Die historischen Wurzeln des Zaubermärchens. München/Wien 1987 (Russ. Original: Leningrad 1946: Istoriceskie korni volšebnoj skazki.)
Propp, Vladimir Jacovlevič: Fol'klor i dejstvitel'nost'. Izbrannye stat'i (Folklore und Wirklichkeit. Ausgewählte Aufsätze). Moskva 1976 (zuerst 1946).
Propp, Vladimir Jacovlevič: Märchen der Brüder Grimm im russischen Norden. In: Deutsches Jb für Volkskunde 9 (1963), S. 104-112.
Propp, Vladimir Jacovlevič: Morphologie des Märchens. Hg. v. Karl Eimermacher. Frankfurt a.M. 1975.
Propp, Vladimir Jacovlevič: Russkaja skazka (Das russische Märchen). Leningrad 1984.
Propp, Vladimir Jacovlevič: Specifika fol'klora (Die Spezifik der Folklore). In: ders.: Fol'klor i dejstvitel'nost'. Moskva 1976, S. 16-33.
Propp, Vladimir Jacovlevič: Transformationen von Zaubermärchen (zuerst 1928). In: ders.: Morphologie des Märchens. Hg.v. Karl Eimermacher. Frankfurt a.M. 1975, S. 155-180.
Propp, Vladimir Jakovlevič: Die Bedeutung von Struktur und Geschichte bei der Untersuchung des Märchens. In: ders: Morphologie des Märchens. Frankfurt a.M. 1975, S. 215-239.
Psaar, Werner/Klein, Manfred: Wer hat Angst vor der bösen Geiß? Zur Märchendidaktik und Märchenrezeption. Braunschweig 1976.
Ranke, Friedrich: Aufgaben volkskundlicher Märchenforschung. In: ZfVk 42 (1933), S. 203-211.
Ranke, Kurt: Betrachtungen zum Wesen und zur Funktion der Märchens (1958). In: Karlinger, Felix: Wege der Märchenforschung. Darmstadt [2]1985, S. 320-360.
Ranke, Kurt: Einfache Formen. In: Internationaler Kongreß der Volkserzählungsforscher. Berlin 1961, S. 1-11.
Ranke, Kurt: Schwank und Witz als Schwundstufe. In: Festschrift für Will-Erich Peuckert zum 60. Geburtstag dargebracht von Freunden und Schülern. Hg. v. Helmut Dölker. Berlin 1955, S. 41-59.
Richter, Dieter/Merkel, Johannes: Märchen, Phantasie und soziales Lernen. Berlin 1974 (=Basis Theorie 4).
Richter, Dieter: Schlaraffenland. Geschichte einer populären Phantasie. Köln 1984.
Riedel, Ingrid: Die weise Frau in Märchen und Mythen. Ein Archetyp im Märchen. München 1995, [2]1997, zuerst Olten 1989.
Rieken, Bernd: Arachne und ihre Schwestern: eine Motivgeschichte der Spinne von den „Naturvölkermärchen" bis zu den „urban legends". Diss. Münster 2003.
Riklin, Franz: Wunscherfüllung und Symbolik im Märchen (1908). In: Laiblin, Wilhelm (Hg.): Märchenforschung und Tiefenpsychologie. Darmstadt [2]1972, S. 13-43.

Ritz, Hans (d.i. Ulrich Erckenbrecht): Die Geschichte vom Rotkäppchen. Ursprünge, Analysen, Parodien eines Märchens. 12., erw. Aufl. Göttingen 1997.

Robe, Stanley Linn: Index of Mexican Folktales. Including Narrative Texts from Mexico, Central America, and the Hispanic United States. Berkeley/Los Angeles/London 1973 (=Folklore and Mythology Studies 26).

Röhrich, Lutz/Wienker-Piepho, Sabine (Hg.): Storytelling in contemporary societies. Tübingen 1990.

Röhrich, Lutz: „Die Sage von Schlangenbann" (Thompson Q 597: Snake carries into fire man who has banned snakes). In: Volksüberlieferung. Festschrift für Kurt Ranke zur Vollendung des 60. Lebensjahres. Hg. v. Fritz Harkort u.a. Göttingen 1968, S. 325-344.

Röhrich, Lutz: „und weil sie nicht gestorben sind". Anthropologie, Kulturgeschichte und Deutung von Märchen. Köln 2002.

Röhrich, Lutz: Das Kontinuitätsproblem bei der Erforschung von Volksprosa. In: Röhrich, Lutz: Sage und Märchen. Erzählforschung heute, Freiburg/Basel/Wien 1976, S. 292-301.

Röhrich, Lutz: Der Witz. Figuren, Formen, Funktionen. Stuttgart 1977.

Röhrich, Lutz: Erzählforschung. In: Grundriß der Volkskunde. Hg. v. R. W. Brednich. 3., überarb. Aufl. Berlin 2001, S. 515-542.

Röhrich, Lutz: Erzählungen des späten Mittelalters und ihr Weiterleben in Literatur und Volksdichtung bis zur Gegenwart: Sagen, Märchen, Exempel und Schwänke. 2 Bde., Bern/München 1962 und 1967.

Röhrich, Lutz: Lexikon der sprichwörtlichen Redensarten. 3 Bde. Freiburg/Basel/Wien [6]2003.

Röhrich, Lutz: Märchen - Mythos - Sage. In: Antiker Mythos in unseren Märchen 1984, S. 11-35.

Röhrich, Lutz: Märchen und Wirklichkeit. Baltmannsweiler [5]2001.

Röhrich, Lutz: Rumpelstilzchen. Vom Methodenpluralismus in der Märchenforschung. In: Festschrift für Robert Wildhaber. Hg. v. Walter Escher. Basel 1973, S. 567-596.

Röhrich, Lutz: Sage und Märchen. Erzählforschung heute. Freiburg/Basel/Wien 1976.

Röhrich, Lutz: Volkskunde und Literaturgeschichte. In: Reallexikon der deutschen Literaturgeschichte 4 (1982), S. 742-760.

Röhrich, Lutz: Volkspoesie ohne Volk. Wie mündlich sind sogenannte Volkserzählungen? In: Volksdichtung zwischen Mündlichkeit und Schriftlichkeit. Hg. v. Lutz Röhrich u. Erika Lindig. Tübingen 1989 (=ScriptOralia 9).

Röhrich, Lutz: Wage es, den Frosch zu küssen. Das Grimmsche Märchen Nummer Eins in seinen Wandlungen. Köln 1987 u.ö.

Rölleke, Heinz (Hg.): Grimms Märchen und ihre Quellen: die literarischen Vorlagen der Grimmschen Märchen syoptisch vorgestellt und kommentiert. 2., verb. Aufl., Trier 2004 (=Schriftenreihe Literaturwissenschaft 35).

Rölleke, Heinz: Die Märchen der Brüder Grimm - Quellen und Studien. Gesammelte Aufsätze. Trier [2]2004 (=Schriftenreihe Literaturwissenschaft 50).

Rölleke, Heinz: Die Märchen der Brüder Grimm: eine Einführung. Stuttgart 2004.

Rooth, Anna Birgitta: The Cinderella Cycle. Lund 1951.

Rosenberg, Rainer: Zehn Kapitel Geschichte der Germanistik. Literaturgeschichtsschreibung. Berlin 1981.

Rosenfeld, Hellmut: Legende. Stuttgart [3]1972 (=Sammlung Metzler 9).

Röth, Diether: Kleines Typenverzeichnis der europäischen Zauber- und Novellenmärchen, Baltmannsweiler 1998. 2., erw. Aufl. 2004.

Saintyves, Pierre: Les contes de Perrault et les récits parallèles - Leurs origines (coutumes primitives et liturgies populaires). Paris 1923. Genève 1990.

Schade, Ernst: Mehr als „nur" Transkription. Zur Einführung der historisch-philologischen Methode in Volksliedforschung und Volkslied-Edition. In: Volksdichtung zwischen Mündlichkeit und Schriftlichkeit. Hg. v. Lutz Röhrich u. Erika Lindig. Tübingen 1989, S. 241-259.

Schenda, Rudolf: Prinzipien einer sozialgeschichtlichen Einordnung von Volkserzählungsinhalten. In: SF 20 (1976), S. 185-191.
Schenda, Rudolf: Von Mund zu Ohr. Bausteine zu einer Kulturgeschichte volkstümlichen Erzählens in Europa. Göttingen 1993.
Schenkowitz, Gisela: Der Inhalt sowjetrussischer Vorlesestoffe für Vorschulkinder: eine quantifizierende Corpusanalyse unter Benutzung eines Computers. München 1976 (=Slavistische Beiträge 95).
Scherer, Wilhelm: Jacob Grimm. Berlin ²1921.
Scherf, Walter: Die Herausforderung des Dämons. Form und Funktion grausiger Kindermärchen. München/New York/London u.a. 1987.
Schieder, Brigitta: Märchen machen Mut. Ein Werkbuch zur Werteerziehung und Persönlichkeitsentfaltung von Kindern. München 2000.
Schiestl, Margit: Bemerkenswerte österreichische Märchenerzählerinnen und –erzähler der Gegenwart. Diplomarbeit Innsbruck 2000.
Schmidt, Arno: Wilhelm Mannhardts Lebenswerk. Danzig 1932.
Schmid-Weidmann Ursula: Bibliographie Max Lüthi. Ergänzung zur Bibliographie in Fabula 20 (1979), S. 277-284. In: Fabula 33 (1992), S. 124-126
Schmitt, Christoph: Adaptionen klassischer Märchen im Kinder- und Familienfernsehen. Frankfurt a.M. 1993.
Schmitt, Christoph: Werbung und Märchen - eine vage Analogie? In: MSP 10 (1999) H. 4, S. 103-106.
Schrader, Monika: Epische Kurzformen. Theorie und Didaktik. Königstein 1980.
Schuler, Theo: Jakob Grimm und Savigny. Studie über Gemeinsamkeit und Abstand. In: Zeitschrift der Savigny-Stiftung für Rechtsgeschichte, germanistische Abteilung. 80 (1963) S. 197-305.
Schwartz, Friedrich L.W.: Der Ursprung der Mythologie dargelegt an griechischer und deutscher Sage. Berlin 1860.
Schwibbe, Gudrun: Volkskundliche Erzählforschung und (Tiefen-)Psychologie: Ansätze, Methoden, Kontroversen. In: Fabula 43 (2002) H. 3/4, S. 264-276.
Schwietering, Julius: Volksmärchen und Volksglaube. In: Euphorion N.F. 36 (1935) H. 1, S. 68-78.
Sedlaczek, Dietmar: Von der Erzählerpersönlichkeit zum Alltäglichen Erzähler. Stationen der volkskundlichen Erzählforschung. In: Fabula 38 (1997) H. 1-2, S. 82-100.
Siecke, Ernst: Die Liebesgeschichte des Himmels. Untersuchungen zur indogermanischen Sagenkunde. Straßburg 1892.
Sievers, Kai Detlev: Fragestellungen der Volkskunde im 19. Jahrhundert. In: Grundriß der Volkskunde. Einführung in die Forschungsfelder der Europäischen Ethnologie. Hg. v. Rolf W. Brednich. Berlin 1988, S. 31-71.
Simonides, Dorota: Rezente Erscheinungsformen der Märchen in Polen. In: Uther, Hans-Jörg (Hg.): Märchen in unserer Zeit. München 1990, S. 115-130.
Simrock, Karl: Handbuch der deutschen Mythologie mit Einschluß der nordischen. Bonn ⁵1878.
Siuts, Johannes: Jenseitsmotive im deutschen Volksmärchen. Diss. Kiel 1910.
Sokolov, Jurij M.: Russian Folklore. New York 1950; Reprint: Hatboro, Pa. 1966 (Orig.: Sokolov, Ju. M.: Russkij fol'klor. Moskva 1941).
Solms, Wilhelm/Oberfeld, Charlotte (Hg.): Das selbstverständliche Wunder. Beiträge germanistischer Märchenforschung. Marburg 1986 (=Marburger Studien zur Literatur 1).
Solms, Wilhelm: Die Moral von Grimms Märchen. Darmstadt 1999.
Starzacher, Elli: Das Märchen und seine Erzähler. Diss. (ms.) Wien 1937.
Stehr, Johannes: Sagenhafter Alltag. Über die private Aneignung herrschender Moral. Frankfurt a.M./New York 1998.

Steig, Reinhold (Hg.): Achim von Arnim und Jacob und Wilhelm Grimm. Stuttgart/Berlin 1904.

Steinbauer, Maria Anna: Das Märchen vom Volksmärchen. Jean-François Bladé und die Contes populaires de la Gascogne. Problematik der Märchensammlung des 19. Jahrhunderts. Frankfurt a.M. u.a. 1988.

Stickfort, Bernd: Internet-Ressourcen für Volkskunde/Europäische Ethnologie. In: Alsheimer, Rainer/Doelman, Eveline/Weibezahn, Roland (Hg.): Wissenschaftlicher Diskurs und elektronische Datenverarbeitung. Bericht über zwei Tagungen der Internationalen Volkskundlichen Bibliographie (IVB) in Amsterdam und Třešt. Bremen 2000, S. 115-145.

Straßner, Erich: Schwank. Stuttgart ²1978 (= Sammlung Metzler 77).

Streck, Bernhard (Hg.): Wörterbuch der Ethnologie. Wuppertal 2000. Darin die Artikel: Anthropologie, Diffusion, Evolution, Initiation, Tod.

Sydow, Carl Wilhelm von: Kategorien der Prosa-Volksdichtung. In: Volkskundliche Gaben. John Meier zum 70. Geburtstage dargebracht. Berlin 1934, S. 253-268.

Sydow, Carl Wilhelm von: Märchenforschung und Philologie. In: Wege der Märchenforschung. Hg. v. Felix Karlinger. Darmstadt ²1985, S. 177-193.

Sydow, Carl Wilhelm von: Selected Papers on Folklore: published on the occasion of his 70th birthday, selected and edited by Laurits Bødker. Copenhagen 1948.

Tatar, Maria: The Hard Facts of the Grimms' Fairy Tales. Princeton, New Jersey 1987 (dt. 1990).

Taube, Erika: Märchenerzählen und Übergangsbräuche. In: MSP 11 (2000) H. 4, S. 122–124.

Taube, Erika: Warum sich der Erzähler nicht lange bitten lassen darf und warum ein Erzähler manchmal dennoch nicht erzählt. In: MSP 7 (1996) H. 4, S. 55–59.

Theiß, Winfried: Schwank. Bamberg ⁴1991 (=Themen - Texte - Interpretationen).

Thompson, Stith: The Folktale. Berkeley/Los Angeles/London 1977 (zuerst 1946).

Tietz, Karl-Ewald: Charaktere im kleinen Pommern. Erzählforscher Otto Knoop und Ulrich Jahn als Kontrahenten. In: Homo narrans. Hg. v. Christoph Schmitt. Münster 1999, S. 371-388.

Todorov, Tzvetan: Einführung in die fantastische Literatur. Frankfurt a.M. u.a. 1972 u.ö.

Tolksdorf, Ulrich: Eine ostpreußische Volkserzählerin: Geschichten, Geschichte, Lebensgeschichte. Marburg 1980 (=Schriftenreihe der Kommission für Ostdeutsche Volkskunde in der Deutschen Gesellschaft für Volkskunde e.V. 23).

Tomkowiak, Ingrid: Lesebuchgeschichten: Erzählstoffe in Schullesebüchern 1770-1920. Berlin/New York 1993.

Traxler, Hans: Die Wahrheit über Hänsel und Gretel. Der Dokumentarbericht über die Ausgrabungen des Hexenhauses auf dem Engelesberg im Spessart. Reinbek 1994 (zuerst 1978).

Tully, Carol Lisa: Creating a national identity: a comparative study of German and Spanish Romanticism with particular reference to the Märchen of Ludwig Tieck, the brothers Grimm, and Clemens Brentano, and the costumbrismo of Blanco White, Estébanez Calderón, and López Soler. Stuttgart 1997.

Tylor, Edward Burnett: Die Anfänge der Cultur. Untersuchungen über die Entwicklung der Mythologie, Philosophie, Religion, Kunst und Sitte, dt. v. J. W. Spengel u. Fr. Poske. 2 Bde. Leipzig 1873.

Tylor, Edward Burnett: Forschungen über die Urgeschichte der Menschheit und die Entwicklung der Civilisation, dt. v. H. Müller. Leipzig o.J. (1866).

Uffer, Leza: Märchen, Märchenerzähler und Märchensammler in Romanisch Bünden. In: Schweizerisches Archiv für Volkskunde 57 (1961), S. 129–147.

Uffer, Leza: Rätoromanische Märchen und ihre Erzähler. Basel 1945 (=Schriften der Schweizer Gesellschaft für Volkskunde 27).

Uffer, Leza: Von den letzten Erzählgemeinschaften in Mitteleuropa. In: Märchenerzähler und Erzählgemeinschaft. Hg. v. Rainer Wehse. Kassel 1983, S. 21-29.

Uther, Hans-Jörg (Hg.): Märchen in unserer Zeit: Zu den Erscheinungsformen eines populären Erzählgenres. München 1990.

Uther, Hans-Jörg: Behinderte in populären Erzählungen. Berlin/New York 1981.

Uther, Hans-Jörg: Die Brüder Grimm als Sammler von Märchen und Sagen. In: Heidenreich, Bernd/Grothe, Ewald (Hg.): Kultur und Politik - Die Grimms. Frankfurt 2003, S. 67-107.

Uther, Hans-Jörg: The Types of International Folktales. 3 Bde. Helsinki 2004 (=FFC 284, 285, 286).

Verweyen, Annemarie/Letocha, Michael [Red.]: Illustrierte Bücher 1945-2000: Katalog der Arbeitsbibliothek Annemarie Verweyen. Dresden 2001 (=Schriftenreihe der Sächsischen Landesbibliothek - Staats- und Universitätsbibliothek Dresden 6).

Viidalepp, Richard: Von einem großen estnischen Erzähler und seinem Repertoire (1937). In: Studies in Estonian Folkloristics and Ethnology. A Reader and Reflexive History. Ed. by Kristin Kuutma and Tiiu Jaago. Tartu 2005, S. 259-272.

Vonessen, Franz: Der wahre König - Die Idee des Menschen im Spiegel des Märchens. In: Vom Menschenbild im Märchen. Kassel 1980, S. 9-38.

Vries, Jan de: Betrachtungen zum Märchen. Besonders in seinem Verhältnis zu Heldensage und Mythos. Helsinki 1954 (=FFC 150).

Vries, Jan de: Forschungsgeschichte der Mythologie. Freiburg/München 1961.

Waitz, Theodor: Anthropologie der Naturvölker. 6 Bde. Leipzig 1859-72.

Wardetzky, Kristin: Märchen-Lesarten von Kindern. Frankfurt a.M. 1992.

Weber-Kellermann, Ingeborg/Bimmer, Andreas C.: Einführung in die Volkskunde/Europäische Ethnologie. Stuttgart 1985.

Weiße, Suse: Simsala versus Grimm?. Eine Untersuchung über die Rezeption von Märchen und Märchenzeichentrickfilmen in Berliner Grundschulen. Märchen-Stiftung Walter Kahn 2000 (vervielfältigtes Manuskript).

Wesselski, Albert: Die Vermittlung des Volks zwischen den Literaturen. In: Schweizerisches Archiv für Volkskunde 34. Bd., Basel 1936, S. 177-197.

Wesselski, Albert: Versuch einer Theorie des Märchens. Hildesheim 1974 (zuerst 1931).

Wienker-Piepho, Sabine/Roth, Klaus (Hg.): Erzählen zwischen den Kulturen. Münster u.a. 2004 (=Münchener Beiträge zur Interkulturellen Kommunikation 17).

Wienker-Piepho, Sabine: „Genderlect". Ein Beitrag zur historisch-vergleichenden Erzählforschung. In: Männlich - Weiblich. Hg. v. Chr. Köhle-Hezinger. Münster 1999, S. 224-234.

Wienker-Piepho, Sabine: „Je gelehrter, desto verkehrter"? Volkskundlich-Kulturgeschichtliches zur Schriftbeherrschung. Münster u.a. 2000.

Wienker-Piepho, Sabine: Die orale Tradierung der Sage. Ein paradoxes Paradigma. In: Petzoldt, Leander/Haid, Oliver (Hg.): Beiträge zur Rezeptions- und Wirkungsgeschichte der Volkserzählung. Berichte und Referate des 12. und 13. Symposions zur Volkserzählung Brunnenburg/Südtirol 1998-1999. Frankfurt a.M. 2005, S. 5-28.

Wienker-Piepho, Sabine: Schriftlichkeitssymbole in der mündlichen Überlieferung. Ein Beitrag zur historischen Erzählforschung. In: Brednich, Rolf W./Schmitt, Heinz (Hg.): Symbole. Zur Bedeutung der Zeichen in der Kultur. 30. Deutscher Volkskundekongreß (1995). Münster u.a. 1997, S. 207-215.

Wilkes, Johannes: Über den Einsatz und die Wirkung von Märchen in der Kinderpsychotherapie. In: MSP 12 (2001) H. 1, S. 9-13.

Woeller, Waltraud/Woeller, Matthias: Es war einmal ... Illustrierte Geschichte des Märchens. Leipzig 1990.

Woeller, Waltraud: Der soziale Gehalt und die soziale Funktion der deutschen Volksmärchen. Habil. 2 Bde. (ms.) Berlin 1955.

Woeller, Waltraud: Märchen oder Sage? Zur Behandlung der Volksdichtung in der allgemeinbildenden polytechnischen Oberschule. In: Deutschunterricht 14 (1961) H. 7, S. 393-399.

Wolf, Johann Wilhelm: Beiträge zur Deutschen Mythologie. Göttingen/Leipzig 1852, 2. Abteilg. Hg. v. Wilhelm Mannhardt. Göttingen 1857.
Wührl, Paul Wolfgang: Das deutsche Kunstmärchen. Heidelberg 1984.
Wunderlich, Werner: Mythen, Märchen und Magie. Ein Streifzug durch die Welt der Fantasyliteratur. In: Wirkendes Wort 36 (1986) H. 1, S. 26-34.
Wundt, Wilhelm: Märchen, Sage und Legende als Entwicklungsformen des Mythus. In: Archiv für Religionswissenschaften. Hg. v. Albrecht Dietrich, Bd. 11. Leipzig 1908, S. 200-222.
Wundt, Wilhelm: Völkerpsychologie. Bd. 1, Stuttgart [4]1921; Bd. 3, 2., neu bearb. Aufl., Leipzig 1908; Bd. 4, Leipzig 1920; Bd. 5, 2., neu bearb. Aufl., 2. Teil, Leipzig 1914.
Wyss, Ulrich: Die wilde Philologie. Jacob Grimm und der Historismus. München 1979.
Zelenin, Dmitrij K.: Russische (Ostslavische) Volkskunde (russisch 1991). Berlin/Leipzig 1927 (=Grundriß der slavischen Philologie und Kulturgeschichte 1).
Zipes, Jack (Hg.): The Oxford Companion to Fairy Tales. Oxford u.a. 2000.
Zipes, Jack: Fairy Tales and the Art of Subversion. The Classical Genre for Childen and the Process of Civilization. New York 1983.
Zitzlsperger, Helga: Ganzheitliches Lernen: Welterschließung über alle Sinne mit Beispielen aus dem Elementar- und Primarbereich. Weinheim/Basel [3]1993.
Zitzlsperger, Helga: Kinder spielen Märchen. Schöpferisches Ausgestalten und Nacherleben. 4., überarb. Aufl. Weinheim/Basel 1993.
Zitzlsperger, Helga: Vom Gehirn zur Schrift: Handbuch Anfangsunterricht. Lernen durch Bewegung - Hand- und Sprachspiele - Schriftspracherwerb und LRS-Prävention. Baltmannsweiler 2002.

7.3 Ausgewählte Textsammlungen

Bechstein, Ludwig: Deutsches Märchenbuch. Leipzig 1845.
Bechstein, Ludwig: Deutsches Sagenbuch. Leipzig 1853.
Benfey, Theodor: Pantschatantra. 2 Bde. Hildesheim 1966 (zuerst 1859).
Bladé, Jean-Francois: Contes populaires de la Gascogne. Paris 1885.
Bodmer, Johann Jakob/Breitinger, Johann Jakob (Hg.): Sammlung von minnesingern aus dem schwäbischen zeitpuncte. 2 Bde. Zürich 1748, Hildesheim 1973.
Brednich, Rolf Wilhelm: Der Goldfisch beim Tierarzt und andere sagenhafte Geschichten von heute. München 1994.
Brüder Grimm: Deutsche Sagen. Hg. v. H.-J. Uther, 3 Bde. München 1993.
Bücksteeg, Christel (Hg.): Und meine Seele spannte weit ihre Flügel aus... Märchen von der Seele. Krummwisch 2005.
Bünker, Johann Reinhard: Schwänke, Sagen und Märchen in heanzischer Mundart: mit Erg. zur Aufl. Leipzig 1906 in vereinfachter Mundartwiedergabe hg. v. Karl Haiding. Graz 1981.
Büsching, Johann Gustav: Volks-Sagen, Märchen und Legenden. Leipzig 1812.
Campbell of Islay, John Francis: Popular Tales of the West Highlands. 2 Bde. Edinburgh 1994 (zuerst Edinburgh 1860-1862).
Campbell of Islay, John Francis: Popular Tales of the West Highlands: orally collected with a translation by the late J. F. Campbell. 4 Bde., Hundslow 1983-1984.
Colshorn, Carl und Theodor: Märchen und Sagen aus Hannover. Hannover 1854.
Die Edda. Göttersagen, Heldensagen und Spruchweisheiten der Germanen. Hg. v. Harri Günther. Nach der Handschrift des Brynjolfur Sveinsson in der Übertragung von Karl Simrock. Berlin 1987.
Dietz, Josef: Aus der Sagenwelt des Bonner Landes. Bonn 1965 (=Deutsches Volkstum am Rhein. Veröff. Dt. Inst. f. Gesch. Landeskunde d. Rheinlande Universität Bonn 7).

Dünninger, Josef (Hg.): Fränkische Sagen vom 15. bis zum Ende des 18. Jahrhunderts. Kulmbach 1963 (=Die Plassenburg 19).
Ecker, Hans-Peter (Hg.): Legenden. Heiligengeschichten vom Altertum bis zur Gegenwart. Stuttgart ²2001.
Eichler, Ingrid: Sächsische Märchen und Geschichten - erzählt von Otto Vogel. Berlin 1971.
Fischer, Hanns (Hg.): Der Stricker. Verserzählungen. 5., verb. Aufl. Hg. v. Johannes Janota. Tübingen 2000 (=altdeutsche Textbibliothek 53).
Fischer, Helmut: Erzählgut der Gegenwart: mündliche Texte aus dem Siegraum. Köln/Bonn 1978.
Fromm, Lore und Hans (Hg.): Kalevala. 2 Bde. München 1967.
Gerstner-Hirzel: Aus der Volksüberlieferung von Bosco Gurin. Sagen, Berichte und Meinungen, Märchen und Schwänke. Basel 1979.
Gobrecht, Barbara: Märchenfrauen. Von starken und schwachen Frauen im Märchen. Freiburg u.a. 1990.
Gonzenbach, Laura: Sicilianische Märchen. Leipzig 1870.
Gottschalck, Friedrich: Die Sagen und Mährchen der Deutschen. Halle 1814.
Grimm, Jacob (Hg.): Grimms Märchen, wie sie nicht im Buche stehen. Hg. und eingel. v. Heinz Rölleke. Frankfurt a.M./Leipzig 1993.
Grimm, Jacob und Wilhelm (Hg.): Deutsche Sagen. Berlin 1816/18.
Haas, Alfred: Pommersche Wassersagen. Pommern. Greifswald 1923.
Haiding, Karl: Alpenländischer Sagenschatz, m. wiss. Erl. im Anh. Wien/München 1977.
Haiding, Karl: Österreichs Märchenschatz. Wien 1980.
Hambruch, Paul (Hg.): Märchen aus der Südsee. München 1979 (=MDW).
Hellinghaus, Otto: Legenden, Märchen, Geschichten, Parabeln und Fabeln des Mittelalters aus den Gesta Romanorum ausgewählt und in deutscher Übertragung mit Einleitung und Anmerkungen herausgegeben. Regensburg 1921.
Hempel, Gertrud: Erzählte Volksmärchen. Frankfurt a.M. 1999.
Henßen, Gottfried: Volk erzählt: Münsterländische Sagen, Märchen und Schwänke. Münster ³1983.
Herder, Johann Gottfried von: Werke. Hg. v. Wolfgang Pross, Nachwort v. P. Pénisson. Darmstadt 1984 u.ö.
Hertel, Johannes: Das Pañcatantra. Leipzig/Berlin 1914.
Hertel, Johannes: Das Tantrakhyayika. Darmstadt 1970 (zuerst 1909).
Jahn, Ulrich: Volksmärchen aus Pommern und Rügen. Neu ediert und mit Erläuterungen versehen v. Siegfried Neumann und Karl-Ewald Tietz. Bremen/Rostock 1998 (zuerst 1891).
Karlinger, Felix: Geschichten vom Nikolaus. Frankfurt a.M./Leipzig 1995.
Keller, Gabriele: Märchen aus Samarkand: Feldforschung an der Seidenstraße in Zentralasien; aus der mündlichen Überlieferung in Usbekistan. Buchenbach 2004.
Köhler-Zülch, Ines/Shojaei-Kawan, Christine (Hg.): Schneewittchen hat viele Schwestern. Frauengestalten im europäischen Märchen. Beispiele und Kommentare. Gütersloh 1988.
Kuhn, Adalbert/Schwartz, Wilhelm: Norddeutsche Sagen, Märchen und Gebräuche aus Meklenburg, Pommern, der Mark, Sachsen, Thüringen, Braunschweig, Hannover, Oldenburg und Westfalen. Leipzig 1848.
Kuhn, Adalbert/Schwartz, Wilhelm: Sagen, Gebräuche und Märchen aus Westfalen und einigen andern, besonders den angrenzenden Gegenden Norddeutschlands. 2 Bde. Leipzig 1859.
Kuhn, Adalbert: Märkische Sagen und Märchen nebst einem Anhange von Gebräuchen und Aberglauben. Berlin 1937 (zuerst 1843).
Kvideland, Reimund/Eiríksson, Hallfreðour Örn: Norwegische und Isländische Volksmärchen. Berlin 1988.
Larminie, William: West Irish Folk-Tales and Romances. London 1893.

Luzel, François-Marie: Contes populaires de Basse-Bretagne. 3 Bde. Paris 1887.
Märchen aus Mallorca. Hg. u. übers. v. Felix Karlinger und Ulrike Ehrgott. München 1968.
Märchen aus Sizilien, gesammelt von Giuseppe Pitré. Hg. u. übers. von Rudolf Schenda und Doris Senn. München 1991 (=MDW).
Marzolph, Ulrich (Hg.): Das Buch der wundersamen Geschichten: Erzählungen aus der Welt von Tausendundeine Nacht. Unter Verwendung von Übersetzungen von Hans Wehr, Otto Spieß, Max Weisweiler und Sophia Grotzfeld zusammengestellt, kommentiert. München 1999 (=Neue orientalische Bibliothek).
Meier, Ernst: Deutsche Sagen, Sitten und Gebräuche aus Schwaben. Kirchheim/Teck 1983 (zuerst 1852).
Meier, Ernst: Deutsche Volksmärchen aus Schwaben. Aus dem Munde des Volks gesammelt. Hildesheim/New York 1971 (zuerst 1852).
Naubert, Benedikte: Neue Volksmärchen der Deutschen. 4 Bde. Hg. v. Marianne Henn, Paola Mayer und Anita Runge. Göttingen 2001 (zuerst 1789-1792).
Nedo, Paul: Sorbische Volksmärchen. Systematische Quellenausgabe mit Einführung und Anmerkungen. Bautzen 1956.
Neumann, Siegfried: Mecklenburgische Volksmärchen. Berlin ^{2}1973.
Neumann, Siegfried: Sprichwörtliches aus Mecklenburg. Anekdotensprüche, Antisprichwörter, apologetische Sprichwörter, Beispielsprichwörter, erzählende Sprichwörter, Sagte-Sprichwörter, Sagwörter, Schwanksprüche, Wellerismen, Zitatensprichwörter. Göttingen 1996.
Panzer, Friedrich: Bayerische Sagen und Bräuche. 2 Bde. Hg. v. Will-Erich Peuckert. Göttingen 1954/56 (zuerst 1848).
Petzoldt, Leander: Deutsche Schwänke. Baltmannsweiler 2002.
Pomeranzewa, Ėrna: Russische Volksmärchen. Berlin ^{13}1977.
Pröhle, Heinrich: Kinder- und Volksmärchen. Leipzig 1853.
Ranke, Kurt: Schleswig-holsteinische Volksmärchen. 3 Bde. Kiel 1955/1958/1962.
Rölleke, Heinz (Hg.): „Kinder- und Hausmärchen" gesammelt durch die Brüder Grimm. Vollst. Ausgabe auf der Grundlage der 3. Aufl. (1837). Frankfurt a.M./Leipzig 2004.
Rölleke, Heinz: Märchen aus dem Nachlaß der Brüder Grimm. 5., erw. Aufl. Trier 2001 (=Schriftenreihe Literaturwissenschaft 6).
Samuel, Richard (Hg.): Novalis Schriften. 2. Bde. 2., nach Handschriften ergänzte u. erw. Aufl. Stuttgart 1960.
Seifart, Karl: Sagen, Märchen, Schwänke und Gebräuche aus Stadt und Stift Hildesheim. Hildesheim/Zürich/New York 1996 (zuerst 1854).
Simonides, Dorota (Hg.): Märchen aus der Tatra. München 1994 (=MDW).
Simrock, Karl: Das deutsche Räthselbuch. Dortmund 1979 (zuerst 1850).
Tieck, Ludwig: Minnelieder aus dem Schwäbischen Zeitalter. Berlin 1803.
Tillhagen, Carl Herman (Hg.): Taikon erzählt Zigeunermärchen. München 1979 (zuerst 1948).
Tolksdorf, Ulrich: Ermländische Protokolle: Alltagserzählungen in Mundart. Marburg 1991 (=Schriftenreihe der Kommission für Ostdeutsche Volkskunde in der Deutschen Gesellschaft für Volkskunde e.V. 55).
Uffer, Leza: Die Märchen des Barba Plasch. Zürich 1955.
Uther, Hans-Jörg (Hg.): Deutsche Märchen und Sagen. Berlin 2003 (=Digitale Bibliothek Bd. 80).
Uther, Hans-Jörg (Hg.): Europäische Märchen und Sagen. Berlin 2004 (=Digitale Bibliothek Bd. 110).
Wesselski, Albert (Hg.): Märchen des Mittelalters. Berlin 1925.
Wisser, Wilhelm: Plattdeutsche Volksmärchen. Düsseldorf/Köln 1982 (zuerst 1914; =MDW).
Wittmann, Helmut: Wo der Glücksvogel singt. Volksmärchen und Schelmengeschichten für ein ganzes Leben. Wien 2000.

Zenker-Starzacher, Elli: Es war einmal... Deutsche Märchen aus dem Schildgebirge und dem Buchenwald. Wien 1956.
Zenker-Starzacher, Elli: Märchen aus dem Schildgebirge. Deutsches Erzählgut aus Ungarn. Klagenfurt 1986.

7.4 Bücher der Reihe EMG

Als es noch Könige gab. Hg. v. Heinz-Albert Heindrichs und Harlinda Lox, Kreuzlingen/München 2001 (=EMG 26).
Alter und Weisheit im Märchen. Hg. v. Ursula und Heinz-Albert Heindrichs. München 2000, Krummwisch 2005 (=EMG 25).
Antiker Mythos in unseren Märchen. Hg. v. Wolfdietrich Siegmund. Kassel 1984 (=EMG 6).
Das Märchen und die Künste. Hg. v. Ursula Heindrichs und Heinz-Albert Heindrichs. Wolfsegg 1996, Krummwisch 2005 (=EMG 21).
Der Wunsch im Märchen/Heimat und Fremde im Märchen. Hg. v. Harlinda Lox, Barbara Gobrecht und Thomas Bücksteeg. Kreuzlingen 2003, Krummwisch 2005 (=EMG 28).
Die Frau im Märchen. Hg. v. Sigrid Früh und Rainer Wehse. Kassel 1985 (=EMG 8).
Die Welt im Märchen. Hg. v. Jürgen Janning und Heino Gehrts. Kassel 1984 (=EMG 7).
Die Zeit im Märchen. Hg. v. Ursula Heindrichs und Heinz-Albert Heindrichs. Kassel 1998 (=EMG 13).
Gott im Märchen. Hg. v. Jürgen Janning, Heino Gehrts, Herbert Ossowski, Dietrich Thyen. Kassel 1982 (=EMG 2).
Hessen - Märchenland der Brüder Grimm. Hg. v. Charlotte Oberfeld und Andreas C. Bimmer. Kassel 1984, Krummwisch 2005 (=EMG 5).
Homo faber/Verlorene Paradiese - gewonnene Königreiche. Hg. v. Harlinda Lox, Helga Volkmann und Thomas Bücksteeg. Krummwisch 2005 (=EMG 30).
Liebe und Eros im Märchen. Hg. v. Jürgen Janning und Luc Gobyn. Kassel 1988, Krummwisch 2005 (=EMG 11).
Mann und Frau im Märchen. Hg. v. Harlinda Lox, Sigrid Früh und Wolfgang Schultze. Kreuzlingen 2002, Krummwisch 2005 (=EMG 27).
Märchen in der Dritten Welt. Hg. v. Charlotte Oberfeld, Jörg Becker und Diether Röth. Kassel 1987, Krummwisch 2005 (=EMG 12).
Märchen in Erziehung und Unterricht heute. Hg. v. Kristin Wardetzky und Helga Zitzlsperger. 2 Bde. Rheine/Baltmannsweiler 1997 (=EMG 22).
Märchen in Erziehung und Unterricht. Hg. v. Ottilie Dinges, Monika Born und Jürgen Janning. Kassel 1986, Krummwisch 2005 (=EMG 9).
Märchen und Schöpfung. Hg. v. Ursula Heindrichs und Heinz-Albert Heindrichs. Regensburg 1993, Krummwisch 2005 (=EMG 19).
Märchenerzähler - Erzählgemeinschaft. Hg. v. Rainer Wehse. Kassel 1983 (=EMG 4).
Märchenkinder - Kindermärchen. Hg. v. Thomas Bücksteeg und Heinrich Dickerhoff. München 1999 (=EMG 24).
Phantastische Welten. Hg. v. Thomas Le Blanc und Wilhelm Solms. Regensburg 1994, Krummwisch 2005 (=EMG 18).
Rumänische Märchen außerhalb Rumäniens. Hg. v. Felix Karlinger. Kassel 1982 (=EMG 3).
Schamanentum und Zaubermärchen Hg. v. Heino Gehrts und Gabriele Lademann-Priemer. Kassel 1986 (=EMG 10).
Spiel, Tanz und Märchen. Hg. v. Margarete Möckel und Helga Volkmann. Regensburg 1995, Krummwisch 2005 (=EMG 20).

Sprachmagie und Wortzauber/Traumhaus und Wolkenschloss. Hg. v. Harlinda Lox, Ingrid Jacobsen und Sabine Lutkat. Krummwisch 2004 (=EMG 29).

Tiere und Tiergestaltige im Märchen. Hg. v. Arnika Esterl und Wilhelm Solms. Regensburg 1991, Krummwisch 2005 (=EMG 15).

Tod und Wandel im Märchen. Hg. v. Ursula Heindrichs, Heinz Albert Heindrichs und Ulrike Kammerhofer. Regensburg 1991, Krummwisch 2005 (=EMG 16).

Vom Menschenbild im Märchen. Hg. v. Jürgen Janning, Heino Gehrts und Herbert Ossowski. Kassel 1980 (=EMG 1).

Wie alt sind unsere Märchen. Hg. v. Charlotte Oberfeld. Regensburg 1990 (=EMG 14).

Witz, Humor und Komik im Volksmärchen. Hg. v. Wolfgang Kuhlmann und Lutz Röhrich. Regensburg 1993, Krummwisch 2005 (=EMG 17).

Zauber-Märchen. Hg. v. Ursula Heindrichs und Heinz-Albert Heindrichs. München 1998, Krummwisch 2005 (=EMG 23).

8 Personen- und Sachregister

Literaturwissenschaft

Stefan Neuhaus

Märchen

UTB 2693 M, 2005, XII, 391 Seiten, zahlr. Abb., € 19,90/SFr 34,90
UTB-ISBN 978-3-8252-2693-0

Märchen gehören zu den populärsten literarischen Gattungen. Auf der stofflichen Grundlage antiker und mittelalterlicher Literatur bildete sich eine vielfältige Tradition, die am Anfang des 19. Jahrhunderts mit den „Kinder- und Hausmärchen“ der Brüder Grimm stark normiert wurde. Der Band diskutiert die übliche Aufteilung in Volks- und Kunstmärchen und skizziert die Versuche volkskundlicher, sozialgeschichtlicher, strukturaler, tiefenpsychologischer und psychoanalytischer Interpreten, die Gattung näher zu charakterisieren. Auf dieser Grundlage wird ein eigener Ansatz entwickelt, der stärker als bisher die gemeinsamen Merkmale von Märchentexten herausarbeitet und das spezifisch Literarische der Gattung betont. Die Entwicklung des Märchens wird in 38 Einzelkapiteln zu Märchenautoren und ihren Texten nachgezeichnet, chronologisch reicht das Spektrum von den *Erzählungen aus den Tausendundein Nächten* (ca. 8.-10. Jhd.) bis zu Cornelia Funkes *Tintenherz* (2003). Dabei zeigt sich, insbesondere seit Beginn des 20. Jahrhunderts, die große Nähe des Märchens zur fantastischen Literatur und zur Kinder- und Jugendliteratur, die in der Märchenforschung bisher keine Rolle gespielt hat.

Preisänderungen vorbehalten

UTB

A. Francke

A. Francke Verlag · Dischingerweg 5 · D72070 Tübingen

Literaturwissenschaft

Franziska Schößler

Literaturwissenschaft als Kulturwissenschaft

Eine Einführung

UTB 2765
2006, XII, 271 Seiten,
€ [D] 19,90/SFR 34,90
ISBN 978-3-8252-2765-4

Ausgehend von den Kulturwissenschaften um 1900 werden die aktuellen Debatten zum Thema diskutiert: u.a. der New Historicism, die Geschichtstheorie Hayden Whites, die Gender und Postcolonial Studies, die anthropologisch-ethnologische Kulturwissenschaft sowie die Erinnerungstheorien. Die theoretischen Ausführungen, die sich an zentralen Theorietexten orientieren, werden durch Lektüren ergänzt, die eine methodologische Umsetzung der Theoreme versuchen. Zur schnellen Orientierung finden sich am Ende des Bandes sowohl ein Sach- wie Personenregister und ein Glossar, das zentrale Begriffe definiert.

Aus dem Inhalt:
Historische Kulturtheorien: Kulturphilosophie und Kulturwissenschaften um 1900 • Cultural Studies am Birmingham Centre for Contemporary Cultural Studies (CCCS) • Soziohistorische und -theoretische Modelle
Aktuelle Debatten: Der New Historicism und die Poetik der Geschichte • Gender Studies • Postcolonial Studies • Ethnologie, Anthropologie und literarische Anthropologie • Erinnerungstheorien • Bibliographie • Glossar • Register

UTB

A. Francke